KB160990

최신 협동조합론

최신 협동조합론

▌전성군 엮음

한국학술정보㈜

|차례|

제1장 머리말

옛날 세 부족[1]이 살았다.

한 부족은 매사에 경쟁하기를 좋아하는 성격을 가졌다. 그들은 무슨 일이든지 다른 사람과의 경쟁에서 이겨서 일등을 하고 싶어 했다. 가장 살기 좋은 동굴을 찾아내기 위해 서로 경쟁하였고, 가장 좋은 사냥감을 차지하기 위해서, 가장 좋은 정원을 차지하기 위해서 경쟁하였다. 음식을 차지하지 못한 사람과 쾌적한 동굴을 차지하지 못한 사람은 죽어 갔다. 이렇게 해서 살아남은 자들은 보다 위험한 방법으로 경쟁을 계속했다. 그들은 맨손으로 호랑이를 잡는 경쟁을 하다가 죽어 갔고, 음식과 좋은 자리를 차지하려다가 죽어 갔다. 마침내 한 사람만이 살아남게 되었다. 그러나 그는 곧 죽고 말았다. **왜냐하면 누군가와 경쟁을 하지 않고 살아가는 방법을 몰랐기 때문이다.**

또 다른 부족이 살았는데 이들은 혼자 살아가기를 좋아하는 성격을 가졌다. 이들은 혼자 사냥을 했고, 혼자 동굴에서 작업을 했으며, 다른 사람들과 떨어져서 살아가기를 좋아했다. 위험이 닥쳤을 때도 이들은 혼자 해결했다. 큰 홍수가 일어났을 때 많은 사람들이 죽었는데, 왜냐하면 이들은 다른 사람의 처지는 무시하고 자기의 동굴에만 제방을 쌓았기 때문이었다. 또한 호랑이들에 의해서 많은 어린이들이 물려 죽었다. 왜냐하면 호랑이가 나타난 것을 다른 사람에게 경고해 주지 않았기 때문이었다. 이러한 이유로 이 부족은 곧 사라지고 말았다. 극단적인 개인주의자가 됨으로써 이들은 제대로 재생산을 하지 못하였고, 대부분 아동은 어른들이 돌보아 주지 않았기 때문에 태어난 후 곧 죽어 갔다. 설사 살아남는다 하더라도 몇 년을 버티지 못하였다.

세 번째 부족은 매일 서로 협동하면서 일하는 것을 좋아하는 성격을 가졌다. 부족인들이 집단을 이루어 사냥을 하였다. 몇몇은 사냥감을 몰고, 다른 이들은 쉽게 사냥감을 포획할 수 있었다. 다른 이들은 따뜻하고 편안한 옷과 담요를 만들어 음식과 교환하였다. 어떤 이는 활을 잘 만들었고, 어떤 이는 화살을 잘 만들었다. 이들은 함께 부족인들에게 활과 화살을 공급하였다. 모든 부족인들이 부족의 생존에 어떤 방법으로든 일익을 담당하였다. 그들은 서로 도우면서 생활하였기 때문에 서로 인정해 주고 친하게 지냈으며 많은 잔치도 벌이고 매우 즐겁게 생활하였다. 이들은 일을 하고 여가를 즐기는 데 필요한 의사소통방법, 맛있는 과일들을 즐기는 방법, 그들의 독특한 인성을 계발하는 방법 등을 발달시켰다. **이 부족은 살아남아 번영하였고 우리의 조상이 되었다.**

그렇다면 사람은 왜 다른 사람과 협동할까? 종종 먼 훗날의 다수의 이익을 위해 눈앞에 있는 개인적 손해를 무릅쓰는가? 이 같은 물음에 대해 과학적인 근거를 보여 주는 연

---

1) 협동에 관한 세 부족 이야기(Johnson & Johnson, 1975)에서 인용한 것임.

구결과가 근래에 선을 보였다. "남을 위하여 자신을 희생하는 행동에는 마치 우리가 맛있는 음식을 먹거나 사랑하는 사람을 쳐다보는 것과 같은 즐거운 느낌이 따른다." 이것은 2002년 의학전문지 '뉴런(Neuron)' 호에 발표하여 주목을 받은 미국 메모리대학의 정신의학·행동과학 연구팀의 논문요지[2]이다. **한마디로 말해서 "남을 위해서 좋은 일을 하면 그 사람의 뇌에서 즐거움을 유발시키는 신경조직이 최고조로 활성화된다"는 것이다.** 동시에 스위스 한 연구팀이 **인간의 협동이 가능한 것은 이기적인 사람을 징벌하기 때문이라는 이색적인 연구결과[3]**를 '네이처'에 발표했다. 이것은 종전 서로를 위해 이익교환이라는 '호혜

---

2) 미국 메모리 대학의 정신의학·행동과학 연구팀은 의학전문지 뉴런(Neuron)호(2002년 7월 18일자)에 발표한 '사회적 협력을 위한 신경계의 기초'라는 제목의 연구논문에서 사람이 서로 간에 이타적 행동을 보이는 것은 '선한' 행동이 즐거운 느낌을 주기 때문이라고 밝혔다. 연구팀은 20~60세 여성 26명을 대상으로 '협력'이냐에 따라 그에 대한 보상이 달라지는 '죄수의 딜레마'라는 상황실험에 참가하게 한 후, 이들의 뇌신경 움직임을 MRI로 실시간 촬영했다. 그 결과 협력적인 태도를 보일 때 사람의 뇌에서 즐거움을 유발시키는 신경조직이 최고조로 활성화된다는 사실을 발견했다.

이 같은 현상은 보통 사람들이 맛있는 디저트나 귀여운 얼굴, 돈을 보거나, 흥분제 따위를 복용했을 때 나타나는 것이라고 전문가들은 설명했다. 연구팀은 이 같은 뇌신경의 활성화 체계가 사람의 이타주의를 강화하고 이기적인 행동을 억제한다고 주장했다. 연구팀의 그레고리 S번스(Berns) 박사는 이번 연구결과는 "우리가 서로 협력하도록 신경계가 연결돼 있다는 사실을 확증해 준다"고 말했다.

뉴욕타임즈는 이번 연구가 "오래전부터 학자들의 수수께끼가 됐던 문제, 즉 '왜 인간은 괜찮은 존재인가'라는 물음에 대한 색다른 탐구로 보인다"고 평가했다. NYT는 이번 연구에 따르면 "사람들이 협력적인 행동을 보이는 것은 단지 두려움 때문만이 아닌 것으로 보인다."고 하면서 지금까지 유사한 연구들이 서로 간의 협력을 유지하는 데 있어서 몽둥이(stick)의 중요성을 강조해 왔다면, 이번 연구는 '당근' 측면을 밝혀낸 것과 같다고 비유했다.

인류학자들은 인간이 협동심을 키워 왔던 것은 과거 인류조상이 아니라 사냥몰이를 할 때나 농작물을 경작할 때와 같은 생존상의 필요 때문이라고 설명해 왔다. 또 많은 사회학자들은 위반에 대한 처벌의 위협이 규범·약속에 대한 상호준수를 유지해 준다고 믿어 왔다. 이에 반해 새로운 연구결과는 인간의 협력적인 태도는 단지 외부에서 주어지는 처벌 위협이나 보상체계 때문만이 아니라 개인의 생리학적 체계에 이타적인 요소가 내재돼 있다는 것을 보여 준다고 프린스턴대의 제임스 K Rilling 교수는 설명했다. 연구진은 그러나 인간의 다른 성향과 마찬가지로 이 같은 협력심의 강도는 사람에 따라 차이가 난다고 말했다.

3) 스위스의 한 연구팀이 인간의 협동이 가능한 것은 이기적인 사람을 징벌하기 때문이라는 연구결과를 '네이처(2002년 1월 30일자)'에 발표했다. 실험결과 이기적인 사람을 징벌한다고 해서 자신에게 아무런 도움이 되지 않으며 심지어 손해임에도 불구하고 징벌이 빈번하게 일어났으며 그 결과 협동이 발생했다는 것. 스위스 취리히대의 에른스트 페르 박사팀은 240명의 학생을 대상으로 모의 투자게임을 실시했다. 20프랑씩 분배받은 학생들은 4명씩 한 팀을 이뤄 모두 6번 투자했다. 각자의 투자 액수는 매번 투자가 끝난 뒤에야 알 수 있었다. 이 게임에서 팀원 가운데 단 한 명이라도 만일 1프랑을 투자하면 4명이 모두 0.4프랑씩을 돌려받게 했다. 4명이 모두 투자하면 돌려받는 자기 몫이 커지지만, 혼자서만 투자했다가는 손해 보기 십상이다. 하지만 이기적인 사람은 투자를 적게 하거나 아예 하지 않게 된다. 그런데 매번 게

성 원리' 학설을 반박하고, 자신에게 도움이 안 돼도 이기적인 사람을 제재한다는 것이다.

일반적으로 협동의 본질을 찾아내는 데는 보편성과 특수성의 측면에서 관찰할 필요가 있다. 협동의 본질도 자선사업단체를 포함한 협동의 보편성과 협동조합이라는 특수성의 측면에서 찾을 수 있다. 이러한 차원에서 몇몇의 학자들이 협동의 보편성 입장에서 나름대로 협동의 개념과 이유를 제시하기도 하였다. 그러나 막상 내용을 보면 동물들의 기본적인 협동 유형으로부터 사고능력과 판단을 가진 인간의 협동유형으로 끌어올려 애써 설명하려는 느낌을 받는다.

그렇다면 협동을 기본정신으로 삼고 있는 협동조합의 정체성은 무엇일까? 정말 그것이 알고 싶다. 이런 시각에서 필자는 이 책이 협동조합을 공부하고 있는 대학생들로 하여금 협동조합에 대한 사고의 영역을 넓히는 데 한 줄기 시원한 바람의 역할을 해 낼 것으로 믿는다.

이 교재는 **농협경제연구소의 연구 자료**를 토대로 엮었다. 물론 이 책의 내용은 세계 각국의 다양한 협동조합들을 대상으로 연구·분석한 것이기 때문에 우리나라의 상황과 일치하지 않는 면이 없는 것은 아니지만 전체적으로는 미래를 대비해서 우리 협동조합이 변신을 시도해 나가기 위한 지침서로 활용하게 되면 독자들께 다소나마 도움이 될 것으로 사료된다.

2008년 8월 1일(양)

농협중앙교육원에서 전성군

임이 끝난 뒤 투자에 소극적인 사람을 징벌할 수 있게 하자 결과는 달라졌다. 징벌은 벌점 1점당 3프랑의 벌금을 부과하는 것. 문제는 징벌하는 사람 역시 1점당 1프랑을 손해 본다는 것이다. 그럼에도 불구하고 84.3%의 학생들이 한 번 이상 징벌했다. 그 결과 징벌 규칙이 없는 경우에는 각자의 투자액이 갈수록 낮아졌다가 징벌규칙을 도입하자 다시 투자액이 상승했다. 학생들은 최종적으로 평균 39.7프랑씩 가질 수 있었다.

페르 박사는 '모의투자'에 참여한 학생들은 생면부지였으며 한 번의 투자 뒤에는 팀이 서로 바뀌게 되므로 '호혜성 원리나 평판'과는 상관이 없다고 밝혔다. 징벌을 받은 사람은 다음 투자에서는 투자액을 늘려 같은 팀에 속한 사람들에게 실질적인 이익을 제공했다. 그러나 이 사람을 징벌한 사람은 이미 같은 팀이 아니므로 이익을 받지 못한다. 그래서 연구팀은 '이타적 징벌'이라는 이름을 붙였다. 연구팀은 다른 사람의 협동에 편승하는 이른바 '무임승차자'에 대한 부정적 감정이 손해를 감수하고 기꺼이 징벌을 하도록 했다고 분석했다. 페르 박사는 "대규모 집단에서 언제 다시 만날지 모르는 낯선 사람들과 협동을 하는 현상에 대한 연구는 '이타적 징벌'에 초점을 맞춰야 한다"고 주장했다.

이제까지 인간의 협동에 대해서는 마치 흡혈박쥐가 피를 빨지 못한 다른 박쥐에게 자신의 피를 주듯이 서로 이익을 주고받는 '호혜성 원리'에 따른다고 설명해 왔다. 또 눈앞의 물질적 이익이 아니라도 사회적으로 좋은 '평판'을 받는 것도 협동의 이유로 제시됐다. 그러나 경기장에서 모르는 사람들과 함께 응원하고 새치기를 하는 사람을 말리는 것과 같이 언제 다시 보지 못할 사람 사이의 협동에 대해서는 제대로 설명하지 못했다.

제2장 협동조합의 본질·이론

제1절 협동의 본질

1. 인간과 동물의 협동[4]

1) 동물들이 협동에 이르는 과정

동물 행동 생태학자들은 동물이 협동에 이르는 과정을 4가지 경로로 개괄하여 왔다. 즉 (1)가족 역동성 (2)상호 호혜성 (3) 이기적 팀워크 (4) 집단적 이타성 등이 그것이다. 그렇다면 동물들의 이런 행동들이 우리에게 말해 주고 있는 것은 무엇일까? 예컨대 이 것들이 자기 의지나 선택의 자유가 없어 보이는 것 같은 조건에서 벌이는 적나라한 행동이라고 본다. 물론 우리는 동물세계는 협동하므로 이를 거울삼아 그러한 분야의 도덕적 의지에 초점을 맞춰 인간의 협동을 이끌어 낼 수 있는 시나리오를 쓸 수 있다. 게다가 우리는 동물의 협동에 대해 연구할 수도 있고, 그 바탕에 있는 힘을 인간의 협동을 유도할 수 있는 도구로 쓸 수 있을지 알아볼 수도 있다. 동물의 협동 예들을 통해 연구한 주제들은 문화라는 틀을 통과시켜야만 인간의 협동과 관련하여 나름대로의 시사점을 얻을 수 있다. 왜냐하면 인간은 좀 더 복잡한 문화를 가지고 있기 때문이다.

그렇다면 좀 더 복잡한 문제란 무엇일까. 진화와 동물의 사회적 행동에 대한 연구가 무언가를 밝혀 줄 수 있음을 알았다면 이제 우리는 이것을 인간의 협동을 증진시키는 데 커다란 비중을 두고 적용시키기 위한 기준을 찾아야 한다. 아무튼 협동에 대한 동물 연구는 수백 가지나 나와 있고 이것 들 중 어떤 것은 다른 것들보다 좀 더 중요한 것도 사실이다. 동물의 협동 연구에 대한 서열을 매기는 방법은 적어도 세 가지가 있다.

첫째, 인간과 가장 유사한 종의 협동에 관한 연구에 최우선권을 부여하는 것이다. 그러면 인간의 근연 관계가 가장 가까운 **침팬지, 고릴라, 오랑우탄**에 대한 연구는 우리가 가장 주목해야 할 연구가 될 것이다. 둘째 방법은 인간의 행동과 가장 유사한 특정한 협동적 행동들에 우선권을 주는 것인데, **유인원**의 연구가 주로 이에 해당한다. 그러나 이와 관련해서는 다른 목(目)이나 문(門)의 동물들도 충분한 관심의 대상이 될 만한 가치가 있다. 셋째로, 우리는 종이나 그들의 행동에 초점을 맞출 수도 있지만 더 중요한 것은 협동의 밑바탕에 있는 실제의 비용과 이득에 초점을 맞추는 일이다.

그러나 주어진 맥락에서 협동이 진화를 할 것인지의 여부를 결정하는 것은 자연 선택

---

4) '동물들의 사회생활', 리 듀거킨(장석봉 역), 2002.

이 작동하는 이러한 비용과 이득, 더 정확히 말하면 그 사이의 비율이다. 비용/이득은 인간과 동물을 비교할 때 그 동물이 무엇이든 어느 정도는 유사성을 찾겠지만 차이점도 반드시 있을 것이다. 왜냐하면 인간은 다른 생명체들보다 문화에 기초한 더 복잡한 반응을 나타내기 때문이다. 만약 이러한 경고가 중요하지 않다면, 우리는 인간의 협동을 증진시키는 데서 잠재적인 중요성을 위한 동물 연구에 서열을 매길 때 타당한 생각이라고 말할 수밖에 없을 것이다.

2) 협동에 있어서 인간과 동물의 다른 점

첫째, 인간은 끊임없이 명예와 지위를 찾아 경쟁하고 있는 데 반해, 이들 동물들은 그렇지 않다. 인간들 사이에는 시기와 증오가 일어나고 결국 갈등관계가 지속 된다.

둘째, 동물들 사이에서는 공동의 선과 사적인 선이 다르지 않다. 그러나 인간은 자기를 다른 사람과 비교하는 존재이기 때문에 뛰어난 게 아니면 그 어떤 것도 좋아하지 않는다.

셋째, 동물은 사람처럼 이성을 이용할 수 없으므로 공동 작업을 하면서도 잘못된 것을 깨닫지 못하고, 또 잘못된 것을 깨달아야 한다고 생각지도 않는다. 이것에 반하여 인간들 사이에는 다른 사람보다 자기가 다스리는 데 더 현명하고 적합하다고 생각하는 이들이 아주 많기 때문에 혼란과 내란이 일어난다.

넷째, 동물은 서로 자신의 욕망이나 다른 감정을 알리기 위하여 어느 정도의 소리는 이용하지만, 언어기술은 부족하다. 그러나 인간은 고도로 발달된 언어기술로 다른 사람에게 선한 것을 악으로, 악한 것을 선한 것으로 전달할 수가 있다.

다섯째, 동물은 이성이 없으므로 상해와 피해를 구별하지 못한다. 따라서 동물은 자신들이 안락하다면, 자신들의 동료들에게 반감을 갖지 않는다. 반면에 인간은 자신들이 가장 편안할 때 말썽을 일으킨다. 왜냐하면 인간은 자신의 지혜를 과시하고 남들의 행동을 규제하고 싶어 하기 때문이다.

여섯째, 동물들의 합의는 선천적인 것이지만, 인간들의 합의는 오직 인위적인 계약에 의해서만 이루어진다. 그러므로 인간의 합의를 항구적이고 지속적으로 만들기 위해 계약 이외의 다른 어떤 것이 필요하다고 하더라도 놀라운 일이 아니다.

2. 과학과 종교의 유대

협동의 4가지 경로들에는 각각 그것과 연결된 함정들이 있다. 바로 그 때문에 우리는 이러한 함정들의 존재를 파헤쳐야 하며, 협동을 다른 것보다 우위에 놓는 하나의 길을 선택하면서 생기는 의도치 않은 결과들도 살펴볼 필요가 있다. 아마도 인간을 이타적으로 만드는 최고의 방법이 될 집단 선택적 협동은 집단 간 선택에 의해 이끌어질 것이다. 집단 안에 협동을 하는 구성원이 많을수록 그 집단은 다른 집단과 더 원만한 관계를 유지할 수 있다. 흔히 이것은 집단들이 서로 갈등관계에 있을 때 한층 더 분명히 드러난다. 이런 집단의 구성원들은 서로 협동적이지만 일반적으로 집단들 간에는 서로에 대해 적대적이 되는 경향이 있다. 구성원들이 자신들의 삶의 대부분을 하나의 집단에 의존하고 있을 때 이런 점이 나타나는 경우가 많지만, 규모가 작은 부족사회조차도 그렇지 않다.

인간은 일을 하고, 가정을 꾸리고, 놀이를 즐기고, 음식을 먹는 따위의 일을 할 때 집단을 형성하며, 이런 역동성이 평화를 유지시킨다. 결과적으로 집단의 구성원을 최소화하면 오히려 집단들 사이에 갈등이 커질 가능성이 늘어날 수 있다는 사실을 염두에 두어야 한다.

이와 유사하게 자연선택이 친족 간의 협동에 유리하게 작용할 때 반드시는 아닐지라도 친족집단이 서로 경쟁하도록 만드는 경우가 있다. 결국 친족집단 역시 특수한 형태의 집단일 뿐이고, 따라서 집단 선택과 관련된 함정에 마찬가지로 노출되어 있다. 집단 선택적 협동에서처럼 이런 잠재적인 문제를 완화시키는 방법으로 집단의 개인들에게 공동의 목표를 갖게 해서 다른 친척집단 사이에 적대감을 갖게 만들 수 있다. 이렇게 간단한 조치만으로도 "피는 물보다 진하다"는 원리에 따른 협동만큼이나 극적으로 인간의 협동을 유발할 수 있다.

부산물 상호주의는 여러 면으로 보아 협동을 이끄는 가장 단순하고 직접적인 일이다. 곧바로 보상을 받으면 협동이 원만히 이루어지고 그렇지 않다면 협동은 없다. 우리는 실제로 협동의 혜택을 늘리고 그럼으로써 좀 더 협동적인 환경을 만들기 위해 이것을 이용할 수 있다. 그렇다면 여기에 따르는 대가는 무엇일까? 부산물 상호주의에 호소해 협동이 수지가 잘 맞는 일이라고 주장함으로써, 각자 이익에 가장 부합되는 경우에만 협동이 필요하다는 메시지를 보내고 있는 것은 아닐까? 이 메시지가 때로는 옳을 수도 있지만 그렇지 않을 때도 있음은 분명하다.

가령 누군가와 협동을 맺을 때 그가 장기적으로 협동을 할 만한 사람인지 알고 싶다면, 먼저 그 사람이 협동적인 사람인가부터 알아야 할 것이다. 만약 그가 치러야 하는 대가보다 얻는 이득이 많을 때에만 협력하고자 한다면 나는 그를 친구로 삼을 만하다고 생각지 않을 것이다. 또 좀 더 곤란한 상황에 처했다고 해서 발을 빼려는 자와는 분명히 선을 그

으려 할 것이다. 그러므로 부산물 상호주의가 협동을 촉진하는 데 강력한 힘을 발휘하기는 하지만, 기껏해야 그것은 사람들이 어떤 특정한 목적을 위해 함께하고 앞으로 지속적인 상호작용이 일어날 것 같지 않은 상황에서만 사용될 수 있을 뿐이다. 그리고 심리학에서 무수히 실험되어 왔고 진화 생물학자들이 선호하는 길인 상호 호혜가 있다.

협동을 낳는 데 상호 호혜가 발휘하는 힘은 일상적인 상호 관계에서 분명히 나타난다. 우리 인간들은 점수를 매기는 데 탁월한 재주를 발휘한다. 우리는 남들이 우리를 어떻게 대하는지는 극히 세세한 것까지 염두에 두며, 누가 우리와 협동관계를 유지해 왔는지를 분명히 기억하고 있다. 우리는 그것을 아는 데 그치지 않고 이 정보를 바탕으로 타인과 장래에도 상호 관계를 맺을 것인지 고민한다.

우리는 성서의 계명이나 부모님의 가르침으로부터 남들이 우리에게 해 주는 만큼 베풀어야 한다고 배우지만, 사악한 자들의 희생양이 되어서도 안 된다. 상호 호혜주의자들은 달관한 자들이 아니다. 그들은 자기에게 잘 대해 주는 사람에게만 호의를 보이는 사람들이다. 그들은 오른뺨을 맞으면 왼뺨을 내주는 자가 아니라 맞은 대로 곧장 되갚아 주는 자들이다. 그러나 여기에서 분명히 짚고 넘어가야 할 점이 있다. 호혜적 협동은 친구들 사이에는 충분할 수 있지만, 배우자의 경우에는 우리가 앞서 살펴보았던 모든 경로를 초월하는 종류의 협동을 바랄 것이다. 이런 사실을 안다면 상호 호혜는 협동을 증진할 강력한 도구가 될 수 있다.

결론적으로 "대(大)를 위해서 소(小)를 희생한다"는 말이 있다. 정말 작은 집단은 단지 작다는 이유만으로 큰 집단을 위해서 항상 희생해야만 하는 것일까? 그렇다면 내가 속한 작은 집단이 희생을 감수한 다음에 얻을 수 있는 것은 무엇일까? 모두가 협동을 해서 파이를 키우면 언젠가는 그 혜택을 '골고루' 볼 날이 있을 거라고 한다. 왠지 속는 기분이다. 뭐라 반박을 하고 싶기는 하지만 막상 조리 있게 근거를 제시하자니 쉽지는 않다. 어쩌면 협동이란 것은 어린아이들에게 가장 먼저 가르치는 중요한 덕목들 가운데 하나이다.

그런데 협동에는 여러 가지 딜레마가 뒤따른다. 협동이 언제나 나의 이익과 부합한다면 얼마나 좋을까마는, 늘 그런 것만은 아니기 때문이다. 개인 입장에서 보면 협동에는 늘 대가가 따른다. 나의 이익을 다소간 혹은 많이 포기해야 하는 일이 벌어지는 것이다. 전체를 위해 협동을 할 것인가 아니면 속임수를 써서라도 내 몫을 먼저 챙길 것인가? 우리는 왜 협동에다 그렇게 높은 가치를 부여하는 것일까? 이러한 취지에서 이 문제를 진화 생물학자의 시각에서 풀어내고 있다. 동물의 예를 들어 설명해 보자면, 협동에 이르는 경로는 가족 역동성, 호혜, 이기적 팀워크, 집단적 이타성 등 4가지로 대별된다. 그런데 이상 4가지를 꿰뚫는 것은 단 하나이다. 진화론의 시각으로 보면 종의 이익이 결국은 개체의 이익이라는 것이다. 개체의 이익을 포기하고 집단의 이익을 위하는 것에도 진화의 원리가 작동하고 있다는 것이다.

우리는 동물들이 보여 주는 놀라운 '이타성' 혹은 '협동정신'을 볼 수 있다. 매가 접근하는 것을 보면 위험을 알려 주려고 커다란 소리로 울어대는 새, 이 울음소리를 들은 다른 새들은 즉시 날아가 버려, 결과적으로는 동료들의 목숨을 구하는 셈이 되지만 자신은 눈에 잘 띄기 때문에 죽을 확률이 높아진다. 집단을 위해 생식이라는 가장 중요한 본능까지 포기하는 곤충들의 이야기, 목숨을 걸고 정찰에 나서는 물고기 이야기 등이 좋은 예가 될 수 있다. 그러나 동물을 인간과 비교하는 데에는 간과해서는 안 될 위험이 하나 있다. 즉 동물의 행동을 인간의 시각으로 바라보는 것에 대한 문제이다. 인간의 행동과 동물의 행동 사이에는 분명 유사한 면들이 있지만, 그렇다고 '협동'이나 '이타성' 같은 인간적인 용어들을 가지고 설명할 수 있느냐는 것이다.

그리고 또 하나, 지난날 다윈의 진화론은 사회의 현상을 분석하는 틀로 적용되어 한 시대의 역사에 큰 영향을 남겼다. 어떤 이들은 진화론을 근거로 백만장자를 자연선택의 결과라며 자본주의를 옹호했고, 어떤 이들은 생존을 위한 투쟁이 진보의 토대가 된다는 다윈의 명제로부터 사회주의 이론을 만들어 냈다.

아무튼 '협동의 이유'는 여전히 우리에게 풀기 어려운 문제이자, 중요한 문제이다. 다만 동물의 행동에 대한 연구는 협동이라는 문제에 접근하는 하나의 방법으로 가치가 충분히 있다는 것으로 만족해야 할 것 같다.

제2절 협동조합의 정체성과 협동조합 경영[5]

1. 협동조합의 정체성

논어에는 근본이 바로 서야 길이 열린다(本立而道生)는 말이 있다.

협동조합의 논의는 협동조합의 근본이 무엇인가로부터 출발해야 한다고 생각한다. 협동조합의 근본이 바로 협동조합의 정체성이다. 정체성을 거론하게 된 것은 협동조합에는 이념이라고 할 수 있는 가치와 운영지침인 원칙이 있는데 이러한 가치와 원칙은 어디서

---

5) '협동조합의 정체성과 협동조합 경영', 이종수(전 농협조사연구소 소장), 2007.

왔고 왜 그러한 가치와 원칙이 필요했을까 하는 의문에서 시작되었다.

협동조합의 정체성과 가치 원칙의 관계를 두 가지로 접근할 수 있다고 생각한다. 하나는 <그림 2-1>에서 보시는 바와 같이 정체성을 유지하면서 환경에 적응하여 계속 사업체로 존립 발전하는 것이 협동조합이라고 할 때 여기에 필요한 이념이 가치이고 운영지침이 원칙이라는 견해이다. 다시 말해 근본이 되는 정체성이 있고 그 정체성을 유지하면서 협동조합이 존립 발전하기 위해서는 가치와 원칙이 필요하다는 것이다.

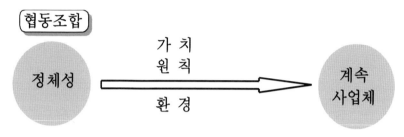

〈그림 2-1〉 협동조합의 정체성, 가치, 원칙의 관계

다른 하나는 <그림 2-2>에서 보시는 바와 같이 정체성을 핵심적 정체성과 확장된 정체성으로 나누어 보는 것인데, 여기서 가치와 원칙은 확장된 정체성을 이루게 되고, 더 근본이 되는 핵심적 정체성은 규명해야 할 과제로 남게 된다. 이러한 견해는 가치와 원칙을 정체성의 하나로 보아 국제협동조합연맹(ICA: International Co-operative Alliance)의 정체성 선언과 궤를 같이하고 있다.

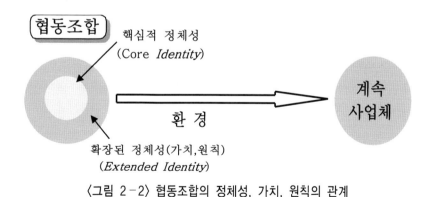

〈그림 2-2〉 협동조합의 정체성, 가치, 원칙의 관계

이 두 가지 접근방법은 모두가 가치나 원칙보다 더 본질적인 것을 찾아보자는 것이다. 따라서 이 글에서는 가치나 원칙보다 더 본질적인 핵심적 정체성을 먼저 규명하고자 한다.

1) 협동조합의 핵심적 정체성

협동조합도 조직의 하나이다. 조직은 누가, 무엇을 위해, 어떻게의 측면에서 분석하면 된다. 다시 말해서 주체, 목적, 방법의 측면에서 협동조합의 정체성을 도출할 수 있다.

먼저 주체의 측면에서 협동조합의 주체는 조합원이다. 협동조합의 조합원이 다른 조직의 구성원과 구별되는 어떤 특성이 있는가. 흔히들 협동조합은 경제적 약자의 조직이라고 한다. 저도 그렇게 생각했는데 저의 논문을 본 독일의 한스 뮌크너 박사가 협동조합은 가난한 사람들만의 조직은 아니라고 하면서 로치데일 협동조합 조합원들이 찍은 사진을 보라고 했다. 미국 썬키스트협동조합의 조합원을 생각해 보니 일리가 있는 이야기였다.

경제적 약자보다 더 적절한 표현을 찾아보았다. 예를 들어 보자. 어느 마을에 가게라고는 최 서방 구멍가게 하나만 있어 300원 정도면 적당한 가격인 빨래비누를 500원에 팔고 있다고 하자. 비록 비싸지만 이 마을의 김 서방, 이 서방, 박 서방은 어쩔 수 없이 사서 쓰고 있다. 여기서 볼 때 김, 이, 박 서방은 빨래비누를 사는 데 있어서는 최 서방 구멍가게에 비해 상대적 약자라는 것이다. 농산물을 판매할 때도 상인에 비해 농업인은 상대적 약자이다. 협동조합은 상대적 약자가 더 큰 힘을 발휘하기 위해 뭉친 조직이다. 조합원이 상대적 약자이기 때문에 대부분의 나라에서는 정부가 협동조합을 도와준다. 세제상의 혜택을 주고 정책사업을 대행시키고 독점금지법에서 협동조합을 제외시키고 있다.

다음은 목적의 측면이다. 협동조합의 목적은 조합원의 경제적 사회적 문화적 지위 향상이다. 주식회사는 돈 있는 사람들이 돈 놓고 돈 벌기가 목적이어서 경제적 목적, 그것도 이익에 국한되는 반면, 협동조합은 경제적 목적은 물론 사회적 문화적 목적까지도 포괄하고 있다. 그래서 주식회사의 목적을 주주의 이익(Profits)이라고 하는 반면 협동조합의 목적은 조합원의 편익(Benefits)이라고 한다. 또는 조합원의 삶의 질 향상, 조합원 삶의 가치증대라고도 말할 수 있다.

방법의 측면에서 협동조합의 조합원은 소유자인 동시에 이용자가 되어 협동을 통해 사업을 영위한다.

어느 회사의 주식을 사는 것은 그 회사의 상품을 사기 위해서가 아니라 주가가 오르거나 배당을 바라기 때문이다. 그러나 협동조합의 조합원은 조합의 사업을 이용하기 위해서 조합원이 되는 것이다. 그래서 조합원이 조합 사업을 이용하지 않으면 조합원이 아니다. 세계 모든 나라의 협동조합법이나 정관 또는 규정을 보면 사업 이용은 조합원의 권리이자 의무이다. 따라서 이를 이행치 않으면 제명 처분하도록 되어 있다.

그리고 협동을 통해 사업을 영위한다는 것은 두 가지 의미가 있다. 하나는 협동조합은 상대적 약자가 여럿이 협동하여 목적을 달성하는 조직이라는 것이다. 다시 말해 혼자서 하는 것을 협동조합이라 칭하지 않는다는 것이다. 그리고 협동조합은 사업을 통해 목적을 달성하는 사업체라는 것이다.

시장경제에서 기업이 돈 있는 사람들이 돈 놓고 돈 벌기 하는 조직이라면 협동조합은 고객이 주인이 된 조직이라고 할 수 있다. 미국 농무부의 연구자료를 보면 협동조합은 이용자(User)가 소유(Owned)하고 통제(Controlled)하고 수혜(Benefited)하는 조직이라고 한다. 그래서 협동조합에서는 고객만족이라는 말보다는 주인만족, 조합원만족이라는 말이 맞다고 볼 수 있다.

이와 같이 협동조합의 정체성을 주체, 목적, 방법의 측면에서 도출할 수 있다. 정체성을 염두에 두고 가치와 원칙을 곰곰이 살펴보면 왜 그러한 가치와 원칙이 나왔는가를 추정할 수 있다.

2) 협동조합의 가치

협동조합에는 이념이 있다고 한다. 그 이념을 정리해서 국제협동조합연맹(ICA)이 1995년에 발표한 것이 협동조합의 가치이다. 이는 ICA가 새롭게 만든 것이 아니고 협동조합의 역사 속에서 협동조합이 추구해 온 이념을 찾아서 정리한 것이다. 협동조합의 가치를 보라. 자조, 자기책임, 민주주의, 평등, 공정, 연대이고 윤리적 가치로는 정직, 공개, 사회적 책임, 타인에 대한 배려를 들고 있다. 이 모두가 생각해 보면 상대적 약자들이 협동하는 데 필요한 신념체계라고 할 수 있다.

〈 협동조합의 가치 〉

－1995년 국제협동조합연맹(ICA)발표－

<윤리적 가치>

○ 자조(self－help)
○ 자기책임(self－responsibility)
○ 민주주의(democracy)
○ 평등(equality)
○ 공정(equity)
○ 연대(solidarity)

○ 정직(honesty)
○ 공개(openness)
○ 사회적 책임
　(social responsibility)
○ 타인에 대한 배려
　(caring for others)

협동조합 가치 중의 하나인 공정(公正)에 관해서 언급하고자 한다.

ICA의 협동조합 정체성 배경 설명 자료를 보면 공정을 조합 내부의 분배에 국한시켜 설명했는데 로치데일 협동조합 설립 당시를 보면 공정의 의미는 다르다는 것을 알 수 있다. 만인이 평등하게 인간다운 삶을 누릴 수 있는 공정한 사회 - 일부의 사람이 다른 사람의 희생에 의하여 이익을 보지 않는 사회를 만들고자 했다. 그래서 로치데일 협동조합의 공식명칭은 로치데일 공정한 선구자 조합(Rochdale Society of Equitable Pioneers)이다.

예를 들어 보자. 아까 예로 든 최 서방 구멍가게 얘기이다. 빨래비누 하나에 300원 받는 것이 생산자나 소비자의 입장이 아닌 사회적으로 공정한데 최 서방 구멍가게는 독점적 지위를 핑계로 500원 받고 있는 것이다. 이에 김, 이, 박 서방이 자기들의 희생으로 최 서방 구멍가게가 이득을 보므로 이는 공정하지 않다고 보고 이를 시정하기 위해서 협동조합을 만드는 것이다. 여기서 빠트리지 말아야 할 사실은 김, 이, 박 서방 협동조합이 빨래비누를 300원에 팔아도 조합을 꾸려 나갈 수 있을 정도의 경쟁력이 있어야 한다는 것이다. 결국 협동조합이 공정을 실천하려면 경쟁력이 있어야 하고 그래야만 존립의 당위성을 확보할 수 있다.

만약 세월이 흘러 최 서방 구멍가게는 규모를 확장, 대형 할인마트가 되어 빨래비누 한 장에 200원으로 가격을 낮추어 팔아도 수지가 맞아 200원에 판다고 하자. 그러나 김, 이, 박 서방 협동조합은 변함없이 있어서 200원 받아서는 적자가 난다고 하자. 그러면 누가 공정하지 못하느냐는 문제가 발생한다. 오히려 김, 이, 박 서방 협동조합이 공정하지 못하다는 결론이 나온다. 여기서 협동조합이 선택할 수 있는 길은 경쟁력을 확보하든지, 문을 닫든지 양자택일의 길밖에 없다고 생각한다. 협동조합의 존립의의는 공정이라는 잣대로 가늠할 수 있으며 이는 경쟁력이 밑받침되어야 한다고 생각한다.

3) 협동조합의 원칙

협동조합원칙은 1844년 설립한 로치데일 협동조합의 성공사례를 분석한 것을 토대로 ICA가 채택한 것이다. 협동조합의 정체성과 연관시켜 보시면 이러한 협동조합원칙이 필요한 이유를 알 수 있을 것이다. 상대적 약자들이 협동하는 데 가입자유의 원칙과 1인 1표를 통한 민주관리의 원칙이 필요했음을 알 수 있다. 조합원은 이용자인 동시에 소유자이기 때문에 이용을 늘리기 위해서는 이용고배당이라는 새로운 제도를 발명했다고 본다. 다른 것도 마찬가지이다.

협동조합원칙은 1937년에 ICA가 처음으로 채택한 다음 1966년과 1995년에 개정하였다. 이는 협동조합의 환경이 변했기 때문이다. 협동조합이 핵심적 정체성을 유지하면서 존립 발전하기 위해서는 그 운영지침인 원칙은 환경 변화에 대응하여 시대상황에 맞게 정립하여야 했다.

〈 협동조합의 원칙 〉

<1937년>	○ 가입자유의 원칙	○ 민주적 관리의 원칙
	○ 구매고 배당의 원칙	○ 자본 이자 제한의 원칙
	○ 정치적, 종교적 중립의 원칙	○ 현금거래의 원칙
	○ 교육촉진의 원칙	
<1966년>	○ 가입자유의 원칙	○ 민주적 관리의 원칙
	○ 자본 이자 제한의 원칙	○ 잉여금 공정분배의 원칙
	○ 협동조합 교육의 원칙	○ 협동조합 간 협동의 원칙
<1995년>	○ 가입자유의 원칙(Voluntary and Open Membership)	
	○ 민주적 관리(Democratic Member Control)	
	○ 조합원의 경제적 참여(Member Economic Participation)	
	○ 자율과 독립(Autonomy and Independence)	
	○ 교육 훈련 및 정보(Education, Training and Information)	
	○ 협동조합 간 협동(Co-operation Among Co-operatives)	
	○ 지역사회에 대한 기여(Concern for Community)	

4) 협동조합의 이원적 성격

협동조합은 뜻을 같이하는 조합원들이 스스로 협동을 통해 자기들의 삶의 질을 높이고자 사회개혁운동으로 시작되었다. 여기에는 조합원의 참여가 관건이 되고 민주적 운영이 중요한다. 바로 이 측면이 협동조합의 사회적 성격이고 운동체적 성격이다.

한편 협동조합은 조합원이 필요로 하는 사업을 통해 삶의 질을 높이고자 하였다. 따라서 협동조합의 사업은 동종 기업과의 경쟁이 불가피하다. 경쟁력이 확보되어야만 협동조합의 존립의의가 있고 그러기 위해서는 효율성이 중시된다. 바로 이 측면이 협동조합의 경제적 성격이고 사업체적 성격이다.

이처럼 협동조합은 조합원집단, 또는 조합원의 결사체(association)라는 측면이 있고 사업체(enterprise)라는 또 하나의 측면이 있어 이원적 성격을 지닌다. 초기의 협동조합은 사회적 성격이 강했다. 그러나 시장에서의 경쟁이 심화됨에 따라 협동조합 사업체의 경쟁력 확보가 협동조합 존립의 관건이 됨에 따라 경제적 성격의 중요성이 커졌다.

사회적 성격의 협동조합은 민주주의를, 경제적 성격의 협동조합은 효율성을 중시한다.

이 두 가지 성격은 서로 충돌할 수도 있다. 그러나 이 두 가지가 서로 적절히 조화와 통합이 이루어졌을 때 올바른 협동조합이 된다. 사회적 성격의 협동조합으로서 운동만 주장하면 협동조합이 아니라 일반적인 운동체가 된다. 반면 경제적 성격의 협동조합으로서 사업체만 중시하다 보면 협동조합이 아니라 기업체가 된다.

우리는 이 두 가지가 조화롭게 통합되어야 하는 당위성을 협동조합의 정체성에서 찾을 수 있다. 협동조합의 조합원은 주식회사의 주주와는 달리 협동조합의 소유자인 동시에 이용자이다. 이 점이 협동조합의 핵심적인 정체성의 하나이다. 주식회사의 주주는 그 회사의 제품을 구매하는 것이 목적이 아니고 배당과 주가상승에 관심이 있다. 그러나 협동조합의 조합원은 사업 이용을 주목적으로 한다. 때문에 협동조합은 조합원의 참여와 이용이 운동체로서의 협동조합이나 사업체로서의 협동조합 어디에나 가장 중요한다. 더구나 운동체로서 협동조합이 추구하는 것은 상당 부문 사업체의 사업을 통해 이루어지므로 협동조합의 운동체와 사업체는 서로가 밀접하게 연계되고 통합되어야 한다.

잘한다는 조합, 특히 판매 사업을 잘한다는 조합을 보면 운동과 사업이 통합되어 있음을 알 수 있다. 조합원이 소득을 높이기 위해 서로 협동하여 소비자가 원하는 품질기준에 맞는 농산물을 생산하고, 조합은 브랜드를 만들어 판매망을 구축하고 생산자와 소비자 간에 신뢰를 쌓아 브랜드 파워를 높여 간다. 조합원의 참여와 협동조합 사업의 효율성이 바로 협동조합 성패의 관건이다.

운동만 있고 사업이 없거나 사업만 있고 운동이 없는 협동조합은 이미 협동조합이 아니다. 이 둘은 조화와 통합이 이루어져야 한다. 조합원은 운동과 동시에 사업을 경영자는 사업과 동시에 운동을 생각해야 한다.

5) 협동조합과 자본주의

협동조합은 자본주의의 틀 속에서 자본주의의 부정적인 측면을 시정하는 역할을 한다고 한다. 자본주의는 부익부 빈익빈을 조장하는 측면이 있어 인구의 20%가 부의 80%를 차지한다고 한다. 결국 양극화 현상이 나타나는 것이다. 그러나 협동조합은 상대적 약자의 조직이고 소유자인 동시에 이용자이기 때문에 이러한 자본주의의 부정적인 측면을 완화하는 기능을 하게 된다고 본다.

6) 협동조합의 정의

협동조합의 정체성을 살펴보았다. 협동조합의 핵심적 정체성, 그리고 이념체계인 가치와 운영지침인 원칙을 설명하였다. 협동조합이 어떤 것인가 어느 정도 이해가 되리라고 생각한다. 여기서 협동조합의 정의를 제시하고자 한다. 협동조합의 정의는 대표적인 것으로 ICA가 정의한 것과 미국 농무부가 정의한 것 두 가지가 있다.

ICA의 협동조합 정의(1995)

A co−operative is an autonomous association of persons united voluntarily to meet their common economic, social, and cultural needs and aspirations through a jointly −owned and democratically−controlled enterprise.

협동조합은 공동으로 소유되고 민주적으로 운영되는 사업체를 통하여 공통의 경제적, 사회적, 문화적 필요와 욕구를 충족시키고자 하는 사람들이 자발적으로 결성한 자율적인 결사체이다.

미 농무부의 협동조합 정의(1987)

A cooperative is a user−owned, user−controlled business that distributes benefits on the basis of use.

협동조합은 이용자가 소유하고 이용자가 통제하는 사업체이며 편익은 이용을 기준으로 배분한다.

이 두 가지 정의를 얼핏 보아서는 서로 다른 조직에 대한 정의를 보는 것 같다. 미 농무부의 협동조합 정의는 누가(who)에 초점을 맞춘 것이다. 누가 협동조합을 소유하고 이용하고 수혜하고 통제하는가를 질문한 결과이다. 한편 ICA의 협동조합 정의는 민주적 운영, 결사체, 사업체가 강조되어 있고 이용자라는 개념은 욕구충족이라는 말에 내포되어 있는 것 같다.

이렇듯 하나의 조직을 보는 시각에 따라 다르게 정의될 수 있다. 정체성에서 살펴본 바와 같이 주체, 목적, 방법의 측면에서 협동조합을 정의하면 다음과 같다.

'협동조합은 상대적 약자들이 편익 증대를 목적으로 소유자인 동시에 이용자가 되어 협동을 통해 사업을 영위하는 조직이다.'

2. 협동조합 경영

1) 협동조합 경영이란

경영이라면 기업 경영만을 생각하는 사람이 있다고 한다. 피터 드러크는 이러한 현실을 지적하였다. 그는 경영학의 초창기에 경영(management)은 모든 조직에 대한 경영이라고 인식되었다 한다. 그러나 1920년대의 경제공황 이후 기업에 대한 이미지가 악화되자 행정부나 공기업에서 administration이라는 용어를 management 대신에 쓰게 되자 경영(management)은 기업에만 적용되는 것처럼 되었다는 것이다.

그러나 그 후 다시 경영(management)은 모든 조직에 적용되는 것으로 인식되고 있다 하였다. 경영(經營, management)은 학자에 따라 여러 가지로 정의되고 있다. 경영이란 조직의 목표를 효율적으로 달성하기 위한 활동의 의사결정 과정이다. 여기서 활동이란 이용 가능한 자원을 효율적으로 활용하기 위해 계획, 실행, 통제하는 과정이다.

그러면 조직이란 무엇인가. 조직이란 원하는 것을 이루기 위해 체계적으로 일하는 사람들의 모임이다. 이렇게 보면 영리를 추구하는 기업이든 영리를 추구하지 않는 비영리 조직이든 경영은 필요하다. 그래서 기업 경영은 물론이고 정부경영, 군대경영, 교회경영, 병원경영 등 각각의 조직 특성에 적합한 경영이 개발, 발전되고 있다.

협동조합도 고유의 정체성을 지니고 있어 협동조합 경영이 있다. 협동조합 경영(cooperative management)이란 협동조합을 경영하는 것이다. 협동조합의 이원적 성격에서 협동조합은 결사체와 사업체가 통합된 조직이라고 하였다. 결사체든 사업체든 조직에는 경영이 필요하다. 때문에 협동조합 경영은 협동조합의 사업체만을 대상으로 하는 것이 아니라 결사체와 사업체가 통합된 협동조합 전체 조직을 대상으로 한다.

아울러 협동조합의 경영활동은 고유의 협동조합적 접근이 요구되고 있다고 하겠다(In a cooperative, every area of management activity requires a unique cooperative approach.).

2) 협동조합 경영의 특성

협동조합 경영은 기업 경영과 같은 점도 있지만 다른 점도 있다. 협동조합과 기업은 서로 다른 정체성을 지니고 있기 때문이다.

첫째, 협동조합 경영은 협동조합적 접근이 요구된다. 협동조합의 핵심적 정체성, 가치, 원칙에 입각한 접근이다. 그러나 환경 변화에 따라 가치와 원칙은 바뀔 수 있다는 것을 염두에 두어야 한다. 사실상 원칙은 ICA가 3차에 걸쳐 정립하였다. 협동조합의 강점과 약점을 파악하여 강점은 더욱 강점이 되게 하고 약점을 보완하는 노력이 필요하다.

둘째, 경영은 의사결정을 하고 이를 실천하는 데 초점을 두고 있다. 협동조합 경영의 의사결정은 기업 경영의 의사결정과 비교해 보면 의사결정 기법은 같으나 협동조합의 정체성 때문에 의사결정 과정과 의사결정 결과가 다를 수 있다.

의사결정에 있어 협동조합과 기업이 다른 이유를 좀 더 구체적으로 서술해 보겠다. 먼저, 협동조합은 조합원의 편익 증대를 목적으로 하고 있는 반면 기업은 주주의 이익

증대를 목적으로 하고 있기 때문이다. 이익이라면 단순하나 편익은 다양하고 복합적이다. 예를 들어 기업의 경우엔 이익만 많이 내면 주주의 이익이 증대될 수 있다. 그러나 협동조합은 다르다. 판매 사업의 경우 조합원은 농산물의 가격을 잘 받아야 한다. 동시에 협동조합도 필요한 비용을 조달하고 수지를 맞추어야 지속적으로 존립 발전이 가능하다. 조합원 농가는 그들이 투자한 출자금에 대한 배당을 많이 받는 것보다는 필요한 서비스를 받고 농가소득을 높이기 위해서 협동조합을 조직하기 때문이다.

다음은, 의결기관과 투표하는 룰이 다르기 때문이다. 협동조합에서는 조합원의 참여가 성공의 관건이기 때문에 조합원으로 구성되는 총회와 이사회에 권한을 많이 남겨 두고 있으나 기업에서는 경영진에 권한을 많이 위양하고 있다. 또한 의결도 협동조합은 1인 1표이나 기업에서는 보유주식 수에 비례하여 의결권을 행사하고 있다.

그리고 기업은 '공격적'인 이유로 설립되었으나 대부분의 협동조합은 '방어적'인 이유로 설립되었기 때문이다.

셋째, 협동조합 경영에는 조합원, 이사회, 경영진, 직원이라는 4대집단이 각자의 역할을 다해야 하며 이들 간의 커뮤니케이션이 매우 중요하다. 조합원, 이사회, 경영진, 직원에 대한 의사소통, 정보 제공, 교육이 절실히 요청되고 있다.

이러한 차원에서 협동조합 경영과 기업 경영이 다른 점을 열거해 보았다.

〈 협동조합 경영과 기업 경영 〉

구 분	협동조합 경영	기업 경영
소유자	조합원	주 주
목 적	조합원의 경제적, 사회적, 문화적 지위 향상 ※조합원의 편익(Benefits)	주주의 이익(Profits)
이 념	가치(Values)	사회적 책임, 윤리 경영
이익목표	적정 이익 ※출자·이용고배당＋경쟁력 확보	이익 극대화
전 략	원 칙＋경영전략	경영전략
사업관건	조합원의 참여	고객 확보 ※회원제
가격 책정	원가, 원가＋적정 이익, 또는 시가	원가＋이익
의사결정	1인 1표 원칙	주식비례
이익배당	출자배당제한, 이용고배당	제한 없음 ※마일리지
경쟁력	기 본	기 본

3) 협동조합의 편익

먼저 협동조합의 목적에 대해서 좀 더 상세히 서술해 보겠다. 협동조합의 목적은 조합원의 편익이고 기업은 주주의 이익이라는 것은 이미 전술하였다. 여기서 중요한 것은 협동조합이 조합원에게 줄 수 있는 편익이 무엇이고 그 한계는 무엇인가 하는 점이다. 농협의 경우를 예로 들어 보겠다. 농협에 대한 비판을 분석해 보면 농협이 미흡하여 그러한 비판을 받는 경우도 있고 농협이 만능이라고 생각해서 그러한 경우도 있는 것 같다.

협동조합의 편익과 한계에 대하여 객관성 있는 자료가 있다. 미국 농무부의 웹사이트에서 찾은 논문인데 미국 농협의 편익과 한계에 관한 것이다. 이 논문에서는 농협의 편익을 조합원, 지역사회, 소비자로 구분하여 통계자료를 제시하면서 설명해 놓았다. 여기서는 농정활동의 결과인 입법지원이나 농촌지도자의 발굴 육성도 편익의 하나로 제시하고 있다. 이를 보면서 사업량과 이익 그리고 배당내역만 보고하는 우리 농협의 업무현황이나 사업보고서는 너무 단순하다는 생각이 든다. 지역농업에 대해 상세히 설명하는 일본 농협의 업무현황을 보아도 이를 알 수 있다.

미국의 논문에서 가장 성공적으로 운영되는 협동조합이라 해도 모든 조합원에게 모든 것을 다 해 줄 수는 없다고 했다. 그리고 협동조합 편익의 전부를 측정하기는 어려우며 협동조합이 조직된 초기에는 편익이 분명했으나 시간이 지남에 따라 모호해지는 경우가 있다는 것이다. 70년대 초 한국 농협이 읍 면 단위로 합병하고 상호금융과 연쇄점 사업을 시작했을 때와 지금을 비교해 보시면 그 의미를 아실 것이다.

미국 농협의 편익과 한계

<농협의 편익>	
－농민조합원	
○ 협동조합 소유와 민주적 관리	○ 농가소득 증대
○ 서비스 개선	○ 농자재와 농산물의 품질 향상
○ 농자재의 안정적 공급	○ 시장경쟁력 촉진
○ 시장 확대	○ 농가경영능력 향상
○ 법률적 지원	○ 가족농의 농업경영 유지
○ 농촌지도자 발굴 육성(민주주의 훈련의 장)	
－지역사회	
○ 지역사회 소득 증가	○ 지역사회 발전에 기여
○ 비농민에 대한 재화와 서비스 제공	

```
─ 소비자
○ 양질의 농산물 공급            ○ 다양한 서비스 제공
○ 새로운 제품과 가공방법 개발    ○ 생산비와 판매비용 절감
○ 복지 증진
<농협의 한계>
○ 생산조절                     ○ 노동에 의존한 영농
○ 가격 결정                    ○ 매개자 기능
○ 시장지배력                   ○ 가격과 서비스에 대한 영향
○ 내부 유보 적립               ○ 고유특성에 의한 제한
```

주: 미국 농무부 웹사이트에 실린 J. Warren Mather & Homer J. Preston의 "Cooperative Benefits and Limitations" 참조(OJT교재 5월호에 번역하여 게재).

4) 협동조합의 한계

미국의 논문에서 농협의 편익을 제시하는 한편 농협의 한계까지 거론해 놓은 것을 보면 매우 흥미롭다. 가장 먼저 생산조정에 농협으로서는 한계가 있다는 것이다. 초기에 미국 농협도 시도해 보았으나 실패했다는 것이다. 내가 덴마크농협의 전문가에게 물어 보았을 때도 비슷한 대답이었다. 농협은 국회와 정부가 생산조정에 필요한 법을 만들고 예산을 확보하도록 농정활동을 하고 그 결과와 정부의 농업 관측 자료를 조합원에게 정보로 제공하여 영농의사결정에 도움을 주어야 한다고 했다. 그래도 무임승차자 문제가 있으며 농사는 기후와 깊은 관련이 있어 하느님이 돌봐 주셔야 한다.

자본 조달의 한계도 제시하고 있다. 이용고배당을 우선하고 출자배당을 제한하며 출자에 관계없이 1인 1표제로 하는 것 등은 자본 조달에 제약을 가져온다는 것이다.

5) 협동조합과 윤리 경영

협동은 신뢰를 바탕으로 한다. 그래서 협동조합에는 그 어느 조직보다도 윤리성과 투명성이 요구되고 있다.

기업에서 윤리 경영을 주장하고 있지만 윤리 경영의 할아버지요 시조는 협동조합이다. 정직, 공개, 사회적 책임, 타인에 대한 배려라는 협동조합의 윤리적 가치를 되새겨 보라. 이것이 바로 윤리 경영의 수칙이고 임직원의 가슴에도 새겨야 할 신념체계이다.

협동조합은 정체성에서 알 수 있는 바와 같이 투명하고 윤리적인 조직이다. 그것은 협동조합의 조합원은 소유자인 동시에 이용자이기 때문에 일상의 조합 사업 이용 과정에서 점검하고 평가하여 시정을 요구할 수 있기 때문이다. 그러나 대기업의 소액주주를

생각해 보라. 그는 일 년에 한 번의 주주총회에 참석한다 해도 발언권을 얻기가 어려운 실정이다. 협동조합이 윤리 경영의 시조라는 사실을 인식하고 임직원의 자세를 가다듬어야 하겠다.

6) 회원제와 마일리지

협동조합이 윤리 경영의 시조라고 한 바 있거니와 기업이 협동조합에서 배워 간 것이 또 있다. 하나는 회원제이다. 협동조합은 조합원이라는 특정 집단을 대상으로 사업을 영위하지만 기업은 불특정다수를 대상으로 사업을 영위한다. 이에 기업이 협동조합의 조합원제도처럼 회원제를 도입하여 고정 고객을 만든 것이다. 또 하나는 마일리지제도이다. 이는 바로 협동조합의 이용고배당제도를 본뜬 것이다. 오늘날 가장 앞서 가는 사업모델이라고 할 수 있는 카드사업의 주축 전략을 분석해 보면 회원제와 마일리지제인데 이 모두가 협동조합에서 배워 갔다는 것을 알고 보면 협동조합은 케케묵은 과거의 조직이 아니라 현재는 물론 미래에도 강점이 있는 조직이라는 것이 인정된다.

7) 협동조합 사업의 상품구성과 사업방식

구매 협동조합의 경우 상품구성이 기업과는 다를 수 있다. 기업은 마진이 큰 상품 위주로 취급품목을 구성할 것이다. 그러나 협동조합은 조합원이 원하는 상품으로 구성해야 한다.

판매 협동조합의 경우도 기업의 농산물 판매와는 다른 점이 있다. 기업의 농산물 판매 사업은 필요한 품질로 필요한 양만 농가로부터 구입해서 판매한다. 그러나 협동조합은 조합원이 생산하는 농산물을 선택적으로 판매하기는 어렵다. 따라서 협동조합의 농산물 판매는 상품구성이 기업과는 다를 수 있다.

세계에서 가장 잘한다는 덴마크 농협은 판매 사업을 어떻게 하느냐고 물어 보았다. 한마디로 품질관리라고 했다. 품질을 관리해서 상표를 붙이고 브랜드 파워를 높여서 한 값 더 받아 조합원의 소득 증대에 기여한다는 것이었다. 판매 사업은 똘똘한 브랜드를 만드는 것이라고 했다. 2001년이나 2005년 쌀 판매가 그렇게 어려울 때도 철원 오대미나 이천 임금님표 쌀, 해남 옥천의 한눈에 반한 쌀과 같이 파워 브랜드는 판매에 큰 어려움이 없었다. 똘똘한 브랜드는 조합원에게 소득을 증대시킬 뿐 아니라 조합의 수지에도 기여하는 바가 커 이러한 조합의 판매 사업은 흑자이다. 똘똘한 브랜드를 만든 조합장은 무투표로 당선되는 것 같다. 소비자들이 브랜드로 구입하는 브랜드시대를 맞아 시사하는 바가 크다고 하겠다.

우리나라와 같이 조합원이 영세소농인 경우 협동조합의 농산물 품질관리는 대농으로 구성된 나라의 협동조합에 비해 더욱 어려움이 많다.

협동조합의 사업방식 또한 기업과는 다르다. 조합원이 소유자인 동시에 이용자이기 때문에 협동조합의 구매 사업이나 판매 사업은 그 방식이 매취, 수탁, 알선, 정책 등으로 나뉜다.

8) 가격 책정

협동조합의 가격 책정은 원가로 해야 한다고 한다. 이는 협동조합의 조합원은 이용자인 동시에 소유자이기 때문이다.

그러나 여기서 간과해서는 안 될 중요한 사실이 있다. 협동조합은 사업마다 경쟁자가 있게 마련이다. 협동조합의 경쟁자들은 자꾸만 규모화하여 경쟁력이 높다. 이에 협동조합도 경쟁력을 확보해야만 계속사업체로 존립 발전할 수 있다. 협동조합이 경쟁력을 확보하기 위해서는 새로운 투자가 필요하기도 한다. 그러나 협동조합은 자본 조달에 한계가 있다. 만약 협동조합이 가격 책정을 원가로만 한다면 협동조합은 단순재생산이나 축소재생산만 되풀이하고 결국은 경쟁력을 갖추지 못하게 되어 마침내 존립의 의의조차 없어지게 된다. 따라서 경쟁력을 갖추기 위한 내부 유보와 출자, 이용고배당을 위한 이익 등을 포함하는 적정 이익을 원가에 가산하여 가격을 책정해야 한다. 또한 원가의 산정은 사후적이므로 현실적으로는 시가로 판매한 후 배당, 적립하게 된다. 로치데일 협동조합에서도 상인들과의 지나친 경쟁을 피하기 위해서 시가로 판매한 후 배당하고 적립했다고 한다.

9) 협동조합 경영의 4대지주

협동조합의 조합원은 소유자인 동시에 이용자이기 때문에 협동조합 성패의 관건은 조합원의 참여이다. 조합원의 참여는 사업 이용, 의사결정, 출자 등으로 구분할 수 있다. 협동조합의 가치와 원칙은 이러한 조합원의 참여를 촉진하기 위한 가치이고 원칙이기도 한다. 따라서 조합원은 협동조합 경영의 주요 요소이며 이사회, 경영진, 직원과 더불어 협동조합 경영의 4대요소 또는 4대지주라고 한다. 성공적인 협동조합 경영을 위해서는 이들 집단이 각자의 역할과 책임을 다해야 한다. 오케스트라에서 악기마다 각자의 음을 내어 조화를 이루듯이 협동조합 경영에서도 이들 4개 집단이 맡은 바 역할을 수행하여 조화를 이루어야 한다는 것이다. 이를 위해서는 조합원, 이사, 경영자, 직원의 역할, 권한, 책임을 명확히 하고 이들을 대상으로 하는 의사소통, 정보 제공, 교육이 지속적으로 이루어져야 한다는 것이다.

10) 의사결정

협동조합은 경쟁관계에 있는 주식회사와 마찬가지로 불확실성이나 대안 선택의 문제 등에 직면한다. 그러나 협동조합은 이용자가 소유하는 특징이 있으므로 당면한 문제에 접근하는 방식이 주식회사와는 다르다. 협동조합의 의사결정은 투자자본에 대한 수익률 뿐 아니라 조합원에 대한 서비스 향상, 조합원의 이익과 실행가능성 등을 고려해서 이루어지게 된다.

투자자 이익 증대를 목적으로 하는 주식회사와는 달리, 협동조합은 투자자와 이용자라는 두 가지 측면에서 조합원을 만족시키기 위하여 노력해야 한다. 협동조합은 조합원에게 이득을 제공하여야만 하고 동시에 적절한 수익을 획득해야만 한다. 조합원에 대한 이득의 제공은 장기적인 순이익 극대화와 상충되기도 한다.

협동조합의 민주적 의사결정은 합의의 장점도 있지만 함정도 있다. 전과 동으로 의사결정을 한다든가 목소리가 큰 조합원의 요구나 숫자가 많은 조합원층의 요구를 무시하지 못해서 수지가 맞지 않는 사업도 추진하는 의사결정을 한다는 함정이다. 또한 사업의 타당성을 충분히 검토하지 않거나 보조금 등에 눈이 어두워 잘못된 의사결정으로 협동조합을 곤경에 처하게 하는 경우도 있다. 이러한 함정에 빠지지 않기 위해서는 올바른 의사결정을 해야 한다. 여기서 자질을 갖춘 이사진과 경영진의 확보가 절대적이며 이들의 전문성 제고를 위한 교육 확충이 요청되고 있다.

11) 커뮤니케이션

조합원이 소유자인 동시에 이용자이고 통제자이므로 협동조합 경영에서는 기업 경영에서보다 더 넓은 범위의 대인관계가 요구된다. 협동조합의 이사회는 조직에 대한 조합원의 기대를 이해하고 선도해 가야만 한다. 협동조합의 경영진은 조합원의 요구사항을 잘 파악하고 있어야 할 뿐 아니라 개별조합원과도 자주 의사소통하고 투명성을 유지해야 한다. 협동조합에서는 의사소통 기술뿐만 아니라 정치적인 기술도 매우 중요한다. 경영자는 조합원들과 자주 접촉하며 조합원 관련 사안에 관해서는 구성원 내의 서로 다른 집단 간에 발생하는 갈등을 해결하기 위한 정치적인 기술을 잘 갖추고 있어야만 한다.

협동조합을 둘러싼 환경의 급변으로 과거 어느 때보다도 효과적이고 효율적인 조합원 커뮤니케이션이 필요하다. 조합이 규모화하고 복잡해짐에 따라 조합원들은 자신들의 역할을 이해하고 실천하기 위해서 과거보다도 더 많이 협동조합을 이해해야만 한다. 더욱이 조합의 대규모화로 개별 조합원의 행동이 조합에 미치는 영향이 과거보다 훨씬 적어짐에 따라 상대적으로 조합원의 상실감은 더욱 커지고 있다. 마진 폭은 과거보다 훨씬 적어서 협동조합의 편익이 불분명해지고 있다. 대규모 협동조합의 경우 조합원의 특성과 요구가 이질화됨에 따라 다양한 서비스 제공과 가격 결정방식이 필요해지고 있다. 이로 인해 정보의 필요성이 증대되고 공정성에 대한 관심이 높아지고 있다. 농업생산기술의 발전도 정보에 대한 요구를 증대시키고 있다.

불안정한 정부정책과 농산물의 국내외 수급불안은 조합원과 협동조합에 위협요인이 되고 있다. 이러한 문제들을 극복하기 위해 분명한 것은 앞으로 협동조합은 이전보다 더욱 교육을 강화해야 한다는 것이다.

교육은 협동조합 성공의 가장 중요한 요소이다. 특히 1844년 로치데일 공정개척자 조합은 조합원 교육과 정보 제공을 중요하게 인식하여 협동조합은 당기순이익의 일정비율을 교육에 배정하고 조합원에게 조합의 재무정보를 수시로 제공할 것을 규정하였다. 1966년 국제협동조합연맹은 '모든 협동조합은 조합원, 임직원, 일반 대중에게 협동조합의 원칙과 협동조합의 이념에 대한 교육을 제공해야 한다.'고 선언함으로써 교육의 필요성에 대해 강조하였다.

협동조합은 자체 정관이나 규정 또는 협동조합법에 조합원과 커뮤니케이션을 의무사항으로 명시하고 있다. 협동조합의 독특한 조직구조로 인해 다양한 사람들이 협동조합의 의사결정 과정에 참여하고 있다. 조합원은 협동조합의 소유자이며 통제자이기 때문에 충분한 정보와 교육을 제공받아야 한다. 이사진에도 충분한 정보와 교육을 제공해야 한다. 협동조합은 경영진과 직원들에게 전문적인 교육훈련프로그램을 제공해야 한다. 또한 협동조합은 협동조합에 대한 이해를 높여 우호적인 협력을 얻기 위해 외부의 이해관계자와 일반대중에게 정보를 제공하고 교육해야 한다.

정보 제공과 교육과는 별도로, 협동조합 이사진과 경영진은 조합원으로부터 배워야 한다. 조합원으로부터의 피드백에 의한 신뢰성 있는 정보에 기반을 두어야 한다. 이러한 피드백은 이사진과 경영진이 어려운 의사결정을 해야 할 때 도움을 줄 수 있는 중요한 정보원이다. 조합원 교육과 조합원 피드백은 상호 의존적이다.

조합원은 협동조합에 대해 지나친 기대를 갖는 경우가 있다. 조합원은 협동조합이 모든 문제를 해결해 주고 모든 단점을 바로잡아 주며 모든 불만사항을 시정해 줄 수 있을 것이라고 믿어서는 안 된다. 조합원은 협동조합을 복지시설, 자선단체가 아니라 자유롭고 효율적인 자본주의 경제구조의 일부분으로 여겨야 한다.

12) 협동조합 경영실패와 경영 집단

협동조합 경영실패는 협동조합의 경영에 참여하는 집단, 조합원, 이사회, 경영진, 직원 중 적어도 한 집단 때문에 발생할 수 있다. 협동조합의 경영에서 조합원이나 이사회는 주식회사와 비교하여 훨씬 중요한 역할을 하므로 주식회사에 비해 협동조합의 성공과 실패를 결정하는 데 영향이 크다. 협동조합의 경영에서 조합원 및 이사회, 또는 경영진, 직원에 의해 저질러지는 실패나 실수의 예를 Bluce L. Anderson은 다음과 같이 열거하였다.

① 조합원들은 (a) 적격한 이사의 선출 (b) 협동조합 전이용 (c) 협동조합에 충분한 자금 투자 등에 실패할 수 있다.

② 이사회는 (a) 협동조합의 장기적 계획(장기 투자계획 또는 자본재 취득)의 수립 (b) 능력을 갖춘 경영진의 선임과 능력에 따른 보상 (c) 조합원과 효과적인 의사소통체계 구축 (d) 책임경영체제 확립 (e) 경영진이 준수해야 하는 건전한 경영정책 또는 경영지침 마련 등에 실패할 수 있다

③ 경영진과 직원은 (a) 이사회와 조합원들에 대한 올바른 경영정보 전달 (b) 재고, 기계장치, 건물, 자금, 인적자원 등 협동조합 자원의 효율적인 관리 (c) 건전한 기록 유지 및 회계 관행의 유지 등에 실패할 수 있다.

만약 협동조합의 조합원, 이사 그리고 경영진들이 협동조합 파산의 원인이 되었던 이러한 경영상의 함정들을 피할 수 있다면 성공의 기회가 훨씬 높아질 것이다.

13) 협동조합 평가기준

협동조합이든 기업이든 간에 경쟁력이 없으면 존립할 수 없다. 그러나 전술한 바와 같이 협동조합 경영과 기업 경영은 다른 점이 있다. 우선 목적에 있어 협동조합은 조합원의 편익이지만 기업은 주주의 이익이다. 따라서 협동조합과 기업을 평가하는 기준은 같은 점도 있어야 하고 또 다른 점도 있어야 한다는 것이다.

예를 들어 조합의 판매 사업목표를 물으면 100억 원이다, 150억 원이다라고만 한다. 양만 말해서 그 양의 의미를 알 수 없다. 시장점유율이 얼마인지, 과연 그중에 얼마를 한 값 더 받고 팔아서 조합원의 소득 증대에 기여했는지 등을 판단할 수 있는 질적 기

준이 필요하다는 것이다. 그래야만 조합의 사업도 조합원의 편익을 증대하는 방향으로 추진될 것이다. 또한 협동조합은 효율성을 높여 경쟁력을 갖추어야 한다. 이사진, 경영진, 직원에 대한 평가기준을 마련하고 업적과 보상을 철저하게 연계시켜 경쟁력을 높여 나가야 한다. 이러한 차원에서 협동조합의 평가기준에 대한 연구가 지속적으로 이루어져야 한다.

14) 환경 변화와 협동조합의 대응

세계의 역사를 보면 협동의 역사인 동시에 경쟁의 역사임을 알 수 있다. 협동조합은 정부와는 달라 독점사업이 없기 때문에 경쟁자가 있게 마련이다. 따라서 경쟁력이 없으면 협동조합은 존립의의를 잃게 된다.

환경의 변화에 대응하여 농업협동조합은 생존과 발전을 위해 여러 가지 전략을 구사해 왔다. 그 하나하나를 사례를 들면서 살펴보고자 한다.

첫째는 조합원의 사업 이용을 늘리는 것이다.

협동조합의 조합원은 협동조합을 조직할 때부터 사업 이용을 전제로 하여 이용자인 동시에 협동조합의 소유자가 된다. 사업 이용은 조합원의 권리이자 의무이다. 조합에 가입하고 있으면서도 조합 사업을 이용하지 않는 사람은 죽은 조합원(dead member) 또는 휴면조합원(idle member or sleeping member)이라고 한다.

덴마크 농협의 표준정관에는 조합원의 출하의무를 규정하고 있다. 그 내용은 '조합원은 자신의 건강한 암소로부터 생산한 모든 우유를 조합에 출하할 의무를 지닌다.' '조합원은 자신이 사육한 모든 돼지를 조합에 출하할 의무를 지닌다. 단 모돈이나 자돈을 예외로 한다.'는 등이다. 스페인과 그리스 등에서는 의무적 출하제도를 법률로 정하고 있다. 덴마크와 마찬가지로 포르투갈에서는 출하의무제도를 정관에서 정하고 있다. 우리나라에서는 조합원이 1년 이상 조합을 이용하지 않으면 제명사유가 된다(농협법 30조1, 산림조합법 27조1).

세계적으로 알려진 미국의 오렌지 협동조합인 썬키스트 협동조합도 출하의무 위반, 품질관리 불량 등에 의해 타 조합원에게 손실을 주는 경우 제재 조치한다고 한다.

신세대협동조합(New Generation Cooperative)에서도 주식과 출하권을 연계시켜 조합원은 구입한 주식 수에 비례하여 조합에 출하할 권리와 동시에 의무를 부여하고 있다. 조합과 조합원 간에 판매협약을 체결하며 여기에는 출하의무 이외에도 농산물의 품질조건, 대금 결제와 비용 계산, 제재수단 등 다양한 권리와 의무 조항을 포함한다. 만일 조합원이 출하를 이행하지 못하면 조합은 그 물량을 다른 곳에서 조달하고 이에 대한 비용을 그 조합원에게 부담시킨다고 한다.

둘째는 조합원 자격을 확대하거나 준조합원제도를 두어 경쟁력을 확보하였다.

농업부문 신용협동조합이 농민의 수가 감소하자 비농민을 조합원으로 가입시켜 규모 확대를 도모하였다. 프랑스의 끄레디 아그리꼴 그룹은 처음에는 농민만이 조합원이 되었으나, 비농업 분야로 업무 영역을 확대하면서 조합원 자격을 개방하였다.

일본의 종합농협은 농민의 수가 감소함에 따라 비농민을 준조합원으로 가입시켜 지역조합으로 발전하고 있다.

캐나다의 브리티시컬럼비아 주 남부에 있는 솔트 스프링 아일랜드 지역에서는 2001년 12월에 식품협동조합(Growing Circle Food Cooperative)을 설립하였는데 이는 그 지역의 유기농산물 생산자 농민과 소비자 그리고 노동자가 다 같이 조합원이 되어 이해관계자 협동조합을 설립 운영하고 있다.

셋째는 규모화하고 자회사제도를 도입하였다.

경쟁업체의 대형화에 맞서기 위해서는 합병이 불가피했다. 프랑스의 끄레디 아그리꼴이나 네덜란드의 라보뱅크, 독일의 라이파이젠협동조합은 대대적인 합병과 사업 특화가 이루어졌다. 일본 농협은 조합의 광역합병뿐 아니라 현연합회와 전국연합회를 합병하는 등 3단계 조직체계에 대한 구조개선을 추진하고 있다.

규모 확대에 따른 이익은 대개 규모의 경제와 연관되어 있다. 조합원들은 협동조합이 거대 협동조합으로 성장함에 따라, 조합에 이질감을 갖게 되고 조합이 조합원들의 의견에도 둔감한 것 같다고 느끼게 된다. 많은 소규모 지역조합들이 조합원들의 요구를 충실히 이행하기 위해 다른 조합들과 합병하고 있다. 그 결과 대규모 광역조합이 탄생했으며, 대규모 협동조합은 광범위한 지역을 대상으로 활동하기 때문에 경영진과 조합원 간의 개인적인 접촉은 제한적이다.

대규모 협동조합은 복잡다단한 지배구조로 이루어져 있다. 이사들은 일반적으로 지역을 대표하고 있으며, 지역의 대의원이나 비공식 경로를 통해 조합원들의 의견을 수렴한다. 또한 대규모 협동조합에는 다수의 경영진과 간부들이 존재하기 때문에 조합원의 의사가 원활히 전달되기 힘들다. 그리고 조합원들의 의견이 복잡한 조직구조를 통해 전달되는 과정에서 사실이 오도되거나 중요한 정보가 누락될 위험이 있다.

조합원과의 직접적인 의사소통 경로는 매스미디어, 서면, 지역별로 개최되는 연례회의 등에 한정되어 있기 때문에 광역조합의 조합원들은 소규모 지역조합의 조합원들처럼 의사소통을 활발하게 하기 힘들다. 광역조합은 이해관계가 서로 다르고 이에 따라 시장에서 자주 경쟁관계에 놓이게 되는 다양한 조합원들로 구성되어 있다. 대부분의 조합원들은 유통시설이나 가공공장이 들어설 위치를 정하는 것과 같이 모든 조합원들의 공통적이고 첨예한 이해관계를 둘러싸고 갈등을 일으킬 여지가 크다. 대규모 협동조합에서는 조합과 조합원의 직접적인 만남이 적고 조합이 조합원의 요구사항에 민감하지 못하며 지역에 대한 배려가 약화되기 쉽다. 이러한 단점에도 불구하고 대부분의 협동조합들은 규모의 경제를 통한 이익을 얻기 위해 규모를 늘려 나가지 않을 수 없는 실정이다.

협동조합은 자회사를 만들었다. 협동조합이 전통적인 협동조합 운영방식으로는 조합원의 요구에 부응하기 어려운 사업 분야에서는 자회사 제도를 도입하고 있다. 일반적으로 자회사(Subsidiary)란 어느 회사가 다른 회사의 발행주식을 2분의 1 이상 소유하고 있을 때, 또는 그에 준하는 지배력을 행사하고 있을 때, 전자를 모회사, 후자를 자회사라고 한다. 협동조합에서는 조합원의 실익을 보호하는 데 필수적이지만, 전통적인 협동조합의 자본금 확충방식이나 1인 1표의 의결권 제도를 유지하는 가운데 사업자본금의 확충이 불가능한 사업부문, 또는 조합원의 물량만으로는 시장의 경쟁에 대응하는 데 역부족인 사업부문, 사업에 전문성이 요구되는 특수 분야, 그리고 분리 독립시켜 철저한 책임경영 체제를 확립코자 자회사제도를 도입하였다.

협동조합은 지주회사를 설립하여 협동조합과 자회사를 연결하는 고리로 이용하기도 하였다.

넷째, 자본금을 확충하고 교육을 강화하였다.

협동조합은 자본금 제약이라는 공통적인 문제를 해결하기 위해 다양한 자본금 확충방안을 강구하였다. 이용고배당금의 내부 유보, 사업 이용에 비례한 일정 금액의 자본금 적립제도, 무의결권 우선주 발행, 또는 과잉 중복시설과 저수익성 자산 매각 등으로 자본을 늘렸다.

신세대협동조합은 출하권에 비례하여 출자좌수를 할당함으로써 자본 조달을 도모하였고 일부의 협동조합은 출자증권의 일부를 주식시장에 상장하기도 하였다. 어떤 협동조합은 주식회사로 전환하기도 하였다. 또한 조합원과 직원대상 교육기회를 확대하였다. 농업인 출신 이사들은 농업생산에 대한 지식은 풍부한 반면 사업체를 관리하고 시장 변화에 대응하는 데 필요한 경험과 지식이 부족한 점이 있어 이를 보완하는 교육을 확충하였다.

다섯째, 지배구조를 개선하였다.

로치데일 협동조합은 1844년 8월 11일 일요일 28명의 선구자에 의하여 제1회 총회가 열리고 마일스 에쉬워스(Miles Ashworth: 후란넬 직공, 차티스트, 본래 수병으로서 나폴레옹을 쎈트 헤레나 섬에 호송하였다고 함, 54세)를 조합장으로 선출하고, 존 홀트(John Holt: 방직기계공, 로치데일 차티스트협회의 회계담당자, 연령 미상)를 회계담당자에, 제임스 데리(James Daly: 목수, 사회주의자, 아일랜드 출신, 연령 미상)를 서기로 선출하였다.

이를 보면 로치데일 협동조합 초기에는 28명 조합원 모두가 참여하는 총회가 열렸으며 임직원이라야 조합장, 회계담당자, 서기, 세 사람뿐이었는데 모두가 조합원이 맡았다. 그러나 조합의 규모가 커져 조합원 수가 많아짐에 따라 조합원은 이사를 뽑고 이사회에서 조합장을 뽑는데 조합장은 이사회 의장으로서의 역할에 충실하고 경영은 전문경영자에게 맡기는 추세에 있다.

이러한 협동조합의 지배구조와 특성이 협력과 견제로 기업보다 경쟁력이 있다는 주장이 있다. 엔론사태와 같은 윤리의 문제는 기업 내부와 외부의 통제 시스템이 작동하지 않았기 때문이라는 것이다. 그러나 협동조합은 1인 1표, 의장과 사업대표의 양두체제, 조합원이 이용자이면서 소유자로서 일상의 거래 과정에서 점검과 통제, 지역성으로 인한 투명성 등으로 안정성과 통제의 측면에서 기업에 비해 우위성을 가진다고 하였다. 주식회사의 주주는 1년에 한 번 주주총회에서 경영자를 만나고 있는 실정을 생각해 보면 협동조합과는 차이가 있음을 알 수 있다.

여섯째, 협동조합이 생존과 발전을 위해서 변화와 개혁을 추진해 오면서도 협동조합의 정체성은 유지하려고 끊임없이 노력해 왔음을 알 수 있다.

흔히들 협동조합은 주식회사로 변질되었다고 한다. 협동조합이 자회사를 만들고 주식을 상장하는 등 일련의 조치가 나옴에 따라 그러한 비판이 나온 것이다. 그러나 곰곰이 따져 보면 그러하지 않다. 협동조합의 근간조직은 조합원이 이용자인 동시에 소유자로서 통제하도록 체제를 유지해 왔다는 것이다.

15) 협동조합 경영의 미래

1844년 28명의 조합원으로 출발한 협동조합은 조합원 수가 지금은 세계 여러 나라에 8억이 넘는다고 한다. 협동조합은 공정을 이념으로 출발하였고 경쟁력을 확보해야만 존립의 의의가 있다고 했다. 앞으로도 마찬가지라고 생각한다. 아무리 경쟁이 촉진되고 시장이 완전경쟁에 가까워진다고 하지만 시장의 불완전성은 계속되어 시장실패는 나타난다고 본다. 때문에 미래에도 협동조합의 필요성과 존립 의의는 상존한다. 기존의 협동조합들이 존립 발전함은 물론 육아, 건강, 환경, 인터넷 등과 관련된 협동조합이 많이 생겨날 것이라는 전망도 있다. 문제는 협동조합이 어떻게 경쟁력을 확보하느냐가 관건이다.

　미국 농무부는 21세기 농협의 전망에서 협동조합의 성공전략 구상은 두 가지 주제가 중심을 이루고 있다고 했다. 첫째는 협동조합의 구성원에 대한 투자 확대가 필요하다는 것이다. 조합원과 이사, 경영진과 직원은 21세기의 과제를 해결하기 위해 필요한 교육과 훈련을 받아야 한다는 것이다. 둘째는 실용주의와 수익성에 강조점을 두어야 한다는 것이다. 협동조합은 사업체이며 미래에도 사업에 관한 문제를 해결하고 조합원에게 가치를 제공하는 데 초점을 모아야 한다고 했다. 그렇지 않으면 조합원들이 조합을 이용하지 않고 빠져나갈 것이라고 하고 일곱 가지 사항을 권고하였다. 그 내용은 변화의 수용, 경쟁력 있는 이사 확보, 자기자본 토대 구축, 교육 강화, 조직효율화, 농정활동 강화, 협동조합의 정체성 유지이다.

제3절 협동조합의 주요 이론[6)

1. 협동조합 사상과 이론, 목적의 변천

　미국 농업협동조합의 사상과 이론, 목적의 변천과정을 살펴보는 것은 농업 분야에 대한 정부의 지원이 점차 감소하고 있는 상황에서 협동조합이 이를 어떻게 보완할 수 있는가 하는 점을 검토해 본다는 의미를 갖는다. 농업인 스스로의 자조적 협동을 이끌어 내는 데 성공한 협동조합은 경제학자와 사회학자, 정치학자들로부터 그 발전의 배경이 무엇인지에 대해 많은 관심의 대상이 되어 왔다. 협동조합은 경제적 안정을 이루고, 민주적 사회를 건설하는 데 많은 역할을 수행하여 왔다고 평가받고 있다.

　이 논문은 제2차 세계대전 이후 협동조합 이론에 대한 연구가 어떻게 진행되어 왔는지를 보여 주고자 한다. 그리고 협동조합이 어떻게 사회·경제·기술환경에 적응해 왔는지를 이해하는 데 도움이 되는 분석적인 틀을 소개할 것이다. 이 글을 통해 협동조합 이론에 관한 새로운 전망과 협동조합 구조와 사업활동의 내용을 살펴보면 협동조합이 향후 새로운 환경에 잘 적응할 수 있는 가능성을 충분히 가지고 있음을 인식하게 될 것이다.

　협동조합의 사상과 이론에 관한 변천 과정을 살펴보는 것은 초기 협동조합 운동가들

---

6) 이 내용들은 주로 협동조합 저널(Journal of Cooperatives)과 미국농업경제학회지에 발표된 것들로 농협경제연구소에서 번역한 자료이며, 각 주제별 토론 자료도 함께 번역하여 수록하였음.

의 사상과 이에 대한 현대적인 재해석이 어떻게 이루어지고 있는가를 알 수 있는 기회를 제공해 준다. 협동조합 저널(Journal of Cooperation) 최근호에 수록되어 있는 Ivan Emelianoff(1942)가 쓴 "협동조합 경제학 이론"(Economic theory of Cooperation)에는 이러한 내용이 포함되어 있다.

협동조합 관련 주요 이론의 변천과정을 살펴볼 때 주의할 점은 그 이론의 역사적인 맥락을 고려해야 한다는 사실이다. 즉 협동조합 사상과 이론의 발전 과정은 역사성과 현실성을 기초로 검토되어야 한다. 미국에 있어서 농산물 판매 협동조합은 19세기 상업적 영농의 출현에 기원을 갖고 있다. 판매 협동조합의 발전 과정은 20세기 초 두 가지 협동조합 학파의 영향을 받았는데, 이는 캘리포니아 학파와 경쟁척도 학파이다. 이러한 미국의 협동조합 사상은 사회개혁 사상의 영향을 크게 받은 유럽의 협동조합 사상과는 달리 실용주의에 바탕을 두고 있다는 점이 특징이다. 이러한 사상은 협동조합의 정책적 역할을 강조하였고, 협동조합의 정책적 역할은 그 후 공적 동기와 사적 동기에 의해 더욱 발전하게 된다. 이 글은 이러한 정책적 역할이 협동조합의 목적과 사상, 이론의 변천 과정에 어떠한 영향을 미쳤는가에 대해서도 살펴볼 것이다.

협동조합의 역할이 무엇인가에 대해서는 정치·경제·사회학적인 맥락 속에서 살펴보아야 한다. 협동조합은 60년간 계속되어 온 미국 연방농업계획이 마무리되고 있는 시점인 지금 농업인들에게 시장에 대한 접근 가능성을 제공해 주고, 농산물의 부가가치를 높이는 수단을 제공하고 있다는 점에서 더욱 중요한 역할을 담당하고 있다. 협동조합은 계속해서 그들의 사업방식을 전략적으로 조정하거나 재구축하고 있다. 그러나 협동조합이 농업인들에게 지속적으로 이익을 제공해 주기 위해서는 협동조합 이론과 원칙에 관한 더 철저한 연구와 검증이 이루어져야 한다.

1) 북미 협동조합의 초기 역사

북미 협동조합의 발전 과정에서 다양한 사회사상과 경제사상이 현실적 협동조합 운동에 큰 영향을 미쳐 왔다. 초기에는 유럽의 산업혁명 기간에 발전한 유토피아 사상이 영향을 미쳤고 이에 기초한 협동조합 운동이 실험적으로 시도되었다. 로버트 오웬의 신세계(New Harmony) 사상과 로치데일의 협동조합 원칙이 미국에서 협동조합의 지배구조와 사업방식에 영향을 미쳤으나 이상주의적 협동조합 운동은 그다지 성공적이지 못하였다. 이후 미국 농업협동조합 운동의 주류는 자조형태의 사업을 통해 유럽과는 다른 독자적 방식으로 발전하였다. 북미의 협동조합은 보다 나은 교역조건으로 농산물을 시장에 판매하기 위하여 조직되었으며, 이와 아울러 공정한 거래, 기타 서비스, 기회주의적 착취로부터의 보호 등을 추구하였다. 협동조합의 최근 이론은 농업인들이 협동조합을 조직하는 이유, 즉 규모의 경제를 추구할 수 있는 다른 방법에 비하여 협동조합 조직이 유리한 이유를 경제이론으로 분석하는 데 초점이 맞추어져 왔다.

19세기 말에 시작된 협동조합 운동은 농민운동을 거치면서 직업적인 농민단체의 지원을 받아 그 기능과 역할이 강화되었다. 사회학적인 의미에서 협동조합의 발전이 의미하는 것은 독립적으로 농업에 종사하는 농업인들이 농업 분야에서 자기들의 지위를 향상시키고 보호하기 위해 벌이는 사회운동의 진전을 뜻한다.

(1) 협동조합 공화국 학파(The Cooperative Commonwealth School)

협동조합 공화국 사상은 유럽 지역에서 강력한 지지를 받은 이론이며, 미국의 초기 협동조합 운동 지도자들(Howard A. Cowden, Murray Lincoln)에게도 많은 영향을 미쳤다. 이 학파는 협동조합을 경제 내 다른 사업조직체와의 관련성을 향상시키기 위한 포괄적인 조직체로 이해한다.

이 학파의 입장은 협동조합이 발전하여 소비자와 농가 부문에서 시장 지배적 위치를 차지할 것이라는 전망에 기초한다. 나아가 그들은 협동조합이 연합회를 결성하고 노동조합이나 전업농가 협회 등 관련 조직과의 연대를 통해 새로운 경제적 사회적 질서를 창출할 것이라는 확신을 갖고 있었다(Bonner 1961). 이 사상은 조합원들에게 유력한 계급으로 성장하리라는 믿음을 주었을 뿐 아니라 협동조합의 정치 경제적 영향력을 제공하는 원천이 되었다.

(2) 캘리포니아 학파(The California School)

Sapiro가 주도한 캘리포니아 학파는 품목별로 조직된 협동조합을 통해 보다 체계적인 유통을 달성하여, 농업인에게 불리한 시장불균형을 해소하고 시장조건을 개선하는 것을 지향하였다(Sapiro 1920, Larsen, Erdman 1962).

이 학파는 협동조합이 농업인만을 조합원으로 하여 품목별로 조직되어야 하며, 조합원과 조합 사이에 장기출하계약을 체결해야 하고, 전문적인 경영자를 고용해야 한다고 주장하였다. 이러한 협동조합은 특히 태평양 연안의 특수작물 재배 농가들에게 적합한 조직 형태였다.

이들은 상당한 시장점유율을 확보하고 등급화와 공동계산방식을 채택하였는데, 이를 통해 농업인들은 수확기에 농산물을 시장에 헐값에 팔아넘기는 어려움을 피하고 질서정연하게 출하할 수 있게 되었다. 이러한 Sapiro의 협동조합 운동은 광범위한 지역에서 재배되는 품목보다는 주로 제한된 지역에서 재배되는 품목에서 성공을 거두었다. 그럼에도 불구하고 그는 북미 지역에서 농업인들이 협동조합을 통해 시장 교역조건을 개선시키는 데 기여하였다는 점에서 폭넓은 지지를 받았다. 다양한 품목 분야에서 이러한 협동조합의 성공은 1922년의 캐퍼-볼스테드법(Capper-Volstead Act)과 1926년의 협동조합마케팅법(Cooperative Marketing Act)의 입법에 큰 영향을 미쳤다. 그 후 1929년 연방농업위원회(Federal Farm Board)의 주도로 진행된 하향식 전국품목협동조합의 설립 과정에서 Sapiro의 접근방식이 수정되어 적용되었으나, 그 결과는 대개 실패로 끝났다. Sapiro는 농산물 유통체계를 바로잡기 위해 1937년 제정된 농업판매협약법(Agricultural Marketing Agreements Act)보다 한발 앞서 그것의 필요성을 역설하기도 하였다.

(3) 경쟁의 척도 학파(The Competitive Yardstick School)

미국 협동조합 사상의 또 다른 축은 E. G. Nourse 교수가 주도한 경쟁척도 학파이다 (Nourse 1922, 1944, Knapp 1979). 이 학파는 Sapiro가 주창한 광역 범위의 품목 협동조합 운동에 대응하여 발전하였다. Nourse는 자유시장경제를 지향하는 시카고 학파에서 교육받은 경제학자로서 상대적으로 온건한 협동조합 구조를 주창하였다. 그의 이론은 주로 중서부 지역의 축산, 자재, 곡물 협동조합 등 지역 단위로 조직된 서비스 협동조합에 뿌리를 두고 있었다. 그는 지역사회에서 농업인의 욕구를 충족시키기 위해 조직된 협동조합을 대상으로 하여 협동조합의 지역적 통제를 강조하였다. 그의 이론적 가설에 따르면 협동조합은 제한적인 시장점유율을 갖는 유통사업을 통해서도 경쟁척도 역할을 수행하여 유통채널을 지배하는 민간기업의 독점행위를 견제할 수 있다는 것이다. 이러한 협동조합의 견제와 균형 기능(check and balance function)은 민간 부문의 사업활동에 대한 지표를 제공하며 그들이 보다 경쟁적으로 행동하도록 강제하는 역할을 수행한다.

Nourse는 협동조합의 역할에 힘입어 시장이 보다 경쟁적 구조로 변화하였을 때 협동조합은 제 역할을 달성하고 사라질 수 있다고 주장하였다. 그러나 실제로 그처럼 완전하게 경쟁적인 시장은 지속적으로 유지되기 어렵다. Nourse는 Sapiro가 주창한 방식의 민주적으로 통제되고 시장 지배적인 품목조합의 설립에 반대하는 입장을 취하였다. 반면에 Nourse는 소규모 지역 협동조합들도 구매 또는 판매 연합회를 통하여 규모의 경제를 실현할 수 있다고 보았으며, 이 경우 협동조합들은 중앙집권적이고 하향식 조직이 아닌

상향식 조직을 유지할 수 있다고 주장하였다.

협동조합이 시장의 발전, 서비스, 효율성과 경쟁에 미치는 영향을 강조한 Nourse의 주장은 협동조합에 대한 정책적 지원이 이루어져야 한다는 공감대를 이끌어 내는 이론적 기초를 제공하였다. 그리고 협동조합의 경쟁촉진 역할을 강조함으로써 정부의 세법과 독점금지법에서 협동조합에 대한 예외조항을 허용하는 근거를 제공하기도 하였다. 협동조합 경쟁척도 학파는 Nourse 자신의 학문적 위상에 의해 더욱 높게 평가되었다. 그는 1925년에 미국협동조합연구소(American Institute of Cooperation)를 설립하여 협동조합 원칙과 운영방식에 관한 현실적 논의에 기여하였다. 또한 그는 미국농업경제학회 (American Farm Economics Association)와 미국경제학회(American Economics Association)의 회장 및 트루먼 대통령의 수석경제보좌관을 역임하기도 하였다.

(4) 협동조합 학파가 미국 협동조합에 미친 영향

캘리포니아 학파와 경쟁의 척도 학파는 현실적인 협동조합의 조직구조와 목적은 물론 정부정책에도 많은 영향을 미쳤다. Sapiro가 주도한 캘리포니아 학파는 품목협동조합을 통하여 농업인들을 단결시킴으로써 시장지배력을 행사하여 농업소득을 향상시키는 데 초점을 두었다. 이러한 품목조합들은 유통채널의 조정, 새로운 제품 개발과 사업효율성 제고에 중점을 두어 충분한 시장점유율을 확보하고 적절한 사업경영을 통해 조합원 소득을 높이고자 노력하였다(Cotterill 1984).

반면에 Nourse 학파는 협동조합의 경쟁척도 역할을 강조하였다. 이 경쟁척도는 농업 관련 시장에서 협동조합과 경쟁하는 투자자 소유 기업의 성과를 판단하는 기준이 된다. Sapiro는 협동조합의 역할이 생산자들을 조정하여 시장가격에 영향을 미치는 데 있음을 강조한 반면, Nourse는 협동조합의 공익적 역할을 강조하였고 그 결과 조합원을 위한 목표 달성을 측정하고 평가하는 의미에서는 개념적 모호성을 갖는다. 두 학파는 공통적으로 협동조합의 공공재적 서비스를 강조하였다는 점에서 유사하지만, Sapiro는 조합원 이익 추구라는 면에서, Nourse는 보다 광범위한 농업생산 및 소비부문의 공익성을 지적하였다는 점에서는 차이가 있다.

일반적으로 협동조합이 설립되는 배경은 다음과 같다. (1) 농산물 구매업체와 영농자재 공급업체의 수가 제한적일 것 (2) 시장채널의 다른 단계(유통업체, 자재공급업체 등)에 비해 상대적으로 농업생산자의 수가 많고 규모가 작은 원자적 구조일 것 (3) 영농투자 자산이 특정화되어 농산물의 공급이 비탄력적일 것 등이다. 상업적 농업의 발전이 농업인들이 협동조합을 통해 자신들을 조직화하는 주된 유인이 된 것처럼 농업시장 구조의 변화는 오늘날에도 농업인들이 협동조합을 조직하는 주요 근거가 되고 있다(Torgerson 1977). 농업인들이 협동조합을 조직하는 이유는 필요한 서비스가 자신들의 지역사회에서 제공되지 않거나 또는 그러한 서비스가 합리적인 가격으로 제공되지 않기 때문이다. 최근까지도 협동조합 연구들은 농업인들의 협동조합을 통한 공동행동의 조건들로 시장실패를 비롯하여 과다한 거래비용, 농업인에 대한 차별적 시장지배력, 구매자 시장에서 수요독점의 증가 등을 거론하고 있다.

2) 협동조합 마케팅 이론의 발전 과정

Sapiro 학파와 Nourse 학파의 이론은 농업협동조합이 조합원 이익 제고와 공익적 역할 수행을 추구한다는 관점에서 그 목적과 조직구조를 구체화하였다. 이들 학파는 협동조합이 시장 지배력의 균형에 기여한다는 점을 공통적으로 강조하였다. 다만 Sapiro 학파는 협동조합이 어떤 품목의 산업 전체적인 거래조건에 영향을 미치는 것으로 보았고, Nourse 학파는 특정시장의 경쟁 촉진에 기여하는 것으로 간주하였다. 이들은 협동조합이 조합원에게 시장 이익의 보다 많은 부분을 제공할 뿐만 아니라 시장 또는 산업의 효율성을 제고하는 데 기여한다고 보았다. 즉 그들의 협동조합 철학은 공익적 관점에 기초하고 있으며, 이러한 사상은 1922년의 캐퍼－볼스테드법(Capper－Volstead Act)의 제정에 영향을 미쳤다.

Sapiro와 Nourse는 조합원 참여와 조직의 단결에 관한 현실적 문제에 크게 기여하였다. 그러나 그 이후의 이론은 협동조합의 외부적 효과보다는 내부적 또는 미시적 분석에 치중하면서 보다 완결적인 협동조합 이론의 개발에 주력하였다. 정부가 농산물 가격지지정책을 도입하면서 협동조합의 공공정책적 역할은 뒷전으로 밀려나게 되었다. 협동조합 운동이 원숙하게 되고 협동조합 조직이 시장 변화에 직면하게 되면서 경제학자들의 관심은 협동조합의 조합원 참여와 효율적 운영 문제로 전환되었다. 이와 같이 협동조합의 내부제도에 대한 관심이 높아지게 된 것은 경제학의 새로운 흐름을 반영하는 것이기도 하다. 즉 개인과 조직의 의사결정에 대한 문제를 다루는 미시경제학이 거시경제학과 분리되어 전문화되면서 미시경제학의 이론을 바탕으로 조직 내부제도를 연구하는 분위기가 활성화된 것이다. 미시경제학은 방법론적 개인주의를 기초로 하기 때문에 미시경제를 연구하는 학자들은 경제 전체와 개별 조직들 간의 관계 및 상호작용에 대해서는 큰 관심을 기울이지 않았다.

그러나 이러한 연구 경향이 Sapiro와 Nourse 이후 농업협동조합의 공공적 역할에 대한 이론적 연구가 부족하였다는 사실을 의미하는 것은 아니다. 사실은 산업조직 모델을 이용하여 협동조합이 경제 전체에 기여하는 역할과 협동조합의 외부효과를 밝힌 연구가 몇몇 경제학자들에 의해 훌륭히 수행되어 왔다(Cotterill 1987, 1997, Rogers and Marion 1990, Haller 1993, Rogers and Petraglia 1994). 협동조합이 산업 전반에 미치는 영향에 대한 연구는 협동조합의 교섭행위 연구에 자세히 나와 있다(Ladd 1964, Bunje 1980). James Shaffler는 협동조합이 거시경제에 미치는 영향과 협동조합의 역할에 대해 많은 연구를 하였다. 그는 이러한 연구 분야에 대해 "……많은 관심을 기울일 만한 가치가 있다."(1987)고 말하였다.

협동조합에 관한 미시경제학 연구는 1940년대에 Emelianoff에 의해 발전되었는데, 그는 협동조합을 수직적 통합(vertical integration)의 하나로 간주하였으며, 특히 협동조합 판매조직과 조합원 간의 구조적 및 기능적 관계에 초점을 맞추었다. 그의 이러한 연구는 Robotka(1947)와 Phillips(1953), Aresvik(1955)에 의해 더욱 발전하였다. 그는 협동조합은 조합원이라는 경제단위들의 집합체를 대표할 뿐 그 자체가 탐욕스러운 경제단위가 아니라고 결론지었다. 즉 그는 협동조합을 조합원이 주인이 되는 하나의 순수한 대리인으로 간주하였다.

Phillips는 Emelianoff-Robotka의 수직적 통합의 이론을 이용하여 생산, 가격 결정이론을 발전시켰다. 그는 조합원들이 그들의 한계비용과 협동조합의 한계수익이 서로 일치되는 지점에서 생산량을 결정할 것이라는 점을 밝혀냈다. 그러나 몇몇 경제학자들은 이 모델의 일부 오류를 지적하기도 하였다(Trifon 1961, Sexton 1984, Royer 1994, Staatz 1994). Phillips는 고려하지 않았지만 조합이 한계비용을 증가시키거나 감소시키는 경우 모든 조합원들이 이에 대응하여 생산물량을 탄력적으로 조정할 수 없다면 최적 조건이 달성되지 않을 수도 있다.

Emelianoff, Robotka, Phillips 등은 협동조합을 이해하는 데 있어서 주인과 대리인 관계의 중요성을 강조하였다. 협동조합의 경영 및 의사결정 구조 속에서 조합원들은 그들의 대표인 이사회 등을 통해 주인의 역할을 담당하며, 경영진들은 대리인으로서의 역할을 담당한다. Emelianoff, Robotka, Phillips의 이론에서는 주인과 대리인을 분명히 구분함으로써 "누구에게 이익이 주어져야 하는가?"에 대한 질문에 명확한 해답을 제시하고 있다.

Phillips는 수직적 통합의 논리를 이용하여 조합과 조합원의 관계는 비례원칙에 입각하여 형성되어야 한다는 주장을 이끌어 내었다. 즉 조합원은 자신이 협동조합에 기여하는 정도에 비례하여 이익을 획득해야 한다는 것이다. 조합원의 투표권 등과 같은 지배구조 역시 조합원의 출하물량이나 사업 이용고에 비례하는 투표수에 기초하여야 한다.

협동조합의 산출량과 가격 설정에 관한 Phillips 모형의 단점은 협동조합에 적합한 기업이론이 결여되었다는 점에서 기인한다. 1960년대에 이르러 Helmberger와 Hoos는 Phillips 모형의 이론적 결함을 해결하고 농업협동조합에 적용 가능한 기업이론을 정립하였다. 그들에 따르면 기업과 유사하게 협동조합 역시 최적화의 목적함수를 가지고 있지만, 그 최적화가 조합원 이익의 극대화에 있다는 점에서 차이가 발생한다. 그들의 연구결과에 의하면 협동조합은 모든 이익을 조합원에게 이용고에 비례하여 배분함으로써 평균가격을 극대화한다고 보았다.

그 후 Helmberger-Hoos 모형과 Phillips 모형에 대한 이론적 논쟁이 활발하게 이루어져 왔으며, 이러한 내용은 협동조합 저널(Journal of Cooperatives)에서 찾아볼 수 있다(Staatz 1989, Staatz 1994, Royer 1994, Rhodes 1995, Sexton 1995a). 기업이론의 수정을 통해 협동조합 이론을 제공하고 협동조합의 장단기 의사결정을 분석함으로써 Helmberger-Hoos 모형은 기존 조합원들이 협동조합 조합원 규모를 제한하려는 잠재적 인센티브를 가지고 있음을 파악하였다. 이 모형은 경영자가 수익 증대를 목적으로 조합의 사업물량을 확대하려고 할 때 발생할 수 있는 조합원과 경영자 간의 잠재적 이해갈등을 찾아내었다. 특히 이러한 사업 물량 확대가 신규조합원 확대를 통해 이루어질 때 기존 조합원의 이익과 상치된다는 것이다. 이러한 점에서 이 모형은 경영자의 독자적 의사결정에 따르는 책임이라는 현실적 문제를 설명하고 있으며, 또한 Phillips 모형이 설명하지 못하는 조합원 통제에 관한 복잡한 이슈들을 설명하고 있다.

1960년대 이후 경제학 이론은 새로운 방향으로 발전을 이루어 왔다. 이러한 경제학의 성과는 농업협동조합의 현실과 이론에 관한 최근 동향과 발전을 이해하는 데 유용하다. 전통적 경제이론에서 이윤의 존재는 시장구조에서 비롯된 것으로 설명한다. 이러한 가정에 입각한 전통적 경제이론은 조직의 내부적 인센티브 구조를 소홀히 취급하여 왔다(Shoemaker 1990). 이러한 점에서 Emelianoff(1942)가 논문을 발표할 당시에는 적절한 사업체(enterprize) 이론이 없었다는 점은 흥미롭다. 왜냐하면 그는 이와 유사한 추론을 이용하여 사업체 개념을 개발하고 이와 구별되는 의미에서 협동조합의 개념화를 시도하였기 때문이다.

협동조합의 내부조직을 어떻게 모형화할 것인가 하는 문제에 관하여 다양한 접근방식에 의한 이론적 논의가 진전되어 왔다. 이 중에서 농업협동조합에 관해서는 최근 다음의 네 가지 이론적 접근이 주요한 성과를 거두고 있다. 이들은 (1) 재산권 경제학 (2) 신제도주의 경제학 또는 거래비용 경제학 (3) 지역 공공재 이론 또는 집단 공공재 이론 (4) 게임이론적 접근방식의 경제학이다.

1960년대 이후 재산권 경제학은 공해 문제부터 비즈니스 전략 문제에 이르는 광범위한 분야의 정책 이슈에 응용되고 있다. 재산권은 특정 자산이나 자원을 이용할 수 있는 권리 또는 그 이용을 통제할 수 있는 권리로 정의된다(Demsetz 1967). 자산의 여러 가지 특성에 따라 그 이용권과 통제권이 세분화될 경우, 그리고 특히 이러한 자원의 특성을 가장 효율적으로 이용할 수 있는 당사자들을 위해 자산에 대한 소유권의 분할이 가능한 경우에 재산권의 경제적 응용이 광범위하게 이루어진다(Barzel 1997). 자산의 특성에 따른 재산권의 세분화 정도에 따라 그 자산의 이용과 보전의 효율성 수준이 결정된다.

재산권 경제이론은 많은 정책분석가에게 다양한 형태의 시장실패를 설명하는 데 도움을 주며, 시장실패의 교정을 위한 정부 차원의 해결 대안을 제공하는 데 기여한다. 예컨대 Demsetz(1967)는 다양한 형태의 인적 협동 특히 계약을 통한 협동관계가 제대로 이행되지 못하고 성과를 얻지 못하는 이유를 재산권이 명확하게 정의되지 않고 그 이행이 강제되지 못하는 점에서 찾고 있다. 재산권 이론은 신제도학파 경제학에서 매우 중요한 이론이다. 이러한 재산권 접근방식은 협동조합의 경우 그 소유권과 통제권의 기초는 자본 출자가 아니라 사업 이용에 있음을 명확하게 해 준다. 그리고 이러한 분석적 접근방식은 많은 협동조합에 있어서 조합원 출하권의 확립에 대한 이론적 근거를 제공한다.

Cook(1995)은 최근 논문에서 협동조합이 지속 가능하며 생산자가 통제하는 사업조직으로 유지되기 위해서는 재산권 확립이 결정적으로 중요한 수단임을 지적하였다. 그에 따르면 적절하게 정의된 재산권을 확립함으로써 먼저 협동조합의 내부적 안정성을 확보할 수 있으며, 다음으로 협동조합이 시장성과를 향상시키는 역할 즉 시장실패의 교정 역할을 제대로 수행할 수 있게 된다는 것이다.

신제도주의 경제학은 최근 재산권 경제학의 적용 범위를 확대하는 데 기여하였다. 주요 내용은 시장과 조직을 재산권 개념에 의해 어떻게 정의하는가 하는 문제이며, 나아가 시장과 조직이 재산권(또는 지배구조)과 더불어 어떻게 기능하는가 하는 문제이다. 이러한 문제에 대한 해명은 신제도주의 경제학의 핵심과제이며 Williamson(1975, 1985)의 연구성과와 연관된다.

자산과 자산 특정성에 대한 재산권 확립은 거래비용을 수반한다. 신제도주의 경제학은 이러한 거래비용의 최소화 문제를 다른 형태의 조직과 계약을 형성하고 확립하는 문제와 연계시킨다. 이러한 문제의식은 구체적으로 왜 협동조합을 설립하는가 하는 문제, 즉 생산자들이 규모의 경제를 얻기 위한 채택 가능한 다른 방식과 대비하여 왜 그들이 협동조합이라는 방식을 채택하는가 하는 문제에 대한 해답을 검토하는 데 직접적으로 관련된다(Staatz 1987a).

자산의 특정성 문제는 실제로 농업인들과 직접적으로 관련되는 측면이 많다. 이 문제는 농산물 구매기업들의 기회주의적 행동에 의해 농업인들이 피해를 당하는 결과를 초래하는 원인이 된다. Williamson(1975, 1985)을 비롯한 신제도주의 경제학자들은 이러한 자산 고정성에 따른 취약성이 수직적 통합의 근거를 제공한다는 점을 지적하고 있다. 농업협동조합의 경우 이러한 유형의 시장실패에 대응하기 위해 조직되는 측면이 많다. 농업협동조합 또는 일반 기업에 대한 신제도주의 경제학적 접근은 이러한 사업체의 조직 전략을 설명하는 데 유용하다. Sporleder(1992)는 이러한 분석방법을 이용하여 농업 분야에 있어서 최근의 수직적 통합과 전략적 제휴가 확대되는 추세를 설명하고 있다.

공공재(public goods) 이론 분야에서는 1960년대 중반 Buchanan(1965)과 Olson(1965)이 독자적 연구를 통해 지역 공공재(local public goods) 또는 그룹 공공재(group public goods)의 의미를 밝히는 성과를 거둔 바 있다. Buchanan은 클럽 이론(예컨대 협동조합 조합원)을 이용하여 Samuelson이 개념화한 순수 공공재와 사유재 사이의 공백을 설명하는 작업의 필요성을 강조하였다. 그의 클럽이론은 공동소유 자산의 통제와 이용을 위한 안정적이고 합리적인 협동의 조건을 모형화하였다. 여기서 모든 구성원이 공동자산에 대한 동등한 접근이 가능하며, 어느 구성원의 자산 이용이 그룹 내 다른 구성원의 자산 이용을 감소시키거나 방해하지 않는다는 의미에서 이러한 공동자산은 공공재적 성격을 갖는다. 이러한 성격의 지역 공공재 또는 그룹 공공재는 구성원 규모의 제한을 전제로 한다. 협동조합 실무자들은 클럽 이론이 농업인이 처해 있는 현실적 상황을 감안할 때 협동조합 구조 발전을 위한 이론 도구로서 적절하지 못하다고 생각할 수도 있다. 그러나 클럽 이론이 농업협동조합의 이론적 분석을 위한 분석방법으로서 중요하다는 것은 명확하다(Vitaliano 1977, Sexton 1984, 1995a).

Olson(1965)은 Buchanan과 유사한 입장에서 대부분의 공공재는 특정 그룹의 사람들에 대해서만 정의될 수 있다고 지적하였다. 즉 특정 그룹은 그들의 조직화된 행동을 통해 협동의 이익을 성취한다는 것이다. 여기서 공공재적 성격은 모든 구성원이 공동이익을 창출하는 서비스에 접근이 가능하다는 점에서 나온다. Olson 논문의 목적은 공공재가 지역적으로 어떻게 정의되고 그 이익이 공유되는가 하는 문제보다는 협동조합을 설립하여 지역적 공공재를 생산하는 데 관련된 개개인의 인센티브에 관한 문제를 검토하는 데 있다.

조합원의 단결 구조 즉 비용 분담과 수익 공유의 방식에 대한 합의는 협동조합 이론의 기본이다. 클럽 이론은 동등 분담(equal sharing)의 가정하에서 조합원 크기 문제를 분석하였다. 그러나 협동조합을 설립하는 데는 이 밖에도 구체화되어야 할 몇 가지 이슈가 존재한다. 개개인들은 누가 어떠한 조건하에서 누구와 협동할 것인지에 대해 먼저 협상을 해야 한다. 이 문제에 대한 해답은 게임이론에서의 담합 분석에서 찾을 수 있다. Staatz(1983, 1987b)와 Sexton(1986)은 1980년대에 이러한 이론을 협동조합 모형화에 적용하였다.

담합 게임(collusion games)은 협상 과정의 하나로 볼 수 있다. 그러나 경제 모형에서 이는 안정적 균형을 얻기 위한 조건을 찾는 문제로 된다. 상이한 담합 즉 배분 규칙을 수정하고자 하는 시도는 다양한 이유에 기인한다. 예컨대 담합 범위의 적정 수준이 존재하는 경우, 참여자들이 서로 다른 독자적 기회를 상당 수준 갖고 있는 경우, 또는 상이한 방식의 담합에 따라 추가적 이익이 크게 다른 경우 등을 들 수 있다.

Staatz(1994)와 Sexton(1986)은 모두 Phillips(1953)를 농업협동조합에 관한 담합 모형의 선구자로 평가하고 있다. 즉 Phillips가 강조한 비례성 원칙은 모든 조합원에 대해 비용 분담과 이익 배분의 비율을 동일하게 유지한다는 점에서 바로 안정적 담합 해를 의미한다는 것이다. 다시 말하면 어느 조합원도 배분 규칙을 수정하고자 하는 인센티브를 갖지 않는다는 의미이다. 그러나 Staatz와 Sexton은 게임이론 모형에서의 담합 해는 만장일치 규칙이 적용된다고 지적하면서, 이러한 의미에서 Phillips가 제시한 비례투표제가 반드시 일인일표제보다 우월하거나 정당화될 수는 없다는 점을 지적하였다.

3) 협동조합 목적의 위기와 도전

협동조합 연구에서 해결하기 어려운 문제이면서, 최근 이론적인 접근이 새롭게 모색되고 있는 분야가 협동조합의 다양한 목적에 관한 것이다. 협동조합의 목적이 다양하게 나타나는 것은 협동조합을 바라보는 사회·경제적인 시각과 철학적 배경이 많은 차이를 보이기 때문이다. 협동조합의 여러 가지 목적은 내부 조합원의 입장과 사회 전체적인 측면에서 협동조합이 어떠한 역할을 수행해야 하는가에 대한 평가로부터 도출된다.

(1) 사회적 서비스와 협동조합의 철학

모든 조직은 사회적인 관점에서 적어도 세 가지의 목적을 갖는다. 첫째는 이윤을 창출하는 것이고, 둘째는 서비스를 제공하는 것이며, 셋째는 이념을 현실화시키는 것이다. 이러한 목적들이 어떻게 조화를 이루고, 어떤 목적이 지배적인 위치를 차지하느냐는 조직들 간에 또는 조직 내부에서도 매우 다양하게 나타난다. 이러한 목적의 다양성은 협동조합의 경우에도 적용되며, 이 때문에 협동조합의 이론과 현실에 있어서 상호모순 또는 상호갈등이 초래되기도 한다. 여기에는 (1) 가치와 서비스 (2) 효율성과 민주성 (3) 관료주의적 논리와 협동조합적 논리 간의 상충문제들이 포함된다. 이러한 갈등과 충돌은 협동에 대한 이해를 단편적인 것으로 만들거나, 어떤 관점은 받아들이는 데 비해 다른 관점은 부정하는 경향을 보이는 현상으로 나타나기도 한다.

〈그림 2-3〉 목적성에 따른 협동조합의 구분

유 형	주식회사	신세대 협동조합	개방형 판매 판매농협	자재구매 협동조합	소비자 협동조합	키부츠
목 적	이윤 서비스 가치					

협동조합은 추구하는 목적에 따라 이윤을 주로 추구하는 주식회사 형태로부터 가치를 중시하는 키부츠(Kibbutz)에 이르기까지 다양하게 분류된다. 자재구매 협동조합과 서비스협동조합을 포함한 대부분의 협동조합은 위 그림에서 서비스 목적 근처에 위치한다(Craig 1993, Nadeau and Thompso 1996). 농산물 판매 협동조합은 서비스 목적과 이윤 목적의 중간에 위치하며, 신세대협동조합은 이윤 목적에 보다 가깝게 위치한다. 그림에서 가치 목적에 위치하는 협동조합은 조합원 참여와 민주적 절차를 보다 강조하는 경우이다. 실제로 대부분의 협동조합은 이러한 세 가지 목적(이윤, 서비스, 가치)을 모두 지향하는 경우가 많다.

조합원의 민주적 참여와 경영의 효율성은 서로 반비례하는 경향을 보인다. 참여와 민주주의는 많은 시간을 필요로 하는 반면 효율성을 강요하는 시장의 요구는 언제나 즉각적이고 강력하다. 이러한 충돌은 조직구조의 형성과 사업 운영방식에서 명확한 차이로 나타난다.

효율성의 추구는 협동조합 조직을 관료주의화하고, 위계질서에 의한 중앙집권적 하향식 조직구조를 형성시킨다(Breimyer 1996). 이러한 논리는 지역 중심, 분산적 의사결정

구조, 자발적 참여 등을 강조하는 전통적 협동조합 논리와 뚜렷이 구별된다. 여기서 근본적 딜레마는 보다 쉽고 단순하면서 관료적 방식으로 조직을 유지할 것인가 아니면 보다 복잡하고 민주적 방식에 기초한 협동조합으로 남을 것인가 하는 선택의 문제이다.

협동조합을 둘러싼 논쟁에는 협동조합 이론과 협동조합의 현실적 실천방식에 관한 주제들이 동시에 포함되는데 이들은 상호 연관성을 갖는다. 협동조합이 조합원에 대한 서비스 제공에 그 목적을 한정해야 하는지 아니면 조합원의 생활 전반을 개선하고 참여를 확대시키는 노력까지 기울여야 하는지에 관한 문제는 모든 협동조합이 해결해야 할 중요한 문제이다. 이 두 가지 목적 중에서 어느 쪽을 더 강조하는가의 문제는 개별 협동조합마다 의견이 서로 다르며 하나의 협동조합 내부에서도 다양한 입장이 공존한다. 북미의 경우 영농자재 협동조합은 주로 서비스 협동조합을 추구하는 반면, 농산물 판매 협동조합은 서비스 협동조합을 지향하면서도 점차 수익성을 강조하는 추세에 있다.

치열한 시장경쟁에 대응하기 위한 협동조합의 효율성 추구 노력은 협동조합이 전통적 논리에 충실한 조직 형태를 벗어나 보다 관료주의적 조직 모형을 추구하게 되는 모순적 양상을 초래한다. 협동조합에 대한 조합원 참여가 줄어들고 협동조합이 중앙집권적 의사결정을 지향하는 조직 형태로 변모함에 따라 협동조합과 주식회사 간의 구별이 더욱 어려워지고, 협동조합 고유의 성격을 상실할 우려도 존재하게 되었다. 그러나 협동조합이 시장의 요구 즉 수익성 추구를 무시하고 행동한다면 협동조합의 존립이 위협받게 된다는 점도 인식해야 한다.

이러한 딜레마는 크게 보면 협동조합에 대한 사회철학과 경제철학의 차이에서 비롯된 것이다. 사회철학자들은 민주적 통제를 강조하며 구체적으로 일인일표제를 협동조합의 기본원칙으로 간주한다(Lambert 1963). 반면 경제철학자들은 이용고에 비례한 수익배분원칙을 기본적인 원칙으로 받아들인다. Jerry Voorhis(1975)와 같은 협동조합 지도자들은 상향식 조직구조를 견지하면서 조합원에 대한 서비스 제공과 조합원의 참여를 목적으로 하는 협동조합이 쇠퇴하는 경향에 대해 우려를 표시해 왔다.

한편 농업협동조합을 보다 넓은 시각에서 농촌 하부구조의 하나로 인식하거나, 농촌발전이라는 공공재적 목표를 추구하는 조직으로 받아들인다면 협동조합의 또 다른 특성을 찾을 수 있다. 농촌 지역에서 협동조합의 이익은 분산적 의사결정 방식과 지역 단위의 부의 창출과 분배에 있다. 협동조합은 조직의 본래의 성격으로 인해 농촌주민과 지역사회에 기여하는 지역발전을 위한 공공재로 간주된다.

(2) 누구에게 이익이 주어지는가?

대리인 이론과 재산권 이론에서는 주식회사와 협동조합 모두 '잔여 청구권자'가 이익을 향유하게 된다고 설명한다. 만약 전통적인 주인과 대리인 이론이 적용된다면, 어떤 사람들이 조직이 창출한 이익을 주로 향유하게 될 것인가는 명백하게 정의된다. 이들은 주로 조직의 최초 설립을 주도한 사람들일 가능성이 높다. 대리인 이론은 다양한 투자자들이 존재하는 상황에서 어떻게 인센티브 시스템을 설정할 것인가의 문제를 해결하기 위해 발전해 왔다. 이 이론에서는 조직이 창출하는 이익을 향유하고 있는 사람들이나 이들의 대리인들이 맺고 있는 계약관계나 협력관계의 집합이 조직이라고 정의한다. 예를 들어 협동조합 직원들은 급여의 인상이나 복지가 더 향상되기를 원하고, 경영자는 자신의 급여가 인상되기를 바란다. 또한 조합은 사업물량의 확대를 바라는 반면, 조합원들은 그들이 협동조합을 이용하고 협동조합에 투자한 것을 충분히 보상할 만큼 농산물의 출하가격이 향상되기를 바란다.

협동조합의 조합원에게 주어진 과제 가운데 하나는 그들이 설립한 협동조합이 그들에게 가장 많은 이익을 제공하도록 유지시키는 것이다. 조합원들은 다른 대리인 그룹들이 먼저 이익을 차지한 후 남은 부스러기만 주워 담는 처지로 전락하지 않기 위해 노력해야 한다. 이사회의 실질적인 권한이 약화되어 있거나, 경영진들이 비조합원 등을 끌어들여 사업물량의 확대만을 추구하는 경우에는 이러한 노력의 필요성이 더욱 강조된다. 특히 협동조합이 비조합원과의 거래물량을 확대함으로써 조합원에게 배당하지 않은 내부유보 자산을 증가시킨 경우에는 이러한 노력이 더욱 중요해진다(Royer 1992, Staatz 1989). 경영진들은 이러한 자산을 조합원의 노력이 아닌 그들 자신의 노력의 산물로 받아들이기 때문이다. Staatz와 Royer가 경고한 바와 같이 협동조합의 규모가 커지고 조직이 복잡해지면, 협동조합의 조직구조가 현실적 상황에 타협하거나 적응하도록 변화될 가능성이 매우 높다.

이러한 상황이 지속되면 협동조합이 주식회사로 전환될 수도 있으며, 조합원의 이익을 극대화한다는 본래의 목적보다 기업적 가치를 중시하는 방향으로 목적이 전도될 수도 있다. 따라서 조직을 통제하는 데에는 경영구조가 중요한 역할을 하는 데 비해, 협동조합을 통제하는 데에는 수익의 분배구조가 중요한 역할을 담당한다. 이러한 측면에서 사우스캐롤라이나 주의 AgFirst Farm Credit Bank of Columbia 은행의 사례는 눈여겨볼 만하다. 이 은행은 협동조합의 사업을 지속적으로 유지하는 데 있어서 협동조합 은행 시스템도 중요하지만, 조합원들이 대출을 받는 경우 이들에게 이용고배당을 실시하는 것도 매우 중요하다고 강조한다.

(3) 협동조합 교섭 행위의 역할

어떤 기업이 공격적인 판매전략을 통해 시장점유율을 높이고자 할 때면 일반적으로 가격을 인하하거나 기타 판매촉진 방법을 사용한다. 따라서 이러한 경우 상품가격은 오르기보다는 내리는 것이 일반적이다. 협동조합의 경영진은 조합 자체의 사업수익을 크게 하기 위해 사업물량을 확대하려는 대리인 행태를 보이는 경우가 있는데 이 경우 앞서 살펴본 바와 같이 시장 확대를 위해 가격을 내리고자 시도하기도 한다. 이러한 경영진의 행동은 조합원이 출하한 농산물의 가격 하락을 초래하는 결과를 발생시키게 되며, 따라서 조합으로부터 더 높은 가격과 더 많은 혜택을 받기를 바라는 조합원들과의 사이에 갈등이 발생한다.

이러한 한계를 극복하기 위해 미국을 포함한 많은 나라에서는 협동조합을 대신하여 가격 교섭을 대행해 주는 연합회를 조직하여 활용해 왔다(Bunje 1980, Iskow and Sexton 1992, Marcus and Frederick 1994). 이러한 구상은 교섭을 통해 형성된 가격이 농산물의 수요와 공급의 상황을 반영한 공정하고도 표준적인 가격이 될 것이라는 생각에 기초하고 있다. 판매 협동조합들은 교섭에 의해 형성된 가격을 조합원이 출하한 농산물로 얼마만큼의 사업성과를 거두었는가를 측정하기 위한 기준가격으로 활용하였다.

조합원들은 협동조합의 교섭행위에 의해 정당한 가격을 보장받을 수 있는 기회를 확보하게 되었으며, 협동조합에 대한 투자와 농산물 출하가 얼마만큼의 부가가치를 창출하는지에 대해서도 측정할 수 있게 되었다. 사실 교섭 협동조합에 참여한 조합원과 판매 협동조합에 참여한 조합원은 서로 동일하며, 이들은 두 종류의 협동조합에 동시에 참여함으로써 대리인 그룹들과 상인, 기업들로부터 그들의 이익을 보호할 수 있는 기회를 넓힐 수 있게 되었다. 이는 여러 조직들과의 관계에 따라 그 크기가 좌우되는 농업인의 소득규모가 협동조합 제도의 존재로 인해 향상되고 있음을 의미한다(Togerson 1971).

만약 Helmberger(1996)과 Fulton(1995)이 지적한 대로 점차 산업화되는 미국 농업의 환경하에서 개별적으로 농업에 종사하는 사업방식이 소멸될 것이라는 전망이 사실이라면, 교섭 협동조합에 참여함으로써 농업인들이 수직적 통합의 관계를 형성하는 것은 향후 농업 분야에서 매우 중요한 의미를 가지게 될 것이다. 농업 분야에서 계속 문제가 되어왔던 것 중 하나는 일반 기업과 계약관계를 형성하고 있는 농업인들이 그들의 주장을 내세울 수 있는 기회를 거의 가질 수 없었다는 사실이다. 기업들은 이들 농업인들이 조직한 협동조합과 상대하는 것보다 농업인과 개별적으로 상대하는 것을 더 선호한다. 그런데 기업과 농업인이 일대일 관계로 거래하는 경우에는 기업에 의한 일방적인 계약 취소 및 계약물량 축소, 계약기간 단축, 협동조합을 조직하려는 농업인에 대한 보복 등과 같은 불공정 사례가 다수 발생하기도 하였다. 이러한 이유 때문에 1967년 농업공정활동법(Agricultural Fair Practices Act)이 제정되기도 하였다. 그런데 농업 분야에서의 불공정 거래행위를 단속하기 위해 제정된 이 법은 단속기준이 미약했기 때문에 농업인에게 커다란 이익은 제공해 주지 못하였다(Togerson 1970).

캘리포니아와 미시간 등 많은 주에서는 농업 분야의 계약과 관련하여 좀 더 개선된 형태의 법률을 제정하였다. 민주당 상원의원이었던 Mondale과 민주당 하원의원이었던 Pennetta은 이와 관련하여 연방 차원의 법률을 제정하기 위해 노력하였다. 미 농무부의 자문위원회(USDA Advisory Committee on Concentration in Agriculture, 1996)와 연방 소농위원회(National Comminssion on Small Farms, 1998) 역시 이러한 문제를 해결하기 위해 계속해서 관심을 기울여 왔다. 교섭 협동조합 관련 법률을 제정하기 위한 노력은 농업공정활동법(Agricultural Fair Practices Act)을 개정하는 과정 속에서 계속 논의되고 있다. 새로운 법률을 제정하는 문제와 교섭 협동조합과 주식회사 등이 제도적으로 관계를 형성하는 문제에 대해서는 더 많은 이론적인 연구가 이루어져야 할 것이다.

(4) 부가가치 창출 협동조합의 등장

협동조합은 농업인들이 좀 더 집중화되고 세계화되는 농업환경 속에서 살아남기 위해 선택할 수 있는 몇 안 되는 대안 가운데 하나이다. Helmberger와 Fulton의 연구에서도 지적되었듯이 이러한 사실은 농산물의 부가가치 향상을 목적으로 한 판매 협동조합의 발생 증가로 현실화되었다. 농장의 범위를 넘는 영역까지 진출한 농업협동조합은 농업 분야에서의 수직적 통합의 역할을 수행하였다. 협동조합은 거래를 통합시켰으며, 이로 인해 생산자 가격과 소비자 가격과의 차이만큼 나타나는 거래비용을 줄일 수 있게 되었다. 농업인들은 개별적으로 사업에 필요한 최소한의 효율적인 생산규모를 달성하기가 어렵기 때문에, 농업인들이 수직적 통합을 달성하기 위해서는 협동조합을 통한 협력적 행동이 반드시 필요하다. 농업인들은 협동조합을 통해 수직적 통합을 달성함으로써 더 많은 경제적 이익을 획득하고, 가공업자에 대한 대항력을 향상시킬 수 있게 된다. 따라서 협동조합은 수직적 통합을 통해 농업인들의 지위를 향상시키는 데 기여하는 경제 조직체로 인식될 수 있다.

공공 정책적 관점에서 보면 협동조합은 경쟁을 촉진시키는 도구로 인식된다. 조합원들은 개별적으로 생산할 물량을 정하기 때문에 협동조합이 존재해도 가격이 오르면 생산량을 확대한다. 경험적인 연구결과에 의해 보더라도 협동조합이 존재하는 경우에 마진의 크기가 더 작았다(Rogers and Petraglia 1994, Haller 1993). Cotterill(1997)은 농업협동조합의 마케팅 이론을 제품이 차별화된 시장에 적용할 경우 이러한 결과가 이론적으로도 더욱 확실하다는 사실을 발견하였다. 제품이 차별화된 시장에서 우하향하는 수요곡선에 직면해 있는 투자자 소유 기업은 한계비용과 한계수익이 교차하는 지점에서 가격을 결정하는 데 비해, 협동조합은 평균비용 수준에서 생산을 결정하기 때문에 더 낮은 가격에 더 많은 물량을 생산하게 됨으로써 상대적으로 시장의 효율성이 증가한다. 따라서 독과점적인 식품시장에서도 협동조합은 소비자들에게 경쟁의 척도로서의 역할을 제공한다.

협동조합이 계속해서 해결을 모색하고자 하는 것 가운데 하나는 무임승차자 문제(free rider problem)이다. 무임승차자 문제는 협동조합에 참여는 하지 않으면서 협동조합이 달성한 성과는 얻으려고 하는 조합원의 행동 가능성을 가리킨다. 신세대협동조합은 이러한 문제를 극복하고 조합원에게 더 큰 혜택이 주어지도록 하기 위해 조합원의 수를 제한하였을 뿐만 아니라 출하물량에 비례하여 출하권을 구입하도록 함으로써 조합에 대한 출자를 유도하였다. 이에 따라 조합을 이용하는 양과 조합에 투자하는 규모가 서로 밀접하게 연계된다. 거래 가능한 출하권은 일부 조합원들의 기회주의적인 행동 가능성을 극복하는 데 기여하는 것으로 보인다. 예를 들어 무임승차자 문제와 기간불일치(horizon problem)의 문제는 이러한 제도 때문에 많이 약화된다(Harris, Stefanson, Fulton 1996).

신세대협동조합은 전통적 협동조합이 줄곧 겪어 왔던 문제를 해결할 수 있다. 그러나 조합원의 가입을 제한하는 회원제 조합원주의가 전통적인 개방형 협동조합에 비해 경쟁을 촉진시키는 역할을 감소시킬 수도 있다. 소비자의 복지 측면에서 본다면 조합원 수를 제한하는 제도가 일반 투자자 소유 기업보다 더 나쁜 결과를 초래할지도 모른다. 이에 대한 경험적인 연구는 현재 존재하지 않는다. 더욱이 다음과 같은 이유로 인해 신세대협동조합의 제도하에서도 협동조합이 경쟁을 촉진하는 역할이 계속 유지될 수 있다는 의견이 존재하기도 한다.

① 신세대협동조합은 농업인이 독립적으로 계속해서 농업에 종사할 수 있는 기회를 제공한다.

② 신세대협동조합은 조합원에게 이익이 더 많이 제공되도록 한다.

③ 신세대협동조합의 조합원은 비록 출하권의 제한 때문에 협동조합에 출하할 수 있는 물량이 제한적이라 할지라도 시장가격에 따라 생산물량을 스스로 결정할 수 있다.

④ 부가가치 확대 전략에 의해 효율성을 증대시킬 수 있다. Red River 사탕무협동조합을 사례 조사한 Koenig(1995)은 이 조합이 부가가치 확대전략을 도입함으로써 사탕무의 품질이 급격히 향상되는 등 내부적인 거래비용이 감소하였다는 사실을 발견하였다.

⑤ Cotterill(1995)은 신세대협동조합이 다른 기업들로 하여금 더 좋은 서비스를 제공하고 가격인하를 유도하도록 하는 데 힘을 행사하였다는 사실을 발견하였다.

시장에서의 경쟁을 촉진시키는 이러한 요인들은 신세대협동조합이 거래 가능한 출하권 제도를 도입함으로써 나타나게 되었다.

그러나 신세대협동조합은 많은 한계를 노출하고 있기도 하다. 한 가지 예는 많은 신세대협동조합들이 지역 단위에서 상당히 소규모로 조직되는 경향이 있다는 사실이다. 물론 Egerstrom(1994)이 지적한 바와 같이 이러한 현상이 지역 공동체의 발전에 기여하는 것은 사실이지만, 독자적으로 농산물을 공급하는 협동조합 수를 너무 늘리는 문제를 발생시킨다. 이러한 문제는 농산물 구매업자들이 협동조합 간 경쟁을 부추기는 행동을 할 여지를 발생시킨다. 신세대협동조합의 규모가 작은 것은 거대기업에 비해 기술과 경영수준에서 상대적으로 약화되는 결과를 초래할 수도 있다. 예를 들어 소규모의 에탄올 가공 협동조합들은 ADM, Staley, Cargill 등과 같은 거대기업이 보유하고 있는 것만큼 전문적인 기술을 보유하기가 어렵다.

신세대협동조합과 관련된 또 다른 한계는 협동조합적인 특징을 완화시킨 전략적 특징에서 찾아볼 수 있다. 일부 신세대협동조합은 조합에 농산물을 출하하지 않는 투자자들을 조합원으로 가입시킴으로써 이용자 중심의 문화보다 투자자 중심의 문화가 확산되는 결과를 초래하였다. 또한 조합원이 출하한 농산물에 대해 시장가격으로 지불한 뒤 큰 손해를 보는 조합도 있었다. 이러한 경험은 매우 값비싼 대가를 치르게 하였고 생존 자체마저도 위협받게 하였다. 신세대협동조합이 채택하고 있는 회원제 조합원주의는 조합원의 수를 제한한 데다 조합원 모두가 출하권을 구입하느라 많은 비용을 지불하였기 때문에 출하 농산물에 지불되는 가격을 인상해 주어야 하는 압력에 직면하고 있다.

그러나 농업인들이 농산물 가공 등의 분야로 진출하고자 하는 필요성은 계속해서 증가하고 있다. 농산물 가공과 유통 분야가 더 많은 이익을 창출해 주기 때문이다 (Egerstrom, Bos, Van Dijk 1996). 또한 신세대협동조합은 농업인들로 하여금 소비자의 기호를 파악하고 이에 맞추어 생산에 종사하도록 하는 데에도 기여한다. 그리고 농업인들이 농산물 유통 과정에서 창출되는 이익 가운데 더 많은 부분을 차지하게 된 것은 그들이 계속해서 농업에 종사할 수 있고 거대기업과의 경쟁에서도 살아남을 수 있는 기회를 가지게 되었다는 의미를 갖는다. 특히 이러한 전략이 농업 분야에서 더욱 중요한 것은 농업 분야에 대한 정부 지원이 점차 감소하고 있기 때문이다.

(5) 협동조합 통합의 필요성과 방법

미국과 같이 국토가 광활한 국가에서는 개별적인 농산물 생산 주체를 어떻게 효과적으로 조직화할 것인가가 협동조합 운동에서 중요한 문제이다. 이것은 분명 어려운 일이지만 농업인의 숫자가 감소하고 있고, 판매활동을 집중시켜야 할 필요성이 계속해서 증가함에 따라 전혀 실현이 불가능한 것도 아니다. 특히 협동조합을 독과점 규제의 대상에서 제외시킨 캐퍼-볼스테드법(Capper-Volstead Act)에 의해 협동조합에 의한 통합 활동이 공식적으로 인정되면서부터는 더 많은 기회가 주어졌다. 최근에는 농산물 가공 협동조합과 농약, 석유, 에너지 등의 구매 협동조합, 농촌신용협동조합 등에서 광역 지역 간 수준에까지 통합의 범위를 확대시켜 나가는 것이 목격되고 있다.

Schaefer(1987)이 지적한 바와 같이 협동조합의 통합 수준은 여러 가지 단계가 있다. 가장 기초가 되는 단계는 농업인에 의해 조직된 단위 협동조합이다. 이들 협동조합 간의 연합회가 그 다음 단계이다. 판매 협동조합 간 경쟁이 치열해짐에 따라 연합회가 더욱 필요하다는 착각을 불러일으켰다. 그러나 많은 판매 협동조합들은 판매연합체 (marketing agencies in common) 등을 통해 이러한 경쟁관계를 극복하였다. 부가가치 창출을 목적으로 하는 많은 신세대협동조합들은 가공 사업 등에 종사하는 협동조합과 통합해야 할 필요성을 보여 주는 계기를 제공해 주었다.

협동조합이 선택할 수 있는 새로운 대안으로 떠오른 판매연합체는 조합원들로 하여금 자체적인 협동조합을 유지하면서도 연합체가 제공하는 다양한 서비스를 제공받도록 하는 기능을 하였다(Reynolds 1994). Liebrand와 Spatz(1994)는 판매연합체가 수출용 낙농 제품을 생산하는 낙농산업 분야에도 적용이 가능함을 보여 주었다. 이 밖에 우유와 수출용 면화, 설탕, 목화씨 유, 건과일과 견과류 등의 판매 협동조합의 경우에도 이러한 방식이 큰 역할을 할 수 있음이 밝혀졌다. 물론 판매연합체가 다른 품목의 경우에서도 장점을 드러낼 수 있는지의 여부를 파악하기 위해서는 더 많은 연구가 이루어져야 할 것이다.

판매 협동조합연합회의 내부작용 방식에 대한 연구는 연합회의 구조와 운영방식에 대한 이해를 높여 줄 수 있다. 이러한 맥락에서 Mueller와 그의 동료들(1987)은 썬키스트(Sunkist) 협동조합이 독점을 행사하는지를 살펴보기 위해 지역 단위의 회원조합과 연합회의 관계 등에 대해 엄밀한 연구를 하였다. 그들은 연방무역위원회(Federal Trade Commission)가 일부 다른 판매 협동조합들처럼 썬키스트도 독점적 행위를 하는지에 대해서 조사하였으나 증거를 발견하지 못했음을 알게 되었다. 물론 썬키스트가 상당한 규모의 시장점유율을 차지한 것은 사실이지만, 이들의 연구에서는 썬키스트가 독점가격이나 가격차별 등을 행사하지 않았다고 결론지었다. 이 연구에서는 또한 썬키스트가 행사한 가격 마진은 다른 기업들에 비하면 적당한 규모였으며, 연합체 방식이 다른 기업들의 시장진입 가능성도 방해하지 않는다는 사실도 발견하였다.

합작투자는 협동조합 간 통합을 위한 또 다른 대안이다. Frederick(1987)은 낙농산업 분야에서의 몇 가지 사례연구를 통해 합작투자의 구조와 운영방식에 대해 지침을 제공하였다. Fulton(1996)은 지역 협동조합들 사이의 합작투자와 전략적 제휴는 규모의 경제 효과와 위험 분산, 공급의 안정성 확보 등과 같은 이익을 얻을 수 있다고 주장하였다. Muller(1990)는 합작투자 방식이 불안정하고 오래 지속되지 못하게 되면, 완전한 합병이나 통합으로 가는 과도기적 역할을 수행하게 될 것이라고 주장하였는데 이에 대해서는 더 많은 연구가 필요할 것이다.

(6) 공공재와 이익의 내부화

정부의 농업인 지원정책이 감축됨에 따라 협동조합은 농업인들의 공동행위를 통한 자조조직으로서 새로운 그리고 더 많은 역할을 요구받게 된다. 그러나 다수의 협동조합 경제학자들이 지적하는 바와 같이 협동조합의 전통적 조직 형태와 접근방식의 지속가능성에 대한 우려가 있다(Cook 1992 1995, Fulton 1995). 그들은 경제사회 전반이 새롭게 변화하고 있으며, 이에 따라 전통적 농업협동조합의 방식과 합리적 근거가 위협받고 있다고 지적한다. 이러한 외부 환경의 변화와 아울러 최근 일부 협동조합의 투자자 지향적 변화는 농업협동조합의 기본 목적 또는 존립 근거에 관한 두 가지 딜레마를 제기하고 있다. 첫 번째 딜레마는 협동조합이 보다 지속 가능한 조직 형태로 변화함에 따라 전통적인 협동조합의 공익 기능이 축소될 가능성에 관한 문제이다. 이와 연계하여 두 번째 딜레마는 협동조합 원칙이 근본적으로 변화하는 것이 아니냐 하는 문제이다. 즉 협동조합이 지속 가능한 조직으로 변화함에 따라 조합원 합의, 조합원의 경영 통제, 조합원을 위한 사업경영 등의 원칙이 크게 바뀌는 문제에 대한 우려이다.

농업협동조합은 기존의 시장이 제공하지 않거나 또는 시장에서 적절한 가격으로 충분한 양으로 제공되지 않는 서비스들을 제공한다. 협동조합이 이러한 서비스를 제공하는 이유는 조직의 목적이 개별 조합원 농장의 수익성을 높이는 방식으로 조합원의 이익에 기여하는 데 있기 때문이다(Emelianoff 1942). 대부분의 경우 협동조합이 창출하는 이익은 조합원에게 직접 배분되거나 조합원 농장의 이익으로 내부화된다.

한편 협동조합은 공공의 이익에 기여하는 역할을 수행하는 것으로 평가되며, 이는 협동조합이 창출하는 외부효과에 기인한다. 과일이나 견과류 등 특작 농산물을 주로 취급하였던 초기 협동조합들은 대부분 비용이 많이 드는 시장개척과 판매촉진 프로그램을 전개하였다. 이는 결국 그 품목시장에서 조합원 농가는 물론 전체 농가에게 이익을 주는 활동이었다. 최근에는 협동조합들이 조합원 가입을 보다 제한하는 경향이 있지만, 비전통적인 농산물과 축산물의 생산 확대에 따라 전통적 형태의 협동조합적 시장개척에 대한 요구가 증가하고 있다. 아울러 협동조합이 시장경쟁의 촉진을 통해 가격을 보다 경쟁적 수준으로 낮추는 경쟁척도 역할도 여전히 중요한 공공재 역할이다.

전통적인 공공재 이론에서 일부 경제학자들은 협동조합의 외부효과를 시장실패의 하나로 간주한다. 과거에는 학자들이 이러한 시장실패를 해소하기 위해 정부의 시장개입 또는 농업정책을 권고하였다. 그러나 최근에는 재산권 체계의 확립을 통해 외부효과 이익을 내부화하는 방식의 노력이 추진되고 있다. Reynolds(1997)는 최근 협동조합이 외부효과를 내부화하는 방식으로는 조합원 가입 제한, 생산물 차별화, 일반적 품목보다 브랜드 품목의 광고 확대 등을 들고 있다.

협동조합이 보다 배타적인 방식의 조직과 사업 전략을 추구하는 추세는 지역 공공재 또는 그룹 공공재 이론으로 설명된다. 이러한 협동조합이 제공하는 재화와 서비스의 공공성은 다음의 두 가지 조건에서 유도된다. (1) 이용자들은 이러한 서비스가 민간 투자자 소유 기업에 의해 공급될 경우에는 그 수량과 품질이 충분하지 않다. (2) 조합원들은 다른 모든 개인들이 그 서비스를 이용하는 조건들을 알고 있으며 그 조건들에 동의한다. 이러한 서비스는 비록 그 이익이 조합원 그룹에게 개별화되고 내부화된다고 하더라도 지역 공공재에 해당된다. 이러한 그룹은 조정과 민주적 지배구조를 달성한다.

나아가 이러한 지역 공공재가 보다 광범위한 공공 이익에 기여하는 경우가 다수 있다. 경제적 효율성의 향상과 더 많은 이익의 보다 광범위한 배분은 배타적 또는 지역 공공재로 설립되고 운영되는 협동조합에 의해 이루어지는 경우가 종종 있다. 신세대협동조합 또는 제한된 제도하의 협동조합들은 이러한 유형의 공공재의 사례들이다.

두 번째의 딜레마는 개인주의가 확산되는 추세에 따라 농업인들이 협동조합 설립과 조합원 참여에 대한 관심이 점차 감소된다는 점이다(Fulton 1995). 협동조합들은 이에 대응하여 전통적인 이용자 개념의 조합원 대신에 투자자 개념의 조합원을 대상으로 광범위한 사업방식을 채택하려는 경향이 발생한다. 이 경우 협동조합의 공익적 기능은 유지되기가 어렵다. 이름만 협동조합이지 투자자 소유 기업과 차별성이 없는 협동조합의 설립은 장기적으로 전망이 불명확하다. 다만 협동조합의 투자자 지향적 변화는 비정부조직 모두를 사유재의 영역으로 변화시켜 공공재와 사유재의 중간 영역을 없애는 결과를 초래할 것이다.

재산권 이론은 외부성 문제에 대한 해법으로 정부정책을 비판하면서 비정부적 해법을 주장하는 학자들에 의해 이용되어 왔다. 협동조합이 재산권 확립을 통해 보다 지속 가능하게 될 수 있다고 믿는 학자들은 이와 유사한 추론에 입각하고 있다. 그러나 재산권은 개인들에게 자산의 정의된 특성에 대한 통제권을 부여하는 일반적 메커니즘으로 이해되어야 한다. 이는 그 자산의 형태가 실물자산, 금융자산, 지적 재산이든 관계없이 적용된다(Barzel 1997, Fulton 1995). Alchian(1997)은 흥미로운 발견을 하였는데, 그의 견해에 의하면 문화적, 역사적 맥락에서 살펴볼 때 지역의 관습이나 사회규범은 형식적인 계약이나 정부의 강제 없이도 재산권을 정의하고 강제하는 메커니즘으로 작용하였다.

농업협동조합의 역사를 살펴보면, 다양한 종류의 사회규범이 협동조합 조합원에게 제공하는 서비스의 특성과 질을 보호하고 강제하는 기능을 수행하여 왔다. 오늘날의 경제와 사회에서는 그러한 암묵적 재산권은 개인별로 보다 명시적으로 확립되고 정의되어야 할 것이다. 그러나 이러한 발전이 협동조합의 과정과 그룹 의사결정의 능력을 저해하거나 제한하는 방식으로 이루어져서는 안 될 것이다. 협동조합에 있어서 재산권을 명확하게 정의하려는 노력은 개별 조합원의 이익을 보호하기 위한 프로그램과 규칙을 확립하는 데 그 목적이 있다. 다만 이러한 재산권 확립을 위한 프로그램과 규칙은 일부 조합원의 이익을 위해 다른 조합원이 손해를 보는 경우가 발생하지 않도록 해야 한다.

4) 협동조합 사상과 이론, 목적에 대한 이해

이제까지 밝힌 협동조합의 도전과 딜레마에 대한 연구는 향후 협동조합 연구의 방향에 대해 암시를 제공해 준다. 협동조합과 관련된 다양한 문제들과 문제의 복잡성은 협동조합 이론에 대한 연구가 다양한 분야의 학자들과의 교류와 협력을 통해 이루어져야 함을 요구하고 있다. 협동조합 경제학자들은 지금까지 개인의 효용 극대화라는 가정에 바탕을 둔 경제학 이론을 매우 적절하게 활용해 왔다. 이러한 통찰력을 민주적으로 통제되는 단체조직인 협동조합에 적용하기 위해서는 더 많은 노력이 이루어져야 할 것이다. 이러한 노력은 경제학에서 새로이 개발되는 다양한 이론들을 협동조합 이론에 접목하는 시도를 위해서도 필요하다.

Fulton(1995)이 지적한 바와 같이 '협동'이라는 단어에 대한 보다 진보된 의미에서의 재해석은 향후 협동조합 사상과 이론, 목적을 연구하는 데 있어서 중요한 의제가 될 것이다. 역사적인 맥락에서 Fulton의 의견을 살펴보면, 과거에는 농업인들로부터 자연스럽게 협동을 유도하기가 용이하였고, 농업인들 역시 지역 내 다른 농업인들과 쉽게 협력하는 경향을 보였었다. 그리고 과거의 농업인들은 현재의 농업인에 비해 협동을 관념적이고 철학적으로 이해할 필요도 없었다. 만약 협동조합이 미래에도 계속해서 존재하고 효력을 발휘하기 위해서는 협동이라는 단어를 보다 진보적으로 해석할 필요가 있다. 협동이 분명 경제적 이익을 발생시키고 있는 데 비해 농업인들에게 보다 매력적으로 다가가지 않는 것은 단어의 불충분한 의미에서 비롯된 의사소통의 잘못 때문일 수가 있기 때문이다.

협동조합이 만일 민주적 통제원칙을 고수한다면 협동조합 방식은 계속해서 발전할 것이다. 협동조합의 재산권을 조합원에게 개별적으로 나누어 주어야 한다고 주장하는 사람들은 전통적인 재산권 체계가 예를 들어 조합원의 출자부족을 적절하게 보충하는 역할 등과 같은 기능을 담당하고 있었음을 간과하고 있다. 만약 개인주의의 확산으로 협동조합 원칙이 현실에 부응하지 못하게 된다면, 협동조합의 원칙과 규칙은 조합원들 간 신뢰를 회복할 수 있는 새로운 내용으로 다시 표현되어야 한다. 대부분의 개인들은 다른 사람들과의 관계에서 신뢰가 형성되는 것을 매우 가치 있다고 느끼기 때문이다. 신뢰의 형성은 민주적 통제 원칙과 같은 협동조합의 기본적인 원칙과 결부되어 협동조합에 더 많은 이익을 제공해 줄 것이다.

많은 협동조합 운동가들과 협동조합 경영진 그리고 학자들은 협동이라는 뜻에 대하여 저마다 다른 개념을 가지고 있다. 그러나 협동이라는 단어가 광범위하게 공유되고 다양한 상황에도 잘 부합하는 강력한 언어가 되도록 하기 위해서는 협동조합 이론과 연구, 협동조합 교육내용에 대한 좀 더 종합적이고 전문적인 접근이 이루어져야 한다.

Thomas Schelling은 1950년대 이후부터 협동조합 이론이 실질적인 결정에 도움을 주도록 하는 연구를 진행시켜 왔다. 그는 협동의 전략(The Strategy of Cooperation)이라는 제목으로도 알려져 있는 갈등의 전략(The Strategy of Conflict)라는 그의 고전적인 논문에서 이러한 계획에 대한 희망을 표시하였다.

"나는 교섭이론(theory of bargaining), 갈등이론(theory of conflict), 전략이론(theory of strategy) 등으로 다양하게 묘사되는 분야를 연구하고 싶다. 나는 이 분야를 연구하면서 경제학과 사회학, 정치학, 법학, 철학, 인류학의 이론을 다양하게 포함시키고자 노력하였고, 학자들뿐만 아니라 현장에서 실제 근무하는 사람들에게도 모두 유용하게 사용될 수 있는 기초 이론을 제공하고자 시도하였다. …… 나의 이러한 노력은 발전을 거듭하고 있지만, 아직 이 분야를 적절히 표현할 수 있는 이름은 확정 짓지 못했다."

이론과 실제와의 접목을 강조한 Schelling의 노력은 차선의 선택이라도 현실을 엄밀하게 반영하지 않는다면 반드시 최고의 선택 다음으로 더 나은 결과를 가져다주지는 않는다는 사실을 재차 일깨워 주었다. 더욱이 그의 연구는 Sapiro와 Nourse 등과 같은 협동조합 이론가들의 연구를 현실적인 안목에서 보다 다각적으로 분석할 수 있는 틀을 제공하고 있으며, 향후 협동조합 연구방법에도 많은 지침을 제공하고 있다. Sapiro의 협동조합 전략은 품목별로 광역 협동조합을 조직하고, 장기출하계약을 실시하며, 최대한의 시장점유율을 확보하는 것이다. 이에 비해 Nourse는 협동조합이 소규모 지역 단위에서 통제력을 행사함으로써 시장을 경쟁적으로 만드는 역할을 해야 한다고 주장하였다. 향후 협동조합 연구는 이러한 전통적 이론들을 다양한 이론과 분석기법을 통해 다각도로 검토함으로써 더 많은 지혜와 교훈을 얻을 수 있을 것이다.

만약 협동조합이 농산물의 부가가치를 향상시키는 역할을 확대한다면 앞으로 협동조합은 더 많은 발전을 이루게 될 것이다. 그러나 협동조합이 합작투자나 합병을 달성하지 못하거나, 식품산업 분야에서 수직적 통합을 이루는 노력을 게을리 한다면 많은 어려움에 봉착할 수도 있다. 만약 이러한 일이 발생한다면 이를 극복하기 위한 새로운 제도적 대안 마련이 향후 협동조합 이론이 탐구해야 할 대상이 될 것이다. 협동조합 연구는 농산물 판매능력을 향상시키고 조직의 혁신을 이룰 수 있는 대안을 제시하거나, 또는 생산자 가격과 소비자 가격의 차이를 줄일 수 있는 판매교섭 방법 등 새로운 해법을 제시할 때 더 많은 성과를 거둘 수 있을 것이다.

2. 협동조합 경제이론[7]

협동조합이 능률적으로 의사결정을 하기 위해서는 경제에 대한 견실한 시각을 갖추고

---

7) 이 글은 '농협경제연구소'가 South Dakota주립대 Brian H. Schmiesing 교수의 협동조합이론에 관한 논문을 번역한 것임.

있어야 한다. 협동조합의 경영자, 이사회 그리고 조합원들은 협동조합의 목표를 결정한다. 목표를 실행하기 위한 전략뿐만 아니라 목표 그 자체도 협동조합이 사업조직으로서 그리고 조합원에게 봉사하는 조직으로서 성공할 수 있는지에 영향을 줄 것이다. 조합원들은 협동조합의 전략에 맞게 그들의 사업 목표와 전략을 수정할 수 있다.

또한 협동조합 경영자들은 협동조합과 투자자 소유 기업(IOF[8])의 차이에서 비롯되는 경제적 의미를 이해해야 한다. 만약 협동조합이 다른 사업체와 다르다면, 이런 차이가 조합원, 이사회, 경영자들에게 어떤 의미를 갖는가? 만약 차이점들이 존재한다면, 이런 차이점들이 전체 사회를 위해 바람직한가?

앞으로 전개될 이론에 대한 세부적인 설명을 이해하기 위해서는 최소한 결론과 기초 개념들을 이해할 수 있을 정도의 미시경제이론에 대한 기초적인 배경지식이 필요하다.

1) 협동조합 경제이론의 배경

(1) 협동조합 이론의 필요성

우리는 이론을 통하여 협동조합의 행동과 성과에 관련된 논쟁에 대하여 학문적으로 접근할 수 있다. 여기서 행동이란 협동조합이 사업 환경에 따라 사용하는 사업방법, 전략, 정책들을 말하며, 성과란 협동조합의 행동에 의해 도달하는 결과를 말한다.

경제학자들이 주로 가격과 생산수준을 활용하여 협동조합의 성과를 측정하고 있지만, 산업 행동(industry conduct) 또한 협동조합의 성과를 측정하는 중요한 지표가 된다. 비료 제조업체가 배합비율이 고정된 화학비료를 농업인에게 판매한 경우를 살펴보자. 지역의 농협들이 비료를 자체적으로 배합하여 판매하기 시작하면서 산업 행동에는 변화가 일어난다. 협동조합이 배합비료를 판매함에 따라 제조업체의 행동에도 변화가 일어나며, 결국 농업인들은 특수한 재배조건과 작목에 적합하도록 배합비율이 조절된 비료를 사용할 수 있게 된다.

협동조합의 성과에 대한 주장과 협동조합의 행동 및 사업 환경에 대한 정확한 가정들은 일관성이 있어야 한다. 사실보다는 신화(mythology)에 근거하여 사업전략을 결정하는 협동조합은 결국 사업체로서 실패하게 될 것이다. 예를 들어, 1970년대 지방의 곡물협동조합들은 국제 곡물시장에서 시장점유율을 높이려고 하였다. 그러나 그들은 사업 환경이

---

8) 기업의 소유적 측면에서 일반기업을 협동조합과 구별하기 위해 사용하는 용어. 협동조합에서는 사업의 이용자와 소유자가 동일한 데 반하여 투자자 소유 기업(Investor Owned Firm)에서는 사업의 이용자가 아닌 단순 투자자가 기업의 소유자임.

점유율 확장에 우호적일 것이라고 잘못 판단하였다. 다국적 곡물회사에 비해 빈약한 경쟁적 지위를 가지고 있었던 지방의 곡물농협들은 1980년대에 모두 실패하고 곡물시장에서 물러나야 했다.

이론을 통해 우리는 협동조합의 원칙과 협동조합의 활동에 대한 논쟁들을 현실적이고 효과적인 방법으로 설명할 수 있다. 조합원, 이사회, 경영자들은 협동조합의 원칙을 실제 사업에 어떻게 적용시킬 것인가에 관심을 갖고 있다. 이러한 연관성을 명확하게 규명하는 데 이론이 필요하다.

협동조합의 이론에 대한 일관된 이해 없이는 의사결정이 제대로 이루어질 수 없다. 컴퓨터로 인해 투자자 소유 기업(IOF)의 수리적 의사결정 모형이 획기적으로 발전해 왔다. 그러나 협동조합에서는 이와 유사한 모형을 적용하기에 앞서 협동조합의 특수한 행동이론을 발전시키고, 협동조합이 추구하는 목표를 명확히 해야 한다.

Cobia는 협동조합의 출자 지분 반환에 대한 분석에서, 협동조합의 이론, 원칙, 모델링이 어떻게 결합되어 경영자의 의사결정에 대한 정보를 제공하고 있는지 보여 주고 있다. 1979년 미국 일반회계사무국(GAO)은 지분 반환을 실시하고 지분에 대한 배당금도 반드시 지급할 것을 권고하였다. Cobia는 지분 반환 특별 프로그램을 고안함으로써 이 프로그램의 운용을 위해 협동조합에 요구되는 재무적 수준을 제시하고, GAO의 권고안에 대한 실행 가능성을 평가할 수 있었다.

이론은 가정을 전제로 하여 논리적으로 결론을 이끌어 낸다. 따라서 가정의 진실성이 중요하며, 이 논문에서는 가장 중요한 가정들을 검토하였다. 다양한 모형의 가정들을 살펴봄으로써 각 분석의 약점과 강점을 판단하게 될 것이다.

(2) 협동조합 이론의 발전

미국의 농업 분야에서 협동조합은 1세기 이상 존재해 왔지만, 협동조합 이론은 1940년대 이후부터 발전하기 시작하였다. 오늘날 이용되는 협동조합 모형은 주로 제2차 세계대전 이후에 이루어진 이론적 발전에 기초하고 있다. Vitaliano(1978)는 이러한 연구의 발전 과정을 포괄적이고 탁월하게 정리하였다.

협동조합 이론에 관한 중심적인 논쟁 중 하나는 바로 협동조합의 정의와 조합원이 곧 이용자인 조직이 추구하는 목표에 관한 것이다. 조합원이 주인인 협동조합에서 의사결정 과정이 얼마나 독립적인가? 경영진, 이사회, 그리고 조합원 간에는 어떤 상호작용이 일어나고 있는가?

협동조합의 의사결정 과정은 IOF와 달리 매우 독특한 측면이 있다. 첫째, 조합원이 누리는 이득은 자본 출자가 아니라 조합 이용과 밀접하게 관련되어 있다. 또한, 협동조합 이사회의 구성원은 출자자인 동시에 이용자인 데 반하여, IOF의 이사회는 일반적으로 주주들과 경영진만을 포함하고 있다.

1946년에 Emelianoff는 협동조합의 활동을 조직의 실체가 없이 이득을 추구하는 개인들의 활동으로 보았다. 그는 협동조합이 중심 조직을 갖추지 않은 채 조합원을 위해 수익을 창출하기 때문에 협동조합을 사업체로 인식하지 않았다. 그러나 이후의 연구에서는 협동조합을 뚜렷한 의사결정 단위를 갖춘 독립된 기업으로 인식하고 있다.

경영진이 통제하는 협동조합과 이사회에 대한 최근의 우려를 생각해보면, 협동조합에 대한 Emelianoff의 생각은 차라리 이상적인 개념이었던 것 같다. 그는 조합원, 이사회, 경영진의 역할이 분화되고 전문화되는 것을 간과하였던 것이다.

1950년대에는 영리를 추구하는 전통적인 기업이론들을 수정하여 협동조합의 고유한 특성들을 설명하는 데 활용하였다. 예를 들면, Helmberger와 Hoos가 가공 협동조합을 분석하는 모형을 개발하였는데, 이 모형은 개별 기업에 대한 경제이론에서 비롯된 개념에 기초하고 있었다. 이론가들은 개방형 혹은 폐쇄형 조합원제도와 같은 협동조합의 특수한 문제들을 설명할 필요가 있었기 때문에 기본 모형의 가정을 바꾸는 일에 그들의 관심을 돌렸다. 1960년대 후반과 1970년대에 들어서는 많은 논문들이 발표되었지만, 협동조합 이론이 경제학자들로부터 주목과 관심을 받기 시작한 것은 1980년대부터이다. 기존에 개발된 모형을 규명할 필요성 때문에 이런 연구가 증가된 점도 있지만 게임이론 등 경제이론의 발전은 협동조합에 대한 새로운 분석기법을 제공하게 되었다. 특정 시장 구조 속에서의 기업 행동이나 성과보다는 조직 내부에서의 의사결정 과정이 주요 연구 대상이 되었으며, 협동조합의 내부 정책이 중요하게 고려되었다.

이 논문에서 제시될 경제이론은 기업이론과 게임이론에 주로 국한되어 있다. 이 이론들은 협동조합에 대한 최근의 경제이론과 조직이론의 중요한 부분이 되고 있다. 기업이론적 접근은 조직체가 이익의 극대화와 같은 미리 정해진 목표를 갖고 있다는 가정에 기초한다. 그러나 협동조합에서는 경영진, 이사회, 조합원들이 달성하려고 하는 목표가 다양하다. 예를 들어, 어떤 협동조합은 적정 순수익을 실현하고 영업의 효율성을 극대화하고, 시설을 관리하고 확장하며, 판매량을 신장하는 모든 목표를 동시에 추구할 수 있다.

기업이론의 약점은 IOF나 협동조합의 내부적 의사결정 과정을 분석하는 데 사용될 수 없다는 점이다. 기업이론은 대규모의 사업을 가진 협동조합의 행동과 사업성과가 어떻게 결정되고, 무엇이 중요하게 작용하는지에 대해 평가할 수 없다. 게임이론은 이런 문제들에 있어서 적어도 부분적으로나마 더 잘 접근할 수 있다. 경제학자들도 조직의 의사결정 구조를 좀 더 현실적으로 설명하기 위해 대안적인 이론들을 발전시키려고 시도하여 왔다. 그러나 이런 새로운 접근방법들을 이해하고 사용하기 전에 우리는 기초적인 기업이론과 게임이론을 이해해야 한다.

2) 구매 협동조합의 경제 모형

이 글에서 구매 협동조합(supply cooperatives)이란 용어는 넓은 의미에서 조합원에게 재화와 서비스를 판매하는 협동조합을 말한다. 이런 형태의 협동조합으로는 지역 단위의 전력조합, 수리조합, 농자재 공급조합, 석유공급조합, 농업대부조합(Farm Credit System) 등이 있다.

이 글에서는 협동조합의 기초적인 경제 모형을 사용하여, 협동조합의 경영과 조직에 관한 다음 4가지 문제를 부분적으로 설명하려고 한다. ①협동조합의 사업 목적은 IOF의 사업 목적과 다른가? ②협동조합의 다양한 목표들은 서로 보완적인가 아니면 상충하는가? ③협동조합은 목표를 어떻게 달성할 수 있는가? ④산업구조가 협동조합이 목표를 달성하는 데 영향을 미치는가? 이 글에서는 구매 협동조합을 대상으로 이러한 질문들에 대해 검토해 보기로 한다.

(1) IOF의 기본 모형

IOF는 '판매량의 극대화'와 같은 대안적 목표를 가질 수도 있지만, 일반적으로 순수입(net income)을 극대화하여 투자자들을 위해 기업 가치를 높이는 것을 목적으로 한다. 여기서 순수입은 총수입(TR, total revenue)에서 총비용(TC, total cost)을 차감한 것이다.

예를 들어, 비료를 농업인에게 톤 단위로 판매하는 IOF 기업을 살펴보자<그림2-4>. 기업은 투자자들에게 투자금액(소유 주식의 수)에 비례하여 순수입을 배분한다. 투자자는 기업이 주식을 발행할 때 주식을 사거나 혹은 다른 투자자들로부터 구입함으로써 주주가 될 수 있다.

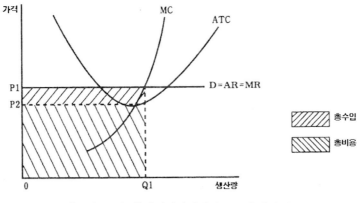

〈그림2－4〉완전경쟁시장에서 IOF의 순수입

비료를 판매하는 기업에서, 한계비용(MC)은 비료 1톤을 더 생산함으로써 총비용(TC)에 추가되는 비용을 말하며, 한계수입(MR)은 비료 1톤을 더 판매함으로써 총수입(TR)에 추가되는 수입을 말한다. 경제학자들은 IOF가 순수입을 극대화하기 위해서는 한계수입과 한계비용이 같아지는 점에서 생산량을 결정한다는 법칙을 이끌어 내었다. 경쟁적 시장에서 한계수입은 일정한 반면, 한계비용은 점점 증가한다. IOF 기업은 한계수입이 한계비용보다 큰 범위 내에서는 생산량을 증가시켜서 총순수입을 증가시킬 수 있다. 즉, 추가적으로 비료 1톤을 더 판매하여 발생하는 수입이 비료 1톤을 더 생산하는 데 드는 비용보다 더 클 경우에 총수입이 늘어나게 되는 것이다. 만약 한계수입이 한계비용보다 작을 경우, 판매를 줄임으로써 얻게 되는 비용 절감이 수입 감소보다 더 크기 때문에 기업은 비료생산을 줄임으로써 총순수입을 늘릴 수 있다.

IOF가 가격과 생산량을 결정하는 이 법칙은 산업의 시장구조에 달려있다. 시장구조는 그 산업 내에서 경쟁하는 기업의 수와 상대적인 규모를 말한다. 완전경쟁시장은 질소비료와 같은 동질의 제품을 생산하는 생산자들과 이를 소비하는 소비자들이 많은 시장이다.

완전경쟁시장에서 경쟁하는 IOF는 시장가격에 영향을 미칠 정도의 시장지위를 갖지 못하기 때문에 시장가격을 수용해야 한다. 만약 생산을 줄이게 되면, 다른 생산자들이 생산을 늘리게 되어 가격을 인상할 수 없게 된다. 또한 IOF가 가격을 인상하게 되면, 구매자들은 다른 경쟁기업에서 제품을 구매할 것이다. 이러한 두 가지 이유로 인해 경쟁기업들은 시장가격으로 제품을 판매하게 된다. 따라서 IOF는 모든 생산품을 P1의 가격으로 판매하게 된다<그림2－4>. 수요곡선이 평행하기 때문에 평균수입(AR)은 '한계수입(MR)×P1'과 일치한다. IOF는 순수입을 극대화하기 위해서 한계비용과 한계수입을 일치시킨다. IOF의 판매량은 Q1이 되고, 가격은 P1이 된다.

기업의 총순수입은 평균수입(P1×Q1)과 총비용(P2×Q1)의 차이가 된다. 즉, 순수입(net income)은 Q1×(P1 - P2)가 된다.

그러나 현실에서 완전경쟁시장은 찾아보기 어렵다. 따라서 IOF는 더 많은 양의 비료를 판매하기 위해서는 가격인하 등의 시장 활동을 전개해야 한다. 지역 시장에서 3~5개의 비료 생산기업이 경쟁하는 경우를 예로 들어 보자. 이러한 기업들은 경쟁자들과 차별화하기 위해 상당한 노력을 기울일 것이다. 즉, 그들은 자신의 제품을 다르게 보이도록 하거나 구매자들이 쉽게 다른 기업들의 제품으로 대체하지 못하게 할 것이다. 제품 차별화는 서비스의 질, 제품배송 절차, 소비자금융, 서비스, 상표 등에 변화를 줌으로써 달성할 수 있다. 어떤 기업이 제품을 차별화하면 제품의 가격을 인상하여도 기존 고객을 잃지 않거나 오히려 신규 고객을 확보할 수도 있다.

이런 형태의 시장구조를 독점적 경쟁이라고 한다. 이런 상황에서 IOF는 경쟁자들이 있음에도 불구하고 자신의 생산량이나 가격을 변경하여 시장가격을 변화시킬 수 있다. 이런 형태의 시장구조에서도 IOF는 순수입의 극대화를 위해 한계수입과 한계비용이 동일한 지점에서 생산하는 법칙을 따를 것이다. 순수입을 극대화하는 판매 수준은 Q1의 물량을 P1의 가격으로 판매하는 점이다<그림2-5>.

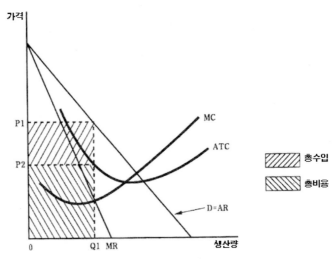

〈그림2-5〉 독점적 경쟁시장에서 IOF의 순수입 극대화

개별 기업에 있어 수요곡선의 기울기는 다른 기업과의 경쟁상황 또는 대체재의 이용

가능성에 따라 달라진다. 경쟁이 심화되면 수요곡선의 기울기가 완만해진다. 이 장과 다음 장의 그림들은 다소 가파른 기울기의 수요곡선을 포함하고 있다. 이는 독점기업이 존재하는 시장영역을 표현함과 동시에 협동조합이 순수입을 극대화하는 것과는 다른 목표를 추구할 때 야기되는 가격의 차이를 강조하기 위해서이다. 목표의 차이에 의한 가격의 차이는 수요곡선이 완만한 경우에는 두드러지게 나타나지 않는다. 기울기의 조정은 가격보다는 수요량의 조정을 통해 이루어질 것이다. 실제 상황에서 기업의 경영자들은 그들이 활동하는 산업의 경쟁적 구조와 기업이 직면하고 있는 수요곡선의 특성들을 규명하는 데 노력해야 한다.

(2) 구매 협동조합 모형

비료를 생산하여 판매하는 어떤 사업조직이 IOF에서 구매 협동조합으로 변경하였다고 가정해 보자. 이 구매 협동조합은 IOF와 동일한 비용구조를 갖고 있다고 생각될 수 있다. 이것은 구매 협동조합이 기술적인 측면에서 IOF와 동등하게 효율적이며, 두 기업 모두 동일한 평균비용 및 한계비용 곡선을 갖고 있다는 것을 의미한다.

① 협동조합의 가능한 목표

구매 협동조합은 다음과 같은 목표들을 가질 수 있다. ①평균수입(AR)과 평균총비용(ATC)을 일치시키거나, ②조합원들의 구매가격을 최소화하거나 ③전체 조합원의 총수입을 극대화하는 것이 그것이다. 이 장에서는 ①과 ②의 목표를 설명한다. ③의 목표에 관심이 있는 사람들은 Sexton(1983)의 글을 읽기를 바란다. 이 목표들 중 순수입 극대화와 같은 개념이 있는가? 한 가지를 제외하고 이 목표들은 순수입 극대화와는 다르다. 아래에서는 이 문제에 대해 자세히 설명하고자 한다.

협동조합에서는 앞에서 설명한 바와 같이 투자보다는 이용과 관련하여 수입이 발생하며, 수입을 이용고배당(patronage refund)으로 배분하는 특별한 형태의 기업이다. 이를 설명하기 위해 협동조합의 총순수입이 이용고배당의 형태로 조합원에게 현금으로 배분된다고 가정해 볼 수 있다. 비료 1톤당 이용고배당은 비료 1톤당 가격에서 1톤당 평균비용을 뺀 것과 같으며, 조합원에게 현금으로 지급하는 총이용고배당은 총순수입과 같을 것이다.

일반적인 경제분석에 따르면, 평균총비용곡선은 평균적인 자본 이자를 포함한 모든 비용을 포함한다. 따라서 평균총비용과 평균수입이 같을 때에 협동조합은 출자금이나 부채에 대한 이자 지급에 충당할 재원을 보유할 수 있을 것이다.

② 협동조합의 목표는 누가 정하는가?

비록 조합원들이 협동조합을 소유하고 있지만, 그들은 이사회를 선출하여 협동조합의 경영과 활동에 대한 감독의 책임을 부여하고 있다. 이사회와 경영진은 협동조합의 목표를 설정한다. 다음의 분석에서는 이사회와 경영진이 목표를 세우고 그 목표를 달성하기 위해 특별한 가격정책을 활용한다고 가정해 보자. 이는 협동조합이 소유자(조합원)와 분리된 형태의 기업이라는 것을 의미한다. 모든 조합원들도 그들 자신의 목표를 추구한다. 조합원들은 시장가격 혹은 이용고배당이 감안된 가격을 기준으로 구매의사를 결정할 것이다.

협동조합은 특수한 목적을 달성하기 위해 가격 및 이용고배당 정책을 실시하고, 조합원들은 협동조합이 실행하는 전략에 반응한다. 협동조합의 특수한 목적이 달성될 수 있는지 없는지의 여부는 조합원이 어떠한 반응을 보이느냐에 달려 있다.

③ 협동조합의 목표 분석

협동조합이 IOF와 같이 행동하여, Q1을 P1의 가격으로 조합원들에게 판매한다고 가정해 보자<그림2-6>. 조합원들에 대한 이용고배당은 P1-P4이다. 조합원에 대한 실제 판매가격은 P4 혹은 P1에서 이용고배당을 차감한 부분이 된다<표 2-1의 1번 목표>. 이 목표는 협동조합의 원칙, 조합원 집단의 목표 또는 개별 조합원의 목표와 일치하는가? 이런 목표들을 달성하는 데 더 효과적인 가격전략은 없는가?

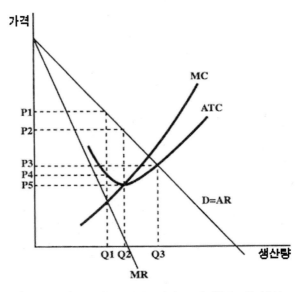

〈그림2-6〉 다양한 목표를 가진 구매 협동조합 분석

〈표 2-1〉 그림3에 표시된 협동조합의 목표, 의사결정 규칙, 산출량, 가격, 이용고배당, 순가격의 예

목 표	의사결정 규칙	산출량	지불가격	이용고배당	실제지불가격
순수입 극대화 (IOF와 동일)	MC=MR	Q1	P1	P1-P4	P4
조합원의 실제 지불가격의 최소화	MC=ATC	Q2	P2	P2-P5	P5
수지균형 (원가주의)	ATC=AR=P	Q3	P4	P3-P3	P3

주) 다음의 다른 2가지 목표도 설정될 수 있다.
　① 판매의 극대화(MR=0)　② 조합원 잉여의 극대화(MC=P=AR=D)

협동조합의 원가주의 원칙은 수입이 이용과 관련된다는 것을 의미한다. 만약 어떤 협동조합이 독점적 경쟁산업에서 존재한다면, 협동조합의 경영자는 이 원칙을 평균총비용과 평균수입이 일치한다는 것으로 이해할 것이다. 이런 상황에서 협동조합은 조합원에게 Q3만큼의 물량을 공급할 것이고, 정상 수입을 넘어선 어떠한 순수입도 기대하지 않을 것이다<그림2-6>. 따라서 순수입 극대화를 추구하는 IOF에 비해 산출량은 많아지며, 판매가격(P3)은 낮아진다<표 2-1의 3번 목표>.

만약 협동조합의 목표가 조합원이 실제로 지불하는 가격을 최소화하는 것이라면, ATC가 최저이거나 MC=ATC일 때 최소가격이 정해진다. Q2 이상에서는 한계비용이 ATC보다 큰데, 이는 조합원에 대한 판매를 줄임으로써 ATC가 줄어든다는 것을 의미한다. Q2 이하에서는 판매량을 늘림으로써 ATC가 줄어들 수 있다. 조합원에 대한 실제 판매가격은 P2-P5와 같다. 조합원은 Q2에서만 가장 낮은 순가격[9]으로 구매할 수 있다<표 2-1의 2번 목표>.

④ 불안정한 균형

협동조합의 조합원이 갖게 되는 중요한 의문은 판매가격에 관심을 가져야 할지 아니면 실제 기대가격에 관심을 두여야 할지이다. 경영진이나 이사회가 앞에서 구분한 협동조합의 3가지 목표를 달성하기 위한 가격정책을 결정하는 데 이 문제는 매우 중요한 의미를 지닌다.

실제 기대가격보다 판매가격으로 구매의사를 결정하는 조합원은 이용고배당을 받기를 원하지 않으며, 이용고배당의 현재 가치가 더 낮거나 심지어 부정적이라고 믿는다. 예를

---

9) 순가격(net price)은 제품 구매를 위해 조합원이 실제로 지불하는 가격을 말하며, 각종 판매비용과 나중에 조합원이 받게 될 이용고배당을 가감한 가격이다.

들어, 어떤 협동조합이 낮은 이용고배당률을 결정하거나, 이용고배당의 현재 가치가 제로에 가깝다면, 조합원은 아마도 구매결정에 있어 이용고배당을 무시해 버릴 것이다. 대신 그들은 판매가격을 받아들이고, 이 가격에서 그들의 수요량을 결정하게 될 것이다. 만약 어떤 협동조합이 P2의 가격을 부과한다면, 조합원들은 Q2만큼을 구매할 것이다 <그림2-6>. 따라서 조합원들은 현금으로 P2-P5에 해당하는 이용고배당을 받게 될 것이며, 협동조합은 순가격을 최소화하려는 목표를 달성하게 될 것이다.

그러나 만약 조합원들이 기대되는 순가격(이용고배당을 통해 조정된 기대가격)을 받아들인다면 불안정성이 발생하게 된다. 이사회와 경영진이 어떤 물량을 최소 순가격으로 판매하려고 시도한다고 가정해 보자. 이 경우 수요곡선에서 나타나는 바와 같이 순가격이 조합원들이 기꺼이 지불하려고 하는 가격보다 낮기 때문에 협동조합의 공급량과 가격은 불안정한 균형상태를 맞게 된다. 이 경우 조합원들은 판매가격보다 저렴하다는 이유로 최소 순가격에 도달하기 위한 물량보다 더 많은 양의 비료를 사려 할 것이다. 그러나 협동조합이 ATC와 AR을 일치시킬 목표를 달성하려 한다면, 이 불안정성은 사라질 것이다.

⑤ 평균총비용(ATC)의 최소화

조합원이 최소 ATC의 극소점에서 제품을 구매하는 데 반하여 협동조합이 판매량 극대화를 추구한다면 조합원들은 어떻게 행동할 것인가?

첫째, 조합원들은 폐쇄형 협동조합을 조직함으로써 경제적 인센티브를 얻을 수 있다. 이렇게 설립된 새로운 협동조합은 일부 조합원을 배제시킴으로써 수요곡선을 왼쪽으로 혹은 D1에서 D2로 이동시킬 수 있다<그림 2-7.1>. 협동조합은 수요곡선이 ATC의 최저점을 통과할 때 안정성을 얻게 될 것이며, 2번과 3번의 목표를 실현함과 동시에 판매량 목표도 달성할 수 있다. 조합원은 협동조합으로부터 최소 순가격으로 제품을 구매하기 때문에 다른 협동조합으로 이동할 유인이 없어진다.

두 번째 대안은 사업의 비용구조를 바꾸는 것이다. 협동조합은 물리적 시설을 확장할 수 있고 비용구조를 변화시킬 수도 있다. <그림 2-7.2>에서 보는 바와 같이 협동조합이 한계 및 평균비용 곡선을 MC1과 ATC1에서 MC2와 ATC2로 변화시킨다고 가정해 보자. 협동조합은 시설들을 확장함으로써 ATC의 최소점을 오른쪽으로 옮기고 조합원들을 위해 더 낮은 순가격 P2로 더 많은 물량 Q2를 공급할 수 있게 된다. 성공적인 협동조합은 그들의 생산능력과 물량을 확대하려는 경향이 있기 때문에, 아마도 두 번째의 대안을 자주 선택하게 될 것이다.

⑥ 구매 협동조합은 다른가?

IOF에서 경영진의 의사결정은 비교적 단순하며 일관되게 이루어지고 있다. IOF의 주요 목표는 일반적으로 순수입의 극대화이다. 따라서 IOF는 추가적인 수입이 추가적인 비용과 동일(MC＝MR)한 점에서 생산량을 결정한다. 반면, 협동조합의 생산량 결정은 훨씬 더 복잡하다.

① <그림2－7.1> 수요 감소

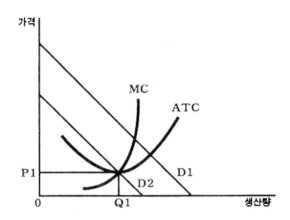

② <그림2－7.2> 규모 증가

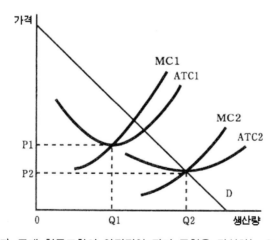

〈그림2－7〉 구매 협동조합이 안정적인 장기 균형을 달성하는 2가지 방법

협동조합은 순수입의 극대화를 포함하여 많은 목표들을 갖고 있다. 그러나 협동조합

에서는 이러한 목표들로 인하여 많은 문제들이 야기되고 있다. 경영진이 정상적인 투자수익이 아닌 다른 어떤 목표들을 달성하려 할 경우 불안정성의 문제가 생기는데, 그 이유는 다른 목표들을 이해하지 못하거나 이에 동의하지 않는 조합원들이 협동조합이 가격이나 생산량을 변경하도록 압력을 행사할 것이기 때문이다. 구매 협동조합은 순수입의 극대화를 이루는 수준을 넘어서서, 더 낮은 가격으로 생산량을 결정하도록 하는 인센티브를 갖고 있기 때문에 사회적 편익을 제공한다. 장기균형의 완전경쟁시장에서 즉, $MR=P=ATC=MC$의 경우에서 생산량과 가격이 균형을 이루게 되며, 이때 순수입의 극대화와 협동조합의 목표가 일치하게 된다.

경쟁적인 산업에서 장기적으로 협동조합과 IOF는 본질적으로 동일한 재정적 성과를 달성하도록 기대된다. 이들 두 형태의 기업은 투자된 자본을 지속해서 유지할 수 있도록 충분한 수익률을 확보해야 한다. 장기균형에서 협동조합과 IOF는 $MR=P=ATC=MC$가 되도록 활동한다. 따라서 기존의 경쟁산업에서 협동조합과 IOF의 사업을 서로 비교하는 것은 옳은 방법으로 보인다.

그러나 순수입의 극대화와 다른 협동조합의 목표들로 인해 IOF와 협동조합이 각각 다른 가격과 생산량을 달성하게 될 경우 문제가 더욱 복잡해진다(그림 2-6). 예를 들어, 수요곡선이 우하향하고 평균총비용곡선이 우상향하는 산업에서 활동하는 구매 협동조합은 IOF보다 더 낮은 가격과 더 많은 물량으로 제품을 판매할 수 있을 것이다. 이것은 구매 협동조합의 자본수익률이 IOF보다 더 낮다는 것을 의미한다.

협동조합의 경영자들은 IOF의 경영자들과 성공적으로 경쟁하기 위해 재무적 성과의 중요성을 강조하기도 한다. 그러나 조합원들은 일반적으로 재무적 성과의 개선보다는 더 낮은 가격으로 제품을 구매하기를 더 선호한다. 조합원과 경영자 간의 가격에 대한 충돌은 구매자와 판매자 사이의 정상적인 긴장 관계로 비춰질 수도 있으나, 구매 협동조합에서는 좀 더 심각한 문제가 된다. 또한 협동조합에서는 구매자가 이사회에 진출하기 때문에 충돌과 긴장은 상행위에서뿐만 아니라 이사회 내부에서 발생하기도 한다.

이용고배당이 낮은 가격을 대체할 수 있다고 주장하는 사람도 있으나, 이는 전적으로 맞는 말이 아니다. 조합원들은 협동조합이 계획한 순수입은 단지 추정치일 뿐이며, 자신들이 지불하는 가격이 실재라고 생각한다. 협동조합이 원가주의에 입각하여 사업하고, 조합원들이 낮은 가격으로 구매할 수 있어야 한다는 조합원들의 생각은 결국 협동조합이 높은 수준의 출자배당을 실시하도록 압박하고, 결과적으로 협동조합이 자본을 유지할 수 없게 한다. 그 결과 협동조합은 자본반환(equity redemption)과 같은 다른 목표들을 달성할 수 없는 상황에 직면할 수도 있다.

⑦ 유휴시설

앞의 분석은 협동조합이 시설규모에 비하여 사업물량이 너무 커서 최소 ATC를 달성할 수 없다는 가정에 기초하고 있다. 그러나 Sexton과 같은 경제학자들은 협동조합이 수요가 충분하지 못해 ATC 곡선의 최저점에 도달할 수 없는 정반대의 문제에 자주 직면한다고 주장해 왔다.

어떤 기업이 유휴시설을 갖게 된다면, 한계비용이 모든 판매 수준에서 평균비용보다 낮게 되기 때문에 기업은 어떤 수요곡선에서도 평균총비용의 최저점에 도달할 수 없다. 이 경우 협동조합은 평균비용을 생산량과 가격 결정에 이용할 수 있다.

IOF는 한계비용과 한계수입이 동일해지는 수준에서 생산함으로써 순수입을 극대화하려고 한다. 따라서 IOF는 P1의 가격으로 Q1을 판매하며, 이 가격은 협동조합의 가격보다 높다. 이는 기업의 시장지배력이 소비자의 부를 감소시키는 사례이다. 그러나 협동조합은 이러한 가격전략을 선택하지 않는다. 그 대신 협동조합은 평균비용과 평균수입이 일치하는 점에서 P2의 가격으로 Q2만큼 생산한다. 이 경우 가격은 IOF보다 낮으며, 공급 물량은 더 많아지게 된다.

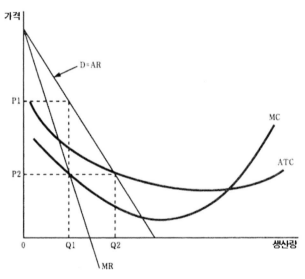

〈그림2-8〉 비용기능 비율이 감소하는 가운데 활동하는
폐쇄형 구매 협동조합

유휴시설 문제에 직면한 협동조합은 이 문제를 해결하기 위해 선택 가능한 전략적 해결 방안들을 모색해야 한다. 다른 협동조합들과 동일한 시장에서 경쟁하는 협동조합은 규모의 경제를 달성하고 유휴시설을 줄이기 위해 합병을 선택할 수 있다. 예를 들어, 3개의 협동조합이 각각 1대의 트럭을 보유하고 유류 수송사업을 하는데 현재 30% 정도의 가동률을 유지하고 있다고 가정해 보자. 협동조합은 합병을 통해 노동비용을 줄일 수 있을 뿐만 아니라 적어도 1대의 트럭과 유휴 저장시설을 처분할 수 있다. 이로써 협동조합은 수요량을 늘리고 유휴시설을 줄임으로써 규모의 경제를 달성할 수 있다. 만약 협동조합이 전략적으로 약한 지위에 있다면, 그 산업에서 빠져나와 경쟁자인 IOF에 그 유휴시설을 매각하는 것이 최상의 선택이 될 것이다. 이와 반대로 협동조합이 강한 전략적 지위에 있다면 경쟁자인 IOF로부터 유휴시설을 사들이는 것이 최상의 결정이 될 것이다.

⑧ 비조합원 관련 사업

판매량이 증가할수록 가격에서 차지하는 비용의 비율이 점점 감소하는 사업을 영위하는 구매 협동조합은 총판매량을 증대함으로써 평균비용을 줄일 수 있다. 따라서 이 협동조합은 비조합원에 대한 판매를 증가시키려 한다<그림 2-9>. 평균비용 가격전략을 취하는 협동조합은 비조합원에 대한 판매를 확대함으로써 조합원들에 대한 판매가격을 P1에서 P2로 낮출 수 있다. 만약 협동조합의 목표가 조합원에게 최저 순가격으로 판매하는 것이라면, 비조합원 사업은 평균총비용이 최저점에 달할 때까지 확대될 것이다.

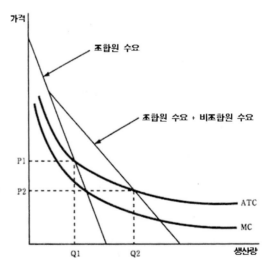

〈그림2-9〉 비용이 감소하고 비조합원의 수요가
있는 지역에서 활동하는 구매 협동조합

그러나 이는 협동조합이 비조합원 사업에서 비롯된 순수입을 조합원에게 이전하지 않을 것이란 가정을 바탕으로 하고 있는데, 그 이유는 이전이 비록 조합원과 비조합원 사이에서 용인된다 하더라도 협동조합 내부의 동기부여 시스템(incentive system)을 바꾸어 놓을 것이기 때문이다. 비조합원과의 사업 비중이 커질수록 비조합원 사업을 수익센터로 이용하려는 조합원의 경향이 커질 것이며, 협동조합은 점점 더 순수입 극대화를 추구하는 기업처럼 행동할 것이다. 이를 피하기 위해서 미국의 많은 주(state)들은 법률을 제정하여 비조합원과의 사업량을 제한하고 있다. 캐퍼볼스태드법에서 조합원과의 사업량을 절반 이상으로 유지하도록 규정한 것을 미루어 볼 때, 비조합원과의 사업량 규제는 특히 판매 협동조합에 더 해당된다고 이해할 수 있다.

협동조합이 비조합원과의 사업을 확장하려 할 경우, 협동조합의 실제적인 가격 목표는 아마도 조합원이 지불하는 순가격을 현재 상태로 유지하거나 지금보다 낮추는 것이 될 것이다. 비조합원 관련 사업 때문에 협동조합이 가격전략을 선택할 때 점점 더 IOF처럼 행동하게 된다. 그리하여 더 낮은 가격으로 더 많을 양을 구매하던 소비자의 부는 감소하게 된다. 그러나 산업이 경쟁적이어서 협동조합이 비조합원에게 과다하게 가격을 요구하는 행동이 제한될 경우에는 위의 내용과 다르다. 따라서 협동조합의 조합원 정책이 협동조합의 행동 및 성과에 대해 어떤 의미를 지니는지 면밀히 평가되어야 한다. 조합원의 최대 이익을 위한 협동조합의 정책은 사업체로서의 조합에 대한 사회적 요구와 항상 일치하지는 않는다.

결론적으로 협동조합 이론은 협동조합으로 하여금 논리적 일관성에 입각하여 가격, 생산량, 조합원 정책을 결정하게 한다는 측면에서 중요하다. 협동조합 이론은 제2차 세계대전 이후 상당히 발전되어 정형화 되었다. 협동조합은 중심 조직체가 없다고 항상 인식되어 왔으나, 1950년대 경제학자들은 전통적 기업이론을 변형하여 협동조합의 독특한 특성을 인식할 수 있게 하였다. 1980년대에는 추가적으로 협동조합 이론의 발전이 이루어졌으며, 경제학자들이 이를 통해 협동조합의 의사결정에 내포된 경제적 요인들을 분석하였다. 이런 발전은 IOF보다 더 복잡한 경영 목표를 설정해야 하는 협동조합의 경영자들에게 많은 도움이 되고 있다.

경쟁시장 혹은 독점시장에서 제품을 판매하는 IOF를 위해 발전된 기업이론은 IOF의 목표가 순수입을 극대화하는 것이란 가정에 근거하고 있다. 순수입 극대화를 위한 의사결정은 한계수입이 한계비용과 같아지는 지점까지 생산하는 것이다. 이 의사결정은 IOF가 제품 1단위를 추가 생산함으로써 얻는 추가적인 수입이 추가적인 비용보다 클 경우에만 제품생산을 늘리며, 추가적인 수입이 추가적인 비용보다 작을 경우에는 제품생산을 줄인다는 것을 의미한다.

그러나 협동조합은 종종 순수입 극대화보다 더 많은 목표를 설정하고 있다. 결과적으로 협동조합은 독특한 비용과 수요 상황을 해결하기 위해 IOF와는 다른 의사결정 규칙을 이용하게 된다. 이 글에서는 ①순수입 극대화, ②순 가격의 최소화, ③수지 균형 등 구매 협동조합의 3가지 목표들을 규명하였다. 각각의 목표를 달성하기 위해 선택할 수 있는 가격전략은 상이하며, 선택과정에는 매우 다른 의사결정 규칙이 필요하다. 단지 장기경쟁균형 상태에서만 IOF와 협동조합의 가격과 생산량이 동일해진다. 따라서 구매 협동조합이 부딪히는 경영문제가 IOF의 문제와 다르기 때문에 구매 협동조합과 IOF는 서로 다른 행동과 성과를 보이게 된다는 이론이 성립한다.

협동조합에 대해 자주 제기되는 문제 중의 하나인 유휴시설 문제는 협동조합의 사업 물량이 불충분하여 총비용곡선의 최저점에 도달하기 어렵다는 것이다. 이 문제를 해결할 수 있는 방법은 다른 협동조합과의 합병, 산업에서의 이탈, IOF의 흡수, 비조합원과의 사업 확대 등이다. 만약 구매 협동조합이 조합원에게만 이용고배당을 실시한다면, 협동조합은 점점 더 비조합원 사업에 의존하게 되고 결국 IOF의 행동을 점점 더 닮아 가게 될 것이다.

4) 판매 협동조합의 경제이론[10]

판매 협동조합은 조합원과의 관계에서 구매 협동조합과 다르다. 조합원은 구매 협동조합으로부터 농장에 필요한 제품을 구매하며, 판매 협동조합에 그들이 생산한 농산물을 판매한다. 조합원의 생산물은 판매 협동조합 입장에서 보면 투입물이 된다. 그리고 판매 협동조합의 조합원은 협동조합에 생산물을 판매할 때 높은 가격을 받기를 원한다. 따라서 조합원과의 관계를 설명하기 위해 사용되는 이론은 구매 협동조합과 판매 협동조합에서 서로 다르다.

이 글에서는 판매 협동조합이 어떻게 IOF와 구별되는지 설명하는데, 특히 시장구조, 협동조합의 사업방식과 목표로 인해 성과가 어떻게 달라지는지에 주목한다. 또한 판매 협동조합의 조합원, 경영자, 이사회와 관련한 경영문제가 구매 협동조합의 문제와 어떻게 다른지 설명한다.

끝으로 게임이론을 도입하여 판매 협동조합의 의사결정 규칙을 설명한다. 게임이론은

---

10) 이 글은 '농협경제연구소'가 South Dakota 주립대 Brian H. Schmiesing 교수의 협동조합이론에 관한 논문을 번역한 것임.

둘 혹은 다수의 그룹이 상호 충돌하는 상황을 분석하기 위해 사용될 수 있다. 경제학자들은 특정 시장구조와 협동조합의 목표 속에서 협동조합의 행동과 성과를 분석하기보다는 협동조합 의사결정에 영향을 미치는 내부적 요소들에 더 주목할 필요가 있다.

이 글에서는 몇 가지 기본적인 모형을 사용하여 협동조합의 경영 및 조직에 관한 다음의 질문에 대답하고자 한다. ①판매 협동조합의 사업 목표는 IOF와 다른가? ②규명된 협동조합의 목표들은 상호 보완적인가 아니면 상충하는가? ③판매 협동조합이 어떻게 협동조합의 목표를 달성할 수 있는가? ④산업구조가 판매 협동조합의 목표 달성에 영향을 주는가?

(1) 판매 협동조합이란

사탕무를 가공하는 판매 협동조합을 예로 들어 보자. 이 협동조합은 출하물량에 대해 톤당 가격을 책정하여 현금으로 대금을 지불하며 이용고배당을 실시한다. 이 협동조합은 가공제품을 조합원도 아니고 사탕무 재배자도 아닌 제3의 구매자에게 판매한다. 따라서 구매 협동조합과 달리 최종 가공품에 대한 수요와 이용고배당 사이에는 직접적인 연관이 없다.

조합원과 판매 협동조합 사이에는 조합원의 생산물이란 매개물이 있는데, 이는 협동조합이 가공제품을 만들기 위해 투입하는 원료가 된다. 조합원에게 지불하기 위한 재원인 순수입(NR)은 협동조합의 총수입에서 제품의 가공 및 판매와 관련된 제비용을 차감하여 얻어진다. 그러나 총비용에는 사탕무 생산자에 대한 지불액이 포함되어 있지 않다. 평균순수입(ANR)은 총순수입을 판매된 사탕무의 양으로 나눈 것과 같다.

ANR은 평균수입(AR)에서 조정된 평균비용(AAC)를 차감해서 산출된다. AAC는 평균총비용(ATC)에서 사탕무에 지급된 평균가격을 차감한 것과 같다. 최종 생산물의 수요곡선이 우하향하든 수평이든 문제가 되지 않으며, 수요곡선(D)은 가공된 사탕무의 특정 물량에 대한 AR을 나타낸다.

ANR 곡선의 형태는 AAC와 AR의 관계에 의존한다<그림2-10.1>. 수요곡선에서 나타나는 바와 같이 AAC가 AR보다 클 경우, ANR은 음(-)이 된다<그림 2-10.2>. 가공된 사탕무의 양이 Qa보다 작거나 Qb보다 클 경우, ANR은 음(-)이 된다. 이는 협동조합이 가공처리 비용을 차감한 후 조합원이 출하한 사탕무에 대해 지급할 수입이 없다는 것을 의미한다.

양(+)의 ANR은 사탕무 생산자들이 출하대금을 받을 수 있다는 의미이다. 협동조합의 조합원은 가격 혹은 이용고배당의 형태로 대가를 지급받을 수 있다. ANR은 AR과 AAC의 차가 가장 클 경우 최대가 된다. 생산자들이 실제로 받는 순가격은 가공업자가

IOF인지 아니면 협동조합인지 그리고 협동조합의 목표가 무엇인지에 따라 달라진다.

① <그림 2-10.1> 가공제품의 수요

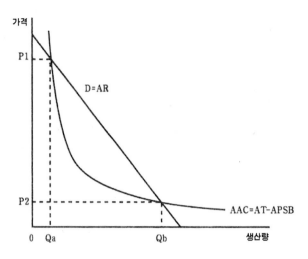

② <그림 2-10.2> 투입물의 수요

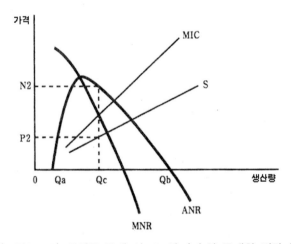

〈그림2-10〉 투입물 구매 시 IOF의 순수입 극대화 전략 분석

(2) IOF의 순수입 극대화 목표

IOF의 목표가 사탕무 가공품의 판매를 통해 최대의 순수입을 달성하는 것이라고 가정해 보자. 순수입 극대화를 위해 IOF는 설탕 및 부산물을 판매하여 얻는 한계순수입을

사탕무 구매 시 발생한 한계비용과 같게 맞출 것이다.

ANR 곡선은 IOF 및 판매 협동조합의 사탕무에 대한 수요곡선을 나타낸다. 모든 순수입이 생산자들에 대한 지급을 위해 사용된다고 가정할 경우, ANR 곡선 위의 각 점들은 생산자들이 사탕무를 출하하고 받는 평균가격을 의미한다. ANR 곡선으로부터 도출되는 한계순수입(MNR)은 사탕무 1톤을 추가적으로 가공함으로써 발생하는 추가적인 순수입이다. ANR이 증가하기 위해서는 MNR이 ANR보다 커야 한다<그림2－10.2>. 최대 ANR은 MNR이 ANR과 같을 때 달성된다. ANR이 감소하면 MNR이 ANR보다 작다. 공급곡선은 사탕무 생산자들로부터 특정 물량을 얻기 위해 지급해야 하는 평균가격을 의미한다. 만약 가공기업이 투입물의 가격에 영향을 미칠 정도의 시장점유율을 확보하지 못하면, 공급곡선은 평행선이 된다. 이는 투입물을 구매하기 위한 평균비용이 항상 일정하며 한계투입비용(MIC)과 같다는 것을 의미한다. 이런 상황은 가공기업이 투입물 구매시장에서 구매자 독점권을 갖지 못할 때 발생한다.

가공기업이 구매독점적 지위를 가지고 있거나 그 생산물의 유일한 판로에 해당할 경우를 가정해 볼 수 있다. 총공급곡선(S)은 사탕무 생산자 공급곡선의 수평적 총합과 같다. 따라서 공급곡선(S)은 사탕무를 추가 생산하기 위한 한계비용을 의미한다. 개별 생산자들의 공급곡선이 우상향하기 때문에 총공급곡선 또한 우상향한다<그림 2－10.2>. IOF는 사탕무 1톤을 추가적으로 구매하기 위해 더 높은 가격을 지불해야 한다. 사탕무 1톤을 추가적으로 구매하기 위한 한계투입비용(MIC)은 IOF가 지불하는 가격보다 크다.

IOF는 MIC＝MNR의 지점에서 Qc의 물량을 구매함으로써 순수입을 극대화할 것이다. Qc의 물량을 구매하기 위해 IOF가 생산자들에게 지불하는 가격은 공급곡선에 나타난다. 생산자들은 P2의 가격에서 Qc의 물량을 IOF에게 공급하려 할 것이다. IOF의 톤당 순수입은 ANR과 S 혹은 N2－P2의 차이와 동일할 것이다. 총순수입은 이 차이에 가공된 사탕무의 양을 곱해서 산출한다.

(3) 판매 협동조합의 함의

① 협동조합의 목표

협동조합의 목표를 이해하기 위해서는 협동조합의 조직 목표와 전략 실행에 대한 조합원의 반응에 관한 몇 가지 가정이 필요하다. 협동조합은 수지균형을 맞출 수 있으며, IOF처럼 순수입을 극대화할 수도 있고, 조합원이 수취하는 순가격을 극대화할 수도 있다. 협동조합의 조합원은 생산량을 결정할 때 이용고배당을 무시하거나 이용고배당을 포함한 순가격을 중요시할 수도 있다.

판매 협동조합이 IOF만큼 비용효율적이고 공간적인 측면에서 구매독점적이라고 가정해 보자. 그리고 협동조합이 순수입을 이용고배당으로 조합원에게 전부 분배한다고 가정해 보자. 판매 협동조합은 구매 협동조합과는 달리 이용고배당을 조합원이 출하한 생산물의 가격에 추가시키기 때문에 이용고배당이 투입비용을 줄인다기보다는 생산자의 톤당 수입을 증가시킨다고 할 수 있다. 예를 들어, 어떤 협동조합이 순수입 극대화의 목표를 달성하려고 한다면, 이 협동조합은 ANR에서 지불가격을 빼거나 혹은 N2－P2만큼의 이용고배당을 실시할 것이다. 그리고 조합원은 생산물에 대해 지급된 가격에 이용고배당을 추가한 순가격으로 받게 될 것이다.

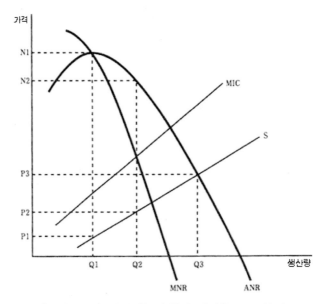

〈그림2－11〉 판매 협동조합의 다양한 목표 분석

협동조합은 생산자의 총공급곡선(S)이 ANR을 분할하는 지점에서 수지균형 목표를 달성할 수 있다(그림2－11, 표 2－2〉. 이 생산수준에서 생산자가 수취한 순가격은 생산자에게 지급된 가격과 동일하며, 생산자가 Q3의 생산량을 변경할 경제적 유인이 없게 된다.

Q3를 넘어서는 생산수준에서는 추가적으로 생산함으로써 발생하는 한계비용이 P3의 가격을 초과한다. Q3의 생산수준에서는 순가격이 추가적으로 생산함으로써 발생하는 한계비용을 초과하기 때문에 개별 생산자들이 생산을 늘릴 유인을 갖게 된다. 그러나 생산자들이 생산수준을 늘리게 되면 그들이 생산한 사탕무의 순가격은 하락하게 될 것

이다.

<표 2-2> 그림2에 나타난 협동조합의 목표, 의사결정 규칙, 산출량, 가격, 이용고배당, 순가격

목표	의사결정 규칙	산출량	수취가격	이용고배당	순 수취 가격
조합원 실제 수취가격의 극대화	MNR = ANR	Q1	P1	N1 − P1	N1
순수입의 극대화 (IOF와 동일)	MNR = MIC	Q2	P2	N2 − P2	N2
수지균형 (원가주의)	ANR = S	Q3	P4	N3 − P3	N3

주) 다음의 다른 2가지 목표도 설정될 수 있다. ① 가공생산물의 한계비용을 0에 맞춤으로써 판매의 극대화 ② 조합원 잉여의 극대화(MNR = S)

끝으로, 협동조합은 조합원이 실제로 수취하는 순가격의 극대화를 추구할 수 있다. 이는 ANR이 최대이거나 혹은 MNR = ANR인 경우에 달성된다. 이 경우 생산자들은 P1의 가격을 받으며, 이용고배당은 N1 − P1이 된다. 비록 생산자들이 협동조합으로부터 최대 순가격을 받기를 원할 수도 있지만, 이 목표는 생산자의 순수입 극대화의 목표와 충돌한다. N1의 최대 순가격에서 사탕무 생산의 한계비용은 이 가격보다 상당히 낮은 수준이다. 따라서 생산자들은 사탕무 생산을 늘림으로써 순수입을 확대할 수 있다. 만약 생산자들이 최대의 가격으로 제한되지 않은 양을 판매할 수 있다면, 최대 가격과 생산자의 순수입 극대화는 일치할 것이다. 생산자들은 그들의 한계생산비용이 수취하는 순가격과 일치하는 점까지 생산을 확대한다. 그러나 최대 순가격을 넘어선 생산 증가는 더 낮은 평균순수입을 의미하므로 이것은 불가능하다.

② 판매 협동조합은 IOF와 다른가?

만약 생산자가 순가격보다는 판매가격에 근거를 두고 생산을 결정한다면 IOF와 같은 순수입 극대화의 목표가 달성될 수 있다. 협동조합이 P2의 가격을 지급한다면, 생산자는 Q2만큼만 공급할 것이다. 따라서 생산량 결정은 N2가 아니라 P2에 근거하여 이루어지게 된다.

그러나 생산자가 순가격에 근거하여 생산량을 결정한다면, 생산수준은 더 이상 안정적이지 않게 된다. Q2에서 사탕무 1톤을 추가적으로 생산하는 한계생산비용은 P2이며, 이 경우 산출량에 대한 순가격은 N2가 된다. 생산자는 생산량을 늘림으로써 이익을 얻을 수 있기 때문에 생산을 늘릴 유인을 갖게 된다. 예를 들어, 1명의 생산자만이 생산을 늘리고 협동조합이 추가적으로 생산된 물량을 받아들이게 된다면, ANR 곡선은 조금 기울어질 따름이고 개별 생산자는 초과생산으로부터 이득을 볼 것이다. 그러나 만약 모든 조합원들이 생산을 증가시키게 된다면, 그들은 결과적으로 ANR＝S 수준에서 생산량의 확대를 멈추어야 할 것이다.

여기에서 협동조합과 IOF의 주요 차이점이 발생한다. IOF는 기업의 가치를 높이고 생산수준을 제한하는 데 반하여, 협동조합의 조합원은 집단적으로 생산량을 제한하는 것이 더 유익하다 하더라도 개인적으로는 생산량을 늘릴 유인을 갖고 있다. 따라서 어떤 학자들은 판매 협동조합의 조합원들이 IOF 수준 이상으로 생산량을 확대할 것이라는 점 때문에 협동조합이 유익하다고 주장하고 있다.

만약 판매 협동조합이 소비자 가격을 높이고 생산자들에게 더 높은 순수입을 제공할 수 있을 정도로 시장지배력을 갖고 있다면, 생산자들은 더 높은 순가격을 받을 것이다. 이 경우 생산자들은 생산수준을 높이게 되어 소매 단계의 가격을 떨어뜨릴 것이다. 이용고배당이 조합원의 생산 증가를 촉진하기 때문에 협동조합은 분명히 IOF와 같은 형태의 시장지배력을 갖출 수 없다. 반면, 어떤 판매 협동조합이 생산자에 의한 생산 확대를 제한할 수 있고, 다른 기업들의 가공능력을 제한할 수 있다면, 생산 확대를 통한 소비자의 잉여는 실현될 수 없을 것이다. 그러나 협동조합은 생산자들에게 지불하는 순가격을 증가시킬 수는 있을 것이다.

②-1. 불안정성의 중요성

MNR＝MIC 목표와 ANR＝S 목표 사이의 차이점이 항상 심각한 문제가 되는 것은 아니다. 만약 ANR 곡선이 상대적으로 평평하거나 수평이어서 공급곡선 주위에 상당히 넓은 범위의 생산수준이 존재하게 된다면 불안정성의 충격은 감소한다.

만약 ANR이 수평이라면, MNR＝ANR이고 <표 2-2>의 3가지 협동조합의 목표 가격은 일치하게 된다. 이런 상황은 특정 협동조합의 수요곡선이 수평이고 평균총비용곡선이 물량이 증가함에 따라 가파르게 상승하기보다 평평해지는 산업 속에서 존재한다. 미국 중서부 지역의 곡물협동조합이 이런 상황에 놓여 있다. 지역 곡물협동조합은 경쟁적인 시장에서 판매하며, 개별 곡물협동조합의 판매량은 최종 시장의 가격에 영향을 줄 정도로 크지 않다. 따라서 곡물협동조합의 수요곡선은 수평이다. 또한 규모의 경제에 대한 연구는 곡물의 취급량이 증가함에 따라 평균총비용이 수평에 접근함을 보여 주었다. 한 기업이 취급 물량을 최대로 확대하면 평균비용은 단기적으로 아주 가파르게 상승할 것이다. 그러나 장기적인 평균비용은 그 기업이 시설의 취급 용량을 조절할 것이기 때문에 그렇게 가파르게 상승하지 않을 것이다.

협동조합과 조합원 간의 생산량 조절의 필요성은 가공된 제품의 수요곡선이 다소 가파른 산업에서 더 중요하게 된다. 가파른 수요곡선은 ANR 곡선의 경사를 가파르게 한다. 공급 물량의 작은 변화만으로도 가공제품의 가격이 크게 변할 수 있다. 생산자들에게 돌아오는 총수입은 상대적으로 소규모의 생산 증가에 의해서도 빠르게 줄어들 것이다. 따라서 생산자들은 스스로 생산조절을 강제할 필요가 있다.

②-2. 생산 조절의 강제

산출량 조절을 강제할 수 있는 방법은 두 가지가 있다. 첫째, 정부가 재배면적 축소 프로그램, 유통쿼터제, 유통명령제, 등급제 등의 제도를 통해 생산량을 제한할 수 있다. 둘째, 협동조합이 생산제한, 벌칙제도, 조합원교육 등을 통해 생산수준을 조절할 수 있다.

생산량을 조절하는 가장 직접적인 방법은 폐쇄형 협동조합이 각 조합원에게 쿼터를 부여하는 것이다. 폐쇄형 협동조합은 조합원들로 하여금 생산 물량을 협동조합에 강제 출하하도록 하며, 새로운 조합원의 가입을 제한할 수 있다. 쿼터제도는 재배면적 혹은 생산량 규제의 형태로 실행될 수 있다. 협동조합이 쿼터를 부과할 경우에는 초과생산에 대한 벌칙도 함께 시행해야만 한다.

만약 협동조합이 벌금을 부과한다면, 벌금이 초과생산으로부터 얻어지는 이익보다 크거나 최소한 같아야 한다. 즉, 초과생산이 결코 이롭지 못함을 확인시킬 수 있을 정도로 벌칙이 실효성이 있어야 한다. 예를 들어, 생산자가 다른 출하 경로를 선택할 수 없다면, 협동조합이 초과된 생산에 대한 인수를 거부하거나 상당히 할인된 가격으로 인수하는 것이 가장 간단한 벌칙이 될 것이다.

만약 협동조합이 바람직한 생산수준을 확보하기 위해 쿼터제를 실시한다면, 협동조합은 조합원이 보유할 수 있는 쿼터의 양을 제한할 것이다. 예를 들어, 사탕무 협동조합은 조합원의 재배면적을 통제한 후 조합원들이 제한된 양의 쿼터를 서로 사고팔게 할 수 있다.

그러나 쿼터제는 협동조합의 신규 조합원에게 어려운 상황을 제공할 수 있다. 쿼터의 거래가격은 경쟁적인 호가에 의해 결정되며, 작물재배를 통해 생산자가 얻게 되는 수익을 반영한다. 어떤 협동조합의 사업이 성공적이어서 조합원이 시장가격보다 높은 가격을 받는다는 것은 그 협동조합 속에 긍정적인 경제가치가 내재하고 있다는 것을 의미한다. 이 가치는 생산자들이 쿼터의 가격을 매길 때 쿼터의 가격 속에 자본화하며, 쿼터의 최초 소유자는 가격 인상에 따른 이익을 얻게 된다. 그러나 신규 조합원에게 쿼터는 협동조합에 출하하기 위해 지불해야 하는 비용이 된다. 따라서 쿼터 비용은 신규 조합원에게는 진입장벽으로 작용한다. 그러나 만약 협동조합이 수용 능력을 더 이상 확대하지 않으면, 생산자들은 출하 확대를 위해 새로운 협동조합을 설립할 수도 있다.

이와는 달리, 협동조합이 조합원들에게 특정 가격 또는 순수입 목표 달성의 필요성을 교육할 수도 있다. 그러나 교육이 초과 생산하고자 하는 조합원들의 경제적 유인들을 제거하지는 못한다. 따라서 협동조합은 조합원의 생산을 강제로 규제할 수 있는 수단을 보유하고 있어야 한다.

교육을 통한 방법이 문제가 되는 가장 큰 이유 중 하나는 협동조합이 불가피하게 무임승차자(free rider) 문제를 다루어야 한다는 점이다. 협동조합이 교육프로그램을 설치하여 일부 조합원들에게 생산제한의 중요성을 확인시킨다고 가정해 보자. 비록 모든 조합원이 더 높은 가격을 받겠지만, 그 가격은 모든 조합원이 참여했을 경우 받을 수 있는 가격만큼 높지는 않을 것이다. 게다가 가장 큰 이익을 받는 생산자들은 초과 생산하여 다른 생산자들이 생산량을 줄임으로써 생긴 이익을 가로챈 조합원일 것이다. 이런 생산자들은 다른 조합원들의 희생으로 이익을 보기 때문에 소위 무임승차자라고 한다. 이는 협동조합의 교육이 불필요하다는 것을 의미하는 것이 아니라, 어떤 교육프로그램이 효과적이기 위해서는 규율과 통제가 필요하다는 것을 의미한다.

②-3. 산업수준의 의미

투입물이 경쟁적인 산업에서 활동하는 협동조합과 IOF는 결국 동일한 수준의 산출량을 달성하고 생산자들의 생산물에 대해 동일한 가격을 지불할 것이며, 생산자들이 받는 가격에 대한 영향력이 미미할 것이다. 따라서 이들 기업들에 대한 공급곡선은 수평이며, 한계투입비용은 투입물의 가격과 같다.

두 가지 형태의 기업들은 결국 총가변비용과 총고정비용을 충당하게 되며, 그 산업에 새로이 진입하거나 탈퇴할 유인은 없어진다. 이 경우 장기균형은 $ANR = MNR = P1 = S = MIC$에서 달성된다(<그림2-12>. 이 산출량 수준에서 판매 협동조합은 최대의 제품가격을 달성한다. 앞에서 설명된 협동조합의 모든 의사결정 규칙은 P1의 가격으로 Q1을 생산하는 최적의 지점으로 귀결된다. 따라서 장기적으로 협동조합은 앞에서 논의된 불안정성에 직면해 있지 않다.

예를 들어, 경쟁적인 산업에서 초과 순수입은 결국 사라질 것이다. 초과 순수입 수준은 정상적인 장기 순수입 수준 위에 위치하며 그 산업에 추가적인 생산량을 유인할 만큼 충분히 높다. 판매 협동조합과 IOF가 그 산업에 진입하여 생산량을 확장하게 되면 제품의 가격이 하락하고 초과 순수입은 사라질 것이다.

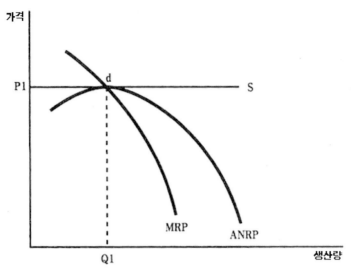

〈그림2 - 12〉 가공 협동조합의 안정적인 장기 균형

따라서 조합원들이 협동조합에서 받을 수 있는 가격이 IOF에서 받을 수 있는 가격과 같아질 것이기 때문에 조합원들의 경제적 유인이 장기적으로 사라질 것이라고 전망할 수도 있다. 그러나 앞에서 논의된 바와 같이 협동조합의 가치는 단지 제품의 가격만으로는 설명할 수 없을 정도로 훨씬 더 광범위하다.

게다가 몇몇 분석가들은 농산물 시장에서 장기균형이 정말로 달성된 적이 있는지 의문을 제기하고 있다. 농업이 특히 의존적인 산업이기 때문에 농산물시장은 지역적으로 분화되어 있다. 비록 전국적인 단위의 가공기업들이 많이 있지만, 특정 지역의 생산자들은 그들의 유일한 판로인 단일 가공업자에게 의존하고 있다. 전국 단위에서는 경쟁적으로 보이는 시장도 지역에서는 상당히 집중화된 시장일 수 있다. 산업적 진입장벽도 장기경쟁균형을 불가능하게 할 수도 있다.

이런 시장에서 판매 협동조합은 우상향하는 공급곡선과 직면하게 되며<그림2 - 13>, 결국 생산자에게 최대의 가격을 보상해 줄 유인을 갖게 된다. 협동조합은 가공처리 능력을 변화시키거나 공급곡선을 변화시켜 이 목표를 달성할 수 있다. 만약 판매 협동조합이 S3의 생산자 공급곡선에 직면하게 되면, 그 협동조합과 조합원은 생산자의 생산능력을 증가시키거나 협동조합의 처리능력을 감소시킬 유인을 갖게 된다. 왜냐하면 생산자의 생산능력 증가는 공급곡선을 오른쪽으로 이동시켜 S1 방향으로 이동시킬 것이기 때문이다.

결과적으로 협동조합의 조합원이 너무 많은 생산능력을 보유하게 되면, S2에서 나타나는 바와 같이 협동조합이 취할 수 있는 대안은 두 가지이다. 즉 협동조합은 생산자의 생산능력을 감소시키거나 협동조합의 처리능력을 증대시킬 수 있다. 생산자의 생산능력 감소는 공급곡선을 왼쪽으로 움직여서 S1 쪽으로 움직이게 한다.

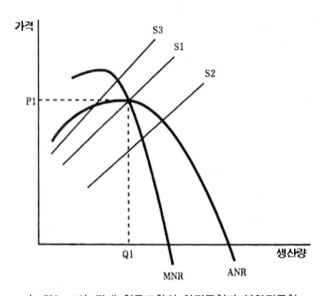

〈그림2－13〉 판매 협동조합의 안정균형과 불안정균형

(4) 게임이론과 협동조합

다양한 협동조합의 경제적 모형에 대한 지금까지의 논의는 협동조합 내부의 선택과정에 대한 분석을 포함하지 않았다. 협동조합의 특정 목표 설정은 내부의 의사결정 과정을 필히 거쳐야 하지만 앞에서는 간단히 가정되었었다. 이제는 집단적 선택의 문제를 논하는 것이 유용한데, 그 이유는 협동조합의 경영진, 이사회, 조합원들이 이 문제에 대해 점점 더 많은 관심을 기울이기 때문이다. 농업인의 영농규모가 분화됨에 따라 구매협동조합은 대량 구매자를 위한 가격할인정책 도입의 압력을 받고 있다. 농장도 다양한 가축과 작물을 키우던 1940년대의 전통적 형태에서 벗어나 곡물만 경작하거나 특정 가축을 전문으로 사육하는 형태로 변화하는 등 특정 제품의 생산센터로 특화되었다. 그리하여 다양한 품목을 취급하는 판매농협에서는 이질화된 조합원의 이해관계로 인하여 생산자 그룹 사이에서 갈등이 발생하기도 한다.

게임이론이란 둘 혹은 다수의 조합원 집단들이 부분적으로나마 충돌하는 상황에 대한 연구를 말한다. 예를 들어, 가공 협동조합에서 현금 작물을 재배하는 농업인은 협동조합의 콩 처리 시설을 확장하기를 원하지만, 낙농업을 하는 조합원은 낙농 처리 시설을 확장하기를 원할 것이다. 협동조합이 두 사업부문을 동시에 확장할 만큼 충분한 자본을 갖지 못한 경우라면, 두 조합원 집단은 부분적이지만 서로 충돌한다고 볼 수 있다. 게임이론은 협동조합이 어떻게 어느 한 부문만 확장하도록 결정하는지 또 그렇게 하도록 결정하는 요소가 무엇인지를 연구한다.

두 가지 주요한 게임의 범주는 확률게임과 전략게임이다. 확률게임은 동전 던지기처럼 어떤 기술도 필요 없다. 그러나 전략게임은 심사숙고한 선택과 특정 결과를 유발하게 될 연속된 행동이 필요하다. 협동조합에 적용하는 게임이론이란 바로 전략게임을 의미한다.

이 장에서는 Sexton과 S0taatz가 발전시킨 게임이론에 대한 최근의 연구와 함의를 살펴보고자 한다.

① 협력적 게임

많은 협력적 선택은 '협력적 게임'으로 개념화될 수 있는 집단적 의사결정과 관계된다. 개인들의 집합체는 공동으로 행동함으로써 승리할 수 있다. 그러나 성공적인 협력 행동이 가능하기 위해서는 집단의 구성원들이 비용과 이익의 분배를 위한 의사결정 규칙을 결정하기 위해 서로 타협할 뿐만 아니라 의견을 나누고 교섭할 수 있어야 한다. 일단 분배정책이 결정되고 나면 개인들은 이 정책을 따르기 위해 최선을 다해야 한다.

예를 들어, 농업인이 가공공장을 설치하기 위해 공동으로 행동할 경우, 그들은 누가 돈을 투자하고 공장으로부터 누가 이득을 얻을지 결정해야 한다. 생산자들은 협동조합에 그들의 생산물을 출하해야 한다는 내용과 협동조합으로부터 언제 얼마를 받게 된다는 내용이 기재된 계약에 서명하도록 요구받을 수도 있다.

협동조합의 활동이 비록 조합원들의 집단적 행동으로 인식될 수도 있지만, 실제로는 조합원으로서가 아니라 이해관계가 다양한 개인 간의 협력형태로 이루어진다. 채권자, 경영자, 종업원, 다른 협동조합 등 이 모든 이해관계자들이 연합하여 협동조합의 실제적인 의사결정에 영향을 주게 된다.

이해관계자들이 변화하면 연합관계도 또한 변화한다. 농업구조가 빠르게 변하기 때문에 많은 협동조합들이 그들의 전통적인 연합관계를 유지할 수 있을지 우려하고 있다. 협동조합이 계속해서 모든 농업인들에게 효과적으로 서비스를 제공할 수 있을지 아니면 대규모 혹은 소규모 농업인과 같이 특정 범주의 농업인에게 집중해야 할지에 대한 의문이 제기되고 있다.

② 비용분담

게임이론을 통해 협동조합이 비용분담과 같은 문제를 어떻게 다루어야만 하는지를 생각해 볼 수 있다. 비용분담은 협동조합이 물량에 기초한 가격할인 정책을 도입하려고 하거나 조합원 집단 간의 충돌을 조정하고자 할 경우 특히 중요한 문제이다.

조합원에 대한 특정 서비스의 비용을 분배하고자 하는 서비스 협동조합을 예로 들어 보자. 농업인 조합원들은 비용 및 규모적인 특성에서 서로 이질적이며, 다음과 같은 상황이라고 가정해 보자.

(1) 생산자들이 협력하여 서비스를 생산하는 비용이 개별적으로 서비스를 생산하는 비용보다 작거나 같다. 몇몇 생산자들이 협동조합을 설립하도록 하는 어떤 경제적 유인이 있다.

(2) 농업인들은 다음 3가지를 선택할 수 있다. ⓐ협동조합의 서비스를 구매. ⓑ경쟁농가로부터 서비스를 구매 ⓒ원래의 협동조합에 불만족하여 떠난 생산자들이 새로운 연합을 구성

(3) 어떤 조합원의 서비스에 대한 수요가 다른 조합원의 서비스 수요에 영향을 주지 않는다. 조합원은 조합원 집단을 위해서가 아니라 스스로의 이해에 따라 협동조합의 사업을 이용한다.

(4) 서비스를 생산하는 비용 중 일부분은 그 서비스가 특정 조합원에게만 제공된다 하여도 분담될 수 없는 공통비용이다. 공통비용은 특별히 분담될 수 없기 때문에 이 비용이 조합원에게 분담되는 방법상에 융통성이 존재한다.

이상과 같은 가정을 기초로 이사회와 경영진은 조합원 사이에 비용을 어떻게 나눌 것인지 결정해야 한다. 가능성 있는 방법 중 하나는 협동조합의 전체 조합원 혹은 일부 조합원 집단에 비용을 분담시키는 것이다. 물론 비용분담의 가능성이 전혀 없어서 결국 협동조합이 해산할 수도 있다.

이사회와 경영진이 분담계획을 세우는 데 영향을 주는 몇몇 요소들이 있다. 교섭이란 불확실성을 내포하고 있기 때문에 단일 조합원 혹은 조합원 집단은 위협과 회유를 통해 비용분담 계획에 영향을 주려고 시도한다. 조합원의 이런 태도가 유효한지 평가하는 데 있어 확인해야 할 사항은 다음과 같다. ①개별 조합원 혹은 조합원 집단이 협동조합에서 탈퇴한다면 다른 조합원의 비용에 얼마나 영향을 미치는가? ②개별 조합원 혹은 조

합원 집단이 협동조합 밖에서 서비스를 얻는 데 드는 비용은 얼마인가?

가격할인 문제로 돌아와서, 지역 협동조합의 전체 사업량에서 중요한 부분을 차지하는 대규모 농가들이 있다고 가정해 보자. 이들이 협동조합을 이용하지 않게 되면 협동조합의 사업량이 크게 감소하게 된다. 드문 경우이긴 하지만 구매 협동조합이 평균총비용이 증가하는 지역에서 사업한다면, 이 협동조합은 실제로 최소평균총비용에 접근하려고 노력할 것이다. 따라서 대규모 농가의 탈퇴 위협은 소규모 농가들에 커다란 우려가 되지 못한다. 그러나 위의 경우보다는 훨씬 더 일반적인 현상인 평균총비용곡선이 감소하는 지역에서 협동조합이 활동한다면 상당한 비율의 사업 감소가 더 높은 평균총비용을 의미하기 때문에 소규모 농가들에 위협이 될 수 있다.

대규모 개별 농가 혹은 대규모 농가의 집단이 의미하는 또 하나의 특징은 규모의 경제 달성에 대한 가능성이다. 대규모 농가는 비료 제조업체로부터 직접 비료를 구매할 수 있으며, 대량구매에 따른 가격할인을 받을 수도 있다. 이 두 가지 특성 때문에 대규모 농가들과 거래하는 기업은 소규모 농가들과 거래할 때보다 비용을 절감할 수 있다. 대규모 농가들은 다른 조합원들의 비용에 미치는 영향력과 비용절감을 위한 집단형성 능력을 갖고 있기 때문에 협동조합의 의사결정 과정에서 상대적으로 강한 교섭 지위를 지니게 된다.

대규모 농가와 소규모 농가 모두와 사업을 하는 것은 교섭 과정에서의 불확실성을 증대시킨다. 어떤 협동조합의 조합원들이 상대적으로 동질적이라면, 이 협동조합은 특정 조합원 집단의 힘을 아주 정확하게 판단할 수 있다. 협동조합의 이사나 경영진은 조합원들이 협동조합을 탈퇴함으로써 지불하게 될 예상 비용을 비교적 정확히 파악할 것이다.

③ 협력의 불안정성

앞에서 서술한 바와 같이 협동조합은 최소 순가격의 달성에 실패할 수 있으며, 최소 ATC 이상에서 판매가격을 결정할 경우 협동조합이 정치적으로 불안정해질 수도 있다. 이러한 문제는 조합원 집단이 새로운 협동조합을 설립하여 비용을 낮출 수 있을 경우에 발생한다. 또한 이 문제는 다품목을 취급하는 협동조합에서 순수입을 발생시키는 부문과 그렇지 못한 부문이 있을 경우에도 발생한다. 만약 조합원들이 성공적인 사업부문을 이용하고 그렇지 못한 부문을 이용하지 않는다면 내부적 갈등이 발생할 것이다. 그렇게 되면 어떤 조합원들은 수익성이 없는 사업부문을 분리하거나 좀 더 수익성이 좋은 새로운 협동조합을 설립하는 방법을 택할 것이다. 그러나 이런 선택들은 종합농협의 금융이나 마케팅과 같은 사업부문의 비용절감을 통해 무마될 수도 있다.

④ 분담의 공정성

게임이론 모형은 비용분담의 가능성이 많이 있으며 이사회와 경영진의 비용분담 결정은 어느 정도 자의적이라는 인식에 기초하고 있다. 정당성, 이기주의, 협동조합의 원칙 등은 의사결정권자들이 적절한 비용분담을 결정하는 데 전적으로 영향을 미치는 개념들이다.

⑤ 게임의 변화

협동조합의 경영진, 이사회, 조합원들은 모두 협동조합을 지배하는 제도적 규칙들을 변화시킬 수 있다. 경영진들은 사업 절차와 정책을 변화시킬 수 있고, 이사회는 경영진에 대한 지배 정책을 바꿀 수 있으며, 조합원들은 협동조합 법인의 정관과 규칙을 변경할 수 있다.

또한, 주 및 연방 법률이 개정되어 특정 조합원 집단의 교섭력에 영향을 미칠 수도 있다. 예를 들어, 과거 많은 주에서는 조합원의 2/3 이상이 찬성하여야 합병이 가능하도록 하는 법률을 두고 있었다. 그러나 최근에 많은 주에서는 조합원 집단들을 합병에 찬성하도록 하기 어려웠기 때문에 조합원의 과반수 찬성으로 합병이 가능하도록 하는 법안을 통과시켰다. 이런 투표 시스템의 변경은 협동조합 내의 특정 집단의 교섭력에 상대적으로 큰 영향을 줄 수 있다.

협동조합은 조합원으로서의 이익 혹은 장단기적인 이익의 상대적 중요성에 대한 조합원들의 인식을 바꾸려 할 수도 있다. 다른 대안은 조합원들의 제품 선택권을 바꾸는 것이다. 예를 들어 토양 측정과 비료는 패키지로 판매될 수도 있고 각각 판매될 수도 있다.

(5) 역동적인 시장과 미래 이론

앞에서 설명한 협동조합 이론은 안정적인 사업 환경 속에서 활동하는 협동조합과 IOF을 비교하는 정태이론(statics)을 포함하고 있다. 기업이론과 게임이론은 기술의 발전을 배제한 안정적인 시장을 가정하고 있다. 협동조합 이론의 주요 미개척 분야 중 하나는 국제시장 혹은 기술의 진보가 빨리 이루어지는 시장에서 경쟁하는 협동조합이 취해야 할 의사결정 규칙들을 분석하는 것이다. 보다 경쟁적인 시장 상황들은 조합원 간의 연대를 훨씬 더 불안정하게 하거나 더 단기간의 투자회수 기간을 요구할 것이다. 따라서 협동조합이 이런 시장에서 효과적으로 경쟁하기 위한 사업전략을 개발할 수 있는지의 여부에 따라 협동조합의 미래가 달라질 것이다.

(6) 맺음말

조합원들이 그들의 생산물을 판매 협동조합에 출하할 경우 협동조합은 이를 가공제품 생산을 위한 투입물로 사용한다. 따라서 협동조합의 조합원은 판매 협동조합의 공급자가 된다. 조합원들은 더 높은 가격을 원하고 이용고배당이 그들이 수령하는 순가격을 높이기 때문에 IOF보다는 협동조합을 이용한다.

IOF는 이용고배당을 하지 않는다. 순수입은 사업 이용량이 아니라 투자금액에 근거하여 투자자들에게 분배된다. IOF는 순수입을 극대화하기 위해서 가공제품의 판매에서 얻어지는 한계순수입이 투입물을 구매함으로써 지출하는 한계투입비용과 같아질 때까지 생산자로부터 투입물을 구매할 것이다. 만약 IOF가 경쟁적인 투입물시장에서 생산자들의 생산물을 얻기 위해 경쟁한다면, 투입물에 대해 지급하는 가격은 한계투입비용과 같게 된다. 만약 IOF의 투입물 구입이 투입물의 가격수준에 영향을 미친다면 한계투입비용은 투입물의 가격보다 클 것이다.

그러나 판매 협동조합은 순수입의 극대화 이외에도 다른 두 가지 목표를 가질 수 있기 때문에 종종 다른 전략을 사용한다. 만약 조합원이 자신의 생산물에 대한 판매를 결정할 때 이용고배당을 무시한다면, 협동조합은 가격 정책을 통해 이런 목표들을 달성할 수 있다. 그러나 조합원이 이용고배당을 긍정적으로 고려한다면 조합원의 생산량이 늘어나는 문제가 발생한다.

판매 협동조합은 생산제한, 벌칙제도, 교육 등을 통해 조합원의 생산량에 대한 조절을 시도할 수 있다. 생산조절 시도가 효과를 보기 위해서는 부과된 벌칙이 초과생산으로 인한 이득보다 커야 한다. 교육프로그램도 벌칙과 더불어 시행되어야 하며, 그렇지 않으면 어떤 생산조절 노력도 무임승차자에 의해 훼손될 것이다.

협동조합이 집단적 의사결정에 따라 운영되기 때문에 게임이론은 협동조합의 내부적 의사결정을 분석하기 위한 기초적 개념을 제공한다. 협동조합의 이사회나 경영진은 협동조합에 영향을 미치는 다양한 집단의 역량과 세력을 반영하여 비용과 수입의 분배 계획을 세울 것이다.

3. 협동조합의 자본 조달[11]

협동조합은 조합원이 공동으로 조직하고 소유한 사업체이다. 협동조합은 조합원이 필요로 하는 사업과 활동을 수행하기 위해 자본을 조달해야 한다. 소비자협동조합을 비롯한 초기의 협동조합은 '이용의 협동'을 통해 자본을 견제하면서 시장에 대응해 왔기 때문에 자본 확충의 필요성이 그다지 크지 않았다. 그러나 산업이 발전하면서 농업협동조합과 같이 설비투자가 필요한 협동조합은 기업과의 경쟁을 위해 자본 확충의 필요성이 증대하게 된다(이인우 2003, ERNST & YOUNG 2002, COGECA 1997).

최근에는 시장이 세계화됨에 따라 협동조합은 산업 내 또는 산업 간 수직적 통합을 이룬 다국적기업과 경쟁해야 하는 어려움에 처해 있다. 농업협동조합은 정보의 수집·분산, 기술혁신, 비용절감 등을 위한 투자를 확대해야 하며, 이에 따라 자본에 대한 요구도 증대하고 있다. 특히 자기자본은 위험에 대비한 자본으로서 사업체의 신용도를 측정하는 지표가 되고 있는데(Cobia, 1989), 우리나라와 같이 금융사업을 취급하고 있는 협동조합은 BIS자기자본비율을 맞추어야 하는 상황에서 그 중요성이 더욱 커지고 있다(배판규 1998, 허충회 1999).

한편, 협동조합이 경쟁시장에서 생존하기 위해서는 자본 확충의 길을 열어 주어야 한다는 견해가 있지만(Kyriakopoulos 1999, Onno-Frank 2001), 협동조합은 경영여건과 자본 조달 제도의 제약으로 인해 많은 어려움을 겪고 있다. 최근 많은 협동조합에서는 경영환경 변화에 따른 자본증대의 요구가 커짐에 따라 새로운 자본 조달 제도를 도입하고 있다.

이 글에서는 전형적인 협동조합이 가지고 있는 자본제도의 특징과 자본 조달의 제약요인을 살펴보고, 최근 서구의 협동조합이 이러한 제약을 극복하고자 활용하고 있는 새로운 자본 조달 제도를 살펴보고자 한다.

1) 협동조합 자본 조달의 특징과 제약 요인

(1) 주요 특징

협동조합의 자본은 기본적으로 조합원이나 준조합원이 제공하는 가입금, 출자금과 사업이익의 내부 유보를 통해 조달된다. 이러한 자본은 조합원이 요구하는 사업유지, 경영안정, 협동조합의 신용유지 등을 위해 필요하다.

---

11) '협동조합의 새로운 자본조달제도', 임영선, 농협경제연구소 선임 조사역, 2004.

협동조합의 자본 조달 제도는 단순히 경영이익을 중심으로 한 자금의 조달 및 배분에 국한되는 것이 아니라, 조합원이 이용자이고 소유자이며 통제자인 협동조합의 특성을 감안하여 운영되고 있다. 이는 협동조합이 소수의 조합원을 위해 운영되지 않도록 다수 조합원으로부터 균형 있게 자금을 조달하고, 조합원에 대한 이익배분이 공평하게 이루어져야 함을 의미한다(Cobia 1989).

전통적인 협동조합의 자본 조달 제도는 로치데일공정개척자조합의 정신을 계승한 ICA의 협동조합원칙에 잘 나타나 있다. 소비자협동조합인 로치데일공정개척자조합의 정신에 따라 전통적인 협동조합은 조합원의 이용을 중심으로 한 소유－통제구조를 가지고 있으며, 자본 조달 제도 또한 이러한 구조를 반영하고 있다. ICA원칙을 근간으로 한 협동조합의 자본 조달 제도에 대한 특징을 <표 2－3>에 나타내었는데, 그 내용을 살펴보면 다음과 같다.

첫째, 협동조합은 조합원 출자를 원칙으로 하고 있다. 협동조합은 이용자가 소유자(User－Owner)인 관계로 조합원의 출자금이 자본의 원천이며, 조합원 자격을 획득하는 조건이기도 하다.[12] 또한 자본력을 이용한 특정 개인의 협동조합 지배를 방지하기 위해 조합원 1인당 출자한도를 제한하기도 하며,[13] 출자액의 많고 적음에 관계없이 1인 1표의 원칙을 채택하고 있다.

둘째, 협동조합은 주식회사와 달리 조합원에게 출자금을 상환할 책임이 있다. 협동조합은 출자금을 소유자인 조합원에게 체계적으로 상환해 주는 사업체이며, 조합원의 은퇴·탈퇴 시에 액면가(Par－Value)로 상환해 준다.

셋째, 협동조합은 출자증권에 대한 거래 및 양도를 제한하고 있다. 협동조합의 출자는 공동사업에 대한 자금제공과 위험분담의 성격이 강하므로 지분거래와 양도를 제한한다.[14] 따라서 주식회사와 같이 소유권을 이전할 자본시장이 발달되어 있지 않다.

넷째, 협동조합은 투기적 자본수익을 억제하기 위해 출자배당을 제한하고 이용고배당을 장려해 왔다. 협동조합은 조합원에게 자본이익보다는 사업 이용에 의한 이익을 제공하고 있으며, 잉여금이 발생할 경우 출자배당보다는 이용고배당을 통해 조합원에게 환원하고 있다.[15] 조합원의 출자를 촉진하기 위해 출자배당을 실시하는 경우가 많은데, 이때

---

12) 가입자유의 원칙(open membership)을 채택하고 있는 대부분의 협동조합에서는 조합원의 가입비 명목으로 정관에 최소의 출자금을 정하고 있다. 최소출자금은 협동조합의 경제적·사회적 여건에 따라 국가별, 조합별로 다양하며, 유럽에서는 1파운드부터 다양하게 나타나고 있다.

13) 우리나라는 10,000좌(5천만 원), 영국은 2만 파운드, 벨기에는 총자본의 10% 이내로 제한하고 있다.

14) 다만, 예정조합원에 대한 조합원 자격 승계 등에 대해서는 제한적으로 지분의 양도를 허용해 왔다.

에도 최고한도를 정하는 등 제한적으로 실시하고 있다.[16]

협동조합은 이러한 자본 조달의 특징으로 인해 외부투자자는 물론 조합원들의 투자동기가 약해 자본 조달에 어려움을 겪고 있는데, 이에 관해서는 다음에서 살펴보기로 한다.

〈표 2-3〉 협동조합과 주식회사의 자본 조달 관련 제도 비교

구 분		주식회사	협동조합
통제 (control)	투표권	· 일반주주: 투자자	· 조합원: 투자자이며 이용자
	자 격	· 주식소유자	· 조합원 자격기준 · 가입자유
	투표권	· 주식 수에 비례 · 소수에 의한 지배	· 1인 1표의 민주적 관리 · 다수의 공평한 지배
	경 영	· 주주에 의해 선출된 이사회 · 이사회가 선발한 최고경영자	· 조합원에 의해 선출된 이사회 · 이사회가 선발한 최고경영자
소유권 (owner- ship)	소유자	· 주주 · 개인의 소유제한이 없음	· 조합원 · 조합원의 개인소유 제한
	최소의 소유자격	· 자격제한 없음	· 자격제한: 가입비, 최소출자, 이용 고에 비례한 출자 등
	소유권 이전	· 지분거래 가능 (2차시장)	· 극히 제한적임 (2차시장이 없음)
	출자상환	· 상환책임 없음	· 상환책임 있음
수익 및 배당 (benefit)	처분원칙	· 주주에 대한 투자수익 제공	· 이용고배당
	출자배당	· 투자에 비례하여 실시 · 제한 없음	· 법적 제한 · 일부 미실시
	이용고 배당	· 거의 없음	· 협동조합의 독특한 특성 · 법적 규정, 매우 일반적임
	공동지분	· 매우 광범위하게 허용 · 수익을 공동지분과 배당으로 분할	· 제한적 허용(비조합원 사업수익) · 상대적으로 적음

(2) 자본 조달의 제약 요인

① 자본 조달 원천의 제한

주식회사는 다양한 자본 풀(pool)에서 주식공모를 통해 자본을 자유롭게 조달하고 있는 반면, 협동조합은 이용자인 조합원이 조합의 재정을 부담해야 한다는 원칙을 가지고

---

15) 원가주의 원칙에 입각하여 사업을 수행하면, 잉여금이 없어야 하나 사업추진상 원가계산이 어렵기 때문에 시가로 판매하여 발생한 잉여금을 이용고에 따라 반환한다.
16) 우리나라는 10%, 미국은 8%로 출자배당률을 제한하고 있다.

있다. 따라서 비조합원을 통한 자본 조달이 극히 제한되어 있다. 협동조합은 조합원의 가입을 확대하거나 조합원당 출자액을 늘려 자본금을 확충해야 하지만, 조합원은 투자에 비례한 의사결정권과 자본이득이 보장되지 않기 때문에 다른 조합원 이상으로 투자하려는 동기(Motive)를 갖지 못하고 있다. 결국 협동조합의 경영자는 출자배당을 확대하여 자본을 조달해야 하는 압력을 받게 된다.

영세한 조합원의 출자능력에는 한계가 있으므로 외부에서 새로운 자본 조달의 원천을 찾아야 하는 상황에 직면하기도 한다. 그러나 외부투자자들은 협동조합을 잘 이해하지 못하며, 은행도 조합원으로부터 자본을 조달하지 못하는 협동조합에 대해서는 대부를 꺼리는 실정이다(ERNST & YOUNG 2002). 외부에 투자를 개방한다 하더라도 조합원의 경영권 방어를 위해 자본의 50% 이상을 유치할 수 없으며, 외부투자자는 협동조합의 의사결정에 제한이 있음을 알고 투자를 주저하게 된다. 결국 전통적인 협동조합은 은행이나 공공기관으로부터 자금을 조달할 수밖에 없으며, 일반투자자의 투자는 기대하기 어렵다고 볼 수 있다.

② 이익의 내부 유보 애로

협동조합은 기업의 자본집중에 대응하여 자본을 축적하지 않을 수 없었으며, 자본시장을 통한 조달이 원활하지 않았기 때문에 이익의 일정 부분을 적립금으로 유보하여 공동재산을 확대해 왔다. 그러나 최근에는 이러한 이익의 내부 유보도 많은 어려움에 직면해 있다. 조합원은 미래의 이익을 위한 공동재산의 확보보다는 당장 이익을 현금으로 배당해 주길 바라고 있으며, 경영진은 조합원의 이탈을 우려하여 배당을 줄이지 못하고 있는 형편이다(ERNST & YOUNG 2002).

공동재산으로 적립하지 않더라도 조합원에게 개별적으로 제공된 배당금을 내부 유보하는 방안이 있는데, 이 경우 조합원의 현금흐름에 영향을 주게 되기 때문에 의사결정이 쉽지 않다. 협동조합의 경영진은 사업을 유지하기 위해서 유보이익이 필요하다고 주장하는 반면, 조합원은 현금배당을 높여 주기를 바라면서 자본계정에 의한 증서배당의 가치에 대해 의문을 제기한다(Muenkner 2003).

③ 무임승차자 문제

협동조합은 조합원에 의해 공동으로 소유되기 때문에 재산권이 명확히 분할되지 않아 무임승차자 문제(Free Rider problem)가 발생한다(Cook 1995, Kyriakopoulos 1999, Onno-Frank 2001). 이러한 상황은 조합원의 가입이 자유로운 협동조합에서 자주 발생하게 되는데, 이용자들이 자원을 이용한 만큼 충분한 비용을 지불하거나 이익창출에 기여한 만큼 충분한 대가를 받도록 재산권 제도가 갖추어져 있지 않기 때문에 발생한다. 무임승차자 문제는 내부 무임승차자 문제와 외부 무임승차자 문제로 나누어 볼 수 있다.

내부 무임승차자 문제는 신규조합원들이 기존조합원들과 마찬가지로 똑같은 이용고배당이나 재산에 대한 잔여청구권을 획득하게 되는 문제이다. 신규조합원이 가입금이나 최소의 출자금만 내고 조합에 가입했을 때, 기존조합원의 출자, 유보이익 등에 의해 조성된 공동재산(Common Property)의 이용에 의한 이익을 얻게 된다. 따라서 기존조합원의 투자이익이 감소하게 되어 조합원은 공동재산에 대한 투자를 회피하게 되는데, 이를 공동재산문제(Common Property Problem)라고도 한다.

외부 무임승차자 문제는 투자자인 조합원과 투자를 하지 않은 비조합원이 협동조합의 자원을 공동으로 이용하거나 혜택을 누리게 되는 문제이다. 협동조합의 역할로 인해 농산물 가격이 상승하거나 농자재 가격이 하락할 때, 비조합원도 동일한 가격조건의 이익을 누리게 되는데, 이로 인해 조합원의 투자유인이 감소하게 된다.

④ 투자의 기간 문제

투자의 기간 문제(Horizon Problem)는 특정 자산이 창출하는 이익에 대한 청구권의 행사기간이 자산의 수명보다 짧을 때 발생한다(Cook 1995). 조합원이 현재에 투자한 자산은 미래에도 순 현금흐름을 증가시키게 되나, 조합원은 탈퇴·은퇴로 인해 이에 대한 혜택을 누리지 못해 투자의 편익이 미래의 조합원에게 양도되는 결과가 초래된다.

협동조합에서 이 문제가 발생하는 이유는 청구권(지분)의 거래가 제한적이고 거래에 필요한 2차시장(Secondary Market)이 존재하지 않기 때문이다. 따라서 조합원 간에도 조합원 자격과 관련하여 상이한 시간영역을 갖게 되어 투자에 대한 의사결정에도 서로 다른 선호가 나타나게 된다. 기간문제는 조합원들이 장기투자보다는 단기투자를 선호하도록 만들며, 특히 기술개발, 광고, 무형자산 등에 대한 투자[17]를 계획할 때 더욱 심각해진다(Kyriakopoulos 1999). 이로 인해 협동조합의 경영자는 미래에 대한 투자나 내부유보보다는 조합원에 대한 배당을 확대해야 하는 압박을 받게 된다.

⑤ 포트폴리오 문제

투자자는 다양한 투자를 통해 위험을 분산하게 되는데, 협동조합에서는 2차시장이 없어 지분거래, 자산의 가치평가 등이 어렵기 때문에 조합원은 개별 위험선호에 따라 자

---

17) 주식회사의 경우 무형자산을 구입할 경우 기업의 자본가치에 반영되고 있으나, 협동조합에서는 자본가치에 반영되지 않기 때문에 조합원은 사업 이용을 통해서만 무형자산의 이득을 향유할 수 있다. 따라서 조합을 이용할 기간이 길지 않은 조합원은 무형자산에 대한 투자를 꺼리게 된다.

산의 포트폴리오를 조정하기가 곤란하다. 이를 포트폴리오 문제(Portfolio Problem)라 한다(Kyriakopoulos 1999, Cook 1995).

조합원 개인의 포트폴리오 구성이 어렵게 됨에 따라 공격적인 시장전략을 위해 위험선호도가 높은 투자를 선호하는 조합원과 보수적인 입장을 취하는 조합원 간의 갈등이 야기될 수 있으며, 투자에 대한 선호가 다를 경우 투자를 회피하는 요인으로 작용할 수 있다.

또한 포트폴리오 문제는 협동조합이 투자를 결정할 때 조합원의 배당체계에 의해 구속받거나 왜곡되는 문제를 발생시킨다. 따라서 조합원들은 협동조합이 자신이 선호하는 투자위험이나 배당과 일치하는 방향으로 투자를 조정하도록 압력을 행사하게 된다. 결국 협동조합은 자신의 투자위험을 줄일 포트폴리오를 구축하는 데 많은 어려움을 겪게 된다.

2) 협동조합의 새로운 자본 조달 제도

(1) 조합원의 공정한 출자의무제도

협동조합은 최소의 출자요건만 갖추면 조합원 자격과 사업 이용 권리가 주어져 조합원이 출자해야 하는 인센티브가 적었으며, 조합원 간 출자 불균형 문제가 발생하였다. 이에 따라 최근 서구의 많은 협동조합은 조합원에게 사업의 이용규모에 따라 공정하게 출자의무를 부과하는 제도를 도입하고 있다(Cobia 1989, Chaddad 2002, USDA 1995, Rathbone 1995, 1997).

① 기본출자제도

기본출자제도(Base Capital Plan)는 협동조합이 중장기 자본 조달 계획에 따라 필요자본을 결정한 후 사업 이용량에 비례하여 조합원별 기본출자액을 정하고,[18] 이를 기준으로 기존 출자액의 많고 적음에 따라 출자를 요구하거나 상환하는 제도이다. 이 제도는 조합원의 이용에 출자를 연계시키고 있기 때문에 가장 공평한 방법이며, 경영진은 협동조합의 자본요구에 맞추어 조합원의 출자를 요구할 수 있는 장점이 있다. 반면, 신규조합원의 경우 일시에 의무출자액을 감당하기가 어렵고, 이사회가 조합원의 반발에 직면할 경우 출자요구를 주저하게 되는 단점이 있다. 이 방법은 주로 미국의 협동조합에서 활용되고 있으며, 주요 협동조합으로는 Riceland(미곡), CoBank(협동조합은행), Land O'Lake(낙농, 자재), Dairy Farmers of America(낙농) 등을 들 수 있다.

---

18) 조합원이 일정기간(3년~10년) 동안 협동조합을 이용한 평균적인 물량을 측정한 후 이에 비례하여 조합원별 출자목표액을 설정한다.

② 단위당 자본금적립제도

단위당 자본금적립제도(Per-Unit Capital Retains)는 조합원이 협동조합의 사업을 이용할 때마다 물량이나 금액을 기준으로 일정비율의 출자금을 납부하고, 적립된 출자금이 목표액을 초과할 경우 일정기간이 지난 출자 지분에 대해 상환하는 제도이다. 협동조합이 사업의 순이익에 관계없이 사업량의 일정 금액을 출자금으로 조성할 수 있어 순이익의 내부 유보보다 안정적으로 자기자본을 확보할 수 있기 때문에 많은 협동조합들이 선호하고 있는 방안이다. 다만, 이 제도하에서는 조합원의 출하의무가 명시되지 않은 판매농협의 경우 조합원이 출자를 농산물의 수취가격 인하로 인식하여 조합이용을 회피하는 경향이 발생할 수도 있다. 이 방법은 미국 캘리포니아와 플로리다의 청과물 판매 협동조합, 호주, 캐나다, 프랑스, 네덜란드에서 주로 활용되고 있으며, 주요 협동조합으로는 Manitoba Pork Marketing Co-op.(돼지), Friesland Coberco(낙농), The Greenery(청과), Campina Melkunie(낙농) 등을 들 수 있다.

③ 회전출자제도

회전출자제도(Revolving Fund)는 조합원이 매년 사업 이용량에 비례하여 출자하거나 이용고배당을 출자 지분으로 유보한 후, 일정기간(7년 이내)이 지나면 최소출자액의 초과분을 상환하는 제도이다. 협동조합은 경영이 좋지 않을 경우 회전기간을 연장하여 자본을 확보하고 경영손실을 충당할 수 있다는 장점이 있는 반면, 경영진이 경영악화에 대비하거나 자금충당을 위해 고의적으로 회전기간을 연장할 수 있다는 단점도 있다. 이 방법은 이해하기 쉽고 실행이 간단하여 미국, 호주의 협동조합에서 폭넓게 이용되고 있다.

(2) 조합원 투자증권의 발행

최근 낙농·축산·가공 분야의 협동조합은 부가가치 생산에 대한 투자를 확대하기 위해 많은 자본을 필요로 하고 있으나, 협동조합의 전통적인 자본 조달 방식은 조합원의 출자에 대한 보상이 약해 많은 한계를 드러내고 있다. 이에 따라 많은 협동조합이 조합원에게 출자에 대한 인센티브(투자이익)를 제공하여 자본을 확충하기 위한 방안으로 출자배당 강화, 지분의 재평가, 보너스 지분(Bonus Share) 제공, 지분거래 허용 등을 선택적으로 도입하고 있다(Chaddad 2002, COGECA 1997, ERNST & YOUNG 2002, Kyriakopoulos 1999, Onno-Frank 2001).

① 참여증권

참여증권(Participate Units)은 네덜란드의 Campina Meklunie협동조합에서 발행하고 있는 증권으로 모든 조합원들이 가입비 명목으로 우유 출하량에 비례하여 투자증권을 구입하도록 의무화하고 있다. 이 증권은 미국의 신세대협동조합과 같이 출하의무 및 권리가 부여되는 출하권은 아니며, 의결권이 없고 지분거래가 불가능한 소유권이다. 지분에 대한 출자배당은 하지 않지만, 협동조합은 조합원들의 탈퇴·은퇴 시 지분의 재평가를 통한 현재가치로 상환함으로써 투자이익을 배분하게 된다.[19] 이러한 제도는 이용과 연계된 출자를 통해 조합원의 참여도를 높이고, 협동조합에 대한 조합원의 소유권을 확대하는 장점이 있으나, 조합원 탈퇴 시 상환에 따른 재정상 어려움이 발생할 수 있고 신규조합원 가입 시 장애요인으로 작용할 수 있는 단점도 있다.

② 상환가능 우선주

상환가능 우선주(Redeemable Preference Share)는 외부투자가 이루어지고 있는 대규모 협동조합에서 조합원 지분을 확대하여 경영권을 방어하기 위해 조합원에게 발행하는 우선주이다. 이 제도는 호주의 Tatura협동조합(Tatura Milk Industries Ltd.)과 뉴질랜드의 Fonterra협동조합(Fonterra Cooperative Group Ltd.)[20]에서 활용되고 있다. 상환가능 우선주는 의결권이 없고 지분거래가 불가능하지만, 지분은 재평가[21]된다. 이 제도를 채택한 협동조합은 투자에 대한 조합원의 기회비용을 보상하기 위해 배당을 확대하고, 보너스 지분(Bonus Shares)을 발행하고 있으며, 조합원의 은퇴·탈퇴 시 지분을 상환해 주고 있다. 이 제도는 의결권이 없는 증권에 많은 투자가 이루어지 않는 단점이 있으며, 투자를 위해 지나친 배당을 실시할 경우 경영이 어려워질 수 있다.

③ 협동조합 자본증권

협동조합 자본증권(Cooperative Capital Units, CCU)은 협동조합이 조합원에게 투자수익을 돌려주기 위해 고안한 제도로 조달 자본에 대하여 최소의 고정 이자를 보장하고, 이에 더하여 사업성과에 따른 보너스 이자를 제공함으로써 자본과 부채를 결합시킨 자

---

19) 이사회는 매년 참여증권의 가치를 재평가하고 있다.
20) Tatura협동조합은 1987년 외부투자자에 의한 기업탈취(takeover) 위협을 경험한 후 이 제도를 도입하였고, Fonterra협동조합은 우유출하물량에 비례하여 우선주를 발행하고 있다.
21) Fonterra협동조합은 매년 주주총회에서 임명된 독립적인 평가자들이 지분가치가 얼마인지를 평가하고 있으며, 최종적으로 이사회가 상환가능우선주의 '공정가(fair value)'를 확정한다. 신규 조합원이 사업에 참여할 때 그들은 지분을 공정가로 구매하게 되며, 우유생산을 줄이거나 중단한 조합원은 신규 조합원에게 지분을 공정가로 넘길 수 있다.

본 조달 방식이다. 조합원과 외부투자자가 동시에 투자할 수 있지만, 협동조합은 조합원의 동의를 통해서만 증권을 발행할 수 있다. 이 증권은 지분증권(Share Capital)이 아니기 때문에 의결권이 없으며, 채권의 성격이 강한 수익증권이다. 이 제도는 대규모조합이나 고성장조합이 장기자본을 조달하기 위한 방안으로 비조합원의 여유자금을 협동조합으로 유치하는 등 광범위한 자본 풀(Pool)을 형성할 수 있다는 장점이 있는 반면, 외부투자자의 재산권이 조합원에 의해 제약되기 때문에 자본시장을 통해 자본을 조달하는 데 많은 어려움이 있다. 이 제도는 호주 New South Wales 주의 5개 협동조합(Dairy Farmers Group(낙농), ABC Taxi Cab, Norco, Noami Cotton Cooperative(목화), Walgett Special One Cooperative(곡물)에서 도입하고 있다.

〈표 2－4〉 조합원 투자증권의 비교

구 분	참여증권	상환가능우선주	협동조합자본증권
투자자	조합원	조합원	조합원, 외부투자자
의결권	×	×	×
양도/지분거래	×	×	×
배 당	×	○ (보너스 지분)	(고정＋보너스)이자
지분재평가	○	○	×
상 환	○	○	○ (정해진 기간)

(3) 외부투자자의 지분 참여

협동조합이 대규모 투자를 추진할 경우 조합원의 자본 조달 능력에 한계가 있기 때문에 외부투자자로부터 자본을 조달할 필요가 발생한다. 외부투자자자로부터 자본을 조달하기 위해서는 투자자들에게 투자의 이점을 제공해야 하는데, 최근 협동조합은 이를 위해 지분거래 허용, 고정 배당, 이자 보상, 조합원으로의 참여 등 적극적인 투자유인을 제공하고 있다(Chaddad 2002, Kyriakopoulos 1999, Onno－Frank 2001).

① 우선주

우선주(Preferred Shares)는 조합원의 출자나 어떤 주식보다도 우선적으로 배당을 실시하는 조건으로 발행하는 증권이다. 이사회가 배당률을 결정하기 때문에 자본으로 분류되지만, 대부분의 경우 안정적인 투자를 유도하기 위해 고정 배당을 실시하고 있다. 우선주는 배당의 우선권이 주어지는 반면 의결권이 없으며,[22] 상환은 되지 않지만[23] 지분

거래는 가능하다. 이 제도는 조합원의 협동조합 통제권을 유지하면서 외부자본을 조달하고, 이를 통해 협동조합의 자본가치를 간접적으로 평가할 수 있다는 장점이 있다.

반면, 의결권이 없기 때문에 시장에서 자본가치가 저평가되기 쉽고,[24] 조합원들이 우선주에 대한 배당률 인하 압력을 행사할 우려가 있다. 이 제도는 캐나다, 프랑스, 네덜란드의 협동조합은행이나 대규모협동조합에서 많이 활용되고 있으며, 여기에 속하는 주요 협동조합으로는 Co－Bank, Credit Agricole, Friesland, Coberco, The Greenery, CHP Co－op, Saskatchewan Wheat Pool 등이 있다.

② 무의결일반주

무의결일반주(Non－Voting Stocks)를 도입하고 있는 협동조합은 지분(일반주)을 조합원만이 소유할 수 있는 의결일반주(A지분)와 어떤 투자자라도 자유롭게 소유할 수 있는 무의결일반주(B지분)로 구분하여 증권을 발행하고 있다. 의결일반주는 일반적인 조합원 출자와 같이 의결권이 있는 반면 지분거래 및 지분재평가가 불가능하다. 반면, 무의결일반주는 의결권이 없지만, 주식거래소에 상장되어 조합원, 경영자, 직원, 외부투자자 등이 자유롭게 거래할 수 있다. 또한 협동조합이 조합원의 지배를 유지하면서도 부가가치 식품가공에 대한 투자와 공격적인 사업전략을 추구하기 위해 자본을 확대하는 방안이다. 이 제도는 캐나다와 호주에서 주로 활용되고 있으며, 주요 협동조합으로는 Saskatchewan Wheat Pool(소맥), Austrailian Agricultural Co.(소), AWB Ltd.(소맥) 등을 들 수 있다.

<표 2－5> 외부투자자의 지분 참여 방안 비교

구 분	우선주	무의결일반주	투자자참여증권
투자자	외부투자자	조합원, 직원, 외부투자자	외부투자자 (투자조합원)
의결권	×	×	○
양도/지분거래	○	○ (거래소)	○
배 당	○ (고정)	○	○
지분재평가	○	○	－
상 환	×, 장기상환	×	○

---

22) 프랑스에서는 총지분의 35%까지 의결권을 허용하고 있다.
23) 일부 협동조합에서는 투자유치를 위해 7년 이상의 장기상환을 보장하기도 한다.
24) 호주에서는 협동조합의 우선주가 주식시장에서 발행가보다 15~35%의 가치하락이 발생하기도 했다.

③ 투자자 참여증권

투자자 참여증권(Investor Participation Shares)은 외부투자자들이 협동조합 지분에 투자함으로써 투자조합원이 되는 증권이다. 대부분의 협동조합에서는 조합원의 경영권 유지를 위해 외부투자자의 소유비중을 제한하고 있으며, 프랑스에서는 35%로 제한하고 있다.[25] 협동조합이 투자자 참여증권을 도입하면, 의결권이 있는 투자조합원을 모집하여 협동조합에 대한 투자를 적극적으로 유치할 수 있는 장점이 있으나, 비조합원들도 협동조합의 성과측정에 참여하여 이익을 배분받기 때문에 조합원 농산물의 수취가격, 조합원 서비스에 대한 보조 등에 압력을 행사할 우려가 있다. 이 제도는 프랑스에서 활용되고 있는데, 사례로는 협동조합기금(SICAV Fund)을 들 수 있다.

(4) 외부와의 공동투자

앞에서와 같이 협동조합은 다양한 증권을 발행하여 자본을 확충하기도 하지만, 여기에서는 무의결권, 거래시장 제한, 조합원과의 수익배분 갈등 등의 문제로 많은 제약이 발생할 수 있다. 이에 따라 자본집약적이고 투자위험이 큰 가공 사업, 신제품 개발, 국제적인 사업 확충 등에 대한 요구가 큰 대규모 협동조합은 외부와의 공동투자를 통해 협동조합의 자본 확충 요구를 보완하고 있다. 공동투자를 유도하기 위해 협동조합은 외부투자자가 투자유인을 가질 수 있는 형태로 조직을 재편하거나, 별도의 자회사를 주식회사 형태로 설립하기도 한다(COGECA 1997, Kyriakopoulos 1999, ERNST & YOUNG 2002).

서구의 협동조합은 최근 기업인수, 사업분리, 합작투자(Joint Venture) 등을 통하여 주식회사 형태의 자회사를 운영해 오고 있다. 대표적인 사례로 덴마크의 협동조합인 MD Foods와 Danish Crown은 자회사인 MD Foods International과 Tulip International의 설립을 위해 기관투자자들과 합작해 왔다. 독일에서는 진보적인 입법조치가 이루어져 연합회 단계의 협동조합이 외부출자자와 공동으로 자회사를 설립·운영하는 경우가 많다.

결론적으로 협동조합은 다국적기업 등 대기업과 경쟁하면서 새로운 시장기회를 창출하고자 노력해 왔으며, 그에 따라 자본 조달에 대한 요구도 증가해 왔다. 이 과정에서 그동안 협동조합이 자본 조달 방법으로 활용해 왔던 조합원 출자와 이익의 내부 유보로는 자본요구를 충족시킬 수 없게 되자 새로운 자본 조달 제도를 도입하게 되었다.

서구의 협동조합은 조합원의 출자를 촉진하기 위해 기본출자제도, 단위당 자본금적립

---

25) 프랑스 농업기본법 제2권 농업협동조합(1992년 개정) 4조.

제도 등과 같이 조합원별로 사업량에 비례해 공정한 출자의무를 부과하는 제도를 도입하거나 조합원에게 투자증권을 발행하고 있다. 또한 조합원의 출자로 충당하지 못하는 자본 조달 문제를 해결하기 위해 외부투자자에게 투자증권을 발행하거나 공동투자 자회사를 설립하는 등 다각적인 노력을 기울이고 있다.

우리나라에서도 협동조합의 대외신용도를 높이고 조합원이 필요로 하는 유통시설 등에 대한 투자를 확대하기 위한 자본증대 요구가 커지고 있어 새로운 자본 조달 제도의 도입을 적극 검토할 필요가 있다. 최근 농림부가 발표한 농업·농촌종합대책 세부추진계획에서도 농업협동조합의 자본 확충을 강조하고 있는바,[26] 조합원에게는 출자에 대한 인센티브를 제공하거나 출자의무를 부과하여 출자를 확대하는 방안을 모색하고, 비조합원에게는 의결권이 없는 증권 등을 발행하는 방안을 검토할 필요가 있다.

아울러 대규모 투자가 필요한 가공·유통·금융 분야에서 외부투자를 유치하기 위해서는 사업체를 자회사화하는 방안도 고려할 수 있다고 생각한다. 자회사는 협동조합의 수익센터 역할을 수행할 수 있을 뿐만 아니라, 산업과 시장의 정보를 협동조합에 제공하여 협동조합의 경쟁척도 역할을 강화시켜 주기 때문에 조합원에게 이익을 줄 수 있다. 또한 자회사는 투자자에게 인센티브를 제공할 수 있는 다양한 제도의 도입이 가능하기 때문에 외부자본을 적극적으로 조달할 수 있는 수단이 될 수 있다.

한편, 협동조합이 자본 확충을 위해 외부투자자에게 인센티브를 제공하는 과정에서 소유, 통제, 수익배분을 둘러싼 내·외부의 갈등이 발생하고 있다. 예컨대 최근 대규모 협동조합이 조합원과 외부투자자가 출자자인 주식회사형 협동조합으로 전환하거나 자본시장에서 유통되는 출자증권을 발행하는 과정에서 그동안 협동조합이 유지해 오던 운영원리와 상충하는 문제가 나타나고 있다(Münkner 2003).

협동조합이 자본 조달 문제를 원만하게 해결하기 위해서는 협동조합의 재정구조, 조합원의 소유·통제, 투자자에 대한 인센티브 제공 등을 고려한 자본 조달 방안에 대해 심도 있는 연구가 필요하다.[27] 아울러 새로운 자본 조달 제도의 도입도 중요하지만, 조합원과 투자자의 자발적인 출자를 유도하기 위해서는 협동조합이 경영의 투명성과 사업 경쟁력을 높여야 한다는 점도 유념할 필요가 있다.

---

26) 비조합원에 대한 출자 제한을 완화하기 위한 조치를 강구할 필요가 있음을 제안하고 있다.
27) 최근 캐나다협동조합연합회(The Canadian Cooperative Association)에서는 자본 관련 법과 제도의 정비, 협동조합의 조직재편 등을 위해 새로운 자본 조달 전략과 실천방안에 대한 연구 및 컨설팅을 의뢰한 바 있다(ERNST & YOUNG 2002).

4. 협동조합 편익과 한계[28]

협동조합은 농자재 구매 사업과 농산물 판매 사업, 신용 사업 등을 통해 조합원에게 다양한 서비스를 제공하여 왔다. 즉 시장에서는 상인과 일반 업체들이 폭리를 취하지 못하도록 견제하여 왔으며, 지역경제와 소비자에게도 다양한 혜택을 제공하여 왔다. 그러나 협동조합이 제공하는 이러한 이익은 시간이 지나면서 점차 당연시되거나 일상적으로 쉽게 인식하지 못하게 되었다. 특히 일반 상인이나 업체들이 협동조합과 경쟁하기 위해 가격수준을 협동조합과 비슷한 수준으로 조정함으로써 일부에서는 협동조합의 차별성과 필요성에 대해서 의문을 제기하기도 하였다. 또한 일부 조합원들은 협동조합의 한계를 인정하지 못하고 정부에서 해야 할 역할까지 무리하게 요구하는 경우도 있다.

따라서 협동조합의 건전한 발전과 합리적인 운영을 위해서는 먼저 협동조합의 편익과 한계를 엄밀하게 인식하는 노력이 요구되고 있다. 즉 조합원들이 협동조합의 장점과 한계를 분명하게 인식할 때 협동조합에 대한 올바른 관점과 애착을 유지할 수 있기 때문이다. 이 글은 이러한 취지에서 미국 농무부에서 1980년 발표한 '협동조합의 편익과 한계(Cooperative Benefits and Limitations)'라는 보고서를 인용하여 협동조합의 이익과 한계에 대해 살펴본 것이다.

1) 협동조합의 편익(Benefits)

(1) 조합원에게 주는 편익

① 조합원에 의한 소유와 민주적 관리

협동조합은 조합원에 의해 소유되고(owned) 통제되는(controlled) 사업체이다. 즉 조합원은 농자재와 서비스를 구입하고 농산물을 판매할 수 있는 사업체를 직접 소유함으로써, 정부에 지나치게 의존하지 않고 조합원 간 상호 협력을 통해 스스로 문제를 해결할 수 있다.

협동조합은 조합원이 소유·통제권을 갖고 있기 때문에 주식회사와 달리 이윤 극대화보다는 조합원의 이익과 농가소득을 향상시키는 데 더 많은 노력을 기울인다.

조합원은 총회와 이사회를 통해 협동조합을 통제하며, 사업목표와 자본 조달, 이익분배 방식 등 조합의 운영방식을 스스로 결정한다. 특히 출자 규모와 관계없이 1인 1표주의를 채택함으로써 특정인에 의한 조합의 지배를 방지하고, 다수 조합원에 의해 민주

---

28) '협동조합의 편익과 한계', 농협경제연구소 Ceo Focus(제131호), 2004.

적으로 운영될 수 있도록 한다.

② 농가소득 증대

협동조합은 다양한 방식으로 농가소득을 증대시키는 데 기여한다. 예컨대 대량거래를 통해 농자재의 가격인하와 농산물 판매가격 상승에 기여, 농산물 출하를 위한 새로운 판매시장 개척, 규모의 경제와 범위의 경제 효과를 통해 단위당 취급비용 절감, 구매·판매·가공 단계에서 발생한 잉여금을 농가에 이용고배당 등을 통해 분배 등이다.

협동조합은 농자재의 공동구매와 공동계산제(pooling) 등을 통해 사업물량을 집중함으로써 단위당 취급비용을 절감하거나 교섭력을 높여 보다 유리한 거래가 가능하다. 이를테면 미국의 Riceland Foods, Stullgart, Ark 조합은 지난 30여 년 동안 쌀 100파운드당 미국 전체 농가의 평균 판매가격보다 40센트 이상을 조합원에게 더 지불한다.

협동조합은 각종 서비스를 원가주의에 입각하여 조합원에게 제공함으로써 시장에서의 경쟁을 촉진시키며, 다른 업체나 상인들로 하여금 가격을 조정하도록 유도한다. 즉 협동조합이 제공하는 진정한 이익은 이와 같이 시장을 경쟁적으로 유지시키는 역할이며, 이러한 기능은 재무제표상에 수치로 표현되는 이익을 훨씬 초과할 것이다.

대부분의 협동조합은 조합원의 출자 지분을 은퇴 시 환급해 주고 있다. 즉 조합원은 협동조합을 이용하는 동안에는 출자배당과 이용고배당을 받으며, 은퇴 시에는 출자 지분을 환급받음으로써 경제적 이득을 획득한다.

③ 서비스 및 농자재의 안정적 공급

협동조합은 조합원에게 다양한 서비스를 제공하거나 기존 서비스의 품질을 개선하여 왔다. 즉 협동조합은 일반 상인이나 기업체가 쉽게 진입하기 어려운 낙후 지역이나 인구가 희소한 지역에서도 조합원에게 서비스를 제공해 온 것이다.

농자재 구매 사업과 곡물과 채소, 축산물의 수집 및 판매 사업은 대부분의 협동조합에서 제공하는 서비스이다. 이 밖에 농산물 가공을 통해 원료 농산물의 부가가치를 창출할 뿐만 아니라 유류 공급, 농기계 수리센터 운영, 토양검정 서비스, 농산물 순회 수집, 가격 정보 등을 제공한다. 이와 같이 다양한 서비스를 제공함으로써 농업인의 노동력 부족을 해소시켜 주거나, 농업인이 개별적으로 이러한 서비스에 투자해야 하는 비용을 절감시켜 준다.

일반 상인이나 업체는 농업인 고객이 부담할 손해를 고려하지 않고 언제든지 사업을 포기할 수 있다. 예를 들어 일반 포도 가공공장은 포도 생산 농업인이 부담할 손해를 고려하지 않고 사업을 포기할 수 있으며, 농자재 판매상인도 농업인의 불편과 상관없이 언제든지 사업을 단념할 수 있다. 따라서 농업인들은 이들과의 관계에서 항상 불안정한 지위에 놓이게 되며, 만일 협동조합이 없다면 폭리와 불공평한 대우를 받을 가능성이 있다.

이에 비해 협동조합은 농업인에게 서비스와 농자재 등을 합리적인 가격에 안정적으로 공급받을 수 있는 기회를 제공한다. 특히 일부 농자재가 심각한 품귀현상을 빚거나 긴급한 위난사태가 발생한 경우에도 협동조합은 조합원의 편리를 위해 기존 가격을 유지하면서 안정적으로 서비스와 재화를 공급하고자 노력한다. 예를 들어 미국의 협동조합은 1970년대 초 석유와 비료가 심각한 품귀현상을 보일 때에도 농업인들에게 안정적으로 이들 제품을 공급함으로써 공익적 역할을 다하였다. 당시 미국의 협동조합들은 조합원의 이익을 위해 ①추가비용에 의한 농자재의 특별 구입 ②농산물 저장시설과 운송장비의 추가 확충 ③유류 정제시설 용량 확대 ④해외로부터의 안정적인 석유구입을 위한 국제석유구매 협동조합 설립 등과 같은 활동을 실시하였다.

④ 농자재와 농산물의 품질 향상

협동조합의 구매 사업은 농업인이 개별적으로 농자재를 구입하는 경우보다 양질의 품질을 제공할 가능성이 높다. 예컨대 협동조합은 농자재를 구입하는 과정에서 종자의 품질과 다양성, 비료와 사료의 성분, 농약의 효과 등에 대해 전문 기관의 도움을 받아 면밀하게 분석한다. 또한 여러 업체의 제품을 상호 비교하거나, 대량구매의 이점을 활용하여 생산업체가 양질의 제품을 공급하도록 유도할 수 있다. 만일 농업인이 개별적으로 제품을 구입하는 경우에는 품질에 대한 정보를 충분히 획득할 수 없을 뿐만 아니라, 업체와의 관계에서도 충분한 협상능력을 발휘하기가 어려울 것이다.

협동조합의 판매 사업은 농업인이 생산하는 농산물의 품질을 향상시키는 데 기여한다. 이를테면 협동조합 판매 사업은 농산물의 품질 등급에 따라 차별화된 가격을 지불하기 때문에 조합원이 고품질의 농산물을 생산하도록 유도하는 한편 농산물의 등급과 크기, 출하시기 등을 반영하여 농산물의 출하가격을 결정하기 때문에 조합원이 시장의 반응에 민감하게 적응할 수 있도록 유도한다. 이 밖에 농산물의 생산과 유통에 관한 조언과 정보를 제공하기도 하며, 소비지 시장의 요구를 농업인에게 전달하는 기능을 수행하기도 한다.

협동조합은 농산물 등급에 관한 기준을 세분화함으로써 소비자가 양질의 농산물을 선택할 수 있는 기회를 제공한다. 즉 협동조합이 이러한 품질기준에 맞추어 농산물 생산을 유도하고, 품질향상과 소비자의 신뢰를 얻는 데 주력하기 때문에 농산물 시장에서 소비자로부터 호평을 받거나 시장점유율을 늘려 가고 있다.

⑤ 시장 접근성의 유지 및 확대

농업인들이 안정적으로 농산물을 출하할 수 있는 경로를 확보하기 위해 협동조합이 설립되는 경우가 자주 있다. 예를 들어 미국의 Pacific Coast Producers 협동조합은 대형 통조림공장이 폐쇄된 후 농업인들이 과일과 채소를 계속 출하하기 위해 이 공장을 인수함으로써 설립하였다. 예컨대 신세대협동조합(New Generation Cooperative)의 효시로 알려져 있는 American Crystal Sugar Company도 사탕무 재배업자들이 폐쇄된 가공공장을 인수함으로써 설립되었다.

이와 같이 협동조합은 조합원이 계속해서 농업에 종사할 수 있도록 시장과 연계시켜 주는 기능을 수행한다. 특히, 일반 가공업체는 그의 독점적 지위를 악용하여 원료 농산물의 구입가격을 무리하게 인하하는 등 농업인으로부터 폭리를 취할 수 있으나, 가공 협동조합은 조합원에 의해 통제되고 있기 때문에 그러한 가능성이 거의 없다. 또한, 가공 협동조합은 경영이 일시적으로 악화되는 경우에도 농산물 출하 조합원이 입게 될 손해를 고려하여 공장을 폐쇄하기보다 정상화에 더 많은 노력을 기울일 가능성이 높다.

협동조합은 공동계산제를 통해 개별 조합원으로는 충족시킬 수 없는 대량구매처의 요구를 만족시켜 줌으로써 판매경로를 확대할 수 있다. 즉 소비지의 대형 유통센터는 연중 균일한 농산물을 안정적으로 공급받는 것을 원하지만 개별 조합원은 이러한 욕구를 충족시켜 줄 수 없다. 이에 비해 협동조합은 조합원의 물량을 집중시킴으로써 대형 유통센터의 이러한 요구에 부응할 수 있다. 나아가 외국시장을 개척하여 농산물을 수출하는 등 조합원이 개별적으로 판매 사업을 수행하는 경우보다 다양한 판로를 확보할 수 있다.

일부 협동조합은 농산물 가공을 통해 부가가치를 창출하거나 틈새시장을 발굴함으로써 새로운 시장을 개척하고 있다. 즉 가공 협동조합은 조합원이 산물로 출하하는 경우에 비해 더 많은 부가가치를 조합원에게 제공한다.

⑥ 농가의 경영능력 향상과 독립경영체제 유지

협동조합은 조합원에게 농업생산 및 경영관리에 관한 유용한 정보를 제공한다. 예컨대 협동조합은 양질의 종자·비료·농약에 대한 정보, 영농일지와 장부 작성 방법 등 농업경영과 관련된 다양한 정보와 서비스를 제공한다. 또한, 소비지 시장의 정보와 시장 동향 등에 대한 정보를 제공함으로써 농업인의 판매 사업 능력을 향상시키고 있다. 이러한 기능을 통해 조합원이 새로운 시장에 적응하고 경영능력을 향상시킬 수 있도록 기여한다.

조합원은 농자재 구매와 농산물 판매 등 다양한 분야에서 협동조합을 통해 상호 협력하지만, 기본적으로 각자의 농업경영은 스스로의 판단에 따라 독립적으로 수행하고 있다. 이러한 점에서 협동조합은 기업과 큰 차이를 보이는데, 기업은 모든 생산단위가 계층제적으로 연계되어 있으며, 생산과정도 개별 단위의 독립성을 인정하지 않고 표준화된 지침에 따르도록 되어 있다.

협동조합 방식은 따라서 농업인이 농업경영에서의 독립적인 지위를 유지하면서 전략적으로 상호 협력을 이끌어 낼 수 있는 시스템이다. 즉, 사업체의 형태에는 기업과 협동조합 방식이 존재하지만 협동조합은 조합원으로 하여금 농업경영에서의 자율성과 독립성을 유지시켜 준다는 점에서 기업과 차이가 있다. 미국 텍사스 A&M 대학의 크너트슨(Ronald D. Knutson) 교수는 이에 대해 다음과 같이 설명한다.

> 앞으로 개별 농업인은 커다란 시스템의 일부분으로 존재하게 될 것이다. 그런데 문제는 이 시스템이 특정인에 의해 통제되는 주식회사가 될 것인가 아니면 농업인에 의해 통제되는 협동조합이 될 것인가에 대한 선택이다. ……(중략) 그렇지만 한 가지 분명한 것은 가족농에 의해 농업경영이 독립적으로 운영되는 체제는 협동조합 시스템하에서만 유지될 수 있다. 따라서 협동조합 시스템이 살아남지 못한다면, 가족농 체제 자체도 붕괴하게 될 것이다.

⑦ 시장경쟁 촉진

협동조합은 시장에서 일반 기업이나 상인들의 독점을 저지하고, 그들이 부당한 가격으로 재화와 서비스를 제공하지 못하도록 견제하는 경쟁의 척도(competitive yardstick) 역할을 수행한다. 즉, 협동조합이 시장에 진입하면 협동조합이 제시하는 가격이 척도(yardstick)가 되어 타 업체나 상인들이 폭리를 취하지 못하도록 경쟁(competitive)을 촉발시키게 된다. 예를 들어 비료와 농약시장에 협동조합이 진입하면 상인이 폭리를 취할 수 없게 되고 서비스와 제품의 품질 향상에 긍정적인 영향을 미친다.

조합원은 개별적으로는 구매력과 가격교섭력이 미약하나, 협동조합을 통해 시장에서의 영향력을 증대시킬 수 있다. 일반적으로 협동조합이 시장에 참여할 때 농산물 가격은 상승하며 농자재가격은 하락하게 된다. 협동조합은 또한 조합원에게 그들이 거래하는 기업과 제품의 품질을 평가할 수 있는 판단기준을 제공한다.

협동조합이 시장에서의 경쟁을 촉발시키면 조합원뿐만 아니라 비조합원에게도 혜택이 제공된다. 즉, 비조합원들도 조합원과 동일하게 낮은 가격과 질 좋은 서비스 등을 제공받음으로써 지역경제 전체에 긍정적인 영향을 미친다. 한편 협동조합이 제공하는 이러한 이익은 시간이 지날수록 당연하게 여겨짐으로써 조합원들이 이를 잘 인식하지 못하는 현상이 나타난다. 예를 들어 협동조합이 농자재 시장에 진입하게 되면 독점적 지위를 상실한 일반 상인과 업체들은 협동조합과 비슷한 수준으로 가격을 인하한다. 그 결과 점차 협동조합과 일반 업체 간에 가격차이가 거의 존재하지 않게 되는데, 이에 따라 조합원들은 협동조합과 일반 업체와의 차이점을 피부로 잘 느끼지 못하게 된다.

이러한 현상은 특히 조합원들이 협동조합의 편익을 순이익이나 배당과 같이 확실한 수치로 나타나는 것만을 인정하는 경향을 보이기 때문에 더 심각하게 나타날 수 있다. 이러한 단계에서는 협동조합이 위기에 직면하게 되며, 이를 극복하기 위한 새로운 조직 개혁과 사업전략을 수립해야 하는 압력을 받게 된다.

⑧ 정치적 영향력의 행사

협동조합은 단순히 경제적 이익을 조합원에게 제공하는 것 이외에도, 조합원의 힘을 결집시켜 정책 결정자에게 정치적 영향력을 행사할 수 있는 수단을 제공한다. 예컨대 정부의 농업지원과 농산물 무역 협상, 조세 감면 등 다양한 분야에서 협동조합은 조합원의 의견을 모아 정책적 건의와 의견을 제시한다. 미국의 한 낙농조합장은 협동조합의 이러한 역할을 다음과 같은 비유로 표현하였다.

> 우리는 우리의 조합원에게 두 가지 방법에 의해 이익을 배분할 수 있다. 첫째는 우리의 집유시스템을 효율적으로 개선하는 것이고, 다른 하나는 정치적 행위를 통해서이다. 그런데 집유시스템의 효율성은 우리 조합원에게 1센트짜리 동전을 더 제공해 주지만, 정치적 행위는 100달러짜리 지폐를 제공해 준다. 따라서 우리는 우리가 가지고 있는 자원을 이에 맞추어 적당하게 할당하여 행사하고자 한다.

⑨ 농촌지도자 발굴 육성

협동조합은 조합 직원과 경영자, 농업인 이사 등에게 농촌 지역의 지도자로 성장할 수 있는 기회를 제공한다. 이를테면 민주적 관리의 원칙에 따라 운영되는 협동조합의 의사결정 과정에 참여한 조합원들은 이러한 경험을 바탕으로 지역사회의 지도자로 성장한다. 조합장이나 이사로 활동하면서 얻게 된 실무경험은 전문적이고 공식적인 교육을 통해 보완되며, 이는 능력 있는 농촌지도자를 육성하는 데 필요한 밑거름으로 작용한다. 이에 미국 농무부의 부츠(Earl L. Butz) 전 차관은 다음과 같이 말하였다.

자발적으로 운영되고 관리되는 협동조합보다 더 좋은 민주주의를 위 한 훈련장은 없다고 생각한다. 저는 지난 50년간 협동조합이 위대한 업적을 이루어 왔으며, 앞으로도 이러한 성과를 이어 갈 것이라고 확신한다.

(2) 지역사회에 주는 이익

① 지역사회의 소득 증대

협동조합은 두 가지 측면에서 지역사회의 소득 증대에 기여한다. 첫째는 지역 농업을 유지시키고 고용기회를 창출하는 것이며, 둘째는 협동조합이 벌어들인 소득을 대부분 지역사회에 환원하는 것이다.

협동조합은 이익의 대부분을 지역사회에서 지출함으로써 농촌발전의 견인차 역할을 수행한다. 예컨대 협동조합을 통해 농업인이 얻게 되는 수입의 대부분은 지역기업체에 지출되며, 협동조합이 고용하고 있는 직원들은 해당 지역 업체의 단골고객이 된다.

협동조합은 직원 급여와 전기·전화·수도·연료비 지출, 농자재시설물 구입, 보험료·지방세·소득세 납부, 출자·이용고배당 지불 등을 통해 지역경제에 이익을 대부분 환원하고 있다.

② 지역 공동체의 유지 및 강화

협동조합은 소규모 농촌마을이 해체되지 않고 유지되는 데 중요한 역할을 담당한다. 즉, 소규모 농촌마을에서 협동조합은 지역 내에서 재화와 서비스를 공급하는 유일하거나 가장 중요한 사업체다. 따라서 협동조합이 존재하지 않는다면 주민들이 재화와 서비스를 구입하기 위해 타 지역으로 이주해야만 하는 경우도 발생할 수 있다.

협동조합이 운영하는 공장이나 시설은 대부분 농촌 지역에 위치하고 있으며, 이는 농촌경제를 유지시켜 주는 기능을 수행한다. 이를테면 협동조합의 이러한 기능은 지역 내 다른 업체들이 고객을 확보할 수 있도록 하는 데에도 기여한다. 협동조합은 또한 지역 박람회와 건강센터 건립, 기타 기금 모금활동 등에 적극적으로 자금과 인력을 지원함으로써 지역 공동체의 유지·발전에 기여한다. 조합원들은 협동조합 운영에 함께 참여한 경험을 통해 지역문제를 해결하기 위해 상호간에 어떻게 협력해야 하는지를 이해하게 된다. 그리고 협동조합에서 지도자로 성장한 조합원들은 지역사회 문제를 해결하는 데에 있어서도 지도자로서의 역할을 수행한다.

③ 비조합원에게 재화와 서비스 제공

협동조합이 제공하는 서비스는 비농업인 조합원도 이용할 수 있다. 즉, 지역 주민들은 협동조합이 운영하는 상점에서 석유·비료·농약·가정용 물품 등 다양한 용품을 구입한다. 일부 협동조합에서는 지역 주민에게 다양한 고객 서비스를 제공하거나 구입량에 비례하여 이용고배당을 실시하기도 한다. 협동조합은 지역 주민과 밀접한 관계를 유지함으로써 이미지를 제고시키고 있으며, 따라서 협동조합의 이익에 반하는 법규나 규제가 논의될 때 외부로부터 지원을 얻는 데 도움을 받고 있다.

(3) 소비자에게 주는 이익

① 양질의 농산물 공급

많은 협동조합은 파종에서 시비, 운송, 가공, 포장에 이르기까지 양질의 농산물을 생산하기 위해 전문 인력을 고용한다. 또한, 품질에 대한 등급기준을 마련하거나 품질평가 시스템의 운영, 상표 개발 등을 통해 소비자가 양질의 농산물을 식별할 수 있도록 지원한다. 협동조합은 이와 같은 활동을 통해 소비자에게 안전하고 신뢰할 수 있는 농산물을 공급하고자 노력해 왔으며, 그 결과 많은 소비자들은 썬키스트나 웰치스 등과 같은 협동조합 상표를 신뢰하고 있다. 예를 들면 미국에서 성공한 협동조합 상표로 Sunkist, Welch, Land O'Lakes, Ocean Spray, Diamond, Sun-Maid, Seald-Sweet 등이 있다.

미국의 협동조합은 제품의 품질개선에 노력해 오고 있으며, 농무부와 협력하여 우수 농산물을 식별할 수 있는 품질규격 및 등급 기준을 만드는 데에도 앞장서 왔다.

· Norbest 칠면조 생산협동조합: 최초로 칠면조의 품질규격 및 등급 제정
· Turtle Lake 낙농협동조합: 최초로 탈지분유 제품의 A등급 획득
· Lake to Lake 낙농협동조합: 최초로 치즈 제품의 AA등급 획득

② 다양한 서비스 제공

협동조합은 소비자의 다양한 변화요구에 대응하여 이를 충족시키기 위한 다양한 제품 개발과 서비스 개선에 노력하여 왔다. 일부 협동조합에서는 소비자에게 농산물 보관과 취급·사용법에 대한 교육프로그램을 운영하여 소비자에게 많은 도움을 제공한다.

협동조합은 특히 마케팅과 연관된 서비스뿐만 아니라 공익적 기능을 다할 수 있는 분야에 대한 지원도 확대하고 있다. 이를테면 낙농협동조합이 개발한 우유의 등급가격제(classified pricing)는 부적격 판정을 받은 우유를 시장에 출하하지 못하도록 함으로써 소비자가 제품을 신뢰할 수 있도록 시장여건을 조성한다.

③ 새로운 신제품 개발

협동조합은 그동안 다양한 연구를 통해 신제품 개발과 농산물 가공방법을 개선해 왔다. 예를 들면, Tree Top 협동조합은 냉동 사과주스 농축액을 최초로 상업화하였고, National Grape 협동조합은 웰치스(Welch) 상표로 사과포도혼합음료 등과 같은 다양한 신상품을 개발하였다. 또 Land O'Lakes 협동조합은 소비자의 취향과 요구에 맞는 식품을 개발하여 적극적인 판매에 나선 대표적인 조합이다. 이 협동조합이 도입한 버터생산 품질관리체제는 주정부와 연방정부가 품질검사와 등급 제도를 도입하게 되는 중요한 계기가 되었다. 이 협동조합은 현재 400여 개가 넘는 다양한 제품을 생산하고 있다.

④ 생산비와 판매비용의 절감을 통한 소비자 부담 경감

협동조합을 통해 농산물의 생산비용과 유통비용이 감소함으로써 궁극적으로 소비자에게 식품 구입비용을 절감할 수 있는 혜택이 주어진다. 즉, 협동조합의 구매 사업은 농업인이 생산비용을 줄이는 데 기여하며, 신용 사업은 농업인이 과도한 금융비용을 지불하지 않도록 해 준다. 또 협동조합의 판매 사업은 농산물 유통단계를 단축시켜 비용을 절감시킨다. 이러한 성과는 농업인의 농산물 생산비와 유통비용을 낮추는 역할을 하며, 궁극적으로 농산물의 소비자 가격을 낮춤으로써 소비자에게 혜택을 제공한다. 결국 협동조합이 조합원에게 더 많은 이득을 돌려줄수록 농산물 생산이 효율적으로 이루어지고 소비자 가격은 하락하여 소비자에게도 혜택이 돌아가게 된다.

그런데 협동조합이 시장지배력과 교섭력(bargaing power)을 증대시키면 오히려 농산물 가격을 인상시키기 위한 압력을 행사할 수도 있다는 지적이 있으나, 이러한 주장은 다음과 같은 4가지 측면에서 잘못된 것이다. 첫째, 협동조합의 시장지배력이 높아지면 유통질서와 판매조건 등에 대한 투명성과 효율성이 높아져 농업인과 소비자 모두에게 이익이 된다. 둘째, 일부 농산물 품목의 가격이 오른다고 해도 소비자가 다양한 대체 품목을 선택하게 됨으로써 가격 인상 효과는 오래 지속되지 못한다. 셋째, 농업인이 협동조합을 통해 교섭능력을 강화하면 시장에서 독점적 지위를 누리고 있던 다른 식품업체를 견제하는 기능을 수행함으로써 시장을 더 효율적으로 변화시킨다. 넷째, 농산물의 소비자 가격을 합리적으로 인상시키는 것은 소비자가 지불하는 비용과 농업인에 대한 보상과의 관계에서 공정성을 확보할 수 있고, 이에 따라 농산물의 적절한 공급을 유지시키는 역할을 하게 될 것이다.

⑤ 국가의 사회후생 증진

조합원이 협동조합을 조직하여 누리게 되는 이익은 지역사회에 파급됨과 동시에 나아가 국가 전체적으로도 사회후생을 증진시키는 데 기여한다. 협동조합은 앞서 살펴본 것처럼 다양한 활동을 통해 지역사회에 기여하고 있다. 예컨대 농자재와 각종 서비스를 저가로 공급하여 줄 뿐만 아니라, 이용고배당 등을 통해 농업인에게 추가적인 경제적 이익을 제공하고 있다. 협동조합은 지역경제를 유지시키는 역할을 할뿐만 아니라 다른 사업체의 우량고객으로서 타 산업의 발전에도 기여한다. 협동조합은 농촌 사람들의 경제적 소양과 지도자적 자질을 향상시켜 지역사회의 일꾼을 배출하는 통로가 되고 있다.

이와 같이 협동조합은 농업인과 지역사회, 농촌경제, 소비자 등의 이익에 기여함으로써 결과적으로 국가의 전반적인 사회후생을 증진시키는 역할을 수행한다.

(4) 해외국민에 대한 편익

일부 협동조합은 외국 협동조합의 발전에 도움을 주고 있다. 미국의 많은 협동조합 종사자들은 신생국의 협동조합 건설을 지원하기 위해 해외로 파견 나가고 있다. 해마다 수많은 협동조합 관계자들과 정부 각료 등이 미국 협동조합을 배우기 위해 방문하고 있으며, 미국 협동조합 지도자와 경영자는 워크숍과 설명회에 참석하여 그들의 경험과 지식을 제공한다.

전세계 협동조합들은 국제협동조합연맹(ICA)을 통해 상호간의 협력을 다지고 있으며, 다양한 네트워크를 통해 지식과 정보를 서로 공유한다. 특히 식량과 환경, 지역개발 문제 등에 공통된 관심을 가지고 지속 가능한 사회를 유지하는 데 상호 협력해 오고 있다.

2) 협동조합의 한계(Limitations)

(1) 생산 조정

농산물 과잉생산은 농업의 고질적인 문제이며, 따라서 협동조합은 그동안 몇 차례 생산조정을 직접 시도한 적이 있다. 그러나 미국에서의 1920년대 농산물 판매 사업 경험과 10년 뒤 연방농업위원회(Federal Farm Board)의 활동 기간에 겪은 실패를 통해 협동조합은 농산물의 생산조정을 효과적으로 수행할 수 없음을 깨닫게 되었다.

농산물 생산조정은 협동조합의 힘만으로는 달성할 수 없으며, 정책적 실효성을 위해서는 정부의 개입이 절대적으로 필요하다. 즉. 정부는 농산물 생산의 강제 할당과 생산 제한에 대한 보조금 지급, 각종 지원정책을 통해 농업인이 생산조정에 동참할 수 있도록 유도할 수 있다.

협동조합이 조합원의 농업생산을 통제하는 것은 바람직하지도 않다. 즉, 협동조합의 기본적인 역할은 생산을 제한하는 것이 아니라 가능한 한 많은 농산물을 판매하여 조합원의 소득을 증대시켜 주는 것이기 때문이다.

(2) 가격 조정

미국 협동조합 운동에서 캘리포니아 학파[29]의 창시자인 사피로(Aaron Sapiro)는 크고 강력한 협동조합을 조직하면 농업인들이 농산물 가격을 마음대로 조정할 수 있다고 생각한다. 그러나 이후 미국에서는 농산물 생산량을 조절할 능력이 부족한 협동조합이 농산물 가격을 마음대로 조정하는 것은 불가능하다는 사실을 경험적으로 깨닫게 되었다. 즉, 협동조합은 생산성의 향상과 효과적인 교섭활동, 새로운 판매전략 등을 통해 특정한 농산물의 수요에 일부 영향을 미칠 수는 있으나, 농산물의 수요를 전반적으로 진작시키는 것은 불가능하다.

일부에서는 오렌지나 우유 등과 같이 전체 생산량 가운데 상당한 점유율을 차지하고 있는 협동조합의 경우 가격을 마음대로 조정할 수 있는 시장지배력을 행사할 수 있을 것으로 생각한다. 그러나 소비자는 일반적으로 농산물 소비에 있어서 다양한 대체재를 선택할 수 있으며, 따라서 특정 농산물의 가격이 상승하면 오히려 다른 대체 농산물에 대한 소비가 늘어나 가격상승 효과가 오래 지속되지 못하게 된다. 또한, 협동조합 간 경쟁이 일반적인 현상이기 때문에 특정 조합이 가격을 인위적으로 상승시키기도 어렵다. 그리고 협동조합이 인위적으로 가격을 상승시킬 경우 비조합원인 농업인들까지도 인상된 가격으로 농산물을 판매할 것이기 때문에, 소비자들이 값싼 다른 농산물로 대체하고자 하는 유인을 더 강하게 느낄 것이다.

(3) 유통단계의 축소

일반적으로 협동조합이 필수적인 농산물 유통단계를 축소시킬 수는 없다. 즉, 농산물이 생산자로부터 소비자에게 도달하는 데에는 통상적인 유통단계를 반드시 거쳐야 한다. 따라서 협동조합이 유통시스템을 효율적으로 개선시키거나 일부 중간단계를 생략하여

---

29) 1930년대 미국의 초기 협동조합 운동에서는 사피로(Aaron Sapiro)의 캘리포니아 학파와 너스(Edwin G. Nurse)의 경쟁의 척도 학파가 양대 산맥을 형성. 사피로는 협동조합이 물량 집중을 통해 시장 지배력을 강하게 행사하여야 한다고 주장한 데 비해, 너스는 협동조합은 단순히 시장에서의 경쟁을 촉진시키는 조정자적인 역할에 머물러야 한다고 주장함으로써 서로 극단적인 차이를 드러냄(참고: 협동조합 주요 이론, 농협 조사부, 2002).

유통마진을 줄일 수는 있어도, 필수적인 유통단계 자체를 축소시킬 수는 없다.

협동조합은 수요를 초과하여 생산된 물량이나 저품질의 농산물까지도 항상 제값 받고 팔아 줄 수도 없다. 또한, 농업인에게 항상 가장 저렴한 가격으로 최고 품질의 농자재나 서비스 등을 공급할 수도 없다.

(4) 시장지배력

모든 협동조합이 시장에서 다른 기업을 효과적으로 지배할 수 있는 사업 능력이나 지도력을 가지고 있는 것은 아니다. 즉, 일부 협동조합은 농산물 집하와 저장 등 일부 분야에서 작업의 효율성을 달성하는 데 머무르고 있다. 충분한 규모와 사업능력을 보유하고 있는 일부 협동조합의 경우에도 서비스 수준과 효율성을 높일 수는 있지만, 농산물이나 농자재의 시장가격 자체를 좌우할 수는 없다. 더군다나 협동조합은 자본 조달을 대부분 영세한 조합원의 출자에 의존하고 있기 때문에 사업 규모를 크게 확대시키는 데에도 한계가 있다.

협동조합은 또한 리더십과 장기 비전 부재, 관리능력 부족, 자본 부족 등의 이유로 협동조합 간 협동이나 합병을 이루어 내지 못하고 있다. 이에 따라 협동조합 간 연대에 의해 유통·판매 단계에서 시장지배력을 확대하는 능력을 제대로 발휘하지 못하고 있다.

(5) 조합원의 협동조합 편익에 대한 인식 약화

협동조합이 최초 설립되었을 때에는 농산물 가격이 인상되고 농자재와 서비스 가격이 하락되는 등 협동조합의 효과가 분명했으나 시간이 지나면서 그 영향력이 불분명해진다. 예컨대 협동조합과 경쟁하기 위해 상인이나 지역 업체들이 협동조합과 비슷한 수준으로 가격을 조정하기 때문에 조합원들은 점차 협동조합과 일반 업체와의 차이를 느끼지 못하게 된다. 또 시간이 지날수록 조합원들은 협동조합이 처음 만들어질 때의 상황을 잊게 되며, 신규 조합원들은 그 당시 상황에 대한 경험이 전혀 없다. 그 결과 조합원들은 협동조합이 존재하지 않았다면 농산물 가격과 판매마진, 서비스 수준 등이 현재보다 악화되었을 것이라는 조합 지도자들의 항변을 잘 이해하지 못한다.

(6) 자본 조달 한계

협동조합은 주식회사와 같이 공개시장을 이용하지 않고 조합원의 출자와 수익의 내부유보에 주로 의존하기 때문에 자본 조달에 한계가 있다. 특히 출자 지분을 거래할 2차 시장이 없고 협동조합 가치가 상승하여도 출자 지분 가격이 상승하지 않기 때문에 조합원에게 출자 유인을 제공하지 못한다.

더욱이 협동조합은 원가주의에 입각해서 조합을 운영하고 있을 뿐만 아니라, 수익이 남는 경우에도 이용고배당 등을 통해 조합원에게 분배하고 있기 때문에 다른 기업들과 마찬가지로 충분한 자본준비금을 적립하는 데에도 한계가 있다. 이러한 운영방식은 특히 조합에 손실이 발생할 경우 이를 만회할 수 있는 가능성을 줄임으로써 협동조합의 경영을 더욱 악화시키는 요인으로 작용한다.

(7) 협동조합의 내재적 한계

① 협동조합 구성원의 인간적인 한계

협동조합도 일반 기업과 마찬가지로 '사람의 문제'를 안고 있으며, 특히 주식회사보다 인간적인 관계를 중시하기 때문에 이러한 문제가 더 심각하게 다가올 수 있다. 즉, 일부 조합원과 조합 경영자는 경영에 대한 현실적인 지식이 부족하거나, 협동조합이 잘 운영되고 있는지 또는 협동조합이 어떤 성과를 거둘 것인지에 대해 충분히 인식하지 못한다. 일부 조합 경영자는 자신들의 책임을 무시하고 지위를 악용함으로써 협동조합 운영을 부실하게 운영하거나 실패로 이르게 할 수 있다.

조합원들이 모두 조합을 신뢰하거나 조합 사업에 성실하게 참여하는 것도 아니다. 즉, 농업인 지도자와 협동조합 경영자 간에 협동조합의 목적과 정책에 대해 서로 의견차이나 갈등을 보일 수도 있다. 또 때로는 같은 지역에서 활동하는 협동조합 간에 업무경합과 시설중복이 발생하여 경쟁이 심화되기도 하는데, 이는 조합원의 이익과 협동조합의 효율성을 저해하는 요인으로 작용한다.

협동조합 경영자는 자주 이용고배당을 유보하여 조합의 재무능력을 강화할 것인가 아니면 조합원에게 더 많은 이익을 환원할 것인가에 대한 어려운 선택의 문제에 직면하게 된다. 이 경우 조합원과의 인간적인 관계를 중시하는 경향 때문에 협동조합의 경영 건전성을 충분히 확보할 수 있는 결정을 선택하지 못하는 경우가 자주 발생한다.

② 제한적인 목표 추구

조합원들은 협동조합이 특정한 목표만을 추구하도록 조합의 사업과 경영에 제한을 가할 수도 있다. 예를 들어 조합원들은 비조합원이 사업을 이용하는 것을 반대하거나 비조합원에 대한 이용고배당을 허용하지 않음. 또한 사업전망은 밝지만 자신이 생산한 농산물과 연계되어 있지 않은 사업에 조합이 진출하는 것에 반대하기도 한다.

이러한 경향은 협동조합이 취급물량을 확대하여 단위당 비용을 절감하는 데 지장을 초래한다. 나아가 협동조합이 조합원 이외에 지역 주민들과의 연대성을 강화하고 지역경제에 이바지할 수 있는 기회를 제한시킨다.

③ 의사결정의 지연과 왜곡

협동조합에서는 비록 이사회가 주요 의사결정권을 가지고 있다 하더라도, 대부분의 경우 이사회는 조합원의 충분한 동의를 받기를 원한다. 따라서 의사결정 과정이 길어지게 되며 신속한 판단을 내리지 못하는 경우가 자주 발생한다.

협동조합의 경영자는 일반 기업체의 경영자에 비해 경영 외적인 다양한 요인을 고려하여 조합을 운영하고 있다.

협동조합 경영자는 자주 조합원과의 인간적인 관계를 깊게 고려함으로써, 경영의 측면에서 합리적인 선택을 하지 못하는 경우가 있다. 즉, 경영자들은 조합원을 조합의 주인으로서 대해야 하며, 동시에 고객으로서도 만족시켜야 하는 이중의 책임감을 느끼고 있다.

④ 조합원의 자발적 참여 원칙의 한계

조합원의 자발적 참여 원칙이 협동조합의 약점으로 작용하기도 한다. 특히 조합원과 판매나 구매계약을 매년 체결하지 않는 협동조합의 조합원 가운데에는 총회에 참석하지도 않고, 출자 의무도 이행하지 않으며, 조합을 전이용하지 않는 경우도 많다.

협동조합 간 연합회를 구성하는 경우에도 조합의 자율적인 참여 원칙이 효율성을 충분히 발휘하지 못하는 원인으로 작용하기도 한다. 즉, 참여 조합이 출자 의무를 성실히 이행하지 않고 사업 이용도 제대로 하지 않음으로써 연합회가 효과적으로 운영되지 못하는 경우가 자주 있다.

⑤ 자본수요의 경합

협동조합이 특정한 목적을 위해 자본을 필요로 할 때 동시에 조합원도 영농활동을 위해 추가자본이 필요한 경우가 있으며, 조합 내에서도 판매와 구매 부문이 동시에 자금을 필요로 하는 경우도 있다. 이 경우 협동조합은 조합원으로부터 충분한 자본을 조달하지 못할 뿐만 아니라, 각 부문의 자본수요도 충분히 만족시켜 줄 수 없다. 결국 조합원과 조합 간 또는 조합 내 사업부문 간 자금수요의 경합으로 협동조합이 사업을 확대하는 데에 제한을 받거나 예상보다 훨씬 느리게 자본이 조달될 가능성이 있다.

⑥ 이용고배당 제도의 한계

일부 조합원들은 협동조합이 추가적인 시설마련을 위한 재원조달 수단으로 이용고배당을 내부 유보할 필요가 있다는 점을 이해해 주지 못하고 있다. 그리고 이용고배당의 내부 유보가 궁극적으로 서비스 개선으로 나타나 조합원에게 혜택을 주게 될 것이라는 점에 대해서도 마찬가지로 이해하지 못하는 실정이다.

5. 협동조합의 핵심역량[30]

세계경제 통합과 시장의 글로벌화로 협동조합도 생존 차원의 무한경쟁에 직면해 있다. 즉, 경쟁의 범위가 지역 시장에서 글로벌 시장으로 확대됨에 따라 초국적 기업이나 국내의 거대기업이 협동조합의 경쟁상대로 등장하고 있다. 협동조합이 거대기업과의 경쟁에서 살아남기 위해서는 전문성과 효율성 등 기업의 장점은 적극 벤치마킹하는 한편, 협동조합 고유의 핵심역량을 극대화하는 것이 중요하다. 즉, 협동조합은 사회적 공신력과 강한 지역적 기반, 전국 단위의 네트워크 조직 등 일반 기업들이 쉽게 획득하기 어려운 독자적인 핵심역량을 갖추고 있다. 이러한 핵심역량을 충분히 활용한다면 협동조합은 기업과 차별화된 경쟁력을 발휘할 수 있을 뿐만 아니라, 블루오션(blue ocean)으로 지칭되는 신사업 영역도 적극 개척할 수 있다. 이 글은 협동조합의 경쟁력 제고 방안을 모색하는 차원에서 고유의 핵심역량에 대해 고찰하는 한편, 한국 농협에의 시사점을 도출하고자 한다.

1) 핵심역량의 개념과 중요성

(1) 핵심역량의 개념

핵심역량(core competence)이란 '어떤 기업이 다른 기업에 비해 경쟁우위를 갖게 해주는 우수한 경영자원'을 가리킨다.

- 김&장법률사무소: 파격적인 채용 조건과 체계적인 교육을 통해 우수인재를 유치·관리하여 업계 최고의 인적자원을 확보
- 포스코: 막대한 고정투자 비용이 소요되는 첨단공법의 제철소를 설립함으로써 동종 기업에 비해 시설 우위를 확보
- 삼성전자: 대규모 R&D 투자를 통해 반도체 부문에서 세계 최고의 첨단기술을 보유하여 타 기업에 비해 경쟁우위 확보

핵심역량을 잘 유지·발전시킨 기업은 시장경쟁에서 생존하게 되고, 그렇지 못한 기

---

30) '협동조합의 핵심역량', 농협경제연구소 새농협 리포트(제4호) 2005. 7.

업은 도태될 위기에 직면해 있다.

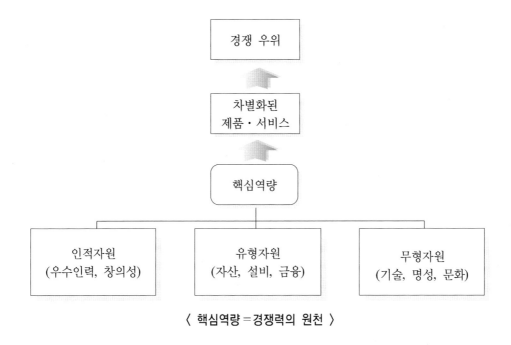

〈 핵심역량＝경쟁력의 원천 〉

< 핵심역량을 활용한 Canon의 성공 사례 >

□ 캐논(Canon)은 광학기술, 정밀기계기술, 전자기술 등 세 가지 핵심기술을 바탕으로
의학용 현미경에서 시작하여 최근에는 반도체 생산설비까지 제작하고 있는 세계적인 기업
　·1933년 일본의 산부인과 의사인 미타라이 박사에 의해 의학용 현미경을 제작하
　　는 조그만 공장에서 출발
　·1935년 현미경 제작에서 얻은 광학기술을 이용하여 카메라 제조업에 진출
　·카메라사업에서 성공을 거둔 후에도 광학기술과 정밀기술을 계속 응용·발전시
　　켜 전자계산기, 복사기, 프린터 등 사무용기기 사업 분야에 진출
□ 최근에는 광학기술, 정밀제조기술, 전자기술을 더욱 발전시켜 반도체 설비산업에
진출하였고, 이 분야에서 시장점유율 4위를 차지하는 세계적인 기업으로 성장
　·일부 부족한 기술은 HP나 애플(Apple) 등 다른 선진기업과의 전략적 제휴를
　　통해 보완하여 핵심역량을 더욱 강화

---

(2) 핵심역량의 중요성

경쟁기업에 대해 비교우위를 확보할 수 있는 경영자원을 핵심역량으로 발굴·개발함

으로써 수익창출의 원동력을 확보하는 데 있다. 즉, 경쟁기업과 비교하여 경쟁우위를 확보할 수 있는 자체 경영자원을 발굴하여 핵심역량으로 발전시키는 것이 중요하다. 또 경쟁기업이 자기 기업의 핵심역량을 모방하지 못하도록 차단벽을 구축하거나 법적 보호 장치를 수립한다. 신사업에 대한 진출 여부와 같은 전략적 의사결정은 핵심역량을 기준으로 판단하는 것이 중요하다. 예컨대 해태제과는 기업의 핵심사업과 관련 없는 전자와 중공업 등의 분야에 무리하게 사업 확장을 시도한 결과 1997년 IMF사태 직후 부도를 맞이한 반면, 일본의 혼다(Honda)는 모터사이클에서 축적된 기술을 토대로 연관 산업인 자동차 제조업에 진출하여 크게 성공하였다. 기존 사업도 아웃소싱(outsourcing)을 할 것인지 내부에서 자체적으로 운영할 것인지를 판단할 때 핵심역량을 기준으로 결정하는 것이 바람직하다. 화장품 업체인 태평양은 2003년부터 데이터센터 운영과 네트워크 유지보수 업무를 IBM에 아웃소싱하는 계약을 체결하여, 연간 15%의 비용절감 효과를 달성하였다.

< 핵심역량 경영의 성공 및 실패 사례 >

□ 정보기술산업 분야에서 미국 GTE社의 쇠락과 일본 NEC社의 성장은 핵심역량의 중요성을 잘 보여 주는 대표적 사례로 널리 알려져 있음
□ GTE는 1980년대 초반만 하더라도 정보통신, 컴퓨터, 반도체, TV사업 등 정보기술산업에서 주도적 위치를 차지
　· NEC는 GTE와 필적할 만한 기술수준은 보유하고 있었으나, 매출액 규모가 1/3 수준에 지나지 않았음
□ 그러나 GTE는 1980년대 자신의 핵심역량을 고려하지 않고 무리한 인수합병에 의한 문어발식 확장을 거듭하였으며, 그 결과 주력사업에서 점차 경쟁력을 상실
　· 반면 NEC는 디지털 기술의 발전으로 컴퓨터와 통신, 반도체 산업이 서로 통합되고 있다는 사실에 주목하고, 자신의 핵심역량인 디지털기술 개발에 더욱 집중
　· 그 결과 1988년 GTE의 매출액은 165억 달러인 데 비해, NEC는 219억 달러를 기록하여 매출액 규모가 역전
□ 핵심역량을 일찍부터 파악하고 더욱 발전시킨 NEC는 크게 성장한 반면, 핵심역량에 대한 이해 없이 문어발식 확장을 거듭한 GTE는 각 사업 분야에서 경쟁력을 상실

2) 협동조합의 핵심역량

(1) 사회적 공신력의 획득

① 사회적 공신력은 협동조합 고유의 핵심역량으로 평가된다.

협동조합이 조합원을 위한 사업을 수행하면 시장경쟁이 촉진되는 외부효과가 발생하고 비조합원도 그 이익을 향유할 수 있다. 이와 같이 협동조합이 시장의 효율성을 높이는 긍정적 효과를 발생시키므로, 대부분의 나라에서 협동조합을 독점금지법의 적용 대상에서 제외시키는 혜택을 부여하고, 또한 법률적·제도적으로 협동조합 육성을 지원하고 있는데, 이러한 지원은 협동조합 핵심역량의 중요 원천이 된다.

> 미국 정부도 협동조합에 대해 적극적인 보호정책을 실시하고 있는데, 최근에는 썬키스트 협동조합의 민간 경쟁업체들이 썬키스트가 정부로부터 지나치게 과잉보호를 받고 있을 뿐만 아니라 이를 남용하기까지 한다며 소송을 제기한 적도 있음.

협동조합 원칙에 따른 민주적 운영방식은 일반 기업과 차별화된 중요한 특징이며, 많은 사람들로부터 우호적 지지를 얻고 있다. 즉, 1인 1표제의 민주적 운영방식은 일반 주식회사가 제도적으로 절대 채택할 수 없다는 점에서 협동조합 고유의 핵심역량이라고 할 수 있다. 협동조합은 순수 토종자본으로 이루어진 민족기업으로서 국민들로부터 우호적인 지지를 받고 있다. 예컨대 협동조합은 주식회사와 달리 일반적으로 주식시장에 상장하지 않기 때문에 외국 자본이 자본시장을 통해 협동조합을 지배하는 것이 원천적으로 불가능하다. 또 외국자본에 의한 국내기업 지배와 국부유출 논란이 사회적 이슈로 제기되고 있는 상황에서 협동조합은 국민들의 우호적 지지를 획득하고 있다.

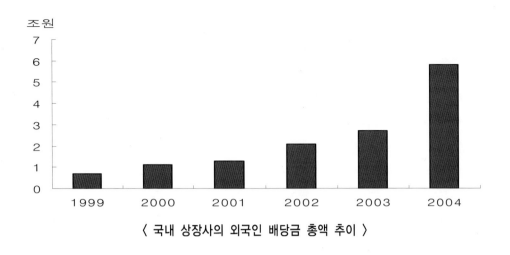

〈 국내 상장사의 외국인 배당금 총액 추이 〉

협동조합 사업의 공익적 기능과 민주적 운영방식, 순수 토종자본으로서의 성격은 협동조합의 사회적 공신력을 높여 국민과 정부로부터 우호적인 지지를 이끌어 내는 원천이 되고 있다.

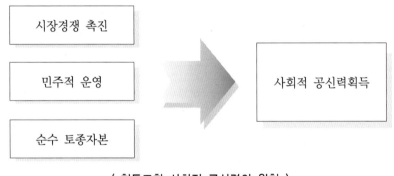

〈 협동조합 사회적 공신력의 원천 〉

② 사회적 공신력을 경영자원으로 활용

협동조합은 사회적 공신력을 국민과 정부로부터 우호적인 태도를 이끌어 내는 경영자원으로 활용하고 있다. 예컨대 협동조합 사업은 공정한 가격실현을 통해 시장 경쟁을 촉진하는 데 기여함으로써 소비자의 신뢰를 획득, 협동조합 사업의 공익적 성격을 인정받아 정책과 입법과정을 통해 협동조합에 대한 지원을 이끌어 내는 한편, 협동조합의 민주적 운영방식과 순수 토종자본으로서의 성격은 국민으로부터 우호적인 태도를 이끌어 내는 원천이 되고 있다. 협동조합은 사회적 공신력을 통해 브랜드 가치 및 상품의 신뢰도를 높여 사업경쟁력을 향상시킨다. 즉, 윤리 경영과 기업의 사회적 책임이 강조되는 분위기 속에서 사회적 공신력은 협동조합의 브랜드가치를 향상시킨다. 또 사회적 공신력은 협동조합의 제품과 서비스에 대한 소비자의 신뢰로 이어져 사업경쟁력을 향상시킨다.

〈 사회적 공신력을 경영자원으로 활용 〉

③ 한국 농협의 사례

농협은 높은 사회적 공신력과 정부와의 긴밀한 관계 등을 인정받아 국내 최고 수준의 신용평가 등급을 유지하고 있다. 즉 농협은 세계적 신용평가기관인 무디스와 S&P로부터 국내 금융기관 중 최고 수준의 신용평가 등급을 획득하였다. 무디스는 특히 '농협이 정부의 농업정책 추진의 핵심기관으로서 국민경제 내에서 중요한 위상을 차지하고 있고, 정부로부터 많은 지원을 받고 있다는 점'을 높이 평가했다.

농협 사업의 공익적 성격을 인정받아 정부와 지자체로부터 각종 지원을 획득하였다. 예컨대 지역사회를 유지·발전시키는 데 기여하는 공익적 역할을 인정받아 2005년 6월 기준 전국적으로 266개의 지자체 및 교육금고를 유치하였다. 또 RPC와 APC, LPC 등 농협의 유통시설은 농업의 유지·발전에 필요한 공공재로서의 성격이 강하여 정부는 이들 시설물의 설치와 운영에 필요한 자금을 지원했다.

농협의 상품과 서비스에 대한 높은 고객만족도를 획득했다. 즉, 한국능률협회에서 실시하는 고객만족경영대상과 대한민국마케팅상에 중앙회와 농협유통이 2000년 이후 6회나 선정되는 등 농협에 대한 고객의 신뢰도가 높다.

(2) 미래 기업형 네트워크 조직

① 협동조합의 조합원-조합-연합회 구조는 네트워크 조직 의 전형적 모델

조합원은 독립적으로 영농에 종사하면서 구·판매 및 신용업무 등을 공동으로 수행하기 위해 협동조합을 통해 전략적으로 제휴한다. 즉, 협동조합은 조합원 기반을 토대로 지역 공동체와 강한 연대를 구축한다. 또한 지역 주민의 다수가 조합원으로서 협동조합의 운영과 사업에 직접 참여하기 때문에 견고한 고객기반을 확보한다. 아울러 지역 내 고용을 창출하고 대부분의 사업이익을 지역사회에 환원하기 때문에 주민과 공동체의 지지를 받는다.

협동조합은 개별 조합이 경영을 독자적으로 수행하면서 연합회를 통해 전략적으로 제휴하는 대표적 네트워크형 조직이다. 예컨대 지역에 밀착되어 있는 개별 조합은 각 지역의 특수한 환경 변화를 민감하게 파악할 수 있으며, 독자적인 의사결정을 통해 이를 사업전략에 신속히 반영하고, 연합회는 조합의 사업물량을 전국 단위로 결집시키고, 자재구매나 자금운용 등의 업무를 집중 수행하여 통합효과를 발휘한다. 또한 전산·회계·감사·인사·상품개발 등의 업무를 공동 관리하여 업무의 전문성과 효율성을 향상시킨다. 연합회는 전국적 네트워크를 구축하여 모든 조합들이 브랜드 가치를 공유하게 하고 고객만족도를 제고시킨다. 즉, 조합들은 연합회를 통해 브랜드를 함께 공유하며, 연합회는 전국적으로 일관된 서비스가 제공될 수 있도록 브랜드를 관리하고, 전국 각지에 그물망처럼 퍼져 있는 점포망과 판매망은 고객의 사업 이용을 편리하게 하여 만족도를 제고시킨다.

정보통신기술 발달과 시장 환경의 급속한 변화로 인해 네트워크형 구조가 미래의 기업조직으로 부상하였다. 즉, 기술과 시장, 소비자 선호가 급속히 변화함에 따라 하나의 기업이 모든 업무를 담당하면서 관료제적으로 통제되는 조직구조는 21세기 시장 환경에서 많은 한계를 노출하였다. 이에 따라 핵심 사업단위로 분권화하고, 사업부문 간 전략적 제휴를 통해 시너지 효과를 극대화하는 네트워크형 조직이 새로운 대안으로 부상하였다.

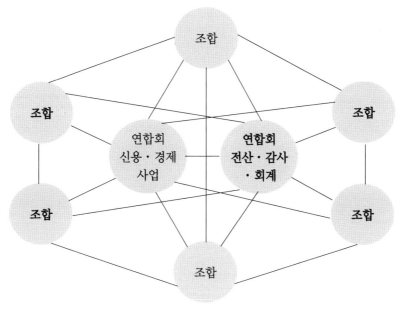

〈 협동조합의 네트워크형 조직구조 〉

② 네트워크 부문 간 시너지 효과 발생

조합과 연합회, 각종 사업부문이 상호 네트워크로 연계되어 있어 각 부문 간 시너지 효과를 발생시킨다. 특히 다양한 사업을 전개하는 종합농협의 경우에는 이러한 시너지 효과가 더 크게 나타난다.

재무 시너지: 사업부문 간 자본금의 공동 이용으로 자기자본 조달비용 절감, 사업부문 간 자금의 유치 및 운용에 유리하다.

사업 시너지: 전국에 산재한 네트워크를 이용하여 폭넓은 판매망 구축, 각 사업의 고객정보를 서로 공유함으로써 고객기반을 확대, 브랜드와 이미지를 공유하여 사업의 신뢰도를 제고시킨다.

경영 시너지: 시설의 공동 이용으로 고정투자비, 전산비 등 비용을 절감시킨다.

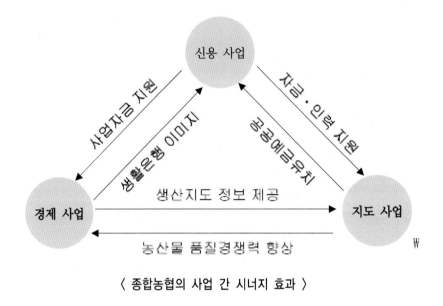

〈 종합농협의 사업 간 시너지 효과 〉

③ 한국 농협의 사례

한국 농협은 독립법인으로 존재하는 다수의 조합과 조합들의 연합회인 중앙회가 전형적인 네트워크형 조직구조를 형성한다. 즉, 조합들은 독자적인 의사결정 구조를 갖추고 스스로의 책임과 판단하에 지역실정에 맞게 사업을 운영한다. 중앙회는 조합들의 연합회 기능을 수행하고 전산·감사·회계·상품개발을 통합 운영하는 한편, 조합이 중앙회의 '신용'으로 안정적으로 사업을 수행하게 한다.

조합과 중앙회를 합쳐 국내 최대의 점포망을 갖추고 있으며, 조합들은 확고한 지역밀착기반을 구축한다. 즉, 5천여 개에 달하는 금융점포와 2천여 개가 넘는 하나로마트 등 농산물 판매시설을 갖추고 고객들이 전국 어디에서나 편리하게 서비스를 이용하도록 한다. 아울러 조합은 지역사회의 경제·금융·문화의 중심체적인 역할을 담당하고 있으며, 정부와 지자체로부터 농산물 유통시설 등에 대한 각종 지원을 이끌어 낸다. 한국 농협은 종합농협으로서 계통 간, 사업부문 간 시너지 효과를 극대화시킨다. 즉, 경제·신용·지도 사업을 동시에 수행함으로써 사업 간 유기적 연계를 통해 사업능력을 극대화하는 한편, 고객정보와 전산, 시설망을 전 사업부문이 공유함으로써 경영의 효율성을 높이고 비용을 절감시킨다.

(3) 협동조합 고유의 선진 경영전략

① 조합원제도: 멤버십제도보다 우수한 고객전략

최근 많은 기업이 신경영전략 차원에서 도입하고 있는 멤버십(membership)제도는 협동조합의 조합원제도를 원용한 것이다. 즉, 멤버십제도는 고객을 회원으로 가입시켜 다양한 혜택을 제공함으로써 고객의 충성도를 높이기 위한 전략이다. 또 기업 간 기술수준이 유사해져 무형의 서비스에 대한 의존도가 높아지고 있고, 시장점유율을 확대하기 위한 경쟁이 치열해짐에 따라 멤버십을 이용한 마케팅이 크게 확산되고 있는 실정이다.

협동조합의 조합원제도는 고객관리 측면에서 멤버십제도보다 앞선 경영기법이다. 즉, 조합원은 사업의 이용뿐만 아니라 자본을 출자하고 출자배당이나 이용고배당을 지급받는 등 조합과 단순 고객 이상의 관계이다. 또한 총회와 이사회 등을 통해 협동조합 운영에도 직접 참여함으로써 멤버십 회원에 비해 높은 수준의 충성도를 유지한다.

〈 조합원과 멤버십 회원의 비교 〉

구 분	조합원	멤버십 회원
성 격	• 조합의 소유·통제자	• 기업의 주요 고객
자본참여	• 조합에 직접 자본출자	• 자본참여 없음
운영참여	• 총회·이사회 참여	• 운영참여 없음
고객의식	• '내조합' 의식이 강함	• '내기업' 의식은 희박
고객관리	• 배당, 지도 사업, 교육 등	• 부가서비스 위주

② 이용고배당 제도: 마일리지 제도보다 우수한 고객관리전략

마일리지(mileage) 제도는 1981년 미국 항공사에서 최초 도입한 이래 현재는 대부분의 기업이 고객관리 전략으로 폭넓게 도입하였다. 예컨대 마일리지란 구매금액의 일정액을 적립시켜 주고, 소비자가 물품 구입 시 이 적립액을 사용할 수 있도록 하는 사업방식이다. 또 마일리지 제도는 구매량에 비례하여 혜택을 제공한다는 점에서 협동조합의 이용고배당 제도와 유사하다. 그러나 최근에는 포인트 적립액이 너무 낮아 소비자들이 자주 외면하고 있고, 기업들은 비용부담이 증가할 경우 부가서비스의 내용을 수시 변경하여 소비자 분쟁의 원인이 되고 있다.

협동조합의 이용고배당 제도는 마일리지 제도보다 합리적이고 효율적인 선진 경영기법이다. 즉, 이용고배당은 일반적으로 사업이익이 발생할 경우 사후에 배당하는 방법을 선택하기 때문에 과도한 비용부담을 회피한다. 또한 이용고배당 규모를 조합원의 합의로 결정할 수 있기 때문에 실시 여부와 수준을 둘러싸고 분쟁이 발생할 여지가 적다.

나아가 최근 일부 선진국 협동조합에서는 이용고를 전략적으로 활용하는 다양한 운영 전략을 구사하기도 한다. 즉, 일부에서는 이용고에 비례하여 조합원 투표권을 차등 부과 하기도 하며, 북미 지역의 신세대협동조합(New Generation Cooperative)은 이용고에 따라 조합원에게 출자의무를 비례적으로 분담시킨다.

③ 지도 사업: 협동조합의 전방위 고객관리전략

우수 고객의 유지와 관리가 중요해짐에 따라 최근 기업에서는 CRM(고객관계관리)을 적극 도입하고 있다. 이에 비해 협동조합에서는 오래전부터 지도 사업을 통해 주요 고객인 조합원을 체계적으로 관리해 왔다. 또한 기업의 CRM이 주로 고객의 정보에 기초하여 마케팅 측면에서 고객을 관리하는 기법인 데 비해, 협동조합의 지도 사업은 생활·가계·복지·영농 등에 걸쳐 전방위적으로 관리한다.

협동조합의 지도 사업은 고객관리 측면에서 기업의 CRM과 유사하나 다음과 같은 부수적 효과를 달성한다. 예컨대 단순히 마케팅 차원에서만 실시하지 않고 교육·문화·복지 등 다양한 서비스를 제공하여 조합원과의 밀접한 관계를 유도하고, 생산기술 지도 에서부터 정보 제공, 판매에 이르기까지 조합원 가계의 수익이 발생하는 원천을 근본적으로 관리하므로, 가계부실을 방지하고 나아가 협동조합 사업의 건전성을 확보한다. 또 지도 사업의 공익적 성격에 의해 협동조합의 사회적 공신력이 향상되고, 정부와 지자체의 지원을 받는 계기가 된다.

〈 협동조합 지도 사업과 기업 CRM 비교 〉

구 분	지도 사업	CRM
목 적	• 영농·생활·복지수준 향상	• 마케팅 차원의 고객관리
내 용	• 생산·판매·복지·교육 관련	• 고객유지에 필요한 서비스
성 격	• 공익적 성격이 강함	• 사업적 성격이 강함
효 과	• 고객관리, 이미지 제고 • 정부·지자체 지원 유도	• 고객의 확보·유지·관리

④ 효율적인 조직체계와 폭넓은 사업기반

협동조합은 생산→유통→소매 단계의 수직적 통합(vertical integration)으로 경제적 효율성과 시장지배력을 강화한다. 예컨대 협동조합은 자재공급에서부터 농산물 생산, 유통, 판매에 이르기까지 전 과정을 내부적으로 거래하여 수직적 통합을 달성하고, 수직적 통합은 거래 단위 간 교섭 및 거래비용을 줄일 뿐만 아니라, 거래의 안전성을 높여 경제적 효율성을 증대시킨다. 또한 각 단계 간 정보의 공유 및 소통을 원활하게 하고, 생산과 판매에 이르는 전 채널을 장악하여 경쟁 기업을 견제하고 시장지배력을 강화한다.

사이버 시대에 적합한 폭넓은 커뮤니티(community)를 형성한다. 즉, 최근 인터넷과 정보통신기술이 발달하면서 커뮤니티와 동호회 등을 활용한 마케팅 전략이 확산되고 있다. 또 협동조합의 조합원 그룹은 그 자체가 거대한 커뮤니티를 형성하고 있으며, 따라서 판매와 홍보, 정치적 연대 형성 등을 위한 폭넓은 인적 기반을 구축한다.

농업·농촌의 자원과 이미지를 사업기반으로 활용한다. 즉, 협동조합은 지역사회에 기반을 둔 사업체로서 농촌관광사업 등 농촌의 자원을 활용한 신규 사업에 진출할 수 있는 기회를 확보한다. 또한 농업·농촌이 지니고 있는 청정하고 깨끗한 이미지를 협동조합의 이미지 개선 효과로 활용할 수 있다.

3) 한국 농협에의 시사점

(1) 협동조합의 핵심역량에 대한 이해 확산이 중요

세계경제의 통합이 가속화됨에 따라 한국 농협도 국내외 거대기업과의 무한경쟁에 직면해 있다. 즉, 정보통신기술 발달과 시장의 통합으로 읍·면 단위에서 독점적 지위를 누려 온 조합들의 지위가 크게 위협받고 있다. 또 외국계 은행을 비롯한 거대 금융기관과 대형 유통업체의 공격적 경영이 본격화됨에 따라 농협도 기업과의 생존 차원의 경쟁이 불가피하다.

한국 농협이 기업과의 생존경쟁에서 살아남기 위해서는 협동조합으로서 기업에 비해 경쟁우위를 갖는 핵심역량을 제대로 파악하고, 이를 극대화하는 노력이 무엇보다 절실하다.

〈 협동조합의 핵심역량에 대한 이해 〉

(2) 핵심역량은 극대화, 기업의 장점은 벤치마킹

자본주의가 고도로 발전한 미국에서도 현재 48,000여 개의 협동조합에 약 1억 2천만 명의 조합원이 가입되어 있을 정도로 협동조합은 오늘날 눈부시게 발전하였다.

즉, 협동조합이 발전할 수 있었던 원동력은 단순히 조합원의 헌신이나 이념적 차원이 아니라, 기업에 뒤지지 않는 핵심역량을 갖추고 시장경쟁력을 발휘할 수 있었기 때문이다.

그러나 '90년대 이후 급격한 환경 변화에 제대로 대응하지 못해 일부 협동조합의 파산 사태가 이어지면서 위기감이 고조되고 있다. 이는 일부 협동조합들이 전통적 운영원칙과 사업방식에 안주하고 새로운 개혁과 변화를 받아들이지 못해 시장대응에 실패하였기 때문이다.

협동조합이 오늘의 위기를 극복하기 위해서는 고유의 핵심역량은 더욱 극대화하고, 전통적 협동조합 원칙의 수정과 경영혁신을 통해 전문성과 효율성을 강화하는 '기업모형'으로 전환해야 한다.

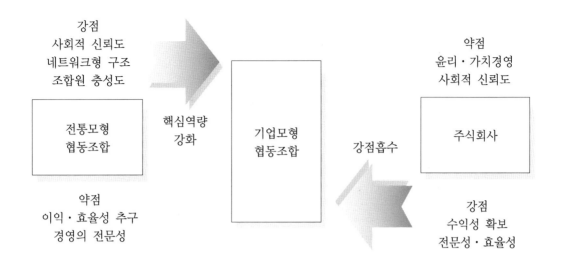

강점
사회적 신뢰도
네트워크형 구조
조합원 충성도

전통모형
협동조합

핵심역량
강화

기업모형
협동조합

약점
윤리·가치경영
사회적 신뢰도

주식회사

강점흡수

약점
이익·효율성 추구
경영의 전문성

강점
수익성 확보
전문성·효율성

〈 기업모형 협동조합으로의 전환 〉

(3) 핵심역량을 통한 사업경쟁력 강화

① 기업과의 차별성을 적극 활용

사회적 공신력을 바탕으로 제품과 서비스에 대한 소비자 신뢰를 확보한다. 최근 윤리경영·가치경영을 중시하는 사회적 분위기가 확산되면서 기업의 사회적 책임에 대한 인식이 커지고 있다. 농협은 기업에 비해 이념적으로 우월한 협동조합의 공익적 이미지를 적극 활용하여 소비자의 신뢰를 확보하도록 노력을 기울여야 한다.

정부와 지자체의 협력과 지원을 적극 유도한다. 즉, 협동조합의 유통사업과 지도 사업, 문화복지사업 등은 공익적 성격이 매우 강하다. 따라서 이들 사업에 대한 정부와 지자체의 지원과 협력을 이끌어 내는 노력이 중요하다. 나아가 적극적으로 이러한 지원을 이끌어 내기 위해서는 지자체 등과의 다양한 협력 프로그램을 발굴하는 것이 필요하다.

네트워크형 조직구조를 활용한 신사업전략을 개발한다. 조합 간 공동사업, 조합과 중앙회의 연합사업 등 조직 내 다양한 전략과 제휴 방안을 강구한다. 또 조합과 중앙회, 신용점포와 경제 사업장 등 전국의 네트워크를 통합 관리하여 고객에 대한 서비스 편의를 향상시킨다.

② 핵심역량을 활용한 새로운 사업모델 개발

소비자 등을 조합원으로 참여시키는 새로운 조합원제도를 모색한다. 최근 서구와 일본에서는 생산자와 소비자, 노동자 등이 공동으로 참여하는 이해관계자 협동조합(multi-stakeholder cooperative, 생산자-소비자 혼합형협동조합)이 등장했다. 또 농산물 과잉 시대에 소비자의 역할이 중요해짐에 따라 환경농업 등 일부 분야에서 농업인과 소비자를 직접 연계하는 새로운 사업모델 개발이 필요하다. 소비자의 조합원 참여는 농산물의 안정적인 판로 확보 및 투자자본 유치 등에도 기여하게 될 것이다.

이용고배당·마일리지 제도를 통합 관리하여 시너지 효과를 극대화한다. 즉, 조합원 외에 이익기여도가 높은 일반고객에 대한 이용고배당 및 환원서비스를 확대하고, 또한, 일부 사업장별로 개별 시행되고 있는 마일리지 제도를 조합과 중앙회, 구·판매 사업과 은행·공제 사업 등에 통합 적용하여 고객 확보와 사업 간 시너지 효과를 극대화한다.

지도 사업을 체계적인 고객관리 차원에서 실시한다. 즉, 일회성, 단순 행사 위주의 지도 사업을 지양하고 조합원과 주요 고객을 체계적으로 관리하는 경영기법으로 발전시킨다. 특히 조합 수익에 기여도가 높은 조합원이나 고객을 관리하는 데 더 많은 자원이 집중될 수 있도록 개선한다.

③ 핵심역량을 통해 신사업 발굴

농업·농촌의 자원을 활용한 새로운 사업영역에 진출한다. 이를테면 협동조합은 지역 사회에 뿌리를 둔 사업체로서 농업·농촌의 자원을 활용한 새로운 사업기회 발굴을 확대하고, 주5일 근무제 도입 및 청소년의 농촌체험학습에 대응하여 농촌관광사업에 참여하는 방안을 검토한다. 또한 여생을 농촌에서 보내려는 노령층을 대상으로 한 실버산업에의 참여방안도 모색한다.

정부 협력사업을 적극 유치하여 조합의 신성장사업으로 개발한다. 예컨대 정부가 추진하고 있는'지역농업클러스터사업'등 정책사업에서 농협이 사업주체가 될 수 있도록 적극 노력한다. 정책사업 유치는 조합원에 대한 서비스 개선뿐만 아니라, 정부의 자금을 유치하여 조합의 미래 신성장 사업을 개발할 수 있다는 장점이 있다.

농촌사랑운동 등 공익적 성격의 프로그램을 사업과 연계한다. 즉, 농촌사랑운동에 참여한 도시민들을 대상으로 한 농촌관광상품이나 농촌사랑 금융상품, 농산물 마케팅 사업 등을 발굴한다. 또 농협과 자매결연한 학교나 단체, 도시민 등을 체계적으로 관리하여 농협의 미래 고객으로 확보한다.

제3장 협동조합의 탄생·흐름

제1절 협동조합의 탄생[31)]

1. 협동조합 태동 및 접근방법

1) 경제체제의 구분

협동조합의 발생, 목적, 발전방향 등은 그 종류와 시대적 국가적 여건에 따라 다양한 방식으로 발전하였고, 특별한 철학 또는 학문적 이론에 기초한 것이 아니어서 시간과 공간을 초월한 보편타당한 협동조합 이념을 정립하기가 쉽지 않다. 다만 경제체제에 따라 다르다는 것은 확실하므로 이의 이해를 돕기 위하여 경제체제 구분기준을 간략하게 알아보고자 한다.

경제체제는 생산수단의 소유형태, 의사결정의 주체, 그리고 자원배분이 어떻게 이루어지느냐에 따라서 구분해 볼 수 있다. 즉, 각종 생산수단의 소유권이 개인에게 있느냐 또는 국가 공공단체에 있느냐에 따라 자본주의체제 혹은 사회주의체제로 구분할 수 있으며, 경제행동에 대한 의사결정의 주체가 개인이냐 혹은 집단이냐에 따라 전자를 자본주의체제, 후자를 사회주의체제라 할 수 있다. 그리고 자원배분이 가격에 의하여 수요와 공급이 조절되는 시장 기구를 통해서 이루어지는 경우를 시장경제라 하고 중앙계획에 의해서 이루어지는 경우를 중앙계획 경제체제라 한다. 자본주의 경제체제에서 경제활동의 성과는 이윤, 비성과는 손실을 가져오는 반면 중앙계획 경제체제에서는 성과가 있으면 상(award)을 받고 없으면 벌(penalty)을 받는다. 따라서 경제활동의 성과 및 비성과에 대한 보수의 방법으로 구분하기도 한다.

또한 경제활동에 대한 정보전달이 상의하달, 하의상달 혹은 수평 간에 자유롭게 이루어지는 경우를 순수자본주의체제라 하고 상의하달에 의해서만 정보전달이 되는 경우를 중앙계획 경제체제라고 볼 수 있다. 끝으로 생산량이 가격에 의해서 유도되는 경우 즉, 가격이 상승하면 생산량이 늘어나고 하락하면 줄어드는 것을 자본주의체제라 하는 반면에 중앙계획에 의하여 결정되는 생산목표에 따라 생산량이 결정되는 것을 중앙계획 경제체제라 할 수 있다.

이와 같은 경제체제의 구분기준을 요약해 보면 <표 3-1>과 같다.

순수자본주의 경제체제나 완전중앙계획 경제체제에 의하여 경제활동이 영위되는 국가는 현실적으로 찾아보기 어렵고 이는 경제학 교과서에만 존재한다. 따라서 모든 국가의 경제체제는 혼합 경제체제로서 어느 쪽에 많이 치우치느냐에 따라 자본주의 국가 혹은

---

31) '협동조합 탄생', 신인식 농협대 교수, 2004. 2.

사회주의 국가로 구분해 볼 수 있다.

〈표 3-1〉 경제체제의 구분

구　　분	순수자본주의	혼합경제	중앙계획경제
생산수단의 소유형태	사　　유		공　　유
의사결정주체	개　　인		집　　단
자원배분기구	시　　장		중 앙 기 구
경제성과	이　　윤		상
경제 비성과	손　　실		벌
정보전달 방향	좌·우 ·상·하		상 의 하 달
생산량 결정	가　　격		생 산 목 표
재화 분배	생산량에 의존		생산량과 무관

주: 빗금 친 윗부분은 중앙계획 경제체제이고 아랫부분은 순수자본주의 체제
자료: 신인식, "통일후 남북한의 농업과 협동조합", 협동조합연구 제15집, 농협대학 농협경제연구소, 1993. 9.

2) 협동조합태동과 사회경제적 배경

(1) 협동조합 사상의 형성

협동조합은 자본주의의 산물이면서 그 사회의 개량을 위하여 탄생하였으므로 협동조합 운동은 단순하게 경제단체나 사회단체를 조직, 운영하는 것과는 다르다. 즉 사회개량운동은 자본주의와는 다른 사상적 기초를 가지고 새로운 사회를 꿈꾸어 왔다. 그러므로 협동조합 운동은 자본주의 생성기의 산물이면서도 자본주의에 대한 반항아로서 등장하였다고 볼 수 있다.

일부에서는 협동조합을 자본주의 체제에서 약자를 위한 운동의 한 분야라고 규정하면서 그 활동이 자본주의 사회체제나 경제기구를 전환시키지는 못할 것이라고 하였다.[32] 협동조합이 지니고 있는 운동체적 성격은 자본주의에 대한 부단한 특징으로 나타나고 있으면서도 거기에 이르는 경영체적 성격은 자본주의 경제법칙에 크게 제약을 받고 있음을 부정하지 못할 뿐이다.

(2) 인클로저(Enclosure) 운동과 협동조합

봉건사회의 경제기반은 장원제도로서 지배계급인 영주와 자유토지보유자 및 농노로

---

32) 이는 협동조합 운동의 현실적 가능성과 그 한계에 관한 문제이지 협동조합 사상이 처음부터 이러한 한계를 전제하고 있다는 것은 아니다.

구성되어 있다. 장원의 경지는 직영지와 개방경지로 되어 있어 토지 소유권은 확립되어 있지 않았다.[33]

인클로저 운동이란 도시에서 형성된 상업자본이나 농촌에서 형성된 영주와 자유 독립농의 농업자본이 중세 봉건사회의 말기 장원제도가 붕괴해 가는 과정에서 이룩한 토지점유를 말한다. 이는 13~14세기 일부 지방에서 시작하여 17~18세기에 본격적으로 진행되었다. 이 시기에 양모 가격이 곡물 가격을 상회하여 황무지는 목초지로 이용되고 토지 이용 면에서 삼포제도와 윤작식이 도입되었다. 그리고 농업기술의 발달로 대규모 임차농업자의 발생으로 소규모 자작농, 소작농 및 농노들이 토지로부터 추방되어 유랑민으로 전락하였다. 이에 따라 도시, 지방 모두 걸인과 도둑이 늘어났고 곡물 대신 가축을 사양함으로써 농업노동력 수요는 격감하였다.

토지에서 추방된 농민들은 인클로저 운동에 대항하기 위하여 농민봉기를 일으켰으며 일부농민은 인클로저로 말미암아 잃었던 토지를 되찾기 위한 농민운동을 전개[34]하였다. 이와 같이 크고 작은 농민봉기가 협동조합적 사상을 형성한 것은 1649년이었다.

(3) 산업혁명과 협동조합

농촌의 인클로저 운동에 이어 18세기 말엽부터 도시에서는 산업혁명이 일어났다. 이 무렵의 영국 산업은 공업화를 이룩하는 데 획기적인 자원개발과 기술혁신이 있었다. 즉, 탄광업과 광산업의 발달은 제철업을 불러일으켰으며 원료농산물의 생산 증가와 수송수단의 발달은 방직업의 발달을 촉진시켰다. 그리고 증기기관의 발명은 제조업의 발달 즉, 공장제공업으로 바꾸어 놓았다.

18세기 전반기만 하더라도 공업노동력의 부족으로 인한 노동절약적 제조업이 발달하였으나 후반기에 들어와서는 인구자원의 압박이 심하여 농촌에선 황무지의 개간, 도시에는 새로운 직업이 속출한 데 비하여 높은 임금과 풍부한 고용기회를 조성해 주지 못하였다. 그리고 기술혁명과 자본의 축적과정은 사회적 계급형성에 커다란 계기가 되었다. 그 결과 농촌의 인클로저와 도시의 산업혁명으로 노동자들의 생활은 자본가에 비하여 비참하였다고 볼 수 있다.

이러한 사회문제는 점차 생산수단을 소유한 사람과 소유하지 못한 사람으로 나뉘고 부와 소득의 분배가 불공평하게 되어 계급의식이 싹트기 시작하였다. 이러한 문제를 해

---

33) 영국의 경우 토지사유가 확립되기 시작한 것은 인클로저 운동이 진행되면서이다.
34) 1549년 캐트의 지휘하에 농민 1만 6천여 명이 영주는 공유지에서 가축을 사양하지 말 것, 부당한 임차료를 강요하지 말 것, 매취한 토지를 등록소작인에게 반환해 줄 것 등을 요구하였다.

결하기 위하여 일부는 구빈법의 제정과 구빈사업의 전개를 제창하였고 일부 인도주의자나 박애주의자는 자본주의 경제의 모순의 시정을 위한 노동조합과 협동조합의 결성을 구상하였으며 운동가 또는 기업인들의 깊은 관심을 모으기 시작하였다.

2. 경제체제와 협동조합관

1) 협동조합 운동의 접근방법

(1) 사회학적 접근: 협동조합은 자본의 조직(association of capital)이라기보다 인간의 조직(association of people)이라는 전제하에 사회학적, 심리학적 견지에서 이해를 하고 접근하는 방법이다.

(2) 종교적, 윤리적 접근

협동조합을 기독교 사업에 적용한 것이라고 본다. 즉, 생활양식은 기독교적 생활양식이며 천국을 지상에 실현시키는 것이라고 보는 견해[35]이다. 역사적으로 종교와 경제적 발전 사이에는 상호 밀접한 관계가 있다고 보고 기독교 정신은 사업이나 재산의 축적과 관계가 있다고 하였다. 즉, 근면, 검소하면 부를 축적할 수 있기 때문이다. 협동조합은 목적이 아니라 수단으로서 수단에는 윤리가 없다. 그러므로 협동조합은 선용될 수도 악용될 수도 있는데 이는 이용자의 가치관에 달려 있다.

(3) 경제적 접근

협동조합의 성격이나 목적을 인간생활의 경제적 욕망을 달성하기 위한 수단으로 사업운영 면에서 이해하고자 하는 입장을 경제적 접근이라고 한다.

① 혁신적 접근

자본주의 경제를 근본적으로 개혁하는 것으로 협동조합을 소득과 부의 재분배, 노동자와 산업경영자 사이에 이익을 둘러싼 마찰의 제거나 조정, 생산자와 소비자 간의 마찰을 배제하는 수단방법으로서 보고자 한다. 오웬은 노동자가 생산수단의 소유권을 획득함으로써 자신들의 공동이익을 위해 이바지할 수 있다고 하였다. 이러한 견해는 웨브(Webbs)와 밀(Mill, John Stuart)에서 찾아볼 수도 있는데 '협동조합공화국' 사상은 이

---

35) 초기의 협동조합 운동이 많은 기독교신자들에 의하여 주도된 사실이 이러한 이해를 낳게 되었다.

분류에 속하는 것이라 하겠다.

② 개량적 접근

협동조합은 자본주의 경제의 일익으로서 자본주의 경제의 결함을 보완하고 개량하는 것으로 보는 입장이다. 협동조합은 현존하는 자유경쟁과 이윤동기 및 사기업제도 속에서 기능하는 특수한 형태의 경영조직체로서 그 조합원 개인의 경제적 이익을 최대로 보장해 주는 것을 목표로 한다. 경제적 성공은 전체 경제 속에서 그들 자신의 위치를 발견하는 자신들의 능력에 의존하는 것이며 자조적 능력이 중요한 의미를 가진다. 협동조합의 경제적 역할은 주어진 법률제도와 경제체제 속의 태두리 안에서 수행되는 것이다. 즉, 혁신적인 방법보다도 점진적인 개량방법을 채택하는 것이다.

2) 경제체제와 협동조합관

(1) 자본주의 협동조합관

자본주의(Capitalism)는 사유재산제도, 영리추구, 자유경쟁이라는 원칙을 존중하는 제도로서 기업이 지배적인 사업형태이며 일부의 사업만이 협동조합, 공기업 및 독립소생산자에 의해 영위되고 있다.

협동조합은 자본주의 경제 여건 속에서 발생, 생장하는 것으로 조합경제도 자본주의 경제의 제 원칙에서 벗어나지 못한다. 그러므로 규모경제의(economy scale) 유리성을 추구하기 위해서는 대단위 조합으로 발전해야 하고 대량생산과 대량거래의 원칙에서 벗어날 수 없다. 그리고 사업의 선택에 있어서는 수익성 높은 사업을 우선적으로 운영하고 비수익성 사업은 가급적 억제한다. 그리고 조합경영은 경영주의에 서야 하며 조합경영의 성과가 이익을 올려야만 조합원에게 이익을 배당할 수 있고 이것이 조합원의 조합에 대한 참여도를 높이는 유일한 길이기도 하다.

그러나 협동조합이 자본주의 경제하의 개별기업과 동일하다는 의미는 아니다. 규모의 경제는 경영의 합리화를 도모하는 데 목적이 있지 독점기업을 형성하는 데 있는 것이 아니다. 오히려 협동조합은 독점기업에 대항하면서 사회경제의 정의를 실현하고 자본주의 경제가 지니고 있는 위약성을 보완하는 데 있다. 뿐만 아니라 생성된 이익은 어떤 형태로든 조합원에게 환원되는 것이다.

이와 같이 자본주의 협동조합은 그 생성과 존속 및 발전이 경제학적 메커니즘 속에서 설명되고 있으므로 때때로 협동조합의 사회학적, 윤리학적 측면이 간과되기 쉽고 정신주의를 배격하는 결과를 빚어내기가 쉽다. 즉, 조합경제의 주체가 조합원이 아닌 경영자에 맡겨지고 조합원은 단순히 조합 사업의 이용자가 되며 경영자에 대한 협력자에 지나지 않으므로 조직보다는 기구 우선으로 흐르기 쉽다.

독일의 협동조합학자인 리이프만(R. Liefmann)에 의하면 협동조합은 본질상 한계가 있다. 협동조합은 일정한 범위 내에서 유통 과정상 개별업자를 배제하고 그들을 대체하는 것이 가능하지만 본래의 기업을 전면적으로 부정하는 것은 불가능하다. 즉 협동조합은 현대경제에 있어서 부적당한 기업문화나 기업결합을 배제하는 데 불과하였다. 레이드로(A. F. Laidlaw)[36]에 의하면 현대의 혼합 경제체제하에서는 협동조합이 공기업 및 사기업과 더불어 공존하면서 국민경제를 형성하고 있는데 그는 이들 3개 부문 즉, 공공부문(public sector), 사경제부문(private sector), 협동조합부문(cooperative sector) 중 어느한 부문이 없어도 완전한 경제, 사회질서가 성립되기 곤란하다고 하면서 상호보완적인 기능발휘를 중시하였다.

(2) 사회주의 협동조합관

사회주의 협동조합관은 원칙적으로 자본주의 경제의 제 특징을 근본적으로 부정한다. 즉, 소생산자나 무산자의 이익을 위하여 자본가의 이익을 위하는 장치인 사유재산, 개인주의, 자유경쟁, 상품생산, 이윤추구 등을 허용하지 않는다. 그러므로 노동대중이 해방되려면 자본주의 경제제도가 폐지되고 사회주의 국가가 건설되어야 한다고 주장한다. 따라서 개인의 이윤추구보다도 사회적 축적을, 무계획적인 상품생산보다는 계획적인 경제개발을 중시한다.

협동조합은 자본주의 사회에서 사회주의 사회로 이행하는 과정에서 요구되는 교량적 역할을 담당하게 되리라는 견해도 있다. 사회주의혁명 수행에서 장애물은 영세소생산자인데 이들은 생산수단을 소유하므로 자본가이나 실생활은 노동자만 못하다. 그러므로 이들이 소유하는 생산수단을 사회화하기 위해서는 협동조합이 필요하였다.

소련의 경우를 보면 1917년 10월 혁명을 통한 사회주의정부 수립 후 농지와 생산수단을 몰수하여 국영농장을 급속히 확대할 경우에 예상되는 노동의욕 감퇴와 생산성 저하를 방지하기 위해 초기에는 단순한 형태의 농업생산조합을 육성시키고 점진적으로 고차원의 농업협동조합인 집단농장(콜호즈: kolkhoz) 제도를 도입하였다. 또한 노동자계급에 의해 식품을 원활하게 공급하고 상거래에서 개인자본을 추방할 목적으로 혁명정부는

---

36) A.F.Laidlaw, 「Cooperative in the year 2000」, ICA ⅩⅩⅦ Congress Agenda and Reports, Moscow, 1980. pp.139-141.

소비조합을 전국적으로 설치 운영하였다.

폴란드의 경제학자(O. Lange)는 사회주의 국가의 경우 자본주의 국가에 비해 협동조합 운동이 보다 넓은 범위와 규모로 발전된 요인으로 다음과 같은 점을 지적하고 있다.

첫째, 사회주의는 그의 출발점에서 자본주의하에서 발생하며 뿌리를 내린 협동조합을 물려받아 이를 사회주의 경제의 일부로 변조하기 때문이다. 둘째, 협동조합은 소규모의 생산 및 서비스를 사회화하는 하나의 수단이며 동 경제부문이 사회주의로 개조되는 하나의 형태이기 때문이다. 셋째, 협동조합은 사회주의적 축적형태의 하나이며 사회주의 국민경제 발전의 도구이기 때문이라고 하였다.

또 하나의 견해는 사회주의 국가 안에 기존 협동조합의 역할인데 이는 사회주의 전체 경제기구하의 계획경제를 추진하는 일익을 담당하는 조직에 불과하다. 조직이 민주적이고 자발적이라고 주장하나 활동은 생산력을 높이고 배급업무를 수행하는 행정기구의 기능 일부를 위임받고 있는 데 지나지 않는다. 그러므로 정치불가분의 관계에 있어 정치적 중립원칙이 지켜지지 않는다.

(3) 협동조합주의 협동조합관

협동조합주의(Cooperativism)는 자본주의의 모순에 대항하고 사회주의를 부정함으로써 협동조합공화국(The Cooperative Commonwealth)을 건설하는 역할을 중시한다. 이의 주장은 국민경제의 주도적 경제주체는 사경제를 대신하는 협동조합경제이다.

개인주의와 전체주의를 동시에 배제하고 개인과 조합은 대등한 지위에 서서 사유재산을 공평하게 향유함으로써 독점이나 부익부 빈익빈이 발생하지 않도록 한다. 협동조합은 자본주의 사회와 사회주의 사회에서 보는 바와 같이 목적 달성의 수단이 아니라 그 자체가 곧 목적이다.

협동조합주의는 3가지의 기둥 위에 지탱되고 있다고 할 것이다. 첫째, 협동조합주의란 개인의 절대자유를 부정함과 동시에 다른 한편으로 사회의 절대적 통제도 부정한다. 영리적 기업 대신 비영리적이고 합리적, 계획적인 생산분배 조직을 수립하고자 한다. 둘째는 이러한 목적을 달성하기 위하여 반드시 모든 생산수단의 사유제도 철폐를 주장하지 않는다. 그리고 셋째로 현재의 자본주의 사회로부터 장래의 협동조합주의 사회에로 이행함에 있어 반드시 폭력에 의존할 필요는 없다고 보고 있다. 협동조합주의 사상을 다음과 같이 세 가지로 나누어 고찰할 수 있다

첫째, 생산자협동조합주의 사상: 조합원이 자본과 노동을 제공해서 협동으로 생산을 행

하는 것으로서 조합원이 자본가 겸 노동자로 되는 조합이다. 이러한 생산자협동조합이 기업을 대체할 경우 자본주가 노동자를 착취하는 관계가 해소되고 인간의 존엄성이 존중되며 노동자의 책임감과 연대감이 증진되는 새로운 경제사회가 성립될 것이다. 주장자는 프랑스의 붓세(P.J.B. Buchez),와 블랑(J.J.Ch.L. Blanc), 독일의 라싸레(F.J.G. Lassalle) 등이다.

둘째, 소비자협동주의 사상: 이윤을 목적으로 하지 않고 소비를 위해 생산과 유통을 행한다. 프랑스의 지이드(C. Gide), 독일의 슈타우딩거(F. Staudinger), 미국의 소닉센(A. Snnichsen) 및 와바스(J.P. Warbasse) 등에 의해 제창되었다.

3. 협동조합 발생

1) 자본주의 사회와 협동조합 발생

근대적 협동조합의 사상이나 그의 실천은 영국, 프랑스. 독일 등에서 주로 형성되어 왔기 때문에 세 나라를 중심으로 협동조합의 발생상황을 알아보았다.

(1) 영국

① 로버트 오웬(Robert Owen)의 뉴하모니 협동조합촌

오웬은 쌍.시몽, 푸리에와 더불어 3대 공상적 사회주의자[37] 중의 한 사람으로서 영국 협동조합 사상을 대표한다. 박애주의자, 인도주의자로 알려져 있으며 벤담의 "최대다수의 최대행복"이라는 공리주의와 리카르도(D. Ricardo)의 노동가치학설에 크게 영향을 받았다. 오웬은 뉴라나크라는 수차방적공장을 구입, 경영을 하면서 노동자 생활의 불결, 무지, 도벽, 주정 등을 목격하면서 사회 교육관과 경제관이 형성되었다. 그는 노동자교육을 위하여 '성격형성학원'을 설립하였으며 아동노동의 금지, 소년노동시간의 단축, 야간작업의 금지 등을 내용으로 하는 공장입법 실시를 주장하였고 뉴.라나크 공장 내에 일종의 소비조합을 조직하여 생산과 소비를 직접 연결시키는 새로운 협동조합촌의 건설도 시도하였다.

오웬의 경제사상은 노동가치학설에 서 있었으며 적당한 육체노동은 즐거운 것이며 가치를 사회에 제공하여 주는 부(富)의 원천일 뿐만 아니라 국민번영의 기초이기도 하였다. 그리고 모든 사회의 최선의 이익은 생산자가 스스로 창조한 모든 부에 대하여 공정한 몫을 차지하여야 한다고 하였다. 그래서 그는 시장관계의 시정을 통하여 노동이 진실한 가치를 얻으며 실업이 없는 사회로서 협동촌 건설을 구상한 바 있다.

---

37) 그의 행적은 오히려 구체적, 실천적인 것으로 일관되어 있다.

오웬이 계획한 협동촌은 먼저 농업생산이 제1차적인 것으로 고려되어 그것은 농업협동체로 나타났는데 그 이유는 자급자족적 생산과 소비를 결합하는 사회가 목적이기 때문이다. 그래서 그는 신대륙 미국으로 건너가 인디아나 주에 2만 에이커의 토지를 사서 협동촌을 건설하였다. 뉴하모니협동촌에는 시설이 좋은 공장도 있었으나 숙련노동자의 부족과 무위도식자들에 의하여 최초에는 실패를 하였다. 이와 같이 현실을 무시하였기에 실패하였으나 오웬주의자들에 의하여 끊임없는 시도38)가 있었으나 실패를 하였다. 이와 같은 실패의 원인을 보면 뉴하모니협동촌은 구성원의 비순수성 때문에, 라라하인협동촌은 지도자의 소양 부족 등으로 볼 수 있으므로 경제적 개혁은 도덕적 개혁과 병행하여야 성공할 수 있다는 것을 알 수 있다.

이후 오웬은 노동조합과 협동조합을 만들어 영국의 모든 노동자를 생산자계급이라는 입장에 집결시켜 단일 조직하에 전 사회를 협동조합적 기반 위에 올려놓기를 원하였다. 그는 단순하게 물품의 구매, 판매에 종사하는 조합 상점에 머물지 않고 생상자조합의 결성에 관심을 가졌다. 이에 따라 중매인이나 소매상인은 비생산자이면서 중간이윤을 취득하므로 노동교환소를 설치하여 이를 배제39)하려고 하였다.

② 윌리엄 킹(William King)의 '협동조합인'

킹은 협동사회 건설을 꿈꾸는 점에서는 오웬과 마찬가지라고 볼 수 있으나 시민사회가 지니고 있는 현실적 한계를 인식하면서 실천 가능한 협동조합 조직에 깊은 관심을 가지고 있었다. 윌리엄 킹의 사상은 분배적 소비조합에 있었으며 노동자를 소비자 자격으로서 협동, 단결시키고 자본을 형성하여 일반적 상업이윤을 배제함으로써 노동력의 가치를 확보하고 사회개혁에 이바지한다는 요지이다. 가입조건은 일정한 수입을 올리는 숙련노동자, 건강한 자여야 하며 대가족 부양자와 궁핍한 자 등은 배제함으로써 소시민적 성격이 강하다고 볼 수 있다. 이렇게 하여 1827년 '브라이톤'에는 협동자선기금조합(Brighton Cooperative Benevolent Fund Association)과 협동거래조합(Cooperative Trading Association)이 설립되었는데 이는 브라이톤에 설립된 최초의 협동소비조합이었다.

오웬이 협동조합 운동을 정부가 부자의 원조를 받아서 해 나가야 한다고 주장한 반면

---

38) 영국 「Clare County」의 「Ralahines」의 농업 및 제조업 조합이다. 이는 지주 John Scott Vandeleur가 오웬의 영향을 받아 소유토지에 농업노동자를 수용할 기숙사, 식당, 회의실, 창고, 학교시설 등을 설립하였다. 기초산업은 농업이며 조합원이 공동 작업을 하였으며 임금이 지불되고 임차지에는 지대가 요구되었다. 이윤은 공평하게 분배되었으며 조합 상점에서는 오웬식의 노동화폐와 현물이 교환되었다.

39) 노동교환소가 배제하려던 것은 상업이윤이지 산업이윤은 아니었다.

에 킹은 노동자가 자력으로 가능한 일부터 시작하여 발전시켜 나가야 한다고 하였다. 그리고 협동조합 운동에 있어서 선결문제는 노동자의 무지를 계몽하는 일이라 믿고 1828 월간지 「협동조합인」을 발간하였다.

③ 로치데일의 공정선구자조합

근대사회의 확립은 1789년의 프랑스대혁명과 18세기 후반기에 시작되었던 영국의 산업혁명에 의해 이루어졌다. 프랑스는 사상적, 정치적으로 영국보다 빨리 민주주의의 이념이 개명되었지만 대소혁명의 격동으로 산업혁명이 뒤떨어져, 결국 정치적, 산업적으로 근대국가를 제일 먼저 확립한 나라는 영국이었다. 따라서 근대 협동조합의 사상과 그 운동이 먼저 발생되고 발전되기 시작한 곳도 영국이었다.

영국의 초기 협동조합은 로버트 오웬과 윌리엄 킹 박사를 중심으로 근대 협동조합의 효시라고 할 수 있는 로치데일 공정선구자조합(Rochdale Society of Equitable Pioneers)을 1844년에 창설하게 되었다. 이는 영국 협동조합사에 있어서는 물론 세계 협동조합사에 있어서도 가장 최초의 것이면서 가장 완전한 실천적, 현실적인 것이었다.

로치데일이라는 소읍은 19세기 전반기에 영국 산업혁명의 혜택과 비참의 양면을 경험한 역사 깊은 고장이었다. 영국 산업혁명의 첨단을 이룬 면방직공업의 중심지 맨체스터에서 가까운 로치데일은 프란넬 직물업이 주산업이었고 신공장과 탄광업에 유치된 노동력이 아일랜드 출신이 많아 불만을 품게 되었다. 더욱이 1840년대 로치데일 지방을 휩쓴 대기근[40]이 발생하는 등 어려운 역경하에 1844년 8월 15일 창립총회를 거쳐 10월 24일 '우애조합법(Friendly Society Act)'에 의해 역사적인 로치데일 공정선구자조합의 설립[41]을 보게 되었다.

로치데일 공정선구자조합이 성공하여 현대 협동조합의 효시로서 불멸의 명성을 가지게 된 요인을 보면 다음과 같다.

첫째, 협동이상촌 건설이라는 위대한 목적이 사람들을 고취시킬 수 있었으며 이의 실현을 위한 방법은 손쉬운 일부터 착수하여 점차 확대를 꾀한 데 있다. 둘째, 협동조합 상점 경영의 운영을 위한 조직과 경영방법의 고안이 후에 로치데일 원칙이 될 정도로 훌륭하였다. 셋째, 조합원에 대한 경제적 봉사활동 추진 시 항상 교육활동을 병행하였다. 선구자들은 투철한 오웬주의자였으며 조합목적 달성에 교육이 중요하다는 확신을 가졌다. 넷째, 소매업이 초창기 사업이었으나 조합원으로부터 예금흡수와 제분공장 등 관련 사업 확대에 일찍부터 노력하였다. 다섯째, 타 조합의 설립과 발전에 많은 격려와 지원을 하였다.

---

40) 로치데일읍의 기아자가 65 또는 70명으로 기록되어 있다.
41) 1인 1파운드의 출자금으로 프란넬 방직공이 주축이 된 28명이었다. 서고이

이러한 요인에 의한 선구자조합의 성공은 많은 협동조합을 유발하였는데 타 조합들은 대개 선구자조합의 정관을 그대로 채택하고 오늘날의 협동조합중앙회가 회원조합에 제공하는 정보와 조언을 선구자조합이 함으로써 성공을 거두었다.

(2) 독일

자본주의 성립이 영국에 비하여 늦은 독일의 협동조합 운동은 소생산자협동조합 내지는 신용협동조합에서 출발한 것이 특징이며 이를 주도한 사람은 가내수공업자를 위한 도시신용조합에 있어서는 슐체 델리취(Hermann Schulze-Delitzsch)[42]이고 농촌신용조합에 있어서는 라이파이젠(F. W.Raiffeisen,1818~1888)을 들 수 있다.

① 라이파이젠 농촌신용협동조합

슐체가 도시수공업자의 신용조합을 구상한 데 비하여 라이파이젠은 농촌신용조합을 구상하였다. 라이파이젠은 합리주의적 자유주의자인 슐체와 달리 프로테스탄트이며 이상주의자였다. 그는 동포애의 실현을 위해 협동조합 운동을 하였다. 가난한 농업인의 생활개선을 위해서는 금융을 비롯하여 여러 가지 경제 사업을 영위하나 이는 수단에 불과하다고 하였다. 그는 농민 궁핍의 원인을 규명하고 그 극복책을 강구하면서 협동조합 사업의 종류를 단계적으로 확장해 가는 한편 지역적으로는 작은 촌락에서 시작하여 주를 거쳐 전국적인 연합회로 발전시켜 갔다.

라이파이젠은 경제이론가가 아니고 실천가로서 슐체의 자조원리에 대하여 전적으로 동감하였으나 조합원의 구성과 출자방법 그리고 사업내용과 운영방식 등에서 대조를 이루고 있다.

라이파이젠은 소농들이 대부업자의 고리사채에 시달리는 것을 발견하고 지역유지를 중심으로 위원회를 조직하여 정부배급물자의 공평한 배급을 기하는 동시에 유지들에게 기부금을 모아 소맥분을 대량 구입한 후 농민들에게 싸게 대여를 하고 다음 해에 대금을 갚도록 하였다.

라이파이젠은 푸라마스펠트구혈조합(부락대부소)을 설립하였다. 즉, 지역유지들이 라이파이젠 사업에 참여하여 필요한 자금을 투자하거나 조합의 부채에 대하여 연대책임을 졌다. 초기의 조합 주요임무는 가축구입 사업으로 가난한 농민은 점차 분할불로 가축을

---

42) 1808년 독일 프로이센의 데에릿치촌에서 출생하였으며 독일의 민주주의적 혁명운동을 지지하고 왕권반동파의 입장에 섬으로써 반란미수죄로 고발되어 정계를 은퇴하고 협동조합 건설에 힘을 기울였다.

구입하게 되었다. 후에 농민에게 중기성 자금을 대여하여 농민들이 스스로 가축을 구입할 수 있게 하였다. 이 외에 주택, 토지, 농기구 등의 구입에 신용지원을 하였다. 이것이 농촌신용협동조합의 효시라고 일컬어지게 되었다.

1852년 라이파이젠은 노이비트 군 헤데스돌프에 자선조합을 설립하여 방임아동의 보육과 체육, 노동기피자 및 석방죄수의 취업, 민중도서관의 설치 그리고 빈농에 대한 가축공급과 자금대여 등의 사업을 시작하였다.

라이파이젠이 설립한 조합들이 점차 조합원의 무관심으로 해산하게 되자 그는 그리스도교도로서의 의무와 박애의 원리만으로 조합의 운영이 어렵다는 것을 알았다. 그래서 1862년 도시수공업자를 위한 신용협동조합 운동을 전개한 슐체델리체에게 헤데스돌프자선조합의 운영에 대한 자문을 받았다. 그 후 자선원리를 자조원리로 바꾸고 또 조합원을 개인으로서 조합에 관심을 갖게 하는 공동 유대적 원리에 서게 하는 대부조합을 설립하여 사업활동을 저축과 대부에만 국한시켰다. 조합원이 아니면 돈을 차용할 수 없다는 규정은 새로운 것이었고 이익금은 분배되지 않고 기금으로 하였다. 이것이 농협의 효시가 되었다.

라이파이젠은 협동조합 운동의 강화를 위하여 연합조직이 필요하다고 생각해서 1876년에 노이비트에 '독일농업중앙대부금고'를 설립하였고 또한 협동조합 운동을 고취하고 대부조합을 조성하며 입법이나 당국에 조합을 대변하는 임무를 하는 '농업협동조합대표자연맹'을 1877년에 설립하였으며 연맹에서 농가필수품의 공동구입과 농산물의 공동판매를 해 주는 도매 협동조합의 기능도 하였으나 라이파이젠판매상사로 기능이 넘어갔다. 이 연맹은 라이파이젠 사후 1889년에 라이파이젠 협동조합총연맹으로 개칭되었다.

라이파이젠조합의 발전원인을 보면 첫째, 자금과 지도 측면에서 연합회를 일찍이 조직하여 발전시켰다는 것이고, 둘째는 1880~1890년대에 가서 정부의 농업자금을 라이파이젠조합이 흡수함으로써 저리자금을 재원으로 가지게 된 데 있다고 볼 수 있다.

라이파이젠의 농업협동조합 운동은 서부독일의 마인 주를 중심으로 발전되기 시작하였고 이에 영향을 받아 인근의 헷센 주에도 많이 생겼으나 임의조합으로서 협동조합 원칙도 없이 산재해 있었다. 이에 하스(William Hass, 1839~1913)라는 사람이 나서서 1873년에 헷센농업소비조합이라는 이름으로 연합체를 만들어 비료, 목탄, 기타 농업자재를 대량 구입하여 산하의 조합에 공급하고 이어서 농업협동조합의 연합체 설립에 많은 개척을 하여 독일농협운동의 발전에 크게 이바지하였다.

② 슐체의 도시신용조합

라이파이젠과 더불어 협동조합 운동의 위대한 선구자는 도시신용협농조합의 창설자인 슐체 델리취이다. 그는 프로이센의 국민입법회의의 수공업조사특별위원회의 위원장이 되어 수공업자의 청원서 처리 등 많은 문제를 다루면서 중소도시의 수공업자가 고리사채에 시달림을 받아 궁핍한 상태에 있다는 것을 알게 되었다. 청원사항 중에는 대부금고, 공동판매점, 제품진열소의 설치를 요구하는 것이 많았다.

고향인 델리취 읍에서 중산계급의 경제상태에 관심을 가지고 알아보았다. 기계를 가진 공장, 대량생산과 노동조직 그리고 분업에 의한 전문적 생산을 앞두고 수공업자는 점차로 출현되는 대기업과의 경쟁에 대항하지 못하고 그 결과 다수의 수공업자가 자기의 생존을 유지하기 위하여 자기 자신 공장 노동자가 되는 길밖에 없었고 공장 노동자의 상태도 열악하였다. 그는 평소에 개개로 흩어진 수공업자의 존재를 다수의 활동적 경제조직으로 결합시키는 것만이 그들의 지위를 계속적으로 개선할 수 있다는 견해를 가지고 있었다.

이에 따라 1849년 그의 발의에 의해 델리취 읍에 두 개의 원료조합이 설립되었다. 하나는 목공, 다른 하나는 화공(靴工)을 위한 조합으로 독일에서 최초의 협동조합이라고 해도 좋은 이 두 개의 수공업자 조직의 과제는 개개의 수공업자조합원이 필요로 하는 원료를 현금 지불로 대량 구입함으로써 저가격의 혜택을 주는 것이었다. 원료구입조합의 성과에서 한 걸음 나아가 1850년 수공업자를 위한 대부조합[43]을 설립하였다.

1851년에는 대부조합의 개혁에 착수하여 자본 조달은 출자에 의존하고 비조합원에 대한 신용공여를 전폐하였으며 연대책임제를 채택하였다. 이렇게 하여 현대적인 도시중소기업가를 위한 신용협동조합이 발생케 되었다.

대부조합이 수공업자의 판매활동을 지원하는 다른 협동조합보다 발전하여 실제적인 서민은행으로 발전하게 된 중요한 두 원칙을 보면, 첫째는 신용협동조합의 경영을 은행업처럼 채산이 서는 확실한 기초 위에 세워야 한다는 것이고 둘째는, 조합원의 범위를 수공업자 계급에만 국한하지 않고 문호를 넓혀서 조합원의 증가와 폭넓은 금전상통을 도모한다는 것이었다.

슐체는 1859년 대부조합중앙연락기관을 설치하여 연합조직체의 발전에 힘쓰는 한편 협동조합법의 국회통과에 큰 공헌을 하였다.

라이파이젠과 슐체의 협동조합 운동은 각각 농민과 수공업자가 고리사채와 신용부족에 의한 궁핍을 배제하는 데 목적이 있다는 것은 같다. 그러나 라이파이젠은 영세한 소

---

43) 슐체는 근면하고 유능한 수공업자의 빈곤의 원인은 자본과 신용의 부족에 있다고 생각하였다. 대부조합은 자선적 성격을 띠고 있어 경영자본은 기부금과 무이자의 차입금 그리고 조합원의 출자금에 의해 조달되었다.

농을 상대로 하였고 슐체는 중소도시의 중산계층이라고 할 수 있는 수공업자를 상대로 한 협동조합 운동이었기에 조합운영 면에서 많은 차이가 있다.

슐체의 협동조합에 관한 근본적 이념은 자조라는 정신적 지주와 이를 시행하는 사회연대주의였다. 그는 사회주의는 새로운 사회의 재조직을 전체적 견지에서 요구하나 협동조합은 현실사회 속에서 발견되는 능력적 요소의 발달에 의하여 사회의 재조직을 기대하는 것이라 하였다.

슐체의 자조원리에 의하면 협동조합에서는 개개인의 자유로운 의지가 질식하지 않으며 근면한 자와 태만한 자가 동렬에 위치되지 아니하며 숙련자와 비숙련자가 동등하게 취급되지 않음으로써 그 능력과 활동력이 최고도로 발휘된다고 하였다. 그리고 협동조합에 소속된 조합원에 대하여 '1인은 만인을 위하여 만인은 1인을 위하여'라는 원칙이 도입됨으로써 조합원의 생존에 필요한 보증을 고유의 범위 내에서 상호간에 부여하자는 데 있다.

슐체의 신용조합은 출자자와 이용자 및 운영권자의 3위 1체 위에 성립되며 자금수요에 있어서도 상호주의＝자조원칙에 기초함으로써 외부에의 의존을 배제하였다.

(3) 프랑스

일반적으로 영국은 소비협동조합, 독일은 신용협동조합 그리고 프랑스는 생산협동조합의 모국이라고 한다. 영국과 독일의 협동조합 운동은 계속적으로 발전하여 세계 각국에 뿌리를 내렸으나 프랑스의 생산협동조합 운동은 근대자본주의 발전 과정에서 가장 바람직한 고도의 협동조합 운동이기는 하나 매우 어려운 것이기 때문에 프랑스 자체에서도 계속적인 발전을 보지 못하였다.

1789 대혁명의 인권선언에 의한 근대적 시민사회는 이상과 현실에는 거리가 멀어 노동자로부터는 단결의 자유를 빼앗았고 노동자의 생활안정을 보장할 수 없었다. 그래서 시민사회의 자유주의를 표방한 프랑스의 사상가들은 노동계급의 빈곤화를 협동조합에 의하여 구제하려고 하였다. 이들은 상시몽, 푸리에 그리고 붓세 등이었다.

프랑스는 노동자생산조합사상 중심으로 그 사상적 기원은 '상시몽'이라고 볼 수 있으나[44] 그는 이론적 전개에 그쳤을 뿐, 실제 활동이나 혹은 구상은 없었다. 그러므로 구상과 행동을 겸했던 푸리에 붓세, 루이 브랑에 대하여 알아보았다.

---

[44] 협동조합의 선구자라고 할 수 있는 이유는 그의 이론 속에 생산조합적인 구상이 깔려 있고 그것이 그후 생산조합을 실제로 일으켜 보려고 시도한 협동조합 운동가들에게 많은 영향을 준 데 있다.

① 푸리에의 파란쥬

푸리에(Franqois Marie Charles Fourier)는 중농주의학파로서 한 경제사회에 있어서 농업의 역할을 중시하고 토지는 부의 유일한 원천이라는 견해를 가졌으며 상업은 농업의 부차적인 기능을 수행하는 것이며 공업도 농업의 기능을 충분하게 발휘할 수 있는 편의를 제공하는 산업으로 보았다.

그의 구상을 보면 사회조직의 기초는 협동조합이며 협동조합의 기초세포는 파란쥬(La phalange)라는 생산조직으로 이는 생산과 소비가 완전하게 조화된 사회단위이다. 농업에서 가족이 중심이 된 소농경영은 파란쥬라는 조직 속에서 협동조합적 대경영으로 편성, 운영되어야 한다고 보았다. 그래서 파란쥬라는 생산조직(단위 조합)으로 조직되는 파란스테르라는 조직체의 창설을 제안하였다.

파란쥬는 공동출자, 공동생산 및 공동 소비하는 것이었는바 이에는 많은 자금이 필요한데 출자자를 구하지 못하여 실천하지 못하였으나 구상은 협동조합 사상의 선구자로서 높은 평가를 받고 있다.

② 붓세의 노동자생산협동조합

필립 붓세(Philippe Buchez, 1796~1865)는 상시몽의 영향을 받아 노동의 조직으로서 협동조합을 생각하였다. 그는 노동자의 협동조합 속에서 노동자와 고용주의 차별을 철폐하는 것을 생각하였다. 노동자가 소유주가 되는 동시에 노동력을 제공하는 노동자생산협동조합의 사상을 제시하였다. 이에 의하여 파리에서 목공조합이 설립되었으나 실제의 활동을 보지 못하였고 그 뒤 1834년에 정부의 압박을 배제한 보석세공 조합이 설립되어 1873년까지 계속되었다. 이에 붓세는 노동자생산협동조합의 창설자로서 이름을 빛내게 되었다. 이 시기에 영국에서는 오웬이 생산협동조합인 협동이상촌을 부르짖고 시도하고 있는 시기였다.

붓세는 생산협동조합을 종교단체와 같이 강한 조직으로 생각하고 개인적 소유의 포기를 조합원에게 기대하였다. 노동의 이익은 조합원의 것이므로 조합원은 동일산업의 다른 노동자보다 상태가 좋을 것이라 생각하고 노동자조합원은 작업 정도와 능률에 따라 임금이 지불되어야 할 것으로 생각하였다. 그리고 총수익금 중 5분의 1은 불가분(不可分), 불양도의 조합기금[45]으로 하였고 나머지 수익은 조합원에게 노동량에 따라 지급하게 하

---

45) 불가분의 기금제도의 사상은 1827년 영국의 윌리엄 킹 박사가 브라이튼협동조합에서 실행한 바 있었고, 또 라이파이젠이 최초로 농촌신용조합을 창설하였을 때도 이익금의 적립제도를 채택하였다. 영국, 독일, 프랑스 3개국의 협동조합 사상이 이 시기에 상호 관련이 있다는 증거는 없고 일반적으로 그 교류는 1860년대에 와서 활발하였다고 한다.

였다. 기금제도가 중요시되지 않는 생산협동조합은 대부분 실패하였다.

붓세의 협동조합 이상은 실패하였는데 이는 협동조합의 번영 이후 윤리적 원칙은 사라지고 자본가적 정신이 싹트기 시작하여 이익독점을 위한 신규조합원의 가입이 거부된 데 있다고 볼 수 있다.

붓세의 사상은 루이 부랑(Louis Blanc, 1811~1882)에게 이어져 부랑이 정치가, 국민 지도자가 되는 데 영향을 미쳤을 뿐만 아니라 어느 정도 실천을 보게 되었다. 브랑이 제창한 생산협동조합은 1848년 2월 혁명 후 프랑스 국민의 광범한 계층에서 열광적으로 받아들여졌다. 그는 협동조합에 조언과 조력을 하고 규칙을 정하고 조합운동을 위한 인재를 알선하였으며 국가의 위임사항을 조합에 부여하는 등 많은 지원을 하였다.

프랑스는 노동자생산협동조합의 사상과 실천에 영향되어 프랑스에서는 농민의 생산협동조합인 농협 등 생산협동조합이 전통적으로 강하게 되었다.

2) 사회주의 사회와 협동조합 발생

(1) 소련

사회주의 국가의 종주국이었던 소련은 19세기 말경에 농민들이 농업협동조합을 조직하여 농용자재와 생활물자를 공동 구입하여 조합원 농민에게 공급하고 조합원이 생산한 농산물을 판매하는 즉, 오늘날 우리나라 농협의 구매 사업, 판매 사업과 같은 기능을 하였다. 그러나 혁명 이후 토지를 몰수하여 농민들에게 무상으로 무기한 분배하였으나 농민의 경영능력 부족으로 농업생산력이 증대되지 않아 집단농장을 계획하게 되었다. 처음에는 '알텔'조합(artel association)을 설치하여 생산수단은 조합원 개인의 사유재산으로 인정하고 농장의 작업을 공동으로 수행하였다. 이 '알텔'이 점차 집단농장(collective farms)으로 이행됨으로써 사유재산이나 소유권이 인정되지 않아 농민들의 반발을 불러일으켜 정부에서는 재산소유권을 부분적으로 허용하는 등 '코뮌' 개혁을 완화하였다. 그 후 콜호즈(kolkhoz) 즉, 집단농장이 1928년 출발되어 급진적으로 발전하여 1963년에는 거의 전 농민이 포함되었다. 이러한 집단화 과정 속에서 지난 30여 년간 소련의 농촌은 윤작과 휴경 등의 현대적인 영농체계가 구축되어 대부분의 농장들이 현대적인 축사, 창고, 기계 및 설비들을 갖추게 됨에 따라 젊은 사람들은 소규모 마을에서 생산조건과 사회적 생활조건이 좋은 대규모 농장으로 이동하는 경향을 나타냈다.

소련에는 사회주의 경제제도의 성격을 갖는 2종류의 협동조합이 있다. 하나는 농업생산협동조합이며 다른 하나는 농촌소비조합이다. 생산협동조합의 대표적인 것으로 콜호즈(集團農場)가 있고 그 밖에 수공업자의 협동조합이 있다. 소비조합은 오직 농촌소비조합이며 도시에는 국영상점이 생활물자의 공급을 담당하고 있다.

1917년의 10월 혁명[46]이 성공한 후 소련정부는 지주적 토지 소유를 무상으로 폐지하고 토지국유화를 선포하였다. 국유화된 토지에서 농업생산에 종사하는 자는 소농민이었다. 레닌의 후계자로 등장한 스탈린은 식량증산을 목적으로 영농규모의 대규모화 농업기계화 및 집단경영을 원칙으로 하는 집단농장화를 강행하였다. 농업의 기본적 생산수단인 토지는 국유화되었고 토지의 이용은 2가지 생산조직에 위임하였다. 그 하나는 소포오즈(國營農場)로서 국영기업과 같이 국가가 임금노동자를 고용해서 경영하는 것이며 또 하나는 콜호즈(集團農場)로서 농민들이 공동으로 경작하기 위해서 통합시켜 놓은 생산협동조합이다.

콜호즈는 조직과 운영형태 면에서 다음의 3가지 형태로 시작되었다.

① 농업컴뮤나: 농업노동자와 빈농을 주축으로 하여 이전의 지주적 소유지를 기반으로 조직되었으며 모든 생산수단 및 가축과 건물이 사회화되어 있다. 따라서 개인농업은 존재하지 않으며 개인소득은 컴뮤나에서 작업함으로써 얻어진다.

② 농업알테리: 소련협동조합의 원형으로 지역 주민의 경제활동을 협동화하기 위해 조직된 것이다. 기본적인 생산수단만이 사회화되어 있다. 대규모의 농업생산이 콜호즈의 목적이기 때문에 농민의 각 가족은 개인소유지(가정채원과 과수원) 가축 주택을 가질 수 있다.

③ 토쯔(共同耕作組合): 이 조합의 가입자는 토지를 집단적으로 경작하고 역축과 농기계 등을 공동으로 이용한다. 생산수단은 농민의 사적 소유로 하여 수확물은 생산수단의 소유 지분에 따라 배분한다.

1924년에 농업컴뮤나는 1,333개, 농업알테리는 6,234개, 토쯔는 3,227개였다. 이들 3가지 형태는 집단화가 진전됨에 따라 1935년에 모범정관에 의해서 농업알테리로 개편되었다. 1962년에 콜호즈는 41,000개, 여기에 가입한 농가는 1,630만 호에 이르러 거의 모든 농가가 가입되었다.

콜호즈는 협동조합이므로 모든 업무는 농업알테리의 최고기관인 총회와 의장 및 관리부에 의해 관리되는데 의장은 형식상으로는 총회에서 선출되지만 지구의 당 기관에서 내신되고 있으며 생산계획, 재무계획, 내규, 작업기준 등이 당기관의 지령에 따르고 있다. 콜호즈 농민의 주요 소득원은 콜호즈에서의 작업에 대한 보수이며 거기에서 생산된 농산물은 정부가 정한 가격으로 정부에 판매하게 된다.

---

46) 1917년 11월 7일(러시아달력으로 10월 25일)에 러시아에서 일어난 프롤레타리아 혁명.

수공업협동조합은 국영기업이 생산하지 않는 소규모의 가내수공업을 중심으로 원료구입 제품판매 유통 보관을 하는 조직으로 1958년에 약 8,000개의 조합이 120만 명으로 조직되어 있었으나 그 뒤로 대부분의 조합이 국영기업으로 이행되었다고 한다.

소련의 소비조합은 혁명(1917년) 이전에도 조직되어 있었으나 혁명 이후 정부가 국영기업에서 생산되는 물자의 배급기관으로 소비조합을 이용하게 되면서 체계적인 조직체계를 갖추게 되었다.

1918년 소비협동조합에 관한 법령을 선포하여 새로운 협동조합의 설립을 규정하면서 2가지의 기본방향을 설정하였다. 즉 배급제도를 기초로 한 도시주민에 대한 공급과 도시와 농촌 간의 상품교환을 위한 조직화의 방향이었다, 즉 소비조합은 주민에 대해서 식량이나 소비 물자를 공급하는 한편 농민으로부터 식량을 조달하는 임무를 지니는 것이다. 이를 위해서 단위소비조합 지구, 주, 공화국의 각 단계에 연합회와 소비조합중앙회(Centrosoyus)를 조직하였다.

1926~31년에 농업의 집단화로 콜호즈가 탄생하면서 농촌과 도시에서의 유통 면에 변화가 일어났으며 1935년에는 소비조합과 국영상점과의 활동영역이 조정되었다. 즉 소비조합은 농촌을 담당하고 국영상점은 도시를 담당하게 되었다.

소비조합은 콜호즈 체제를 중심으로 농업농촌을 기반으로 그의 활동을 전개하였는데 생활물자의 구매 사업과 일부 구매품의 자체생산 콜호즈와 농민으로부터 농산물을 매입하는 급양기관의 운영 등을 행하고 적극적으로 교육문화활동도 전개하였다.

(2) 중국

중국 협동조합 중 중요한 것은 농민을 주체로 하는 농업생산협동조합, 판매, 구매 협동조합, 신용협동조합 및 수공업자의 생산협동조합이다. 도시에 있어서의 사회주의적 상업은 기본적으로 국영기업에 의해서 담당되고 있으며 소련과 같이 노동자소비조합은 조직되어 있지 않았다.

인민공사가 설립되기 이전 1958년 이전에 농업협동조합으로서는 생산협동조합으로서의 생산합작사, 판매, 구매 협동조합으로서의 공소합작사(供銷合作社), 신용조합으로서의 신용합작사의 3가지 형태가 있다.

공소합작사는 1954년에 단위 조합(기층합작사)이 3만여 개로 여기에 가입한 농민은 1억 6천만 명 이상이어서 농가의 대부분이 가입되어 있었다. 기층합작사 위에 현합작총사, 성합작총사, 중국전국공소합작총사의 3종의 연합조직이 있는 계통조직을 형성하고 있다.

공소합작사는 농산물 수매 농업생산자재 및 소비재의 공급 등 농촌 지역의 상품유통을 담당하고 있다.

농촌신용합작사는 1954년에 120천 개에서 1957년에는 합병의 추진으로 88천 개로 감소하였다. 신용합작사는 단위 조합만이 있고 계통조직이 없이 국영농업은행과 연계하여 금융업무를 수행하고 있다. 농촌신용합작사는 농민의 예금과 농업은행으로부터의 차입금으로 자금을 조달하여 농민과 공영기업에 대하여 대출하며 여유자금은 농업은행에 예치하고 있다. 농업은행은 정부의 금융정책에 따라 신용합작사를 감독하고 있는데 모든 금리의 결정은 물론, 모든 규정도 제정하며 직원 교육까지도 담당하고 있다.

농업생산합작사는 소농경영이 사회주의적인 집단경영으로 가기 위한 중요한 수단인데 1950년 이후 호조조(互助組)라는 초보적인 집단화의 형태를 통해서 점차 발전되어 갔다. 농업집단화는 호조조, 초급생산합작사, 고급생산합작사로 단계적으로 강화하였다.

호조조는 농작업만을 공동으로 하는 조직으로 토지 및 기타 생산수단은 개인소유이다. 초급생산합작사는 30~40호의 농가로 조직되는데 토지는 개인소유이나 조합에 출자되며 수익의 배분은 출자된 토지와 제공된 노동에 따라 이루어진다.

고급생산합작사는 완전한 사회주의 집단농장으로 토지는 집단소유이며 역축 농기구 등 주요 생산수단도 집단소유이다.

1953년 이후 호조조와 초급합작사는 점차 고급합작사로 전환되어 1957년에 초급합작사는 36천 개(가입농가 160만 호), 고급합작사는 753천 개(가입농가 1억 1천9백만 호)로 농가의 고급합작사 가입률은 90%에 이르렀고 합작사 전체 가입률은 97%가 되었다.

생산합작사는 그의 성격이 소련의 콜호즈와 기본적으로 같지만 조합원이 토지와 기타 생산수단을 출자해서 집단적 소유와 집단노동에 의해서 통일적으로 농업생산, 농업경영을 행하는 협동조합이다.

생산합작사의 생산성이 높아지고 고도화됨에 따라 토지에 대한 분배를 줄이고 노동에 대한 분배를 늘리는 사회주의적 성격을 강화해 갔다. 콜호즈와 다른 점은 중국에서 혁명 후에 있어서도 농지를 국유화하지 않고 농민소유로 두었다는 것과 농기계화가 낮은 단계에 있었다는 것이다.

1958년부터 생산합작사의 통합을 통해서 인민공사의 설립이 진행되어 1961년에는 인민공사의 수가 약 5만에 이르렀다.[47]

인민공사는 농촌에 있는 행정기구와 경제기구를 통합한 사회주의 성격을 갖는 독특한

---

47) 공사당 경지면적은 2,200ha, 참가 농가는 4,600호였음.

종합적인 조직으로 그 자체는 이미 협동조합이 아니나 그 내부에는 협동조합의 실태를 포함하고 있다. 인민공사에 있어서는 사회주의적인 집단소유는 공사소유, 생산대대(生産大隊, 고급합작사에 해당)의 소유, 생산대(生産隊, 초급합작사에 해당)의 소유라는 3형태가 있으나 생산대의 소유로부터 점차 상급의 소유로 옮겨 갔다. 따라서 생산대대와 생산대는 생산협동조합의 성격을 갖고 있다고 볼 수 있다.

인민공사의 설립 당초에는 공소합작사와 신용합작사도 공사에 통합시켰으나 1961년경부터 2가지 협동조합은 공사로부터 분리 독립해서 오늘에 이르고 있다.

1979년 중국공산당 11기 중전대회에서 경제개혁을 결정하게 되어 인민공사는 해체되고 새로운 집단농장과 개별농이 창설되기 시작하였다. 그리고 1983년부터 본격적으로 농촌의 생산조직을 재편하여 국영농장이 약 10%, 집단농장이 20%, 개별계약농48)이 70%를 차지하고 있다.

수공업생산합작사는 대부분 농촌지대에 조직되어 있으며 중, 소농구나 일용공업품을 생산하여 공소합작사와 인민공사와 연계해서 농업생산을 지원하고 있다.

(3) 독일

통독 이전 서독은 자본주의 협동조합 사상의 협동조합으로서 협동조합식 사고방식이 점차 약해지고 주식회사 사업방식과 큰 차이가 없게 되었고 조합원들의 태도는 적극적인 경향이며, 이사의 지위가 조합원에 비하여 높아지면서 경영자 위주의 협동조합 운영이 되는 경향이 있었다. 반면에 동독은 농장과 같은 개별기업을 해체하고 농민은 토지나 기타 생산수단을 협동농장에 제공하는 등 소련의 콜호즈(kolkhoz) 형태를 여건에 맞게 조직하고 중앙계획에 의한 운영으로 기존의 체제를 사회주의체제로 전환시키는 데 이용함으로써 협동조합의 경영목적이 조합원의 이익에 있는 것이 아니고 사회주의 이념 목표를 달성하는 데 있으므로 사실 협동조합이라고 하기는 어렵다.

이러한 과정에서 100ha 이상 소유한 농가의 토지를 몰수하여 소농, 노동자 및 은퇴자에게 재분배하고 나머지는 국영농장에 편입하였다. 즉, 1952년부터 정부의 정치적, 경제적 압력에 의해 중소규모 자영농이 집단화되어 1960년 한 마을에 한 개의 협동농장이 형성되었다. 그리고 1970년대 집단화 2단계를 착수하여 2~4개의 협동농장을 합한 대규모 협동농장을 설립하여 평균규모가 약 4,000ha(사료생산면적 포함)이 되었다. 이러한

---

48) 개별 계약농은 공유시를 임차하여 경작하는 것으로 정부가 지정한 계약물량을 정부에 납품한 후 잔여량은 자유롭게 처분할 수 있다.

정부의 간섭에도 불구하고 소규모 가족경영에 의한 농업생산도 중요한 부분을 차지하여 1988년 육류 15%, 계란 33%, 채소 14%를 차지하였다.

통독 이전 구동독 농기업의 구조를 보면 협동농장이 4,530개로서 52.3%를 차지하며 국영기업은 6.7%이고 기타가 41%이다. 협동농장을 전문협동농장별로 보면 축산농장이 가장 많고 다음으로 작물과 원예 순이다. 그리고 종사자 수를 보면 협동농장이 694.9천 명으로 84.2%를 차지하며 이 중 축산협동농장 종사자 수가 41.6%인 743.6천 명으로 가장 많은 비중을 차지하였다.

〈표 3-2〉 구동독 농기업의 구조, 1989년

분 류	협동농장	(작물)	(축산)	(원예)	국영기업	기 타	농업전체
기업수	4,530	1,164	2,851	199	580	3,558	8,668
(%)	(52.3)	(13.4)	(32.9)	(2.3)	(6.7)	(41.0)	(100.0)
종사자수	694.9	306.9	343.6	27.6	124.8	5.5	852.2
천명(%)	(84.2)	(37.2)	(41.6)	(3.3)	(15.1)	(0.7)	(100.0)

자료: BML, Agrarbericht 1991.

(4) 북한[49]

① 농업협동화의 추진

북한은 전후 사회주의 체제의 기본적 논리인 농업협동화를 추진함에 있어서 사회, 정치, 경제 상황 및 농민들의 사상의식 수준에 맞추어 단계적으로 추진하였다. 즉, 1단계로 토지의 소유는 개인이며 생산물은 토지 소유자에게 속하고 농작업만을 공동으로 하는 노동호조조를 조직하였다. 다음 단계로 토지 소유권은 개인에게 있으나 토지를 집중시켜 공동으로 경영하며 연말결산 때 노동 일수와 토지 소유 면적에 따라 생산물을 분배하였다. 마지막 단계로 토지, 가축 및 기타 생산재를 협동농장의 소유로 하고 집단적으로 노동을 하며 노동에 따라 분배하는 것이다. 이와 같은 농업협동화 운동은 1955년부터 전국적으로 협동화를 시도하여 1958년에는 완성단계에 이르러 1개 리에 1개의 협동농장이 설립되었다.

협동농장의 규모를 보면[50] 초기 단계는 200호 미만의 규모가 대부분이었으나 1958년 이후 300호 이상의 대형화에 중점을 둔 결과 1960년대에는 600~1,000호의 대규모 협

49) 신인식, "통일 후 남북한 농업과 협동조합", 농협경제연구 제15집, 농협대학 농협경제연구소에서 요약하였음.
50) Schulz, Karl-heinz "북한의 농지이용실태와 농업생산능력" 국제학술회의. KREI, 1992. 12.

동농장이 전체의 5% 수준에 이르렀다. 협동농장의 평균 경지 규모는 500~600ha로서 총 경지면적의 92%를 차지하며 현재 약 3,800개가 있다. 그리고 나머지 8%의 경지면적은 국영농장으로서 종자생산과 가축육종을 하며 마을과 산업지역에 공급하는 역할을 하는데 약 190개가 있다.

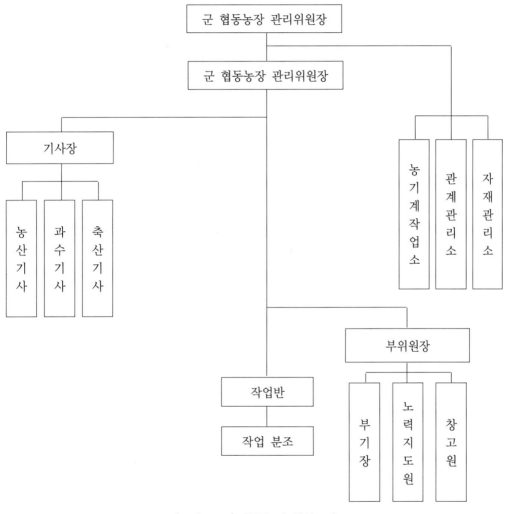

〈그림 3-1〉 협동농장 생산조직

② 협동농장 운영

북한은 일부 농기구를 제외한 농촌기본건설 즉, 각종 농기구와 시설 등은 국가에서 투자하며, 협동농장은 경영관리만 부담한다. 농촌의 학교, 병원, 탁아소, 상점 등도 모두 국가에서 투자하며 주택도 국가에서 건설한 후 집세를 받지 않고 무상으로 농민에게 주며, 주택수리비는 협동농장의 공공기금에서 부담한다.

북한의 영농관리체계를 보면 중앙의 정부원내 농업위원회가 있고 도급에는 도 농촌 경리위원회가 있으며 농촌 경제의 말단 단위로 군 협동농장 경영위원회가 있다. 군 협동농장 경영위원회는 전문적 농업 지도기관으로서 군내 협동농장 및 농업관계 모든 기업소를 총체적으로 운영, 관리하게 함으로써 군 단위 영농기관을 기업적, 통합적 관리와 협동, 경영에 대한 국가적 협조의 지도 강화 등으로 모든 영농활동을 군 단위로 일원화시키고자 하였다.

대규모 군 단위 협동농장화에 의한 협동농장의 규모 확대가 생산성 증대를 가져오지 못함에 따라 영농활동의 주체는 각 협동농장이 되고 군 협동농장 경영관리위원회는 협동농장의 생산활동에 필요한 관개, 농기계 작업, 비료, 농약공급 등 지원업무 기능에 국한하게 되었다. 따라서 생산활동의 기본은 협동농장의 작업반이고 작업의 최소화 단위는 분조로 되어 있다. 작업반은 생산 작업의 특성과 지역 여건에 따라 농산작업반, 축산작업반, 과수작업반, 농기구 수리반으로 조직되고 작업공조는 15~20명으로 구성된다.

협동농장의 결산분배는 농장원들이 농산작업에 투하한 노동의 양과 질에 따라 평가하는데 보통 작업반 단위로 실시되며 작업반 우대제 실시로서 목표 초과분에 대해서는 분배 몫을 소속 작업반원에게 골고루 나누어 주는 분도급 제도를 실시하고 있다.

평양 근교의 한 협동농장 현황을 보면 농장규모가 500ha이며 이 중 미곡과 옥수수 재배 면적이 각각 100ha, 300ha이며 과일 40ha, 담배 60ha이다. 조합원 수를 보면 11개 집단에 870명으로서 이 중 7개 조직이 곡물생산, 3개 그룹이 담배생산이며, 1개 그룹이 농기계 전문적 이용조직이다. 각 그룹은 대형 트랙터 2대와 8마력 소형 트랙터 7대를 보유하고 있었다. 경작에 있어서 토양의 질이 좋지 않아 화학비료와 퇴비를 많이 이용하고 있었다. 협동농장에서 생산한 식량 중 종자, 사료와 비축 식량을 제외하고 농민들에게 1인당 식량 400kg(학생 300kg, 어린이 150kg)을 분배한 후 나머지는 국가에 판매한다. 국가에서 농산품을 구매할 때 높은 가격으로 사들여 낮은 가격으로 도시주민들에게 판매하는 이중곡가제를 실시하고 있으며 그 가격차는 국가재정에서 부담한다. 이는 도시민들의 생활수준이 농민보다 높기 때문에 사회주의 이념상 맞지 않아 농산품의 가격을 높이고 공산품의 가격을 낮추어 농민들의 수입을 늘리는 데 목적이 있다.

북한은 협동조합 관리의 이원화 체계를 유지하고 있다. 즉, 협동농장의 생산 및 판매체계에 의하면 농민들이 주요 곡물 및 가을 채소를 제외한 일부 생산물에 대해서는 농민시장과 각 지역의 식료상점을 통하여 처리할 수 있는 경로를 가지고 있다. 이는 농업생산성의 지속적 향상을 위한 성과급제의 효율적 운영을 하는 데 목적이 있다. 이 체제는 구소련이나 동구사회와는 다른 형태로 어느 정도 생산성 향상에 기여한 것으로 보인다.

③ 집단농장과 사유화

집단농장 초기에는 30~50평 정도의 개인소유 즉, '텃밭'을 인정하였으나 이의 생산량이 집단농장과 큰 차이가 없었다. 그러나 시간이 지날수록 생산성이 집단농장의 2~3배가 되었다. 그러나 북한은 '텃밭'이 자본주의의 잔재라 하여 1970년대 중반에 15~30평으로 축소하였으나 간작과 혼작 등의 토지 집약적 이용으로 생산량이 많았다. 여기서 생산되는 채소, 경제작물 등 잉여분의 처리가 농민에게 큰 도움이 되었으며 북한 주민들의 생활에 큰 활력소로 작용하였다. 그러나 1980년대 중반 이후 연속된 흉작으로 주곡인 쌀과 옥수수의 부족이 심각한 문제로 대두되면서 '텃밭'도 곡물생산에 할애됨에 따라 경제작물 등 부식의 결핍현상을 초래하여 심리적 식량부족의 압박감을 가중시키고 있다.

북한의 협동농장이 농·공단지화되어 있으며 집단농장보다는 사유농업에서 더 많은 생산량이 나타나고 성과급제 도입 등을 하고 있으나 정부의 강력한 통제를 받고 있기 때문에 계획경제에서 개방경제체제로 넘어가는 것을 의미하는 것은 아니다.

사회주의 국가 협동조합을 요약하여 보면 첫째, 사회주의 국가의 협동조합은 농촌 지역에서 생산협동조합과 구판협동조합이 발전하고, 도시에 있어서 상품유통업은 기본적으로 국영기업에 의해서 담당되고 있어 협동조합이 없다. 또한 신용조합은 소련에서는 조직되어 있지 않으며 중국에서는 농촌신용조합만이 조직되어 국영은행과 연결하여 사업을 수행하고 있다. 둘째, 농업생산협동조합은 토지 및 기타 생산수단을 사회적 소유(국유 또는 집단적 소유)로 하여 농업생산을 하는 집단농장의 형태로 이루어지고 있어 자본주의하의 사적 소유를 기초로 조직되는 협동조합과는 근본적으로 다르다. 또한 생산협동조합은 농업생산의 주된 담당자로서 계통조직이 조직되어 있지 않으며 정부당국의 강력한 지도 감독하에 운영되고 있다. 셋째, 농촌 지역에서의 구판협동조합(소련에서는 소비협동조합, 중국에서는 판매·구매 협동조합)은 농업과 공업, 농촌과 도시 간의 상품유통을 담당하는 유통기구로서 사회주의 경제체제의 중용한 일부가 되고 있다.

구판협동조합은 전국적인 계통조직을 가지고 국영공장에서 생산된 농업생산자재 및 소비재의 공급, 농산물의 수매 등을 통하여 물자배급기관으로서의 기능을 수행하고 있다. 넷째, 중국에서는 인민공사를 조직함으로써 협동조합의 성격을 상실하였고, 최근 공사의 해체와 더불어 개별영농을 허용함으로써 생산협동조합도 약화되었다. 사회주의 국가의 집단농장은 정부계획에 의한 농업생산조직이며, 구판협동조합(또는 소비조합)도 사회주의 경제법칙에 따라 기능하는 물자배급조직으로서 완전히 정부에 종속되어 협동조합의 자주성을 갖지 못하고 있다는 점이다. 이들은 외형적으로는 조직과 운영이 협동조합적 성격을 갖는다 할지라도 자본주의하의 협동조합과 달리 실질적으로 정부의 강력한 지도감독을 받고 있다.

3) 경제개혁과 협동조합

(1) 소련

소련은 1988년 고르바초프 정권의 페레스트로이카를 배경으로 최초의 협동조합법이 제정되고 신콜호즈 규범정관이 발표됨에 따라 콜호즈의 자율적 운영이 더욱 보강되었으며 독립채산이 강조되는 등 농업 및 농업협동조합에 큰 변혁을 가져왔다. 이러한 변화 과정에서 전체 국민경제를 시장경제체제로 이행시키는 데 동유럽 국가들과 마찬가지로 복잡한 문제에 직면하게 되었다. 특히 농업부문에서는 경쟁체제에 쉽게 적응할 수 있도록 하기 위한 소유관계를 조정하는 토지개혁 수행에 많은 어려움이 따르고 있다. 즉, 토지개혁에 관한 러시아 연방법을 제정하고 집단농장 및 국영농장 토지의 10%까지 개별 농가에 분배하는 권한을 지역 노동자평의회에 부여하였으나 실패하여 1992년 초 자영농가 수는 5만으로 단지 총경지의 1%만을 점하였을 따름이다. 이의 원인은 토지 소유권에 대해 일반농촌에서보다는 거주자나 일부 이익집단이 더욱 활발하게 주장하였을 뿐만 아니라, 기존의 농장에서는 보유한 토지의 출연을 거부한 데 있다.

러시아의 상황에 대한 학자들의 연구에 의하며 집단농장이 상품생산의 주축을 이루게 될 것이며 협동농장은 다양한 경영형태의 보조자 위치로 남게 될 것이라고 하였다.

(2) 동독

동독의 철의 장막이 1989년 11월에 걷힌 후 1990년 3월에는 서독의 정치, 사회, 경제 체제를 도입하였으며 동년 7월 동서독의 경제통합이 이루어졌다. 통일 후 초기 동독 지역은 동구 수출시장의 상실, 우수한 상품을 생산하는 서독기업의 도매시장 진출, 상품 품질의 저위와 가공설비의 비효율성으로 농산물의 생산자 수취가격이 급격히 하락하였다. 이에 따라 서독의 기술을 도입, 시장경제 원칙에 따른 동기 유발과 질 낮은 토지 즉, 한계 농지에 휴경보조를 함으로써 작물생산이 크게 증가하고 질적 향상으로 인하여 1992년에는 서독의 가격수준에 도달하였다. 통독 후 농기업의 구조조정을 시도하여 작물 전문생산 협동농장과 가축 전문생산 협동농장이 병합 축소되어 대부분 협동조합으로 변형되었다.

동독의 협동농장들은 서독의 법률에 따라 협동농장을 개편할 수 있는 선택권 즉, 유한회사, 주식회사, 협업뿐만 아니라 협동농장을 해체하고 새로운 기업을 창설할 수도 있었다. 이에 따라 약 50%의 협동농장이 서독의 조합형태 농기업으로 개편되었으나 유통부문의 약화로 인한 어려움에 봉착하여 최근 소규모의 협업형태를 지향하는 경향도 있다. 이와 같은 동독농업의 개편 과정은 시간이 지날수록 속도가 늦어지고 많은 문제점이 야기되고 있는데 이는 동·서독이 체제의 급격한 변화에 양 국민들의 융화가 어렵고 정책입안자들의 적응이 늦어 많은 시행착오가 발생한 데 있다고 볼 수 있다.

이러한 문제들을 해결하기 위해서는 동서독의 기업 간 인력과 Know-How의 밀접한 교류가 필요하고 동독농장의 파산방지를 위하여 노동자들의 급여의 계속지급을 위한 자원과 동독 하부구조의 조정을 하여야 하므로 서독은 앞으로 수년간 막대한 통일비용을 계속 지불하여야 할 것이다.

(3) 중국

중국 농촌에 있어 경제계획은 성공적인 것으로 평가되고 있는데 이를 두 단계로 구분해 볼 수 있다.

제1단계: 1978년 말부터 1985년 봄까지로서 농민과 집단농장 간의 관계설정 확립이 주목표로서 주안점은 계약에 의한 농가의 책임경영제 도입이다. 이를 위한 세 가지 주요 정책수단으로서, 첫째, 토지 및 생산수단의 공동소유 형태를 유지하고 토지의 경작권을 개별농가에 부여하였다. 둘째, 인민공사체계가 농업 생산적 발전에 부적합하여 이전의 정치 및 경제조직으로 회복시켰다. 셋째, 국가는 농산물 수매가격을 대폭 인상하고 농업 생산자재 가격은 최대한 억제하였다. 이에 따라 1984년 말 농가 호수의 98%가 가정생산 책임제 경영에 합류하였다.

제2단계: 1985년 초 농민과 정부의 관계 정립을 주요 목표로 하여 농촌상품경제의 유통체계 개혁을 위한 정책수립을 하였다. 즉, 첫째, 정부계획을 토대로 계약·구매되는 농산물 및 부산물의 구매체계를 재정립하였고, 둘째, 현물세를 현금으로 대체하였으며, 셋째, 1985년 5월부터 식량과 식용유 작물을 제외한 농림수산물에 대하여 가격자유화를 실시하고 해당 작물의 생산농민들에게 보조금을 지불하였다.

이와 같은 2단계 경제개혁에 따라 농촌경제는 크게 활성화되었다. 구체적 효과를 보면 노동 생산성이 60% 증가하는 등 농산물 생산이 크게 증가하였으며, 농업개혁이 도시의 기업에 큰 영향을 미쳤고, 상품경제의 급속한 발전 촉진과 더불어 농산물의 상품화율이 '92년 말에는 83.2%로 크게 높아져 농민의 생활수준이 개선되었다.

사유화, 즉 개인농장과 집단농장 규모 변화에 따른 생산성을 보면 집단농장의 대규모화로 농업성장률과 곡물생산 성장률이 저하되었으며 일정량 이상의 생산량을 자유 처분할 수 있는 개인농가별 생산책임제도하에서는 농장성장률이 급격하게 증가되었으며 작물별 식부면적도 식량작물은 감소하고 경제작물은 증가되었다. 이로써 우리는 집단농장이 소규모일수록, 개인농장에 어느 정도 결정권을 주었을 경우 농업생산성이 더욱 향상되고 있음을 중국의 경우로써 알 수 있다.

〈표 3-3〉 중국의 인민공사 규모변화와 성장률

시 기	경기규모(ha)	농가호수	농업성장률(%)	곡물생산성장률(%)
1949~'57	160	140~160 5,000	4.5	7.5
'58~'62	4,500		3.7	3.4
'66~'78	35~50		4.0	3.5
'79~	생산책임제도		7.5	6.4

자료: 김운근 "북한의 경제정책과 농림수산업 현황 및 전망" KREI 국제학술회의 1992.

〈표 3-4〉 농산물의 상품화율(%)

구 분	1952~1978년	1980년대 초	1991년
상품화율	40~45	60	83.2

자료: 중국 농촌핵발전 연구소.

이러한 경제개혁 성과에도 불구하고 아직도 몇 가지 문제점이 남아 있다. 즉, 정부당국의 농업에 대한 인식착오 즉, '84년 이후 계속된 풍작으로 농업생산과 농민수입이 크게 증가됨에 따라 농업에 대한 투자를 줄인 반면 생산재의 가격은 높아졌으며 정부수매시 소비자 가격을 고려하여 낮은 수매가격을 책정하여 농민소득이 향상되지 않아 농민의 의욕이 상실되어 대규모 이농현상이 일어나고 있다. 따라서 농촌시장을 육성하고 농산물에 대한 가격 및 농업구조 개선에 대한 개혁이 필요하다.

(4) 북한[51]

북한은 농업협동화의 초기단계에서 다른 사회주의 국가와 마찬가지로 사회·정치·경

---

51) 북한이 시장경제체제로 변화된 후의 문제점과 해결방안을 시도하였음. 신인식, "통일 후 남북한 농업과 협동조합 ", 농협경제연구 제15집, 농협대학 농협경제연구소에서 요약하였음.

제 상황 및 농민들의 사상·의식 수준에 맞추어 생산요소의 사유화를 인정하는 등 단계적으로 협동화를 시도하였으며 협동농장 운영상황도 같은 점이 많으므로 북한이 시장경제체제로 변화된 후 발생할 수 있는 문제점과 해결방안들을 중국·소련과 통독의 경험을 참고하여 알아보고자 한다.

① 농지제도

북한이 시장경제체제로 변화되면 농업부문에서 경쟁체제에 쉽게 적응할 수 있도록 농지 소유 관계를 정립하는 토지개혁을 단행하여야 하나 북한 농민의 대부분은 토지를 소유한 경험이 없고 집단농장제도에 익숙해 있어 토지의 사유화를 해도 농업생산성 증대를 가져오기가 쉽지 않다. 소련의 경우를 보면 집단농장 및 국영농장 토지를 개별농가에 분배하는 권한을 지역노동자평의회에 부여하였으나 지역거주자나 일부 이익집단이 토지 소유권을 주장하는 데다 기존의 농장에서는 보유 토지의 출연을 거부하여 큰 성과를 거두지 못하였다. 또한 통독도 협동농장의 토지분배권을 협동농장의 구성원들에게 일임하였다가 다시 협동농장 이전의 원소유주나 후계자에게 분배할 것을 결정하는 등 많은 혼란을 겪고 있다.

따라서 토지개혁은 전체 농촌사회에서 포괄적으로 일관성 있게 이루어져야 한다. 만약 어느 특정 그룹에 국한되면 사회적 불균형 등을 유발시킬 수 있을 뿐만 아니라, 앞으로 정치적 분쟁의 소지가 될 수 있다. 그리고 체제변화 직후 일어날 수 있는 여러 가지 문제점 즉 북한농민의 대거이동 등을 막기 위하여 토지분배에 대한 일정기간 유예기간을 두어 혼란의 최소화에 노력하여야 할 것이다. 유예기간 이후 토지분배방법은 과거의 토지대장을 북한이 보유하고 있을지 의문이지만 보유되어 있다면 원소유자나 그 후손에게 분배하는 방법도 생각해 볼 수 있다. 기타 토지 소유의 상하한선 등 제반 사항은 남한의 기존체제를 따르면 될 것으로 본다.

② 농업경영자

북한의 농민은 협동농장이나 국영농장에서 일하는 노동자로서 남한의 농민과는 다른 개념이다. 즉 북한의 농민은 경영주체가 아니기 때문에 노동생산성이나 토지생산성이 낮아 시장경제체제로 전환되면 남한의 우위농산물이 북한에 범람할 것이므로 북한의 농산물 가격이 남한에 비하여 매우 낮게 형성되어 북한의 농업이 크게 타격을 받을 것이다. 농업의 경쟁력 제고를 위해서는 농업기술 및 경영이 매우 중요한데, 남북한이 분단된 지 40여 년이 지나 분단 전 농업을 경영했던 농민은 북한에 거의 없을 것이며, 있다고 하더라도 고령이라 농업을 경영하기에는 어려울 것이다. 또한 북한의 농민은 협동농장의 농장원으로서 농산작업반, 축산작업반, 과수작업반, 농기계수리반 등에서 작업반원으로 일을 하기 때문에 협동농장의 지도자 등 일부만이 농업경영이 가능할 것이므로 토지의 사유화 이후에는 생산성이 더욱 떨어질 것이다. 그리고 남한도 그동안의 산업화 과정에서 농촌인구의 고령화로 경영체의 계승자가 없어 자족경영이 붕괴되어 가고 있으므로 통일 후의 농업경영자 확보에 어려움이 많을 것이다.

그러므로 남한은 영농후계자를 중심으로 한 전업농가의 창출에 더욱 노력하여야 할 것이다. 그래서 통일 후 북한의 농지를 임차하여 농사를 지을 수 있는 경영자까지 확보하여야 할 것이다. 그리고 토지분배 전 유예기간 동안 협동농장을 그대로 운영하면서 북한 농업의 경쟁력 확보를 위하여 북한 농장원들에게 남한 농업의 현장견학 등에 의하여 재교육을 시켜야 한다. 물론 이 기간 동안 급여의 계속지급을 하여야 할 것이므로 북한 농장의 파산방지를 위한 비용은 남한이 부담하여야 할 것이다.

③ 협동조합

북한 협동농장의 설립목적은 농업·무역·개인기업 등을 사회주의체제로 전환·촉진시키는 수단으로 고안된 반면, 남한의 농협은 불완전 경쟁시장에서 경제적 강자에 대항하는 이상적 기관으로 설립되었다. 이와 같이 서로 상의한 체제하에서 남북한 모두 정부와 밀접한 관계를 가지고 정부의 지원을 받지만 남한의 경우 일부의 정부기능을 수행하나 북한은 전부를 수행하고 있다.

북한의 협동농장은 '90년 전후의 소련·동구의 변혁 사회주의 체제의 붕괴로 북한의 경제적 기반을 흔들어 놓게 됨에 따라 어떤 변화를 기대하게 되었다. 그리고 남한도 앞으로 정치적 민주화·경제자유화 및 시장개방으로 재벌의 독점이 더욱 커질 것이며 정부의 역할은 최소화될 것이므로 협동조합에 대한 재정적 지원이 점점 어려워질 것이다. 즉, 정부가 경제활동에 대한 간섭을 줄이면 협동조합의 특정 사업이 큰 영향을 받아 조합원의 성실성을 더 이상 요구하기 어렵게 될 것이다. 그러나 남한 농협은 남북한 경제 협동화에서 어느 정도 경쟁력의 제고가 가능할 것이나 북한의 협동농장은 남한의 질이 우수하고 값싼 상품과 경쟁에서 더욱 피해를 보게 될 것이다.

남북한 협동조합 간 협동의 전망은 북한이 사유화의 정도를 어느 정도 허용하느냐에 달려 있다. 예를 들면 중국의 가족생산책임제도가 북한에 도입되면 남북한 간의 협동은 더욱 증진될 것으로 본다.

남북한 경제통합이 된다면 북한의 협동농장이나 국영농장의 체제를 시장경제적 측면에서 능동적인 형태로의 전환이 필요하다. 즉, 농민에게 농지소유권을 인정하여 시장경제체제하에서 적응을 유도하여야 한다. 그러면 어떤 형태로 할 것인가는 협동농장에서 축적된 장점을 유지하면서 개편하여야 한다. 예를 들면 단기적(유예기간)으로 서로 독립적인 작은 집단농장들이 상호 보완적으로 협동화하고, 다음 단계로 협동농장 및 국영농장이 완전하게 해체되어 소규모 집단농장이나 자영농장이 되면 생산기술의 교류, 농산물 가공 및 사회간접자본의 공동이용으로서 조합형태(union)의 협조관계를 고려해 볼 수 있고 끝으로 생산자 조합형태 즉, 현재 남한의 농협과 같은 형태로 하는 것이다. 그리고 기존의 협동농장은 새 농업 경영자에게 농용자재대여 등의 이용조합으로 변화시켜 운용할 수도 있다.

제2절 한국의 협동조합

1. 협동조합 유형

1) 농업협동조합

(1) 농협조직운동

일제하에서 실시된 토지조사사업 이후 개인토지소유제도가 확립되었다. 이에 따라 지배자와 피지배자 즉, 지주－소작제도가 형성되었고 이들의 대립문제가 사회문제로 대두되었다. 그러므로 농지개혁의 필요성과 농촌경제의 활성화를 위하여 농업협동조합의 설립이 급선무였다. 그러나 농지개혁은 1950년도에 이루어졌으나 협동조합의 동시설립은 이루어지지 않았다.[52]

1952년 농림부에서 조직한 사단법인인 '농촌실행협동조합'은 농림부장관 신중목이 각 시군에서 농촌의 청장년을 선발하여 기초 이론을 1주일 교육 후 농업요원으로 임명하여 이들을 중심으로 조직한 것이다. 이 조직은 이동 단위의 실행협동조합과 이를 바탕으로 한 시군 단위의 시군협동조합, 그리고 이를 구성원으로 하는 전국 단위의 협동조합중앙회 등 3단계로 구성[53]되어 있었다. 그러나 법적 근거가 갖추어지지 않았고 농림부장관의 경질과 더불어 소멸되었다.

---

52) 과거 민간 주도의 협동조합 운동을 한 사람이 좌익이었다는 사실이 조합의 설립을 지연시켰다.
53) 이동조합은 전국조합의 72%인 13,628개, 시군조합은 52%인 146개를 조직하였다.

(2) 농협입법운동

1955년까지 농업협동조합입법화가 정부, 국회 등 각계에서 추진되었지만 결실을 맺지 못하였는데 동년 8월에는 주한미경제사절단(OEC)이 개입하게 되었다. 그들은 전문가인 존슨(E. C. Johnson)을 초청하여 「한국의 농업신용발전을 위한 제의」라는 제목의 보고서를 정부에 제출하였다.

존슨 안을 보면 첫째, 지방금융조합을 농업조합으로 개편한다. 둘째, 금융조합의 중앙 및 도연합회를 농업은행으로 개편한다. 셋째, 농업조합은 도별로 도연합회를 조직하고, 도연합회에 의한 농업협동조합중앙회를 만든다. 넷째, 농업조합은 신용, 구매, 판매, 이용 사업을 겸영하는 다목적조합으로 한다. 다섯째, 농업은행은 농업조합을 통하여 농업자금을 공급한다.

존슨 안을 기초로 입법에 착수하였으나 한국 농촌 여건에 맞지 않는다는 여론으로 채택되지 않았다. 그 후 1956년 2월 OEC 는 쿠퍼(J. L. Cooper)를 초청하여 다시 조사 연구한 결과 안을 제출하였는데 존슨 안과 다른 점은 다음과 같다. 첫째, 금융조합을 신용조합으로 개편하고 금융조합연합회는 농업은행으로 개편한다. 둘째, 농업은행을 부락조합, 농업조합, 특수조합 및 시군농협연합회, 중앙회의 4단계로 조직한다. 셋째, 부락조합, 농업조합, 특수조합은 신용업무를 포함한 종합농협으로 하고 시군연합회와 중앙회는 신용업무를 제외한 사업을 수행한다.

이 두 안의 건의를 계기로 입법 활동이 다시 구체화되고 활발해졌다. 그러나 국무회의의 의견일치를 보지 못하던 중 1956년 영농기를 맞아 자금공급이 시급하다는 이유로 일반은행법에 의한 농업은행의 설립이 합의되어 금융조합연합회 및 금융조합의 업무를 위탁받아 5월에 주식회사 농업은행이 발족되었다. 그러나 농협법 제정은 정체상태였다. 그러다가 1956년 말 국회에서 재론되어 1957년 2월 1일 농협법이 국회를 통과하여 2월 14일 농은법과 농협법이 공포되었다. 주요내용을 보면 농협조직은 이동농협, 시군농협, 축산과 원협 등 특수농협, 그리고 농협중앙회의 3단계[54]이며 이동조합은 여신업무만을 취급하는 종합농협으로 시군 및 중앙회는 신용업무를 제외시킨다는 것이었다.

농협의 설립으로 식산계는 이동조합이, 금융조합과 시군농회의 일반 업무와 재산은 시군조합이, 금융조합연합회의 일반 업무와 대한농회, 서울시 및 도농회의 업무는 농협중앙회가 각각 인수, 청산하였다.

---

54) 1960년 말 기준 이동농협의 수는 18,706개, 시군농협은 168개였다.

이후 1958년 주식회사 농업은행이 특수법에 의한 농업은행으로 발족되어 농협과 더불어 농촌조직의 주축을 이루었으나 2~3년 경과 후 농협과 농업은행의 비합리적인 점을 개선하고 상호 관련이 있는 신용 사업과 경제 사업을 유기적으로 보완하기 위해 1961년 농업은행과 농협을 통폐합하여 종합농협으로 되었다.

2) 축산업협동조합

축산업협동조합은 1957년 공포된 농업협동조합법에 의하여 조직된 농업협동조합중앙회 회원조합으로 발족했었다. 그 후 계속해서 농협법에 의하여 발전하여 오다가 1980년 축산업협동조합법에 의하여 1981년 1월 1일로 축산진흥회를 축산업협동조합중앙회로 개편함과 동시에 농협중앙회의 회원조합으로 있던 100여 개의 단위축협을 축협중앙회의 회원조합으로 접수하여 계통조직을 갖추었다.

설립목적은 양축가의 자주적인 협동조직을 육성하여 축산업의 진흥과 그 구성원의 경제적·사회적 지위 향상을 도모함으로써 국민경제의 균형 있는 발전을 기함을 목적으로 하고 있다. 그리고 조직은 축협중앙회와 지역축협과 업종별 축협의 2단계이다.

3) 수산업협동조합

전후의 관제조합이었던 어업조합이 1944년 그 연합회를 통하여 사단법인 조선수산회를 조직하고 1949년에는 한국수산회로 개편되었으며 1952년에는 대한수산중앙회로 개칭된 후 1962년에 비로소 수산업협동조합법이 제정 공포되었다.

(1) 어업조합

1911년 6월 수산제도의 기본이 되는 어업령이 공포됨과 아울러 어업령 시행규칙과 어업취체규칙도 동시에 공포되었다. 어업령에 규정한 수산단체의 설립방법은 어업조합의 경우 일정지역 내에 거주하는 어업자가 조선총독의 허가를 받아 설립할 수 있으며 수산조합도 어업자 혹은 수산물제조, 판매업을 하는 자 역시 조선총독의 허가를 받아 설립 가능한 조합설립에 관허주의를 채택하였다. 이에 의하여 1912년 11월 3일 거제어업조합이 설립되었다.

(2) 수산조합

수산조합은 업종별 조합이기 때문에 어업조합과 같이 구역제한에 구애받지 않았다.

최초의 수산조합은 일본인 수산단체였던 조선해 수산조합을 개편하여 만든 조선수산조합이다. 이는 일본인과 조선인 어업자만을 대상조합원으로 하고 있었고 전국을 구역으로 하여 각 도에 지부를 설치, 군을 단위로 최초의 수산조합은 1914년 7월에 설립된 전남 목포 해조수산조합이었다.

우리나라의 수산업협동조합은 1912년 어업협동조합의 설립 후 수차에 걸친 조직 형태 및 명칭의 변경을 함께하면서 1960년까지 존속해 왔었다.

오랜 기간 동안 수협의 조직을 유지해 왔으나 어민들의 경제적·사회적 지위 향상을 도모하기에는 미흡한 점이 많았다. 따라서 1962년 수협법이 공포되어 각종 수산조직 및 단체가 해체되고 조직 및 사업기능 면에서 크게 보완된 현 수협의 탄생을 보게 되었다.

1962년 수산업협동조합법에 명시된 설립목적은 "어민과 수산제조업자의 협동조직을 촉진하여 그 경제적·사회적 지위 향상과 수산업의 생산력 증강을 도모함으로써 국민경제의 균형 있는 발전을 기함을 목적으로 한다."고 되어 있다. 즉, 어민들의 사적 복리증진과 이를 통한 국민경제의 균형 있는 발전을 골자로 하는 것이다.

수협은 중앙회를 정점으로 하여 그 밑에 지구별 어업협동조합과 수산제조업협동조합으로 이루어져 있다.

조합원[55]의 자격은 지구별 어업협동조합, 업종별 어업협동조합, 및 수산제조업협동조합에 따라 차이가 있다. 업종별 어업협동조합, 및 수산제조업협동조합의 경우 기업적 어업을 경영하는 자나 또는 수산업제조업자로 이루어지고 있지만 지구별 어업조합의 경우 1년 중 60일 이상을 어업에 종사하는 어민으로 규정되어 있어 농업을 영위하면서 어업을 겸영하는 많은 농민들이 수산업협동조합의 조합원을 이루고 있다.

4) 중소기업협동조합

1961년 12월에 중소기업협동조합법이 제정됨으로써 그 익년부터 조직에 착수하였는데 조직체계는 중앙회를 정점으로 그 산하에 전국조합과 업종별 연합회를 가지며 업종별 연합회하에는 각 업종별 지방조합이 있다.

주요사업은 조합원에 대한 원자재 구득권의 완화와 조합원제품의 판매촉진, 조합원 간의 사업조정, 조합원제품의 품질향상 및 규격화, 조합원사업자금의 대부알선 기업 경영의 합리화와 기술향상을 위한 경영지도 및 교육정보에 관한 사항 등으로 되어 있다.

---

55) 수산업은 크게 어업과 수산제조업의 2가지로 나뉘는데 이 중 어업은 수산동식물을 체포 또는 양식하는 업, 수산제조업은 수산동식물을 원료로 하여 제품을 생산하는 사업을 말한다.

5) 신용협동조합(Credit Union)

1962년 부산 메리놀수녀원의 가바엘 수녀(Sister Mary Gabriella Mulberin) 주도하에 협동조합교도봉사회가 설치되어 신용조합지도자 양성 코스를 개최하였는데 여기에서 훈련을 받은 사람들이 중심이 되어 전국에 신용조합을 조직하기 시작하였다. 봉사회는 1964년 서울에서 협동교육원으로 발전하였으며 신용조합지도자뿐만 아니라 소비조합과 노동조합의 지도자를 양성하고 있으며 조직이 늘어나고 있는 신용조합은 1965년에 서울에 신용조합연맹을 결성하였다.

처음에 천주교구로 조합이 설립되다가 기독교의 장로교, 산업별 노동조합단위로 그 조직망이 확장되었다. 설립목적은 1972년 제정 공포된 신용협동조합법 제1조에 따르면 "상호유대를 가진 자 간의 협동조직을 통하여 자금의 조성 및 이용과 구성원의 자질향상을 도모함으로써 건전한 국민정신의 함양과 국민경제 발전에 기여함을 목적으로 한다." 계통조직으로는 지역 단위 조합, 직장 단위 조합 및 단체 조합이 있다. 신협은 교육을 통해 자발적으로 단위 조합이 조직된 후 조합 간 업무연락이나 지도 감독 및 대외 교섭활동 등을 보다 효율적으로 추진할 수 있도록 연합회를 조직한 상향식 조직체계를 표방하였다.

2. 해방 후 한국 농협의 전개[56]

농협은 두 번에 걸쳐 기관 간의 통합과정을 통해 통합농협을 이루었다. 한 번은 1961년 농업협동조합과 농업은행의 통합이 그것이요, 또 한 번은 2000년 7월 농협중앙회와 축협중앙회 및 인삼협중앙회 간의 통합이 그것이다.

1957년 2월 14일 법률 제436호로 농업협동조합법이 해방 후 최초로 제정 공포되어 그 법에 따라 최초의 농협과 농협중앙회가 설립·운영되었음에도 불구하고 이제까지 1961년 통합농협의 설립시점을 농협의 기점으로 삼아 왔다.

그것은 매년 창립기념일을 1961년 8월 15일을 기준으로 하여 기념하여 왔고, 농협의 정사(正史)라 할 수 있는 5년사, 10년사, 20년사, 30년사, 35년사가 모두 1961년을 기점으로 하여 발간되어 왔음을 보면 알 수 있다.

심지어 1961년 이전 설립 운영된 농협을 구농협이라 표현하여 폄하하여 왔고, 사실상

---

56) '해방 후 한국 농협의 기점에 관한 소고', 김용택 전 농협대학장, 2003. 12.

그 실체를 제대로 인정하려 들지 않음으로써 최초의 농협에 관한 활동기록조차도 제대로 정리되어 있지 않은 것이 현실이다. 이러한 일은 2000년 7월 두 번째 통합농협이 발족한 지 2개년이 지난 2002년 7월 1일에도 통합 제2주년 및 농협창립 제41주년 기념식을 거행함으로써 종전과 조금도 달라지지 않았음을 보여 주고 있다.

일부에서는 1961년 8월 15일을 기점으로 하고 있는 이유를 종합농협으로 출범한 최초의 농협이기 때문이라고 한다. 1957년 이후 최초로 설립 운영된 농협과 농협중앙회는 구매·판매·이용의 3종 겸영 형태의 일종의 종합농협이었고, 농협의 가장 기본단위인 이동·축산·원예·특수농협에서는 다소 제한적이기는 하나 엄연히 신용 사업까지 겸영할 수 있도록 명문화되어 있었다. 이렇게 볼 때 단위농협의 경우에는 신용 사업을 포함한 4종 겸영의 종합농협이었던 것이다.

따라서 본 글에서는 해방 전부터 1961년 통합농협에 이르기까지 농협 성립의 과정을 성찰해 봄으로써 농협의 과거 역사를 되짚어 보는 데 있다.

1) 해방 전후 종전농협 관련 단체의 양상

해방 후 농협이 성립하는 데 직접 또는 간접적으로 관련된 종전농촌단체로는 조선금융조합연합회령과 금융조합령에 의한 대한금융조합연합회와 금융조합, 조선농회령에 의한 대한농회, 산업조합령에 의한 산업조합, 조선중요물산동업조합령에 의한 동업조합과 식산계령에 의한 식산계를 들 수 있다. 이들이 농협 성립에 관련되었다 함은 1961년 통합농협으로 발족하기 이전 최초의 농협의 설립근거인 농업협동조합법 부칙 제143조, 제144조에 따라 해방 후 식산계, 대한농회, 산업조합, 동업조합의 업무와 재산 일체가 최초의 농협에 인수 청산되고 종전법령들은 폐지되었으며, 다음으로 농업은행법 제64조, 제65조, 제66조에 따라 대한금융조합연합회와 금융조합의 업무와 재산이 주식회사 농업은행을 거쳐 특수법인 농업은행에 인수 청산되었고, 조선금융조합연합회령과 금융조합령은 폐지되었기 때문이다.

그런데 이들 종전단체가 해방 후 1957년 최초의 농협법과 농업은행법이 제정되기 전까지 어떤 근거에 의해서 계속 존립했던가를 살펴보면, 우선 미군정 당시에는 군정법령 제21호 제1조에 "모든 법률 또한 조선 구정부가 발포하고 법률적 효력을 유한 규칙, 명령, 고시 기타 문서로서 1945년 8월 9일 실행 중인 것은 그간 이의 폐지된 것을 제외하고 조선군정부의 특수명령으로 폐지할 때까지 전 효력으로 차를 존속함"에 의해서 대한민국 정부 수립 후에는 제헌헌법부칙 제100조에 규정한 "현행법령은 이 헌법에 저촉되지 아니하는 한 효력은 가진다."에 의해 그대로 존재할 수 있었다.

이와 같이 종전단체는 해방 후 미 군정과 대한민국 정부의 합법성을 인정받아 존재할 수 있었으나 그 기능과 역할은 해방 후의 정세변화에 따라 달라질 수밖에 없었다.

이하에서는 이러한 종전단체들이 해방 전후부터 최초의 농협법과 농업은행법이 제정될 때까지 어떻게 변화되어 왔는가를 간략히 살펴보기로 한다.

(1) 금융조합

해방 전 금융조합은 1907년 5월 구한국정부 칙령 제32조 「지방금융조합규칙」 의거 농민의 금융을 완화하고 농업의 발달을 도모함을 목적으로 하는 사단법인으로 출발하였다. 지방금융조합은 일본인 재정고문의 지도에 의해 만들어졌으나 우리 정부의 합의에 의해 성립되었고 신용 있는 소농층을 대상으로 정부 보조금에 의한 저리의 신용대부를 융통해 주는 소농금융기구로 출발하였다. 그런데 여기서 특히 주목할 것은 판매 사업, 구매 사업, 및 창고 사업을 겸영하게 한 것이다. 어쨌든 금융조합은 우리나라 정부에 의해 만들어진 농공은행에 이은 두 번째 금융기관이었다. 그러나 금융조합은 일제에 의해 조직적으로 담보대부 중심의 금융운영과 소작인 배제로 변해 갔으며, 한일합병 후 4년이 경과한 1914년 일본의 조선총독부가 「지방금융조합령」을 제정하자 총독부 주도기관으로 완전히 변모되었다. 당시 지방금융조합령의 큰 특징은 조선총독부에 의한 금융 지배라는 틀 속에서 약간의 협동조합적 성격을 인정하는 것이었는바, 이를 요약하면 첫째 협동조합의 조직적 구성 마련, 둘째 관선이사제와 총독부의 감독권 유지, 셋째 신용조합만의 법제화와 경제 사업의 부대사업화, 넷째 외국인의 조합가입화, 다섯째 예금업무와 농공은행업무의 허가 등이다. 그 이후 1918년 도시금융조합과 도연합회 구성을 주 내용으로 하는 제1차 개정이 이루어짐으로써 농업신용기관에서 도시의 중소상공인 및 서민 신용업무를 겸영하는 기관으로 변화되었다.

그 이후 1928년과 1929년의 법 개정을 통하여 '저축은행예금의 수납'과 그동안 촌락 금융조합에서 취급하던 경제 사업인 '공동구입과 공동판매 알선사업'을 폐지하는 조치를 취하였다. 즉 경제 사업을 폐지한 것이다.

이렇게 변모하던 금융조합은 조선총독부에 의해 1933년 8월을 기해 '조선금융조합연합회령'이 제정·공포됨으로써 각 도 연합회를 주체로 하는 전국연합조직을 설치하게 되었고, 금융조합(촌락, 도시) — 금융조합연합회라는 2단계(식산계령이 공포된 1935년 이후에는 사실상 식산계 — 금융조합 — 금융조합연합회 3단계가 됨)의 전국조직을 완성하였다.

그 이후 중일전쟁에 이은 태평양전쟁이 발발하여 경제사회 전반이 전시 체제로 전환되자 금융조합의 기존 업무는 위축되고 전시 저축동원기관으로 전락하게 되었고 농업자금의 대출을 극도로 억제함에 따라 예대비율의 불균형으로 생긴 여유자금을 전비조달을 위한 국채인수에 대부분 투입하게 되어 해방될 때까지 사실상 일제의 전시국채 인수기관이 되고 말았다.

이러한 상황에서 해방을 맞은 금융조합은 급격한 예금인출로 자금사정이 나빠지고 경영이 부진하자 정부 수립 시까지는 단기상업금융을 집중 취급하는 상업금융기관이 되어 농업금융은 생각할 수조차 없었다.

이런 가운데 1946년 4월부터는 군정청의 요청에 의해 일부 생활필수품의 구매, 보관 및 배급 등의 업무를 대행하게 되었고, 1949년 7월부터는 대한농회에서 담당하던 비료조작업무를, 1949년 10월에는 대한식량공사가 수행하던 정부양곡조작업무와 동년 12월에는 대한농회가 취급하던 고공품업무까지 이관받아 취급하게 됨으로써 신용업무보다는 정부대행업무의 전담기관이 되어 버렸다.

이와 같이 군정청이나 대한민국 신정부가 각종 대행업무를 금융조합에 맡긴 데에는 日帝 시 활동상황으로 볼 때는 많은 문제점을 안고 있었으며, 현실적으로 금융조합 이외에는 농촌과 관련하여 그런 대행업무를 수행할 수 있는 조직과 능력을 갖고 있는 기관이 없었던 데 기인한다고 볼 수 있다. 아무튼 금융조합은 정부대행업무로 말미암아 경영수지가 호전되었으나, 1949년 10월부터 1956년까지 위의 대행업무가 없어지거나 차례로 이관됨으로써 신용 사업만 남게 되어 다시 심각한 경영상의 어려움을 맞게 되었고, 어떤 형태로든 개편되지 않으면 안 되는 상황에 놓이게 되었다. 이러한 금융조합은 1956년 4월 30일 현재 총 농가 호수의 94.0%인 조합원 2,067,082명, 식산계 34,641개, 계통사무소(본 지소, 출장소 합산) 548개를 가지고 있었으며 1956년 5월 1일을 기하여 (주)농업은행으로 변신하였다가 1957년 2월 14일 법률 제436호 농업협동조합법과 제437호 농업은행법에 의하여 금융조합과 금융조합연합회가 폐지됨에 따라 특수법인 농업은행과 농업협동조합에 인계되었다.

(2) 산업조합

해방 전 산업조합은 일제의 조선총독부가 일본의 산업조합법을 모방하여 1926년 1월 '조선산업조합령'을 공포함으로써 설립된, 중산층 이하의 농민을 대상으로 금융업무를 제외한 구매·판매 이용 사업 즉 경제 사업만을 담당하는 조합이었다.

여기서 당시 산업조합의 특징을 몇 가지만 살펴보면 첫째는 해방 전의 산업조합은 일본의 산업조합을 모방하였음에도 불구하고 먼저 설립 운영되어 온 금융조합과의 업무경합을 우려하여 일본 산업조합과는 달리 신용업무를 제외하고 만들어졌다는 점(이는 해방 후 최초의 농협법이 기존 금융조합계의 반대로 경제 사업만을 하도록 한 것과 같은 맥락임)이다.

둘째는 금융조합에 비해 제도 면에 있어서는 농촌과 농민 지향적일 뿐만 아니라 조합장 감사 등 조합임원의 총회선임 등 협동조합적 요소를 보다 많이 내포하고 있었으며, 다만 전국연합회는 인정되지 않고 도연합회만 설립도록 하여 금융조합 연합회의 회원이 되도록 하였다는 점이다.

셋째는 일제가 한국에 진정한 협동조합 운동을 일으켜서 협동에 의한 한국 농민의 경제적, 사회적 지위 향상을 목적으로 하기보다는 그 당시 민족주의적 성격이 큰 한국인에 의한 민간협동조합 운동이 크게 확대되자 이를 회유, 저지하기 위하여 육성되었다는 점이다. 아무튼 해방 전 산업조합은 1926년에서 1932년까지 주로 종전의 임의단체로 존재하던 지방특산물동업조합 등이 개편되어 특산품조합 중심으로 발전하여 1932년에는 51개 조합까지 이르렀다. 그러나 특산품 중심의 산업조합은, 첫째 모든 특산품 주산지에 산업조합이 거의 설치 완료되어 더 이상 신설의 여지가 없었던 점, 둘째 임명된 일본인 경영진의 방만한 경영으로 인한 막대한 결손, 셋째 생산 전대자금의 연체와 과도한 매취사업으로 인한 손실, 넷째 당초 금융조합 연합회 회원으로 가입기로 하였으나 이것이 거부되어 자금융통이 어려웠던 점 등으로 경영이 대단히 침체되었다. 이러한 경영상의 어려움에다 1930년 이래의 농업공황으로 농업진흥운동이 일어나게 됨에 따라 산업조합은 더 이상 지방 특산품에만 업무를 한정하는 것이 바람직하지 않다고 판단되었고, 1932년부터는 특산품조합뿐 아니라 일반 농산물의 판매, 가공, 농업자재의 구입 등 경제 사업을 취급하는 조합이 다수 생겨나고 이때부터 산업조합은 이들을 포함한 일반농산품 조합 시대로 이행하게 되었다.

이리하여 산업조합은 1939년까지 117개로 늘어나게 되었지만 이렇게 산업조합이 발전하자 이에 대한 반작용이 일어나게 되었는데, 그 첫째가 일본 상인들에 의한 산업조합 반대운동이고, 둘째는 산업조합의 '판매품 가도금' 지원이 금융조합의 신용 사업과 경합함으로 인해 양자 간의 반목이 커지게 되었고 금융조합연합회는 가급적 산업조합에 대한 융자를 기피하게 된 점, 셋째 산업조합은 금융조합이나 농회와는 달리 총독부의 지시와 상충되는 점이 많아 총독부의 강한 견제(예컨대 도연합회 설립인가 불허 등)를 받은 점 등이다. 한편 산업조합은 위와 같은 반작용에다 계속적인 경영부진으로 적자조합이 늘어나게 되었는데 이는 산업조합 자체의 경영 미숙에도 그 원인이 있었으나, 근본적으로는 산업조합에 지원되어야 할 국가보조가 전무하였고, 금융조합 및 농회 등과의 마찰로 인하여 운영상의 애로가 컸기 때문이었다.

이와 같은 상황에서 1932년의 농촌진흥운동 이후 다음에 논의되는 식산계 제도가 창설됨에 따라 구판 사업부문에서 산업조합과 금융조합 간의 마찰이 심각한 지경에 이르러 조선총독부는 금융조합, 산업조합, 농회 등 종전 3단체 개혁안을 마련하였으나, 전쟁 발발로 실현을 하지 못하였고 1941년 산업조합만 손실액 전액 150만 원을 국고에서 보조하여 주는 조건으로 전부 해산하게 되었다.

여기서 산업조합이 해산에 이르게 된 원인을 종합해서 살펴보면 첫째, 산업조합과 금융조합은 처음부터 분리되어서는 안 될 기관이었는데 분리 설립되었다는 것이다. 이로 말미암아 양자의 대립이 노골화되면서 산업조합은 자금융통의 곤란과 수익원의 제한으로 스스로 무너질 수밖에 없었다.

둘째, 산업조합, 금융조합 및 농회 등 대농민 3대 기관의 업무범위를 명확히 조정하지 않음으로써 금융조합과 농회는 본연의 업무 외에 사실상 구판 사업을 영위하였고 상호 간의 경합으로 인해 산업조합의 발전을 저해하였다는 점이다.

셋째, 산업조합의 경우에는 도 단위 연합조직만을 인정하고 전국 단위 중앙조직을 인정하지 않음으로써 경제 사업의 전국적·종합적 추진이 곤란하게 되어 타 단체에 비해 큰 약점이 되었다는 점이다.

넷째, 조선총독부가 산업조합의 이사를 법령에 관계없이 퇴임관료로 임명함으로써 관료적일 뿐만 아니라 경험 미숙으로 인한 경영상의 위험을 초래하였다는 점이다.

해방 후에도 앞서 언급한 바와 같이 해방 전의 산업조합령이 유효하므로 경기의 강화조합, 충남의 부여, 논산산업조합, 전남의 영산포, 담양, 장흥산업조합, 그리고 경북의 동촌산업조합이 명칭만을 유치한 채 존속하다가 새로운 농업협동조합법 공포에 따라 그 업종에 해당하는 특수조합에 업무와 재산 일체가 인계되었다.

(3) 식산계

해방 전 식산계는 일제의 조선총독부가 1932년부터 시작한 농촌진흥운동의 효과적인 추진을 위하여 1935년 3월 식산계령을 공포함으로써 설립된 부락 단위의 소조합이다.

여기서 식산계의 특징을 살펴보면, 첫째 조선총독부 입장에서 보면 대조합주의를 채택하였던 금융조합이나 비교적 소구역 조합이었지만 보통 3개 면 정도를 구역으로 하는 산업조합으로서는 농촌 지역 말단까지 농촌진흥운동을 추진하기는 어렵다고 판단했기 때문에 부락 단위 조직인 식산계를 설립하게 되었다는 점, 둘째 식산계는 반드시 금융조합 또는 산업조합의 조합원이 되게 함으로써 금융조합과 산업조합에 각각 식산계를 둘 수 있도록 하는 2원적인 조직이었다는 점, 셋째 식산계는 조합원을 위해 판매 사업, 구매 사업, 이용 사업을 실시하되 협동조합적 성격이 아니라 금융조합과 산업조합의 대행기관의 역할을 하도록 한 점 등을 들 수 있다. 다시 말하면 식산계는 1960년대의 이동조합 같은 협동조합이 아니라 경제 사업을 수행하는 금융조합이나 산업조합의 하부기구 더 나아가 조선총독부 농촌진흥운동 하부실천조직이나 마찬가지였다고 볼 수 있다. 이는 후에 식산계가 태평양전쟁 발발 후 양곡의 공출과 일용품의 배급사무까지 매개하는 역할까지 수행했음을 보면 알 수 있다.

이 식산계에 대해서는 금융조합이 특히 관심이 많았는데 이는 1929년 금융조합령 개정 시 구판 사업 기능이 폐지되어 농촌 사업 추진에 애로가 많았기 때문이었다. 따라서 금융조합은 식산계 제도가 시행되자 식산계 확충에 들어가 1944년에는 전국적으로 48,838개까지 조직하였고, 이러한 식산계를 뒷받침하기 위해 금융조합의 구판 사업을 활성화함으로써 산업조합 및 농회 등과의 마찰을 불가피하게 하였다.

해방 전의 산업조합계 식산계의 활동상황에 대해서는 자료가 없어 파악하기 어려우며 해방 후에도 산업조합활동 자체가 미약하여 산업조합계의 식산계 활동 역시 미미했으리라 짐작된다.

그러나 해방 후 금융조합계의 식산계는 초기에 금융조합의 육성책의 미흡으로 임시 휴면상태에 있었으나 금융조합이 농사자금의 효율적 방출을 위해 지도식산계를 설치함으로써 부활되기 시작하여 1954년부터는 식산계를 단위 조합적 조직으로 육성해 나가기 위해 노력한 결과, 1955년 3월 말 현재 34,755개 조직에 220만 명의 계원으로 확장되었다.

그러다가 1957년 '농업협동조합법' 제정에 의하여 업무와 재산 일체를 농협법상의 이동농업협동조합에 인계, 청산하기에 이르렀다.

즉, 식산계는 1957년 최초의 농협법에 의한 이동조합의 모태가 된 것이다.

(4) 농회

농회는 일제의 조선총독부가 일본의 농회법을 모방하여 1926년 1월 공포한 조선농회령에 의거 설치된 농사지도와 장려에 주력하는 국가정책기관으로 행정기관의 보조기관의 역할을 담당하였다. 먼저 농회의 구성상 특성을 몇 가지 살펴보면 첫째, 농회는 1900년대 초부터 주로 일본인이 만든 각종 농업 관련 임의단체의, 각종 폐단을 시정하기 위하여 1918년 임의단체인 농회를 만들어 통폐합 정리하였다가 이를 보다 강화하기 위하여 입법화하게 된 점, 둘째 농회는 농민 또는 농지를 소유한 자로 구성되고, 府·郡·島 농회 − 道농회 − 조선농회의 3단계 조직으로 되어 있었으나, 금융조합이나 산업조합과 달리 협동조합적 요소는 전무하였다는 점(농회의 회장, 부회장은 도지사, 조선총독이 임명), 셋째 농회는 일제의 조선산미증식계획 추진에 맞추어 설치하게 됨으로써 낙후된 한국의 농업개발을 통한 산미증식의 추진도구로 만들어졌다는 점 등을 들 수 있다.

농회는 당초 농사의 지도장려에 주력하는 공공단체로 출발하였으나, 농사지도를 위해서는 생산에서 판매에 이르기까지 일관적인 업무추진을 하여야 한다는 명분 아래 발족 직후부터 구판 사업에 진출하여 미곡의 공동판매, 비료의 공동구입, 비료금융, 농업창고의 운영을 해 나감으로써 나중에는 농업정책의 중심체로서 거대한 구판 사업단체화하였다. 농회의 이러한 점은 해방 전에는 금융조합, 산업조합과의 업무 경합을 낳게 되는 원인이 되었고, 해방 후 협동조합이 아니면서도 농협에 인수되어 오늘날의 농협경제 사업의 원형이 되고 있다는 점에서 유념할 필요가 있다 하겠다.

다음으로 농회의 해방 전의 위치를 정리해 보면 첫째, 농회는 산미증식계획의 수정, 반봉건적 지주제에 반대하는 농민운동의 고양을 배경으로 설립된 관제농촌단체였다.

둘째, 농회는 일제 식민지정책의 대행기관으로서의 성격과 지주계급의 이익단체로서의 성격을 띠고 있었다.

셋째, 농회는 1932년 말 이후 농산물의 판매 알선과 농업용품의 구입 알선에 적극 진출함으로써 일본독점자본에 저렴한 공업원료를 제공하여 식민지적 초과이윤을 보장하는 한편, 식민지 지주제에 대하여서도 실질적인 소작료의 고율화에 기여하였다.

한마디로 농회는 국제적인 농공분업에 기초하는 일제 식민지경제에 있어서 식민지 지주제를 바탕으로 일제의 식민지정책 수행상 중요한 위치에 있었다.

이를 보다 극명하게 이해하기 위하여 농회의 해방 전 활동 두 가지를 살펴볼 필요가 있다. 하나는 일제가 자국 내의 주력산업인 섬유공업 등의 부족원료를 해결하기 위해 한국을 원료 공급기지로 활용하게 됨에 따라 원료 농산물의 증산과 생산된 원료 농산물의 강제 매입에 농회가 사실상 앞잡이가 되었다는 점이다. 다른 하나는 1937년 중일전쟁 발발 이후에는 농회는 조선총독부의 하청단체로서 지방행정기관과의 협조하에 농민으로부터 각종 농산물, 축산물, 임산물 심지어는 금속품들의 공출과 松炭油의 채취에까지 앞장 섬으로써 농민을 강압하는 가장 악명 높은 기관으로 변모하여 해방을 맞게 되었다.

해방 후 농회는 일시 허탈상태에 있었으나, 미 군정령 제165호로 기구를 개편하고 미 군정청에서 농회회장을 임명하여 생필품의 농촌배급, 원조비료의 배급업무, 농약, 농기 구의 알선, 고공품의 매입과 판매 등의 업무를 수행함으로써 활기를 띠어 나갔다. 그러 나 농회 본연의 주된 사업인 기술지도 장려사업은 해방 전 앞서 언급된 바와 같은 농회 의 무리한 업무추진으로 농민들의 반발을 사게 되어 사실상 중단되었고 경제 사업 경영 단체로서만 활동하게 되었다.

1948년 정부수립 이후 정부가 농촌단체의 기구개편에 착수하자 금융조합과 농회는 서 로 농업협동조합의 본체가 되고자 노력하였는데, 이때 농회의 의견은 묵살되고 1949년 3월 잠사 관계 업무를 잠사협회로, 동년 8월과 12월에 비료 취급업무와 고공품 취급업 무가 금융조합연합회로 이관됨으로써 그동안도 경영난에 봉착해 있던 농회는 사실상 해 산단계에 이르렀다.

그리하여 1951년 대통령의 명령에 의해 농회는 해산되고 재산 및 잔여업무 일체는 농회청산위원회에 인계되었다.

그러다가 1957년 농업협동조합법이 제정 공포되어 조선농회령이 폐지됨에 따라 법적 으로 해산됨은 물론, 신법에 따라 조선농회령에 의한 대한농회와 특별시 및 도농회를 농협중앙회가, 시·군 농회 중 일부 업무와 재산은 시·군·구 농협협동조합이, 축산과 원 예관계 업무는 당해 시·군·구의 축산협동조합과 원예협동조합이 그 업무와 재산 일체 를 인수하여 청산하였다.

(5) 축산동업조합과 대한원예협회

축산동업조합은 1915년 7월 조선총독부의 조선중요물산동업조합령에 의해 설립되어 郡과 島 일원을 구역으로 하고 군수와 島司를 조합장으로 各面長은 평의원으로 하여 사 무소를 관청 내에 두고 운영되었으며, 조선총독부와 각 도의 축산 개량증식 방침에 따 라 축산단체로서 일해 왔다. 이러한 축산동업조합은 도내의 조합을 회원으로 하는 축산 동업조합 연합회를 설치하여 2단계로 운영되어 왔으나 1918년 산업단체 정리 시 郡島농 회에 합병되어 버렸다.

그리하여 축산관계 사업은 해방 전부터 농회의 사업으로 취급되어 오다가 해방 후 농회 가 해산된 후 1954년 1월 가축보호법이 제정 공포됨에 따라 시·군 축산 동업조합, 각 도

연합회 및 대한축산 동업조합연합회가 발족되어 1955년 7월부터 가축매매 중개업무를 통하여 발생하는 이익금으로 가축개량, 방역 등의 축산농가의 복리증진업무에 주력하였다. 1955년 8월 현재 축산동업조합 수는 159개에 조합원 수는 617만여 명이었다. 그러던 중 1957년 농협법이 제정 공포되자 축산동업조합은 농협법상 축산농업협동조합으로 개편되었다.

한편, 대한원예협회는 1949년 농림부 방침에 따라 해방 전 조선과실협회와 조선종묘 중앙회가 통합 발족한 전국 과실, 채소, 종자 종묘생산업자를 총망라한 생산자 단체이다. 대한원예협회는 원예작물의 생산장려와 기술, 경영의 지도, 필요한 자재의 공동구입, 생산품의 공동판매, 가공저장 수출입의 알선과 생산판매에 관한 조사 연구를 주 업무로 하였으며 1955년 현재 대한원예협회는 178개의 회원을 보유하고 있었다.

그러다가 1957년 농협법이 제정 공포되자 대한원예협회 회원은 원예협동조합으로 개편되었다.

이상과 같이 살펴본 종전 농협 관련 단체의 해방 후 존재 양상을 1957년 최초의 농협법과 농은법 성립까지 종합적으로 정리해 보면, 첫째 금융조합은 해방 후 해산됨이 없이 주식회사 농업은행을 거쳐 1957년 특수법인 농업은행의 금융업무의 뿌리가 되고 있으며 둘째 산업조합은 해방 후 극히 일부 조합이 남아 있다가 최초 농업협동조합의 특수조합으로 개편되었다. 셋째 식산계는 금융조합과 일부 산업조합의 산하조직으로 있다가 1957년 최초 농업협동조합의 기본조직인 이동농업협동조합으로 개편되었으며, 넷째 농회는 해방 후 일시 해산되었다가 최초농업협동조합의 이동조합, 시·군·구조합, 농협중앙회 경제업무의 뿌리가 되었고, 마지막으로 축산동업조합과 대한원예협회는 1957년 최초농업협동조합의 축산협동조합과 원예협동조합으로 개편되었다.

이렇게 볼 때 해방 전 일제에 의해 만들어진 농협 관련 단체들은 완전히 소멸되지 않고 해방 후 최초의 농업협동조합과 특수법인 농업은행으로 그대로 흡수되어 그 조직과 사업의 뿌리가 되고 있음을 알 수 있다.

2) 해방후 농협 조직운동의 전개

해방이 되자 일제에 억압되어 있던 우리나라에서는 大小의 많은 새로운 농촌단체가 각지에서 나타나 협동조합 운동을 표방하고 농협조직 활동을 펼쳤으나 비교적 조직적, 체계적으로 이루어진 것은 대략 다음과 같다.

(1) 금융조합과 농회의 협동조합으로의 개편운동

해방 후 초기에는 금융조합과 농회는 일제의 구각을 벗고 새로운 모습을 갖추기 위한 노력을 기울이는 한편, 금융조합의 경우에는 1946년 2월부터 금융조합연합회가 중심이 되어 전국에 협동조합추진위원회를 조직하고 전국대회를 개최하는 등 금융조합을 협동조합으로 발전적으로 개편하기 위한 움직임을 본격화하였고, 농회 역시 경쟁적인 움직임을 보였으나 각계의 호응부족과 여건의 미성숙으로 성공하지 못하였다.

(2) 대한농민총연맹의 농협조직운동

농민총연맹은 해방 후 혼란기에 농민을 정치적 도구화하기 위해 농민조합을 결성한 좌익 공산주의자의 활동에 맞서 자유민주적인 농민운동단체로서 결성되어 그 활동의 주요 목표로서 협동조합 조직운동을 추진하였다.

1948년 이후 제헌국회에서 협동조합법안이 논의되자 1949년 대한 농민총연맹안으로 협동조합법안을 제출하였으나 진전을 보지 못하였고, 1951년부터 각계 인사를 총망라하여 농업협동조합 조직추진위원회를 구성, 읍·면 단위에 1,000여 개의 농업협동조합을 결성하고 이어 서울 및 각 도 연합회를 조직 완료하였으며 전국 농업협동조합대표자대회를 열어 농업협동조합중앙연합회의 결성까지 마쳤다. 그러나 이 당시 다음에 살펴보게 될 농림부 중심의 실행협동조합으로 말미암아 발전이 저하되어 침체상태에 빠지고 말았다.

그 후에도 대한농민총연맹은 대한농민회로 개칭하고 1953년에는 농민협동조합법안을, 1954년에는 농업협동조합법안을 제출하였으나 성과 없이 끝나고 말았다.

(3) 실행협동조합 조직 운동

실행협동조합 운동은, 정부 수립 이후 농협법 제정 추진이 지지부진하자 정부(농림부)는 농민들이 자조 정신을 바탕으로 하여 실질적인 협동조합 운동을 일으킬 수 있도록 협동조합 교육을 실시하고 가능한 자조사업을 실시할 수 있도록 주선하는 등의 지도 사업을 선행할 필요가 있다고 생각하게 되었다.

그러던 중 1952년 농림부 장관에 신중목 씨가 임명되자 이 계획을 구체화하여 먼저 지도요원에 대한 교육 사업을 실시하고, 이들로 하여금 협동조합을 결성토록 지도하여 후에 사단법인을 부여하자는 방침을 정한 것으로 보인다. 이러한 농림부의 계획안은 전후 농촌재건을 위하여 농촌지도자(농업요원)를 양성키로 하자는 안으로 만들어져 농림부가 주관하고 내무부와 국방부의 협조를 받아 1952년 10월부터 시행하게 되었다.

이 계획에 따라 1주일씩 농업요원을 교육하게 되는데 이동 단위마다 2명씩 선정, 부락지도요원으로 임명하여 도에서 교육을 실시하고 읍·면 단위지도요원은 읍·면당 1명씩을 선발하여 동래 원예시험장에서 교육을 실시하였다.

이렇게 교육받은 인원은 부락 지도요원이 37,228명, 읍·면 지도요원이 1,538명에 이르렀으며, 이들이 교육을 마치고 나가기 시작할 즈음 농업협동조합 조직 지도요강을 만들어 시달함에 따라 농민이 조합원인 이동 단위 실행협동조합이 조직되기에 이르렀고 조직이 완료되면 시장군수가 사단법인으로 인가하였다.

한편 농업협동조합 조직 지도요강은 이동단위 실행협동조합을 구성원으로 하는 시·군 농업협동조합과 전국조직인 농업협동조합중앙회의 3단계 조직체계를 갖추도록 하고 있는바 이는 그 후 1957년 최초의 농협법의 조직체계와 유사하였다.

여기서 흥미로운 점은 실행협동조합의 출자는 조합원 소유의 농지를 표준으로 한 등급에 의하여 좌수를 정하였고, 시·군 조합에 대한 출자 좌수는 각 이동실행조합의 조합원 수에 의한 등급에 의하였다는 점이다. 이리하여 1953년 말까지 실행조합이 13,626개소, 시·군 조합이 146개소가 조직되어 조직대상의 각각 32%와 52%의 조직률을 보였다.

그러나 이 같은 순조로운 발족을 보였던 실행협동조합은 법적인 근거가 없었던 관계로 농림부장관이던 신중목 씨의 경질로 급격히 위축되다가 소멸되고 말았다.

그런데 실행협동조합 운동이 진행되는 동안 이유는 확인되고 있지 않으나 상당기간 협동조합 운동에 큰 관심을 보이지 않던 금융조합이 그때까지 돌보지 않아 유명무실했던 식산계 정비강화 운동에 나서, 한 부락 내 실행협동조합 조합원과 식산계원이 동일인이 되는 혼선을 야기했던 것도 이때였다.

이상에서 살펴본 3갈래의 농협조직운동은 하나는 해방 전부터 있었던 종전농촌단체가, 또 하나는 해방 후 조직된 농민운동단체가, 그리고 마지막으로는 대한민국 정부 수립 후 정부(농림부)가 직접 참여하여 각각 수행했다는 점에서 특색을 갖는다.

금융조합이나 농회에 의한 농협조직운동은 협동조합으로 전환함으로써 해방 전 일제 치하에서부터 누리던 기득권을 계속 보존하고자 하는 차원에서 시작했던 것으로 보이며, 경제단체가 아닌 단순 사회단체였던 농민총연맹의 농협조직운동은 해방 후 혼란기에 있어 좌익세력에 대항함은 물론 향후 농촌에 있어 주도권을 행사하고자 했던 뜻이 내포되어 있었다고 추측해 볼 수 있다.

그런데 정부(농림부)의 주도에 의한 실행협동조합 조직운동은 한편으로는 전란으로 인하여 농민의 침체된 사기를 昴揚하고, 증산의욕을 활성화하기 위하여 효율적 조직으로 농업협동조합이 자발적으로 조직되도록 지도하고 농업기술 보급으로 농가소득을 향상시키는 데 목적을 두고 있었으나, 다른 한편으로는 농림부와 국회농림위, 재무부와 국회재경위와의 농협법 제정문제로 의견 대립이 되고 있는 상황에서 재무부와 재경위는 금융조합과 금융조합연합회의 여론조성에 의한 측면지원을 받고 있었지만, 농림부와 농림위는 측면 지원단체가 없어 농업요원으로 하여금 실행협동조합을 조직하고 여론조성과 단체행동 등의 지원을 할 수 있도록 하려는 의도가 있었던 것으로 추정된다.

어떤 의도에서 시작되었든 이상의 3갈래의 농협조직운동은 모두 실패로 돌아감으로써 사실상 해방 후 농협조직은 법 제정에 맡길 수밖에 없게 되었다. 그럼에도 불구하고 위 3가지 농협조직운동 가운데 금융조합과 농회의 협동조합으로의 개편운동이나 대한농민총연맹의 농협조직운동 등은 1957년 최초의 농협법에 의한 농협설립에 영향을 주었다는 흔적을 발견하기 어려우나 실행협동조합 조직운동은 실행협동조합 조직 그 자체와 그를 조직한 농업요원들에 의해 많은 영향을 준 것으로 파악된다.

3) 주식회사 농업은행과 특수법인 농업은행의 성격

주식회사 농업은행은 농협법 제정이 지연되던 가운데 영농기를 맞아 농민에 대한 자금공급이 시급하다는 이유로 1956년 3월 각의에서 은행법에 의한 농업은행 설립을 골자로 하는 농업은행 설립요강을 제정함으로써 성립되었으며 1956년 5월 금융조합연합회 및 금융조합 업무를 위양받아 발족하였다.

주식회사 농업은행은 말 그대로 이윤의 극대화를 목적으로 하는 주식회사로서 그 업무가 농업금융에 국한된 것을 제외하면 일반은행과 별 차이가 없었고, 1956년 5월부터 이듬해 한국농업은행법이 통과되어 1958년 4월 1일 특수법인 농업은행이 발족되기까지 약 2년간 과도기적인 조치로 설립된 것이며, 재정자금과 농사자금 공급확대에는 다소 기여하였으나 사실상 농업금융전담기관으로서는 결함과 제약이 컸던 것으로 파악된다.

주식회사 농업은행이 발족되어 업무가 본격 착수된 이후 1957년 초부터 국회에서 농은법과 농협법이 각각 상정되어 심의한 결과 농업금융의 특수성과 금융질서를 위하여 농협에 신용 사업을 겸영케 하는 것은 시기상조이므로 별개의 농업금융기관이 설립되어야 한다는 국회재경위원회안이 받아들여져 해방 후 10여 년의 세월을 소모하면서 끌어온 농협의 신용 사업 겸영 여부 논쟁은 종결되었다. 그리하여 1957년 2월 1일 농협법이, 동년 2월 2일 농은법이 국회의 통과를 받게 되었다.

그런데 당초 법률 제437호로 제정 공포된 농업은행법은 즉시 시행에 들어가지 못하였는바 이는 대통령의 이의 제기와 몇 가지 문제점이 있었기 때문이었다. 이 가운데 몇 가지를 살펴보면 첫째는 당초 법에는 농업은행에의 출자를 상당부분 정부가 하게 되었던 점, 둘째 농협법에 금융조합과 금융조합연합회의 인수청산을 농업협동조합이 하게 한 점, 셋째 농업은행의 시·군 지점에까지 융자위원회를 두게 한 점, 넷째 농민조합원은 농업은행에서 직접 융자를 받을 수 없도록 한 점 등이 있었다.

이러한 점을 고치기 위하여 1958년 2월 10일 농은법 개정안이 제출되어 동년 2월 17일 국회의 통과를 보게 됨으로써 농은법이 완전 시행되었는데, 전술한 이의와 문제제기 내용은 우선 농업은행에의 정부출자는 완전히 삭제하고 농민, 조합, 농협중앙회 및 농업에 관한 기타 법인만이 출자토록 변경하였고, 다음으로 금융조합과 금융조합연합회의 인수청산은 농업은행이 하도록 변경되었으며, 세 번째로 융자상의 번잡성을 이유로 농업은행 시·군 지점 단위 융자위원회는 폐지되었고, 끝으로 농업은행의 융자는 농업협동조합을 대상으로 하고 조합원은 조합을 통하거나 조합의 추천을 얻어야만 융자를 받을 수 있었던 것을 농민에게 직접 융자토록 변경함으로써 농민에 대한 여수신은 농업은행이 전담토록 하였다.

이상의 법률개정안을 근거로 비로소 1958년 4월 1일 특수법인 농업은행은 농업신용제도 확립과 농촌경제의 부흥, 그리고 농민의 경제적 지위 향상을 도모하는 기관으로 업무개시를 하게 되었다.

특수법인 농업은행의 발족은 주식회사 농업은행을 그대로 인수하여 이루어졌기 때문에 단시간 내 이루어졌으며, 발족 당시 특수법인 농업은행은 본점 1, 지점 164, 출장소 375개 포함 540개 점포를 가지고 농업금융을 중심으로 한 포괄적인 신용업무를 담당케 되었고 농업자금 차입도 농업은행만이 할 수 있도록 전담권을 부여받고 있었다.

여기서 특수법인 농업은행의 특징과 성격을 몇 가지로 정리하여 보면 첫째, 특수법인 농업은행은 해방 이후 단·중기 영농자금은 금융조합에서, 장기 수리자금은 산업은행에서, 잠견·고공품 등의 농산물 구매자금은 일반은행에서 취급하는 등 다원화된 농업금융 기능을 일원화하는 농업금융 전담기관이 되었고, 특별법에 의한 특수법인이 됨으로써 주식회사 농업은행이나 그 이전보다 정부의 각종 대하금을 재원으로 하는 농업자금의 융자를 확대할 수 있었다는 점이다.

둘째, 특수법인 농업은행은 특별법에 의해 농업정책금융기관으로 설립되었음에도 불구하고 일체의 정부의 출자나 정부로부터의 은행에 대한 손실보상제도 등이 전혀 고려되지 않고 기업 경영방식에 의해 독립채산제로 운영되도록 한 점이다.

셋째, 특수법인 농업은행은 기본출자금과 불특정 다수인으로부터의 예수금 그리고 정부와 한은으로부터의 차입금과 농업금융 채권 발행기금 등을 재원으로 하여 농민, 협동조합, 동 중앙회와 농업단체에 대한 대출과 비농민에 대한 대출을 행함으로써 조합원이 여유자금을 예치하고, 또 조합원이 이를 필요로 할 때 대출하여 사용하는 유무상통적 조합금융기관은 아니었다는 점이다.

넷째, 특수법인 농업은행은 농민, 협동조합 및 동 중앙회 외 농업단체의 출자에 의해 설립된 기관이었으나 농민, 협동조합 및 동 중앙회 등이 협동조합의 조합원이나 회원으로서 권리·의무를 가지고 출자한 것이 아니고, 오늘날의 주주와 같은 개념으로 출자한 점, 가입 탈퇴의 자유, 민주적 관리원칙, 자율성과 독립성 보장, 자본 이자 제한과 이용고에 의한 배당 등과 같은 협동조합의 기본적 원칙들에 비추어 볼 때, 협동조합적 성격이 전혀 없는 오늘날의 출자자가 한정된 일반 주식회사와 다를 바가 없었다는 점이다.

이상의 것을 종합해 볼 때 특수법인 농업은행은 금융조합과 대한금융조합연합회의 업무와 인원을 그대로 이어받은 주식회사 농업은행을 특별법에 의해 탈바꿈시킨 비협동조합적 금융기관이었으며 농민, 협동조합, 동 중앙회 및 농업 관련 단체가 출자하고 경영은 기업 경영 방식으로 하되 국가에 의해 통제되는 기형적인 일반은행 금융기관 겸 농업정책금융기관이었던 것이다.

4) 최초의 농협법에 의한 농협설립

대한민국정부 수립 이래 수많은 우여곡절 끝에 우리나라 최초의 농업협동조합법은 1957년 2월 1일 국회를 통과하여 동년 2월 14일 법률 제436호로 공포되었다.

이어서 1957년 4월 4일 농협법 시행령이, 1957년 4월 11일에는 농협법시행세칙이 마련됨으로써 해방 후 최초의 농업협동조합의 설립을 보게 되었다.

이때 제정된 농협법은 농은법의 개정과 함께 1958년 2월 1차 수정되었으나 기본내용에는 큰 변화가 없었다. 최초로 공포된 농협법의 중요한 골자를 살펴보면 우선 조직 면에 있어서는 농업협동조합은 지역 내의 농민을 구성원으로 하는 이동농업협동조합, 시·군·구 내의 이동조합을 구성원으로 하는 시·군·구 농업협동조합, 그리고 시·군·구, 원예, 축산, 특수농업협동조합을 회원으로 하는 농업협동조합 중앙회의 3단계(원예, 축산, 특수농협은 2단계)로 되었고, 농협의 종류는 조합원의 농업생산력 증진과 경제적·사회적 지위 향상을 도모하는 일반농업협동조합(이동조합과 시·군·구조합) 원예농업의 발전을 도모하는 원예협동조합, 축산업의 발전을 도모하는 축산협동조합, 특수농업의 발전을 도모하는 특수농업협동조합의 4종류로 되었다.

한편 각 조합의 설치구역은 이동조합은 이동을, 시·군·구조합은 시·군·구를, 원예·축산조합은 시·군을 구역으로 하고 특수조합은 구역제한이 없었다.

조합의 설립요건은 이동, 시·군·구조합과 원예·축산조합은 임의 설립에 의한 등록제로 하였고, 특수농업협동조합과 농협중앙회는 주무부 장관의 인가를 받도록 함으로써 전체적으로 보아 중앙회와 특수조합을 제외하고는 자주적이며 민주적인 방법을 채택하고 있었다.

조합의 기관으로는 이동조합, 시·군·구조합, 원예, 축산, 특수조합은 총회와 이사회를 두어 조합 자율적으로 운영토록 하였고 다만 중앙회의 경우에는 총회, 중앙위원회와 이사회를 두어 운영토록 하였는바, 여기서 중앙위원회는 회장, 부회장, 중앙회이사와 중앙회의 회원인 시·군·구조합, 축산조합, 원예조합, 특수조합의 대표로 구성함으로써 오늘날의 이사회제도와 같이 총회에서 위임된 중요사항에 대한 의사결정기관이었으며 이사회는 회장, 부회장, 이사로 구성하여 중앙위원회에서 위임된 업무를 집행하는 데 필요한 의사결정기관이었다. 따라서 농협의 중앙위원회는 농업은행의 운영위원회와는 근본적으로 다른 자율적·민주적 성격의 것이었다.

조합임원의 선거제도 면에서 보면 조합과 중앙회 공회 총회 또는 총대회에서 선임하는 완전선거제였으나 다만 중앙회의 회장과 부회장만은 선거 후 주무부장관의 승인을 받도록 함으로써 정부 간섭의 여지를 남겨 두고 있었다.

다음으로 최초 농업협동조합의 사업을 살펴보면 ① 생산지도 사업 ② 구매 사업 ③ 판매 사업 ④ 이용 사업 ⑤ 신용 사업 ⑥ 공제 사업 ⑦ 기타 목적 달성에 필요한 사업으로 지도, 경제 사업을 포괄적으로 수행하도록 하고 있으며, 다만 신용 사업에 있어서는 이동조합, 원예, 축산, 특수조합은 금융기관(농업은행)에 예금하기 위한 자금의 수집과 금융기관으로부터의 농업자금 융자에 관한 알선 및 자기자금에 의한 농업자금의 대부만을 하도록 함으로써 사실상 여신업무만을 하도록 하였고, 시·군·구조합과 중앙회는 수신업무와 여신업무가 완전 배제되었다. 이렇게 됨으로써 최초의 농업협동조합은 신용 사업 일부를 제외한 농민에 대한 지도 사업과 경제 사업, 공제 사업을 근간으로 하는 농협으로 탄생하게 되었다.

이상의 조직 및 사업과 아울러 최초의 농협법은 최대봉사, 비영리 정치적 중립성, 조세감면, 정부의 보조육성 의무를 명시함으로써 한국농업협동조합의 자주적, 독립적 성격과 정부 지원 의무를 명백히 하였다.

(1) 농업협동조합의 설립

이와 같이 법제정이 이루어지자 본격적인 농협의 설립에 들어가게 되는데 1957년 4월 이후 정부에서는 농민의 자주적인 협동조직을 촉진하기 위하여 등기 및 비치용 이동조합정관을 매 부락당 2부씩 전국적으로 배부하고 선전계몽활동을 전개하였고 한미합동경제위원회(OEC)에서는 농업발전의 선구적 역할을 담당할 시범협동조합 설치를 계획 추진하였는바 이는 시범조합의 육성으로 여타 조합의 시범과 이의 파급효과를 노린 것이었다. 이 시범조합은 1957년부터 1960년 말까지 일반농업협동조합 130개소, 원예조합이 1개소가 설치되었다.

아울러 정부는 1957년 7월 상무이사 전형시험을 발표하고 1959년에는 농림부 내에 농업협동조합 육성위원회를 설치하여 농협의 육성과 발전을 지원하는 한편, 전국 30개 시·군·구를 선정하여 협동조합의 중점적인 지도·육성을 목적으로 하는 지도조합과 430여 개에 달하는 지도이동조합을 육성하기도 하였다.

이러한 정부의 지도·육성에 힘입어 농업협동조합이 조직되어 나갔는데 최초로 설립된 조합이 어디였는지는 확인되지 않았으나, 농협법이 공포된 1년 후인 1958년 3월 31일 현재 등기를 필한 조합은 이동조합이 6,626개소, 시·군·구조합이 53개소, 원예조합 32개소, 축산조합 41개소, 특수조합 5개소 계 6,757개소였으며 이어 1960년까지 농업협동조합 설립상황은 다음 표와 같다. 여기서 일반농업협동조합의 초기 설립에는 정부의 지도와 육성이 가장 큰 역할을 담당하였지만 실행협동조합과 농사교도사업연구회의 역할도 상당히 있었음을 주목할 필요가 있다.

〈표 3-5〉 전국 각종 농업협동조합 설립 상황(매년 말 통계)(단위: 3개소)

구 분	1958년	1959년	1960년
이동조합	7,983	17,421	18,706
시·군·구조합	104	167	168
원예조합	56	77	80
축산조합	99	143	152
특수조합	11	23	27
계	8,253	17,831	19,133

농사교도사업연구회는 1953년부터 실행협동조합의 조직과 농업기술 보급을 위하여 정

부가 교육시킨 농업요원(후에 농업교도원)들에 의하여 1954년 5월에 발족된 사단법인이다. 여기에 소속된 농업교도원들은 실행협동조합을 조직하였음은 물론 신영농법 보급활동과 4H 구락부 조직업무를 주로 담당하였다.

이후 활발히 조직 운영되던 농사교도사업연구회는 1956년 각 읍·면에 농촌지도소가 설치되자 이제까지 농업교도원이 담당하던 농사기술 보급과 4H 운동업무는 지도소에 이관하고, 1957년 농협법이 제정되자 이동조합과 시·군조합 조직운동에 들어갔다.

즉 이미 실행협동조합이 조직된 이동이나 군에는 신농협법에 의한 설립등기를 마치도록 하고 설립이 부진한 곳에는 현지 독려 등을 통하여 협동조합이 조직되도록 독려하였던 것이다.

한편 축산협동조합은 법에 의해 이미 조직된 각 군 축산동업조합을 인수하여 설립되었고 원예협동조합은 대한원예협회 산하 각 군 지부를 인수 개편하였으며 특수조합은 이미 조직 운영되고 있는 조합을 개편하여 설립되었다.

(2) 농협중앙회의 설립

농협중앙회의 설립은 아직 중앙회 설립발기 인수인 50개 이상의 시·군·구조합, 축산조합, 원예조합, 특수조합이 발족되기 전인 1957년 11월 사단법인 농사교도사업연합회 사무실에서 뜻있는 전국의 시·군조합장이 모여서 논의되기 시작하였다. 그리하여 1957년 2월 15일 제2차 발기인대회를 개최하였고 1958년 2월 26일 법에 정한 설립준비회를 조합장 90여 명이 참석하여 서울 소공동 국제회관에서 개최하였다.

이어 설립준비 업무를 추진하여 1958년 4월 7일 서울 종로2가 서울의사회관에서 창립총회를 개최하고 정관, 사업계획서를 통과함과 아울러 4월 10일 회장선거, 4월 11일 부회장, 이사 감사선거를 완료함으로써 법정 창립총회를 완료하였다.

창립총회의 임원선거 결과 회장과 상임감사는 조합장 출신이, 부회장은 농촌진흥원장이, 이사 3인은 농사교도사업연구회 회장, 대한원예협회전무이사, 대한농회재산관리소 소장이 각각 피선되었다. 창립총회가 끝난 후 농협중앙회는 사무실조차 마련되어 있지 않았기 때문에, 초대 농협중앙회장으로 당선된 서울축협조합장의 사무실에서 급한 일을 처리하다가 종로구 관철동에 있던 대한감사회관 2, 3층을 임대하여 사용하였고 1959년 3월에야 중구 저동에 사무실을 구입하게 되었다.

이런 연유로 농협중앙회의 업무개시일은 정확히 파악할 수 없으나 대략 창립총회가 끝나고 그해 10월경(농협 5년사) 본격 업무가 개시되지 않았나 추정된다.

최초 농협중앙회는 본부 조직으로 1실(기획실) 5부 15과를 두었으며 각 도 지부(관리과, 사업과)와 출장소를 설치하였다.

한편 각 조직에 근무할 직원들은 신규 채용하지 않고 대부분 대한농회재산관리소 직원, 축산동업조합중앙회와 대한원예협회 직원 및 농사교도사업연구회에 종사하던 직원으로 충원하고 업무를 하게 되었다.

(3) 사업과 경영

이동조합의 경우에는 농협법 제정 전 사단법인 실행협동조합 때부터 운영되던 조합이나 시범협동조합을 제외하고는 법정사업을 제대로 하지 못하였으며 이는 1960년 말 이동조합 중 공동이용시설을 설치 운영하고 있던 조합이 713개 조합에 불과했음을 보아도 알 수 있다.

시·군조합은 정미소 등의 공동이용 사업과 정부양곡보관사업, 관수용 비료보관사업이 주된 사업이었고 구매 사업으로는 이동조합의 신청사업인 민수용 비료 및 농기구, 농약 사업과 판매 사업으로는 춘추잠견 공판사업과 지방에 따라 고추, 마늘, 잡곡 등 특산물을 취급하였다.

축산협동조합은 축산동업조합에서 인수한 가축시장 관리업무가 주종 업무였으며 가축위생검사업무, 사료구입알선업무, 정부양곡도정의 부산물인 쌀겨, 보릿겨 인수공급업무를 수행하였고 원예협동조합은 과수용 비료, 농약알선사업, 묘목알선사업과 비료공급사업 등을 취급하였고 특수조합은 종전에 하던 사업을 그대로 인수하여 수행하였다.

농협중앙회는 구매 사업으로는 비료와 농약 농기구 등의 계통 공급과 판매 사업으로는 고공품, 계란, 녹비종자, 박하원유 등의 매상과 판매업무를 취급하였다.

또한 이용가공 사업으로는 창고사업과 비료배합사업을 취급하였으며 공제 사업으로는 소에 대한 가축공제 사업을 실시하였다.

그러나 농협중앙회 사업으로는 무엇보다도 지도 사업이 가장 중요하였던바 먼저 전국 시·군·구조합 및 축산, 원예, 특수조합의 상무이사의 자격전형과 그들의 교육 및 농협 현지지도요원을 시험 선발하여 각 도 지부에 배치하고 일선조합을 지도하는 일을 수행하였고 아울러 이동조합의 공동이용시설 지원 육성사업을 실시하였다.

이상과 같이 각급 조합은 나름대로 사업을 실시하였으나 자체자금의 부족, 수익원의 미흡, 인적 물적 양면에 걸친 자원의 불충분, 사업체계의 미비, 경영기술의 미숙 등으로 대부분 적자경영을 면치 못하였다.

이로 인하여 일선조합은 말할 것도 없이 중앙회의 경우에도 임직원에 대한 임금체불 문제까지 발생하게 되었다.

이상에서 살펴본 최초의 농협법과 농협 설립 과정을 종합 정리해 보면 첫째, 최초의 농협법은 부분적으로 훼손된 점이 없지 않으나 조합원의 가입탈퇴의 자유, 민주적 관리, 자율성과 독립성의 보장, 자본 이자 제한과 이용고배당, 교육훈련의 충실 등 협동조합이 갖추어야 할 기본적인 원칙들을 충실히 반영하고 있으며 농협설립 역시 그에 따라 이루어졌고, 둘째 동 농협법에 의해 설립된 계통 3단계 농업협동조합 조직은 이후 농협계통 조직의 기본적인 틀을 마련하였으며, 셋째 비록 신용 사업은 배제되었다고는 하나 해방 후 다양한 기관들에 의해 분산 수행되던 농업인에 대한 지도 경제 사업을 통일적, 체계적으로 수행할 수 있는 계기를 마련하였다는 점을 들 수 있다. 다만 최초의 농협은 농은과 달리 구농회, 축산동업조합, 원예협회 인수 재산처리에 어려움이 많았고 앞서 지적했듯이 자체자금은 물론 사업과 수익기반이 매우 취약하였으며 농업은행과 농업협동조합이 유기적으로 협조하여 신용 면에서 농업은행이 농업협동조합을 지원하도록 되어 있었음에도 그렇게 하지 못한 것은 아쉬운 점으로 남는다.

어쨌든 1957년 2월 농협법이 제정되어 1961년 8월 통합될 때까지 횟수로는 5년 동안 존립했으나, 실제로는 만 2년여 정도밖에 사업을 수행하지 못한 최초의 농업협동조합은 많은 난관 속에서도 한국농업협동조합의 초석을 놓았다는 데 큰 의미가 있다고 보겠다.

5) 1961년 통합농협의 의의

최초의 농업협동조합과 농업은행의 통합논의는 4·19 혁명으로 탄생한 민주당 정부에서 이루어졌으나 통합이 성사되지 못하고 있다가 5·16 군사혁명이 일어나자 농업협동조합과 농업은행의 통합을 전격적으로 추진하게 되었다.

즉 1961년 5월 혁명정부는 협동조합의 재편성 등으로 농촌경제를 향상한다는 것을 내용으로 한 기본경제정책을 발표하고, 동년 6월에 국가재건최고회의 의장 명의로 농림 부장관에게 통합처리 대강과 함께 농업협동조합과 농업은행의 통합처리방안을 조속히 강구하고 그 결과를 보고토록 함으로써 이루어지게 된 것이다.

이에 따라 농림부장관은 통합처리대강에 명시된 대로 통합처리위원회를 구성하여 1961년 7월 3일에 신농협법안을 작성, 최고회의에 제출하였으며 동 법안이 7월 27일 최고회의 본회에 상정 통과되었고 7월 29일에는 농협법과 농은법을 폐기하고 신농협법이 법률 제670호로 공포되었다. 이어 8월 7일에는 각령 제81호로서 농협법 시행령이 제정 공포됨으로써 8월 15일 통합농협의 발족을 보게 되었다.

여기서 새로이 제정된 농협법의 내용이 최초의 농협법 내용과 다른 점을 몇 가지 살펴보면 우선 조직 면에서는 이동농업협동조합－군조합(종전 시·군·구조합)－농협중앙회의 3단계 조직체계를 갖춘 점은 동일하나 조합의 종류는 일반농업협동조합(이동조합, 군조합)과 특수농업협동조합의 2종류로 단순화하였다는 점이다.

다음으로 기구 면에서는 각급 조합의 경우 의사결정기관으로 총회와 이사회를 둔 점은 동일하나 이동조합의 경우 조합원이 100인을 초과 시에는 총회에 대한 총대회를 두도록 한 점, 중앙회의 경우에는 의사결정기관으로 총회, 대의원회 이외에 농업은행에 도입되었던 운영위원회를 두도록 한 점은 종전과 다른 점이었다.

마지막으로 사업 면에서 보면 이동조합은 농업협동조합과 농업은행이 통합되었음에도 종전과 크게 다른 바가 없었고 특수조합은 아예 신용 사업을 취급할 수 없도록 한 점과 군조합과 중앙회가 종전 농업은행의 업무를 이어받아 신용 사업을 취급하게 된 점이 종전과 크게 다른 점이었다.

아무튼 이상과 같은 통합농협법의 성립으로 조직 및 인원 등의 통합과정이 이루어지게 되는데 그 대강을 살펴보면 우선 조직 면에서는 이동조합은 총 19,637개로 종전과 별다른 변동이 없었고, 종전 시·군·구조합은 168개 조합이었는데 새 농협법에 의하여 시조합 중 서울특별시 조합만 인정하고 기타 지방 시조합은 당해 군조합으로 합병되어 1시·139개 군조합 즉 140개 시·군조합으로 개편되었다. 또한 종전 군 단위로 운영되던 지역축협 153개와 원예조합 76개는 새 농협법에 의하여 군조합으로 합병하되 그중에서 재정이 건실하고 발전성이 있는 축산, 원예조합은 업종별 특수조합으로 전환 조치되었고 종전의 각종 특수조합은 변동 없이 존속하게 되었다. 그리고 종전 농업은행 지점 총 170개 중에서 도시점포 31개는 중소기업은행으로 이관하고 139개 지점과 382개 출장소가 각각 해당 군조합과 통합되었다. 다음으로 종사 직원 면에서 보면 당시 농업은행에서 온 직원이 3,656명이고 농업협동조합중앙회에서 820명이 넘어와 총 4,976명이 되었으며 이 중 887명이 중앙회에 배치되고 3,597명은 시·군조합에 배치되었다.

이렇게 볼 때 통합과정은 조직 면에서는 농업협동조합을 근간으로 조직하되 종사 인원은 농업은행직원이 대부분을 차지하고 있었음을 알 수 있다.

이상에서 살펴본 1961년 통합농협의 특색을 살펴보면 첫째, 통합농협은 해방 이후 지속적으로 논란이 되어 온 협동조합의 신용 사업 겸영 여부 문제에 대해 겸영 쪽으로 결론을 냈다는 의미가 있다. 둘째, 통합농협은 농업협동조합에 협동조합이 아닌 일반금융 및 농업정책 금융기관이 통합되었다는 의미를 갖는다. 셋째, 통합농협은 최초 농업협동조합의 업무인 생산지도, 구매, 판매, 이용가공, 공제, 일부 신용업무와 농업은행의 업무인 은행업무, 농업금융채권 발행, 여신관리 업무를 한 조직 안에 통합함으로써 다목적, 종합농협이 되었으며 농업협동조합중앙회와 시·군조합이 일반은행 업무를 취급하게 되었다는 점을 특색으로 들 수 있다. 넷째, 통합농협은 군단위 조직 면에서 서울특별시 조합을 제외한 시조합을 인근 군조합에 합병하고 특히 군 단위로 조직되었던 원예, 축산조합을 시·군조합에 편입하여 조합 난립을 방지하고 아울러 일부 원예, 축산조합을 업종별 특수조합으로 광역화하였다. 다섯째, 최초의 농협법에는 단위 조합에 조합장이 임명하는 상무이사가 이사회의 구성원이 되어 발언권과 의결권을 가지고 있었는데 통합농협법에는 관리와 경영을 분리한다는 취지에서 상무이사는 지배인으로서 간부직원이 되었다는 점이다. 여섯째, 통합농협은 최초의 농협법에 명시된 바 있는 최대 봉사의 원칙, 출자금 배당제한과 이용고배당원칙 등의 협동조합적 원칙을 보다 명확히 규정하고 있음에도 중앙회의 경우 농업은행에서 운영하던 운영위원회 제도를 그대로 도입함으로써 총회, 대의원회 등의 자율적, 민주적 의사결정권한을 현저히 훼손하고 있고, 특히 농협법의 과도조치로 1962년 2월 12일 법률 제1025호로 농업협동조합 임원 임명에 관한 임시조치법(1980년 초까지 유지)을 제정 공포하여 중앙회장의 대통령 임명과 시·군조합장과 간부직원을 중앙회장이 임명토록 한 것은 협동조합의 민주적 관리, 자율성과 독립성의 원칙을 사실상 무시한 것으로서 통합농협이 민주적 운영관리를 생명으로 하는 협동조합이기보다는 차라리 정부와 정책목적 수행의 시녀기관으로서 자리매김하는 결정적 오류를 범하게 되었다는 점을 들 수 있다.

우리는 지금까지 해방 전부터 1961년 통합농협에 이르기까지 농협 성립과 관련된 제 조직 또는 새로이 만들어진 농협의 존재 의의와 특성, 행태에 대하여 살펴보았다.

먼저 해방 후 미 군정과 새로 수립된 대한민국 정부에서 합법성을 인정받고 존재했던 금융조합, 농회, 산업조합 등의 해방 전 농촌단체와 축산동업조합, 원예협회 그리고 대한농민총연맹의 농협조직운동과 실행협동조합 등의 검토를 통해서 그들 중 어떤 조직도 해방 후 한국 농협의 기점이 될 만한 근거를 갖고 있지 못함을 알았다. 특히 해방 후 가장 유력 단체로 남아 있던 금융조합과 농회 등은 해방 후에도 농업협동조합으로의 근본적인 변신보다는 일제시대 이래 그들의 기득권 확보에 주력한 나머지 오히려 새로운 한국 농협의 발족에 암초가 되어 왔음을 곳곳에서 발견할 수 있었다. 그래도 여러 조직 가운데 가장 바람직한 방향으로 전개되었던 실행협동조합 운동은 영속적이 되지 못하고 단기간 내에 소멸됨으로써 한국 농협의 성립에 작으나마 역할을 담당했었다는 연결고리를 찾아볼 수 있으나 한국 농협의 기점이 될 수 있는 확실한 근거는 없었다.

다음으로 해방 후 우리 정부에 의해 새롭게 만들어진 주식회사 농업은행과 특수법인 농업은행은 1961년 통합농협의 한 주체였으나 그 자체가 협동조합이 아니었기 때문에 한국 농협의 기점이 될 수 없음은 말할 것도 없다.

끝으로 1961년 통합농협은 흔히 최초의 종합농협이기 때문에 한국 농협의 기점으로 삼아야 한다는 논리에 따라 그렇게 관행적으로 인정되어 왔으나 앞서 문제 제기에서 지적했던 1957년 법에 의해 만들어진 농협도 일종의 종합농협이라는 점과 만일 한국 농협이 종합농협이 아니고 단일목적 협동조합으로 시작했다면 농업협동조합의 기점이 될 수 없느냐는 반론에 이르면 그 논지는 의미가 없어지게 된다.

또한 1961년 통합농협은 1957년 제정된 농협법에 의해 설립된 농협에 비해 협동조합 원칙에 비추어 훨씬 후퇴한 농협이라는 점에서도 한국 농협의 기점이 될 수는 없다. 굳이 1961년 통합농협을 한국 농협의 기점으로 삼는다면 시·군조합과 농협중앙회가 신용 사업을 하게 됨으로써 종합농협이 되었다는 점을 강조한 결과밖에 될 수 없는 것이다.

따라서 진정한 한국 농협의 기점은 1957년 제정된 최초의 농협법에 의해서 설립된 농협과 농협중앙회에서 찾아야 할 것이다. 그러면 최초의 농협의 출발점(일자)을 언제로 볼 것이냐를 검토해 보아야 하는데 여기에는 몇 가지 가설이 있을 수 있다.

첫째, 1957년 2월 14일 최초의 농협법 제정 공포일로 하는 것이다.

둘째, 농협법 제정 공포 후 맨 처음 설립된 이동조합 또는 시·군·구조합, 원예, 축산, 특수조합으로 하는 것이다.

셋째, 농협중앙회의 창립총회일로 하는 것이다.

넷째, 농협중앙회의 업무개시일로 하는 것이다.

그렇다면 한국 농협의 해방 후 기점은 1958년 4월 11일이 되며 한국 농협의 역사는 2003년 4월 11일에 만 45주년이 되는 것이다. 제2차 통합농협이 이루어진 지도 벌써 2년이 경과되어 많은 어려움과 비판 속에서도 농협은 질적, 양적으로 안정적 발전을 해 나가고 있다. 그러나 우리 앞에 다가올 미래는 어떻게 전개될는지 아무도 모른다. 과거의 올바른 인식의 바탕 위에 우리가 서 있는 장소를 분명히 알지 못하고는 앞으로 어디로 가고 있는지도 알 수 없다. 그런 점에서 한국 농협의 기점을 분명히 하고 현재를 정확히 분석해 볼 때 앞으로 다가올 미래에 대한 비전도 바로 보일 것이다

제3절 협동조합의 흐름

1. 농업환경에 따른 새로운 협동조합

1) 신세대협동조합

신세대협동조합은 1990년대 초 노스다코타와 미네소타 지역에 가공 사업을 중심으로 50여 개 농협이 새롭게 등장하면서 시작됐는데, 이들은 산물출하를 주로 하는 기존의 지방 판매농협과는 달리 포장·가공 등의 새로운 부가가치 창출을 통해 조합원의 실익을 증대하고자 하는 새로운 형태의 협동조합 운동이다.

따라서 신세대협동조합을 부가가치 창출형 협동조합이라고도 하는데 이는 공동판매만을 목적으로 하지 않고 가공 사업에 적극적으로 참여하여 부가가치를 창출하여 조합원에게 분배하고자 하기 때문이며, 주로 틈새시장을 대상으로 하여 차별화된 농산물을 공급하고 있다. 이러한 신세대협동조합의 특징을 구체적으로 알아보면,

첫째, 협동조합을 결성할 때 높은 자기자본을 확보하고 있는데 이는 출하권 발행을 통하여 출자금을 모집하고 있기 때문이다. 출자금은 농가가 출하할 수 있는 물량을 규정하고 있으며 출자하지 않는 농가는 조합 사업을 이용할 수 없다. 출하권의 존재로 신세대협동조합은 전통적인 협동조합보다 조합원으로부터 충분한 자기자본을 조달하여 경영안정을 추구하고 있다. 신세대협동조합은 30~50%의 자기자본 비율을 유지하고 있어 전통적 협동조합보다 낮은 부채비율을 유지하고 있으며, 그 결과 은행으로부터 낮은 금리로 자금차입이 가능하여 금융비용이 축소되고 있다. 또한 사업으로 연계된 기업이나 지역이 공공기관으로부터 우선주 발행을 통해서도 자본 조달을 확대하고 있다.

또한 사업 초기에 투자금액과 사업물량을 계획하고 출하권의 초기가격을 결정하며, 사업물량은 조합원에게 가장 이익이 되는 효율적인 수준에서 결정되고 그에 따라 이를 처리하기 위한 투자금액이 결정되고 출하권 발행을 통해 조달할 금액이 결정됨으로써 출하권당 출하물량과 출하권의 초기가격이 결정된다. 따라서 조합원의 출자비율과 이용비율이 언제나 같아지는 효과를 얻고 있으며, 이 출하권은 이사회의 승인을 받은 조건으로 거래가 가능하므로 이후 출하권 가격은 협동조합의 수익성에 따라 결정된다. 협동조합 사업이 미래에도 높은 수익을 제공하여 줄 것이라고 기대되면 출하권 가격은 상승하고, 농업을 그만두거나 협동조합 사업이 이익을 제공하여 주지 못한다고 판단하는 조

합원은 출하권을 양도함으로써 손실 없이 협동조합에서 탈퇴할 수 있다.

둘째, 출하권을 통하여 협동조합과 조합원 간 엄격한 계약관계를 형성하고 있다. 조합원은 출하권이 규정하고 있는 원료농산물 양을 출하하여야 하는 의무를 가지는 한편 협동조합에 출하할 수 있는 권리도 갖는 쌍방 계약관계를 형성하고 있으며, 여기에는 물량뿐만 아니라 품질에 대한 것까지 포함하고 있다. 또한 조합원이 출하의무를 이행하지 못할 경우에는 협동조합은 그만큼의 농산물을 다른 시장에서 구입하고 이에 소요되는 모든 비용을 해당 조합원에게 부과함으로써 계약관계를 이행시키고 있다. 다만 작물실패 등의 사건이 발생할 경우에는 예외로 하고 있다. 혹자는 기존의 캘리포니아 유통협동조합에서도 계약을 중요시하고 있어 새로운 특징이 아니라는 주장도 있지만, 계약물량이 고정되어 있다는 것이 다른 점이며, 이를 통해 언제나 안정적이고 효율적인 가동수준을 유지할 수 있다. 따라서 신세대협동조합은 폐쇄형 조합원주의를 형성하고 있지만 조합원의 출하물량이 고정되어 있다는 측면에서 전통적 협동조합에서의 폐쇄형 조합원주의보다 더 엄격한 형태를 이루고 있다.

운영원칙상 특징을 보면, 첫째, 전통적 협동조합원칙을 고수하고 있으며, 협동조합은 자본독점을 방지하기 위해 1인의 주식 보유 한도를 설정하고 있다. 둘째, 민주적 관리를 위해 1인 1표 주의를 채택하여 선거를 통해 이사회를 구성하고 있다. 셋째, 전통적 협동조합은 이용고배당원칙을 적용하고 있어 조합원의 이익을 극대화하지 못한 수준에서 균형이 이루어지는 최적화 범위에서 비효율성이 있는 반면, 신세대협동조합은 출하권의 도입으로 조합원의 출자비율과 사업 이용비율을 일치시키고 있어 출자배당과 이용고배당 간의 갈등문제를 해결하고 있다. 또한 어떤 배당을 선택하더라도 다른 배당기준에서의 조합원 간 이익이 변하는 것이 아니며, 출하권에 의해 사업규모가 결정되기 때문에 모든 조합원에게 동일한 선형 가격을 제시하면서도 농가와 협동조합이 수직적 결합관계를 형성하고 있는 형태로 사업규모를 선택할 수 있다. 따라서 신세대협동조합은 최적화 범위에서 발생하는 비효율성을 제거할 수 있으며 전통적 조합원주의보다 더 우월한 경영성과를 나타낼 수 있다.

전통적 협동조합에서 가장 취약한 문제는 자기자본이 어렵다는 것이다. 이는 협동조합이 이용고배당을 목표로 설정하고 있어 발생하는 문제이다. 즉 협동조합의 소유권이 이익을 보장하지 않고 협동조합의 사업 이용이 이익을 보장하고 있는 것이며, 이용고배당이라는 원칙으로 인해 무임승차[57]의 문제와 기간불일치[58]의 문제가 발생하고 이로 인

---

57) 무임승차란, 조합원이 출자는 하지 않고 사업 이용만 하여 협동조합이 제공하는 이익을 획득

해 조합원은 출자와 장기투자를 기피하게 된다.

전통적 협동조합은 이러한 문제를 해결하기 위하여 이익금의 일부를 유보하는 방식을 선택하고 있지만, 투자를 위한 이익금의 유보는 언젠가 조합원에게 귀속되어야 하므로 부채의 형식이고 궁극적으로는 자본금의 감소로 이어지는 반면, 신세대협동조합은 출하권으로 사업 이용과 자본출자비율을 일치시키고 있어 이용 정도에 따라 투자비용을 부담하게 되어 무임승차의 문제를 해결하고 있다. 또한 출하권의 거래를 허용하고 있어 이를 통해 기간불일치의 문제를 해결하고 있다. 즉 협동조합이 장기투자를 통해 미래의 수익성을 제고하면 출하권의 거래가격이 상승하게 되며 사업 이용기간이 단기인 조합원은 장기투자비용을 부담하면서도 그 이익을 출하권 가격상승으로 회수할 수 있다. 따라서 이러한 투자를 기피할 유인이 없으며 그러면서도 사업 이용에 의해 이익을 배분하고 있어 협동조합의 원칙을 고수할 수 있다.

전통적 협동조합에서는 조합원이 농산물을 출하하면 협동조합이 모두 받아서 판매한다는 정책을 기본으로 하고 있어 조합원의 기회주의적 행동이 심각한 문제로 대두되고 있다. 특히 가격과 품질에서 변동이 심할 경우 이러한 문제는 심화되는 반면, 신세대협동조합은 출하권을 통한 계약으로 이러한 문제를 해결하고자 하고 있다. 전통적 협동조합도 출하계약을 활용하고 있지만, 신세대협동조합의 출하권은 단순한 출하계약 이상의 역할을 수행하고 있다.

전통적 협동조합에서의 공동계산제(pooling)는 가공 사업과 같이 장기간 판매와 시장개발을 위한 투자를 필요로 하는 분야에서는 공동계산제가 활용되기 어려운 반면, 신세대협동조합에서의 출하권에 의한 계약은 이러한 문제까지 해결하고 있다.

신세대협동조합의 운영원칙은 이 이외에도 몇 가지 문제를 해결하여 주고 있다. 즉 조합원의 농산물 생산에 대한 정보를 잘 전달하여 주고 있고, 조합원의 경영성과 평가를 용이하게 해 준다. 특히 출하권 거래허용에 따른 가격변동은 직접적으로 협동조합의 경영성과에 대한 외부적 평가를 반영하고 있어 개별 조합원이 복잡한 재무 분석을 하지 않고도 경영성과 평가를 할 수 있다. 경영성과가 낮아 출하권의 가격이 하락하면 조합 경영자에게 압력이 되고 출하권을 양도함으로써 경영책임을 부과할 수 있고 그 만큼 조합원의 지배구조가 강화되는 효과를 얻고 있다.

하려는 것임.
58) 기간불일치란, 조합원이 협동조합을 이용하는 기간과 발생기간이 일치하지 않는 데서 발생하는 문제임.

2) 다자 간(이해관계자) 협동조합

최근 시장경쟁력이 치열해짐에 따라 협동조합은 상대적으로 경쟁력이 약화되는 문제에 직면하고 있다. 따라서 협동조합의 경쟁력을 제고시키는 방안의 하나로 새로운 유형의 '이해관계자 협동조합(multi-stakeholder model)모델'이 등장하였다.

이해관계자 협동조합의 최초 모델인 '그로잉 써클 식품협동조합'(Growing Circle Food Cooperative)은 2001년 12월에 브리티시 컬럼비아 남부에 있는 솔트 스프링 아일랜드(Salt Spring Island) 지역에서 탄생되어, 현재는 500명의 회원(생산자 100명, 소비자 400명, 노동자 8명)으로 구성되어 있다. 조합의 주요활동을 보면, '유기농산물 판매점'을 통하여 생산자에게는 보다 광범위한 시장접근을 용이하도록 하고 소비자에게는 안정적인 지역농산물 공급을 도모함으로써 소비자와 생산자를 연결하는 데 있다. 또한 지역경제 활성화와 지속 가능한 지역농업 발전을 위해 지원 및 동기를 부여하여 지역사회의 자급률 향상과 지역농산물의 안전성을 증대시키는 데 있다. 설립배경 및 과정을 보면, 그로잉 써클 식품협동조합은 인구 1만 명인 솔트 스프링 아일랜드에 상업 중심지인 갠지스에 위치해 있다. 이 지역은 브리티시컬럼비아의 남부 섬들 중 가장 크고, 전형적인 농촌공동체로서, 캐나다의 유기농산물 중심지이기도 하다. 또한 이 지역은 비누와 양초 제조, 염소유 및 우유 치즈 생산, 그리고 토푸(콩 우유로부터 만들어진 부드러운 치즈 같은 식품) 생산과 같은 대부분 소규모 식품산업으로 유명하다.

여름 동안 이 지역 인구는 두 배로 증가된다. 이유는 많은 관광객들이 이 지역 토요일 시장과 다수의 예술공연장을 방문하기 때문이다. 지역 공예품과 신선 농산물 등은 시장에서 인기품목이다. 이 지역의 농민들은 자기 농장에서 섬 주민들과 관광객들에게 농산물을 판매한다. 게다가 대부분 지역 예술인과 지역 주민은 관광객에게 섬에 대한 정보를 제공할 뿐만 아니라 관광서비스를 제공한다. 이처럼 여름에는 관광산업이 활기를 띠고 겨울에는 일상으로 돌아간다.

조합의 발생요인은 2가지를 들 수 있다. 첫째는, 지역에서 생산된 농산물의 연중 공급을 가능케 하여 지역 유기농산물에 대한 보다 넓은 선택을 하려는 소비자의 욕구에 따른 것이다. 둘째는, 지역농산물시장에의 보다 넓은 접근을 요구하는 지역생산자의 필요에 의한 것이다. 이 지역은 이미 2개의 슈퍼마켓과 소규모 자연식품매장을 가지고 있었지만 지역생산자와 소비자의 필요를 충족시키기에는 아직은 역부족이었다.

북아메리카 대부분의 지역에서 흔히 볼 수 있듯이 대부분 섬 지역은 세계 각국으로부터 수입된 농산물에 의존하고 있다. 이 지역은 전체 농산물 필요량의 3%만 생산한다. 따라서 이 지역은 자급목표를 실현할 수 있는 토지조건과 적절한 기후를 가지고 있는 탓에 주민 스스로 지역 유기농산물 및 자연농산물을 제공할 목적을 가진 조합 설립을 열망하였다.

2000년 3월 이 협동조합의 창설자인 요나 토마스는 8명으로 구성된 최초 조합운영위원회를 발족하였고 식품협동조합의 실현가능성을 결정하기 위하여 사업형태를 개발할 목적으로 9개월 동안 이 지역을 조사하였다. 또한 이 지역 생산자와 소비자의 욕구를 충족시키고 지역 주민에게 고용기회를 창출할 수 있는 사업개발을 위해 조합창립회원들이 결정되었다. 조합 회원들은 사회적, 경제적, 환경적 가치가 반영된 사업을 할 수 있는 이상적인 협동조합 모델을 만들고자 하는 데는 모두 동의했지만 새로운 조합 설립에 있어서 이상적인 협동조합 형태를 결정하는 데는 많은 어려움이 있었다. 따라서 시험적인 설립단계에서부터 소비자 협동조합, 생산자 판매 협동조합, 그리고 노동자 협동조합 모델이 모두 고려되었다. 결국 회원들은 그들에게 가장 적합한 협동조합의 형태는 생산자, 소비자, 노동자 세 계층의 회원으로 구성된 이해관계자 협동조합 모델로 결정했다.

지역 주민은 지역사회에 매우 열성적이고 조합 창립자도 사회적, 경제적, 환경적 관심사들 사이의 균형을 이루는 바람직한 지역 경제를 만들기 위해 협동의 중요성을 다 같이 인식하였다. 운영위원회는 지역 내 많은 회원을 확대하기 위해 최선의 노력을 기울였고 그 결과 짧은 기간에 협동조합 설립 정신에 대한 정의를 내리고 이에 대한 구체적인 실천 지침을 마련하였다. 2001년 12월 '그로잉 써클 식품협동조합'은 조합을 통해 지역농산물품과 부가가치 농산물 판매에 열정적인 노력을 기울이고 있는 50여 명의 회원들로 탄생되었고 1년 후 연례 정기총회를 개최할 때까지 100여 명의 지역 생산자를 포함하는 500명 이상의 회원으로 성장하였다.

조합 회원들은 인간자원 개발 프로그램(HRDC)을 통해 협동조합 발전 기금을 받을 수 있다. 이 프로그램은 회원들이 조합 발전에 전력을 다할 수 있도록 적격자를 선정하여 10개월간 생활수당을 제공하였으나 10개월 동안에 3명의 회원 중 2명이 탈퇴하였다. 한 사람은 생활수당만으로는 재정적 욕구를 충족시키지 못한다는 이유였고 또 한 사람은 개인적인 사정을 이유로 탈퇴하였다. 따라서 이 기금 지원 확대로 적격자 2명의 회원을 다시 선정하였고 이러한 재정적 지원은 협동조합을 이론적인 단계에서 실천의 단계로 옮기게 한 출발점이 되었다.

또한 조합 발전의 원동력은 협동조합 장려(Cooperative Advantage) 프로그램을 통해 받은 기금(9천8백14달러)이다. 이 프로그램은 협동조합 설립을 시작하고 있는 단체를 지원하기 위해 브리티시컬럼비아의 '협동조합 발전 모임' 회장에 의해 만들어졌다. 특히 이 기금은 조합이 시장조사를 수행하고, 사업계획을 완성하고, 협동조합 구조를 명확히 하고, 이사회 회원을 교육시키고, 협동조합의 관리와 법인 설립을 위한 규칙을 만들 수 있게 했다. 또한 조합은 CA기금으로 협동조합전문가의 도움을 받았다. 전문가의 도움이 없었다면, 출발 과정이 순조롭지 못했을 것이다. 그리고 마우린 로빈슨 기금(MRF)으로부터 5천 달러의 보조금을 받았다. 이 보조금으로 조합은 대형 냉장창고를 구입할 수 있었다. 따라서 조합 회원들도 각종 보조금 혜택을 인정하고 있다. 만일 이러한 보조금 지원이 없었다면 오늘날 조합 탄생은 기대하기 어려웠을 것이다.

조합은 상기 보조기금 외에 부가적으로 지역관내 지역사업단체로 부터 7만 달러 상당의 제품과 용역을 제공받았다.

또한 협동조합 발전을 위한 재정적인 보조기금 외에도 개인, 여타 식품협동조합, 사업단체로부터 사업과 경영에 대한 전문적인 도움을 받았다. 예를 들면 빅토리아에 있는 케이프 지역 마켓의 식품 매니저, 에디블 아이슬랜드의 회원들, 코테니의 노동자 협동조합, 넬슨 소비자 식품협동조합, 온라인 식품정보 네트워크에 참가한 북아메리카 식품협동조합들, 브리티시컬럼비아의 여성기업 단체 등이다.

초창기 조합 회원들은 개인적으로 투자할 수 없었고, 대출자격조건에 적격자가 아니었으므로, 대출 프로그램에 대한 대책을 강구해야만 했다. 또한 대출프로그램에 대한 대체안이 없었으므로, 전문가의 도움을 받아 지역사회 대출 프로그램을 통해 빅토리아의 코우스트 캐피털 기금으로 부터 2만 달러의 사업대출을 승인받았다.

조합 출발 단계의 어려움 중 하나는 협동조합이 정부기금을 받기 때문에 시장에서의 불공정한 이익을 가진다는 일부 회원들의 편견이었다. 또한 조합은 사적 소유나 다를 바 없고 각종 보조금은 운영경비로 사용되고 있다고 생각한 일부 지역 주민들의 오해가 있었다. 이러한 오해는 간혹 협동조합의 운명을 좌우하게 되므로 조합은 지역매체를 통해 이러한 오해를 해결하는 것이 선결과제였으므로 지방신문 기사를 통해 조합은 사적 소유가 아니라, 지역회원들에 의해서 소유되고 운영되며, 나아가서는 지역 전체에 기여한다는 사실을 강조했다. 또한 정부의 기금은 협동조합 발전을 위해 쓰일 기금이지 운영경비 차원이 아니라는 내용을 강조했다.

조합의 또 다른 어려움은, 지역농산물 실제 가격에 대한 소비자들의 불만을 교육을 통해 해결하는 문제였다. 왜냐하면 지역 내 대형 슈퍼마켓은 식료품들을 대규모로 구매할 수 있는 능력이 있기 때문에, 소비자에게 보다 저렴한 가격으로 공급할 수 있었다. 또한 켈리포니아산인 인증 유기농산물은 지역농산물보다 상대적으로 가격이 저렴했다. 이에 대해 조합은 지역사회 전체적인 관점에 초점을 맞추고 마케팅 방법 차원에서 소비자교육을 중시하였다. 즉 소비자 회원들에게 농산물 구매비용을 낮게 유지하기 위해 대량구매를 주문했고 주간지에 회원 교육과 참여를 독려하고 지역 행사(생산자회원 농장 순회관광 등)에 지원과 참여를 요청하였다.

또한 조합 이사회는 더 많은 재원확보를 위해 다른 자금 조달처를 찾았고 교육 사업 투자를 위해 기금조달위원회를 만들었다.

2. 세계 협동조합의 흐름과 전망[59]

1) 협동조합의 흐름

세계 협동조합의 역사를 보면 협동의 역사인 동시에 경쟁의 역사임을 알 수 있다. 협동조합은 정부와 달라 독점사업이 없기 때문에 경쟁자가 있게 마련이다. 따라서 경쟁력이 없으면 협동조합은 존립 의의를 잃게 된다.

농업협동조합은 경쟁력을 확보하기 위해 여러 가지 전략을 구사해 왔다. 그 하나하나를 사례를 들면서 살펴보고자 한다.

① 첫째는 조합원의 사업 이용을 늘리는 것이다.

협동조합의 조합원은 협동조합을 조직할 때부터 사업 이용을 전제로 하여 사업 이용자인 동시에 협동조합의 소유자가 된다.

사업 이용은 조합원의 권리이자 의무이다. 조합에 가입하고 있으면서도 조합 사업을 이용하지 않는 사람은 죽은 조합원(dead member) 또는 휴면조합원(idle member or sleeping member)이라고 한다.

덴마크 농협의 표준정관에는 조합원의 출하의무를 규정하고 있다. 그 내용은 '조합원은 자신의 건강한 암소로부터 생산한 모든 우유를 조합에 출하할 의무를 지닌다.' '조합원은 자신이 사육한 모든 돼지를 조합에 출하할 의무를 지닌다. 단 모돈이나 자돈을 예외로 한다.'는 등이다. 스페인과 그리스 등에서는 의무적 출하제도를 법률로 정하고 있다. 덴마크와 마찬가지로 포르투갈에서는 출하의무제도를 정관에서 정하고 있다. 우리나

---

59) '세계 협동조합의 흐름과 전망', 이종수 전 농협중앙교육원장, 2003. 7.

라에서는 조합원이 1년 이상 조합을 이용하지 않으면 제명사유가 된다(농협법 30조1).

세계적으로 알려진 미국의 오렌지 협동조합인 썬키스트 협동조합도 출하의무 위반, 품질관리 불량 등에 의해 타 조합원에게 손실을 주는 경우 제명 조치한다고 한다.

신세대협동조합(New Generation Cooperative)에서도 주식과 출하권을 연계시켜 조합원에게 구입한 주식 수에 비례하여 조합에 출하할 권리와 동시에 의무를 부여하고 있다. 조합과 조합원 간에 판매협약을 체결하며 여기에는 출하의무 이외에도 농산물의 품질조건, 대금 결제와 비용 계산, 제재수단 등 다양한 권리와 의무 조항을 포함한다. 만일 조합원이 출하를 이행하지 못하면 조합은 그 물량을 다른 곳에서 조달하고 이에 대한 비용을 그 조합원에게 부담시킨다고 한다.

② 둘째는 비농민을 조합원 또는 준조합원으로 가입시켜 경쟁력을 확보하였다.

프랑스의 끄레디 아그리꼴 그룹은 처음에는 농민만이 조합원이 되었으나, 비농업 분야로 업무 영역이 확대되면서 거의 모든 고객층에게 조합원 자격을 개방하였으며 2000년 현재 끄레디 아그리꼴 지방은행(단위 조합)의 농민조합원 비중은 550만 조합원의 62%이다.

일본의 종합농협은 농민의 수가 감소함에 따라 비농민을 준조합원으로 가입시켜 지역조합으로 발전하고 있다.

캐나다의 브리티시컬럼비아 주 남부에 있는 솔트 스프링 아일랜드 지역에서는 2001년 12월에 Growing Circle Food Cooperative라는 식품협동조합을 설립하였는데 이는 그 지역의 유기농산물 생산자 농민과 소비자 그리고 노동자가 다 같이 조합원이 되어 이해관계자 협동조합을 설립 운영하고 있다.

③ 셋째는 규모화하고 자회사제도를 도입하였다.

경쟁업체의 대형화에 맞서기 위해서는 합병이 불가피했다. 프랑스의 **끄레디 아그리꼴이나 네덜란드의 라보뱅크, 독일의 DG Bank의 회원인 라이파이젠협동조합은** 대대적인 합병과 사업 특화가 이루어졌다.

일본 농협은 한국과 같이 농업이 소농구조라는 특성 때문에 회원조합에서는 신용 사업과 경제 사업을 겸영하는 종합농협을 유지하고 있고, 현 단위에서는 연합회 체제를 형성하면서 신용 사업과 경제 사업이 분리되어 있다. 종합농협은 경제 사업이 만성적인 적자상태에 있고 신용 사업의 예대비율도 30% 이하에 이르고 있어 수지악화로 존립기반이 위협을 받고 있다.

이에 일본 단위농협의 합병은 단순한 규모 확대만을 목적으로 하지 않고 단위 조합의 광역합병을 통하여 단위 조합-현연합회-중앙연합회로 되어 있는 3단계 조직체계를 단위 조합-전국연합회의 2단계로 축소하는 구조개선을 추진하고 있다.

일본 지역조합의 합병실적을 보면, 1975: 4803개->1980: 4528개->1990: 3561개->2000: 1264개->2003: 944개 (매년 4월 1일 기준)로 나타나 우리 농협에 비해 합병의 속도가 빠름을 알 수 있다. 일본의 농가 호수나 경지면적은 우리나라의 약 3배 수준임을 감안하면 더욱 그러한다.

신용 사업은 중앙집권적이고 하향적인 특성이 있다. 컴퓨터화 온라인화됨에 따라 이러한 성격은 더욱 강화되었다고 본다. 이에 따라 신용협동조합의 발전을 위해서는 강한 연합회가 필요하게 되었다. 실제로 강한 연합회를 가진 신용협동조합은 발전하고 그러지 못한 조합은 실패한 사례가 있다.

끄레디 아그리꼴과 라보뱅크가 세계적 협동조합은행으로 도약할 수 있었던 원인은 중앙조직의 강력한 역할과 기능이 뒷받침되었기 때문이라고 한다. 한편 연합회 기능이 약한 영미계통의 협동조합은행의 실패 사례도 있다. 영국의 주택금융조합(Building Societies)은 대부분 조합들이 대형은행이나 보험회사에 흡수 합병되거나 청산 후 일반은행으로 전환하였다. 미국의 저축대부조합(S&L)은 80년대 미국 금융 위기에서 서로 간의 경쟁과 자금운용 실패로 상당수 도산하였다.

일본의 회원조합(JA)들도 부실조합이 크게 늘어나자 2001년 6월 농협법 개정과 농림중금법을 개정(신용 사업신법)하여 중앙조직의 기능을 강화시켰다.

협동조합은 자회사를 만들었다. 협동조합이 전통적인 협동조합 운영방식으로는 조합원의 요구에 부응하기 어려운 사업 분야에서는 자회사 제도를 도입하고 있다. 일반적으로 자회사(Subsidiary)란 어느 회사가 다른 회사의 발행주식을 2분의 1 이상 소유하고 있을 때, 또는 그에 준하는 지배력을 행사하고 있을 때, 전자를 모회사, 후자를 자회사라고 한다. 협동조합에서는 조합원의 실익을 보호하는 데 필수적이지만, 전통적인 협동조합의 자본금 확충방식이나 1인 1표의 의결권 제도를 유지하는 가운데 사업자본금의 확충이 불가능한 사업부문, 또는 조합원의 물량만으로는 시장의 경쟁에 대응하는 데 역부족인 사업부문을 대상으로 자회사 제도를 도입하였다.

④ 넷째, 지배구조를 개선하였다.

1844년 8월 11일 일요일 28명의 선구자에 의하여 제1회 총회가 열리고 마일스 에쉬워스(Miles Ashworth: 후란넬 직공, 차티스트, 본래 수병으로서 나폴레옹을 쎈트 헤레나 섬에 호송하였다 함, 54세)가 조합장으로 존 홀트(John Holt: 방직기계공, 로치데일 차티스트협회의 회계계, 연령 미상)가 회계계에, 제임스 데리(James Daly: 목수, 사회주의자, 아일랜드 출신으로 순사부장의 아들, 연령 미상)가 서기로 선출되었다.

이를 보면 로치데일 협동조합 초기에는 조합원 모두가 참여하는 총회가 열렸으며 임직원이라야 조합장 회계계, 서기, 세 사람뿐이었는데 모두가 조합원이 맡았다.

그러나 조합의 규모가 커져 조합원 수가 많아짐에 따라 조합원은 이사를 뽑고 이사회에서 조합장을 뽑는데 조합장은 이사회 의장으로서의 역할에 충실하고 경영은 전문경영자에게 맡겼다.

이러한 협동조합의 지배구조와 특성이 협력과 견제로 기업보다 경쟁력이 있다는 주장이 있다. 엔론사태와 같은 윤리의 문제는 기업 내부와 외부의 통제 시스템이 작동하지 않았기 때문이라는 것이다. 그러나 협동조합은 1인 1표, 의장과 사업대표의 양두체제, 조합원이 이용자이면서 소유자로서 일상의 거래 과정에서 점검과 통제, 지리적 제한으로 투명성 등으로 안정성과 통제의 측면에서 기업에 비해 우위성을 가진다고 하였다. 주식회사의 주주는 1년에 한 번 주주총회에서 경영자를 만나고 있는 실정을 생각해 보면 협동조합과는 차이가 있음을 알 수 있다.

⑤ 다섯째, 협동조합이 생존과 발전을 위해서 변화와 개혁을 추진해 오면서도 협동조합의 정체성은 유지하려고 끊임없이 노력해 왔음을 알 수 있다.

흔히들 협동조합은 주식회사로 변질되었다고 한다. 협동조합이 자회사를 만들고 주식을 상장하는 등 일련의 조치가 나옴에 따라 그러한 비판이 나온 것이다. 그러나 곰곰이 따져 보면 그러하지 않다. 협동조합의 근간조직은 조합원이 이용자인 동시에 소유자로서 통제하도록 체제를 유지해 왔다는 것이다.

끄레디 아그리꼴의 예를 들어 보자. 끄레디 아그리꼴은 중앙조직인 CNCA를 주식회사로 전환하여 CASA로 명칭 변경하고 2001년 12월 14일에 프랑스 1부시장에 주식을 상장하였다. 이에 주식상장은 협동조합의 정체성을 훼손하는 조합주의의 포기라고 비난이 있었다. 그러나 따져 보면 주식 전부를 상장한 것이 아니었다. 상장한 주식은 전체의 20%였다. 나머지 10%는 전현직 임직원이 가지고 있고 나머지 70%는 지역은행이 소유하고 있다. 끄레디 아그리꼴 지역은행의 조합원 550만의 62%가 농업인 조합원이다. CNCA의 CEO인 로랑은 주식상장계획은 우리들만의 조합주의에서 이제는 시장과 함께하는 조합주의로 가기 위한 것이라고 하였다.

2) 협동조합의 전망

협동조합은 공정을 이념으로 출발하였고 경쟁력을 확보해야만 존립의 의의가 있다고 했다. 앞으로도 마찬가지라고 생각한다. 아무리 경쟁이 촉진되고 시장이 완전경쟁에 가까워진다고 하지만 시장의 불완전성은 계속된다고 본다. 때문에 미래에도 협동조합의 필요성과 존립 의의는 상존한다.

기존의 협동조합들이 존립 발전함은 물론 육아, 건강, 환경, 인터넷 등과 관련된 협동조합이 많이 생겨날 것이라는 전망도 있다. 문제는 협동조합이 어떻게 경쟁력을 확보하느냐가 관건이다.

미국 농무부는 21세기 농협의 전망에서 21세기 협동조합의 성공전략 구상은 두 가지 주제가 중심을 이루고 있다고 했다. 첫째는 협동조합의 구성원에 대한 투자 확대가 필요하다는 것이다. 조합원과 이사, 경영진과 자문위원은 21세기의 과제를 해결하기 위해 필요한 교육과 훈련을 받아야 한다는 것이다. 둘째는 실용주의와 수익성에 강조점을 두어야 한다는 것이다. 협동조합은 사업체이며 미래에도 사업에 관한 문제를 해결하고 조합원에게 가치를 제공하는 데 초점을 모아야 한다고 했다. 그렇지 않으면 조합원들이 조합을 이용하지 않고 빠져나갈 것이라고 하고 7가지 사항을 권고하였다. 그 내용은 변화의 수용, 경쟁력 있는 이사진 확보, 자기자본 토대 구축, 교육 강화, 조직효율화 방안 모색, 농정활동 강화, 협동조합의 정체성 유지이다.

제4장 농업협동조합의 미래

제1절 미국 농업협동조합[60]

30여 년 전 Helmberger는 농업의 산업화가 농업협동조합의 붕괴를 초래할 것이라고 예측하였다(Helmberger 1966, p.1434). 반면 Abrahamsen은 Helmberger의 견해를 반박하면서, 농업이 산업화됨에 따라 협동조합이 점차 "농업인의 통합기구(farmer's integrating agency)"로 자리 잡을 것이라고 주장하였다(Abrahamsen, p.1442). 나는 이 논문을 통해 이와 같이 서로 다른 두 가지 견해에 대해 살펴보고자 한다. 이를 위해 첫째, Helmberger와 Abrahamsen(H&A)이 예상했던 시점 이후 미국 농업협동조합의 구조적·전략적 변화에 대해 간략히 살펴보고 둘째, 최근에 논의되고 있는 신제도학파의 경제이론을 통해 미국 농업협동조합의 구조적·전략적 변화를 설명할 수 있는 가설을 만들 것이며 셋째, 생산자에 의해 소유되고 통제되는 농업협동조합의 미래가 과연 어떻게 될 것인가를 예측하기 위해 신제도학파 경제학을 더 깊게 적용하여 보기로 한다.

1. 미국 농업협동조합의 변천

대부분의 미국 농협들은 농업구조와 경제적·정책적 배경에 의해 1900년대 초 설립되었다. 그리고 지난 40여 년 동안 미국의 농협들은 더디지만 지속적으로 영농자재 공급과 농산물 판매, 서비스 공급 등의 사업에서 시장점유율을 확대하여 왔다. H&A가 협동조합의 미래에 대해 전망하던 시기에는 협동조합의 시장점유율이 전체 농산물 판매의 24%, 영농자재 공급의 15%를 차지할 정도로 성장해 있었다<표 4-1>.

H&A가 협동조합의 미래에 대해 전망한 시기로부터 약 20여 년 동안 협동조합의 판매 사업과 구매 사업의 시장점유율은 1982년에 각각 30%와 28%를 차지할 때까지 계속해서 증가하였다. 반면 그 이후에는 농업이 침체됨에 따라 시장점유율이 감소세로 반전되었으며, 1987~1988년 기간에는 판매 사업과 구매 사업의 시장점유율 모두 25%로 하락하였다. 그러나 이 시기를 기점으로 하여 협동조합의 시장점유율은 다시 증가하기 시작하여 1993년에는 1982년 수준을 회복하였다.

---

60) 이 글은 Michael L. Cook(미국 미주리 주립대학) 교수가 미국농업경제학회지(American Journal of Agricultural Economics 77)에 발표한 "The Future of U.S. Agricultural Cooperaives: A Neo-Institutional Approach"를 '농협경제연구소'에서 번역한 것임.

농산물의 품목별 시장점유율 변화를 살펴보면 협동조합의 구조적 변화에 대한 더 많은 정보를 얻을 수 있다. 협동조합의 시장점유율은 가축시장의 10%에서부터 우유시장의 85%에 이르기까지 품목에 따라 매우 다양하다. 지난 40여 년 동안 협동조합의 가축시장 점유율은 조금씩 감소하였으며, 과일과 채소는 변동이 적었고, 곡물과 유지종자는 조금씩 증가하였으며, 우유와 면화시장 점유율은 현저히 증가하였다.

<표 4-3>은 1951년부터 1993년까지 협동조합 구매 사업의 시장점유율을 보여 준다. 종자판매의 시장점유율은 감소하였고, 사료시장 점유율은 변동이 적었으며, 농약과 석유, 비료시장 점유율은 현저히 증가하였다.

이상 살펴본 협동조합의 시장점유율 변화는 협동조합이 자본집약적 산업인 가축가공 사업과 R&D 산업인 종자사업을 제외하고는, 농장 수준과 유통의 초기단계에서 Abrahamsen이 지적한 대로 '농업인의 통합기구'로서의 역할을 증대시켜 나갔음을 말해 주고 있다.

〈표 4-1〉 미국 농협 판매 사업과 구매 사업 시장점유율(1950~'93)

(단위: %)

	1951	1961	1971	1982	1988	1993
판매 사업	19	24	26	30	25	30
구매 사업	24	14	16	28	25	28

자료: USDA-ACS, Farmer Cooperatives; Cooperative Historical Statistics, Cir. 1, and USDA-ACS Research Report 37.

〈표 4-2〉 미국 농협의 농산물 품목별 시장점유율(1951~'93)

(단위: %)

품 목	1951	1961	1971	1982	1988	1993
우 유	46	58	70	77	76	85
면화제품	10	19	25	36	41	35
곡물, 유지종자	35	33	34	36	30	42
과일, 채소	20	22	25	20	24	21
가 축	13	13	11	11	7	10

<표 4-3> 미국 농협 구매 사업 시장점유율

(단위: %)

품 목	1951	1961	1971	1982	1988	1993
비 료	16	26	30	42	40	42
석 유	19	25	35	36	39	48
농 약	12	16	20	30	28	31
사 료	18	18	17	18	18	21
종 자	17	16	15	17	17	11

식품산업 또는 자재산업 분야로의 전후방 통합의 정도는 어떻게 되었는가? Helmberger 는 "산업화된 분야로의 협동조합 진출은 거의 이루어지지 않았다"고 말하고 있다(1966, p.1429). Helmberger의 이러한 주장이 있은 지 25년 후 Rogers와 Marion은 Helmberger 의 주장을 실증하였다. 그들의 연구결과에 의하면 규모가 큰 상위 100개 판매농협의 농 산물 판매 비중은 '87년의 5.7%에서 91년에는 6.9%로 증가하였다. 반면 부가가치 측면 에서의 규모는 3.1%에서 3.6%로 증가하는 데 그쳤다. 이러한 수치는 협동조합이 부가 가치가 작은 산업과 유통의 초기 단계에서 사업을 영위하고 있다는 것을 보여 준다. 산 업통계에 의하면 구매 협동조합의 경우 비료시장의 25~40% 정도를 점유하고 있는 것 으로 나타났다.

2. 왜 미국에서 협동조합이 농산업 분야에서 지배적인 형태가 아닌가

협동조합의 시장점유율이 지난 35년간 농장수준과 유통의 초기 단계에서 현저히 증가 하였고, 식품제조업 분야에서도 어느 정도 발전을 보였다 하더라도 여전히 협동조합은 농산업 부문에서 지배적인 사업조직이 아니다.

협동조합의 생성, 성장, 쇠퇴, 소멸에 대한 보다 개념적인 이해는 장차 미국의 농산업 부문에서 협동조합 형태의 사업체가 어떤 역할을 수행할 것인지에 대한 이해를 높여 줄 것이다. 반면 불행하게도 협동조합의 이러한 '생애주기(life cycle)'에 대한 정형화된 이 론은 존재하지 않는다. LeVay는 그의 초기 연구에서 이와 관련하여 새로운 패러다임이 만들어져야 한다고 강조하였다. 그는 또한 협동조합의 변천과 관련하여 몇 가지 새로운 개념들을 제공함으로써 학계의 관심을 불러일으켰다. 이에 대한 내용은 다음과 같다.

1) 'Wave' 이론: 이 이론은 Helmberger에 의해 처음 제기되었다. "우리는 특히 정체기에 협동조합의 실패와 뒤이어 밀려오는 협동조합 실패의 거대한 파도를 보고 놀라서는 안 된다."(Helmberger 1966, p.1430).

2) 'Wind-It-Up' 이론: 이 이론은 Nourses의 1942년 논문을 기초로 하여 LeVay에 의해 제시되었다. "일단 협동조합의 경쟁자들은 그들이 요구하는 조건을 확보하게 되면, 아마도 가격을 재조정하거나 서비스를 개선함으로써 협동조합이 불필요하게 되는 상황을 만들지도 모른다. 협동조합은 목표를 달성한 것이 되고, 따라서 조합원들은 협동조합이 불필요하다고 여기고 해산할지도 모른다."

3) Pacemaker 이론: 이 이론은 협동조합 구조를 연구내용으로 한 Helmberger의 1964년 논문을 분석하면서 LeVay가 제기하였다. "성공한 협동조합의 존재 바로 그 자체가 시장이 효율적으로 되도록 만든다. 따라서 가격조정과 서비스의 개선이 이루어진다 하더라도, 협동조합은 여전히 선도자로서의 역할을 수행하기 위해 계속해서 존재하게 된다"(LeVay, p.28).

Staatz는 협동조합의 변천을 논리적으로 설명하기 위해 제기된 위와 같은 이론들 이외에도 다음의 내용을 추가하였다.

4) Mop-Up 이론: "정체되어 있거나 쇠퇴하고 있는 시장에서는 투자자 소유 기업이 기회주의적으로 행동함으로써 잃을 것이 별로 없다. 이에 따라 투자자 소유 기업이 기회주의적으로 행동할 가능성이 높고, 이것은 이러한 시장에 종사하고 있는 농업인들로 하여금 협동조합을 통해 전방 통합을 달성하고자 하는 유인을 제공할 것이다"(Staatz 1987a, p.89).

이러한 4가지 이론을 기반으로 하여 필자는 미숙하지만 협동조합의 탄생과 성장, 소멸에 대한 5단계 진화이론을 제시하고자 한다. 농업협동조합의 미래를 전망하는 이 글은 거래비용과 대리인비용 이론을 분석의 근간으로 하고 있다.

제1단계

협동조합 설립을 경제적으로 정당화시키는 두 가지 근거는 다음과 같다. 첫째, 개별 농업인들은 공급과잉에 의한 가격하락을 막기 위해 시장에서의 균형을 자신들이 통제할 수 있게 하는 제도적 장치를 필요로 한다. 둘째, 개별 농업인들은 거래 상대방의 기회주의적인 행동과 사업중단 행위와 같은 시장실패 시 발생할 수 있는 상황에 대처하기 위한 제도적 장치를 필요로 한다. 가격하락과 시장실패 현상으로 인해 농업인들이 서로 협력해야 할 필요성이 높아진다. 일반적으로 협동조합이 처음 생성되는 단계는 본질적으로 방어적인 측면을 갖는다. 아래와 같이 6가지의 전통적인 미국 농협의 형태를 분석해 보면, 농업인이 최초 협력하고자 하는 이유가 살아남기 위한 방어적인 목적에 있음이 명백해진다.

① **농업금융 시스템:** 최초의 농업금융 시스템은 1916년 제정된 Federal Farm Loan법 하에서 의회로부터 승인을 얻어 설립된 12개의 연방농업은행들로 구성되었다. 이후 연방중기신용(Federal Intermediate Credit)은행들이 단기와 중기자금 지원을 목적으로 설립되었다. 이러한 은행에는 1933년에 설립된 생산신용조합(Production Credit Association)과 협동조합은행(The Banks for Cooperatives)들이 있으며, 이들을 규제하기 위해 농업신용청(Farm Credit Administration)이 설립되었다. 이러한 농업금융 시스템을 조직하게 된 동기는 농업인들이 농업과 부동산 관련 대출을 받기 어려운 점, 높은 이자율, 대출 기간의 제한(연방법은 전국 규모 은행들의 5년 만기 이상 대출을 금지하였음) 등에 대한 애로에서 비롯되었다.

② **농촌 서비스:** 농촌 지역의 전기·전화협동조합들은 소비자 수가 적어 단위당 공급비용이 높기 때문에 서비스 공급이 어려웠던 지역에 이러한 서비스를 제공할 목적으로 1936년과 1949년에 주로 설립되었다.

③ **Nourse Ⅰ형 협동조합(소규모 지역농협):** 소규모 지역을 기반으로 하는 협동조합들은 물량집중(주로 곡물과 유지종자)을 통해 규모의 경제나 범위의 경제를 달성하고, 영농자재의 구매 사업을 통해 지역 상인들의 수요 및 공급독점을 억제한다. 이들 협동조합들은 시장에서 공급되기 어려운 서비스를 공급하거나 독과점의 견제, 위험의 감소, 규모의 경제 달성 등을 위해 설립된다. 이들 협동조합들은 "투자자 소유 기업을 좀 더 경쟁적이게 만드는 데 기여하는 경쟁의 척도로서의 협동조합"이라는 Nourse의 협동조합 관에 대한 하나의 전형이 된다.

④ **Nourse Ⅱ형 협동조합(대규모 종합농협):** 대규모 협동조합들은 보통 구매와 판매, 서비스 제공 등의 사업을 종합적으로 수행한다. 이들 중 다수는 유통의 초기단계나 도매수준까지 전방 또는 후방 통합을 한다. 이들 협동조합들은 연합체 형태나 중앙집중화 경향을 보이거나, 또는 이 두 가지를 모두 다 병행하는 조직구조를 갖는다. 이들 협동조합이 Nourse Ⅰ형의 소규모 협동조합과 다른 점은 이들이 활동하는 시장에는 지역적으로 공급 및 수요독점을 행사하는 경쟁자들이 적다는 점이다.

⑤ **Sapiro Ⅰ형 협동조합(교섭농협):** 교섭농협은 수평적 통합을 통해 시장실패에 대응

한다. 농업인들은 농산물 중개인들과의 협상에서 그들에게 유리한 결과를 얻기 위해 이러한 협동조합을 조직한다. 교섭농협의 기능은 농산물의 판매 수익률 증대와 안정적인 시장 확보라고 말할 수 있다. 이러한 형태의 협동조합은 부패하기 쉬운 농산물의 생산에 종사하는 농업인들이 주로 조직한다. 이러한 농산물 생산 분야에서는 일시적인 자산의 고정성 때문에 계약이 성립된 이후 농업인의 거래 상대자가 기회주의적으로 행동하려는 가능성이 잠재적으로 존재한다.

⑥ **Sapiro Ⅱ형 협동조합(판매농협):** 판매농협은 시장에서 독점력을 행사하는 도매상인들을 회피하거나 이들과 대항하기 위해 농업인들이 수직적으로 통합한 형태의 조직이다. 이들 협동조합은 일반적으로 단일 품목만 취급하는 경우와 다품목을 취급하는 경우로 나뉜다. 반면 이들 협동조합의 목적은 취급 품목의 단일성 여부와 상관없이 거의 비슷하다. 이러한 목적에는 농산물의 가격향상과 판매 사업 과정에서 투자자 소유 기업을 제외시키기 위한 것이 포함되며, Sapiro가 강조하는 수익률 증대와 시장에서의 독점 방지 등의 목적도 추구된다(자세한 내용은 Cook 1993 참조).

제2단계

공급과잉에 의한 가격하락을 억제하기 위한 목적에서 설립된 협동조합들은 일반적으로 오래 지속되지 못하며, 조합원들의 생계에도 거의 영향을 미치지 못한다.[61] 이러한 협동조합들은 Helmberger가 그의 Wave 이론에서 언급한 협동조합의 형태와 거의 유사하다.

반면 시장실패에 대응하기 위해 설립된 협동조합들은 투자자 소유 기업보다 유리한 가격조건으로 농산물을 판매하거나 영농자재를 공급할 수 있었다. 이들 협동조합들은 비용을 초과하는 이익을 발생시켰기 때문에, 설립 초기단계를 벗어나 계속 생존할 수 있었다.

제3단계

2단계에서 살아남은 협동조합들은 시장실패의 부정적인 영향을 교정하거나 적어도 감소시키는 데 성공한다. 이에 따라 경쟁 상대방들의 기회주의적인 행동이 교정되기 시작한다. 이러한 단계에서는 이제 투자자 소유 기업과 협동조합 사이에 가격차이가 거의 존재하지 않는다. 반면 조합원들은 점차 협동조합과 거래할 때 발생되는 비용을 인식하기 시작한다. 이러한 거래비용은 과거 독점 기업과 대항하는 데 열중한 시기에는 거의 인지되지 못했지만, 이제 매우 중요한 문제로 떠오르게 된다. 이러한 비용들은 협동조합

---

61) Cotterill은 이러한 종류의 미국 협동조합들의 탄생과 행위에 대해 설득력 있는 연구결과를 보여 주고 있다.

의 재산권이 이용자와 투자자 사이에서 모호하게 규정되어 있기 때문에 발생한 것이다. 이렇게 모호하게 정의된 재산권은 잔여청구권이나 의사결정과 관련된 문제들에서 갈등을 초래한다. 이러한 갈등은 특히 협동조합이 점차 복잡한 구조 형태를 보이게 됨에 따라 더욱 심화된다. 이 논문에서는 이용자가 소유주가 되는 협동조합의 독특한 특징 때문에 초래된 잔여청구권이나 의사결정 문제 등을 둘러싼 갈등을 다음과 같은 5개 문제로 범주화시키고자 한다.

① 무임승차자 문제(Free Rider Problem)

재산권에 대한 개인적 지분이 불명확하고, 재산권의 거래나 양도가 금지되면 무임승차자 문제가 발생한다. 이것은 조합원들이나 비조합원들이 개인적인 이익을 위해 자원을 사용하고 있으며, 재산권 제도가 그들로 하여금 자원을 이용하는 만큼 충분한 비용을 지불하게 하거나 또는 이익창출에 기여한 만큼 대가를 지불받도록 하는 역할을 다하지 못하는 상황을 가리킨다. 이러한 상황은 특히 조합원 가입이 자유로운 협동조합에서 자주 발생한다. 예를 들어 교섭 협동조합에 가입하지 않은 배 생산 농업인도 협동조합의 노력으로 성립된 가격조건의 혜택을 조합원과 동일하게 누릴 수 있다. 좀 더 복잡한 무임승차자 문제는 공유재산문제(또는 내부자 무임승차자 문제)와 관련하여 나타난다. 이는 새로운 조합원들 역시 기존 조합원들과 마찬가지로 똑같은 이용고배당이나 잔여청구권을 획득하는 경우, 또는 단위당 동일한 배당액을 받을 권리가 주어지는 경우에 발생한다. 권리가 모든 사람들에게 동등하게 주어진다는 사실과 과거의 실적뿐만 아니라 미래의 잠재적 가치를 현재가치로 환산시켜 잔여청구권의 가격을 설정할 수 있는 시장이 존재하지 않는다는 사실은 세대 간 갈등을 초래한다. 기존 조합원들에게 주어질 이익배당률이 불명확하기 때문에 그들은 협동조합에 대한 투자를 꺼리게 된다.

② 기간의 문제(Horizon Problem)

기간의 문제는 특정 자산이 창출하는 이익에 대한 청구권의 행사기간이 그 자산의 수명보다 짧을 때 발생한다(Porter and Scully). 이 문제가 초래되는 이유는 청구권의 거래가 제한적이고, 거래에 필요한 2차 시장이 존재하지 않기 때문이다. 기간의 문제는 조합원들로 하여금 미래의 성장 가능성에 대한 투자에 소극적이게 만든다. 이 문제는 특히 기술개발(R&D)과 광고, 기타 무형자산에 대한 투자를 계획할 때 더욱 심각해진다. 결과적으로 이것은 협동조합의 이사회와 경영진에 다음과 같은 압력을 가중시킨다. 첫째는 미래에 대한 투자보다 현재 조합원에 대한 배당을 늘리는 것이고, 둘째는 내부 유보 대신 배당을 확대시키는 것이다.

③ 포트폴리오 문제(Portfolio Problem)

포트폴리오 문제는 협동조합 출자와 관련된 또 하나의 문제이다. 협동조합의 잔여청구권은 거래가능성과 유동성, 가치평가 기능이 결여되어 있기 때문에 거래가 이루어지기 어렵고, 따라서 조합원들은 그들의 개별적인 위험선호에 따라 협동조합 자산의 포트폴리오를 조정하기가 곤란하다.

포트폴리오 문제는 협동조합이 투자를 결정할 경우 현재 조합원에게 제공되는 배당체계에 의해 강하게 구속받거나(tied-equity issue) 왜곡되는 문제를 발생시킨다. 따라서 협동조합의 투자결정이 자신이 선호하는 것보다 더 위험하다고 생각하고 있거나 다른 포트폴리오 대안을 가지고 있는 조합원들은 투자위험을 줄인 새로운 투자대안이 낮은 이익을 발생시킬 것으로 예상되는 경우에도 협동조합의 의사결정권자들에게 기존 투자결정을 재조정하도록 하는 압력을 행사할 것이다.

④ 통제 문제(Control Problem)

협동조합 내에서 조합원이나 그들의 대표인 이사들(주인)과 협동조합 경영진(대리인) 사이의 이해 차이를 줄이기 위한 대리인 비용은 통제문제를 발생시킨다. 감시와 통제를 위해 필요한 정보전달장치가 마련되어 있지 못하면, 경영체는 제대로 작동하지 못한다. 주식시장에서 거래되는 주식가격과 같이 경영성과를 평가하거나 경영진을 압박할 수 있는 장치가 협동조합에는 존재하지 않는다. 통제문제는 특히 협동조합의 규모가 커지고 조직이 복잡해짐에 따라 더욱더 심각해진다(Staatz 1987b, p.51).

⑤ 영향비용 문제(Influence Costs Problem)

협동조합이 다양한 사업을 수행하면 조합원들 사이에 목적이 일치하지 않는 경우가 발생하고 이는 자기가 속한 그룹에 더 유리한 결정이 이루어지도록 영향을 미치려는 조합원의 행위를 유발시킨다. 이러한 행동은 조직의 결정이 조직 내 다양한 그룹에 대한 부나 이익의 분배에 영향을 미치는 경우와 또는, 각 그룹들이 자기에게 더 유리한 결정이 이루어지도록 영향을 미치고자 할 때 발생한다. 영향비용의 크기는 첫째, 중앙통제조직의 존재 여부 둘째, 의사결정 절차 셋째, 조합원의 동질성과 조합원 간 갈등의 정도에 따라 달라진다(Milgrom and Roberts).

〈표 4-4〉 미국 농협의 유형별 잔여청구권과 의사결정문제의 정도

협동조합 유형 재산권의 제한	너스 I	너스 II	사피로 I	사피로 II	사피로 III
무임승차자 문제	큼	작음	큼	작음	매우 작음
기간 문제	큼	큼	없음	작음	매우 작음
포트폴리오 문제	작음	큼	없음	큼	매우 작음
통제 문제	작음	큼	작음	큼	작음
영향비용 문제	큼	큼	매우 작음	작음	작음

<표 4-4>는 협동조합의 전략과 구조적인 측면에서 재산권 관련 요소가 얼마나 제한을 가하고 있는가에 대해 필자가 주관적으로 협동조합 유형별로 서열을 정한 것이다.

제4단계

협동조합의 의사 결정권자들이 재산권 문제를 인식하게 되는 시기에는 협동조합이 시장에서 탈퇴할 때 상실할 수 있는 기득권(quasi-rents)에 대한 인식도 높아진다. 매몰비용, 경쟁의 척도로서의 역할, 주도자(pacemaker)로서의 역할 등이 이 기간 동안 협동조합의 운명을 좌우할 전략적 결정을 도출하는 데 중요한 고려요인이 된다. 이 단계에서 협동조합을 운영하는 것은 매우 힘들고 도전적인 일이다(Cook 1994). 그러나 모호하게 정의된 재산권에서 비롯된 장애와 협동조합 고유의 기회가 초래하는 상충관계에 대한 복잡한 분석이 끝날 즈음 협동조합들은 다음과 같은 세 가지 선택의 상황에 직면하였음을 깨닫게 된다. 그 첫째는 시장에서 탈퇴하는 것이고, 둘째는 사업을 지속하는 것이며, 셋째는 조직구조를 전환하는 것이다.

제5단계

제5단계에서 협동조합의 지도자들은 앞에서 제시한 3가지의 전략적 선택 즉 탈퇴와 사업지속, 구조전환 가운데 한 가지 경우를 선택한다.

① 탈퇴

협동조합이 시장에서 탈퇴하는 방법에는 일반적으로 다음과 같은 두 가지 방법이 있다. 첫째는 해산하는 것이고 둘째는 투자자 소유 기업으로 탈바꿈하는 것이다. Schrader는 사업수행 능력이 저조한 협동조합은 해산이나 다른 협동조합과의 합병을 모색하고, 사업수행 능력이 높은 협동조합은 투자자 소유 기업으로 구조조정을 하게 될 것이라고 말한다.

② 사업 지속

제3단계에서 설명한 재산권이 가지는 한계는 조합원들로 하여금 협동조합에 대한 투자를 꺼리도록 만든다. 이 단계에서 협동조합은 일반적으로 두 가지 경로 중 한 가지를 선택하게 된다. 첫째는, 투자자 소유 기업으로의 전환 없이 외부자본을 조달하는 경우이고 둘째는, 조합원에 의한 자본 조달을 유도하기 위해 비례전략(출자금액과 출하량, 투표권, 이용고배당 등을 연계시키는 것)을 도입하는 것이다.

우선 외부자본을 유치하는 방법은 주식회사 형태의 자회사 설립, 다른 협동조합과의 합작투자, 협동조합이 아닌 사업체나 주식회사와의 합작투자 등이 있다. 다시 말해 이 방법은 외부자본 조달을 위해 전략적 제휴를 활용하는 것이다.

비례전략은 협동조합을 "재정적인 책임은 비례적으로 분담한다"는 원칙에 충실한 조직으로 만든다. 이것은 초기자본 조달 계획 수립, 비례투표제 도입, 생산품목의 축소, 사업 단위에 기초한 공동계산제 실시, 사업 단위에 기초한 자본 조달 등의 전략과 정책이 도입되도록 만든다. Royer(pp.92-95)는 이러한 비례전략 개념을 기초로 '이용자 소유 기업(Patron-Owned Firm)'이라는 새로운 모델을 제시하였는데, 현재 미국 내 많은 협동조합들이 이 범주에 속해 있다고 할 수 있다.

③ 구조전환

세 번째의 대안은 신세대협동조합(New Generation Cooperative)과 같은 Sapiro Ⅲ 형태의 협동조합으로 전환하는 것이다. Sapiro Ⅲ 형태는 판매 사업에서 부가가치의 창출이 목적인 협동조합인데, 앞의 제3단계에서 지적한 재산권의 다섯 가지 제한 요인을 줄이는 데 성공한 협동조합이다. 이 형태의 협동조합은 자산평가체계 수립, 거래 가능한 출하권 도입으로 출자의 유동성 증대, 초기자본출자 계획 수립, 무임승차자 문제를 완화시킬 수 있는 조합원제도 도입 등을 통해 협동조합의 재산권 문제에서 비롯된 장애를 극복하고자 노력한다. Sapiro Ⅱ의 형태에 속해 있던 일부 판매 및 구매 협동조합들은 이미 이러한 구조전환을 실시하였다.

3. 미국 협동조합의 전망

현재 미국 내 농업협동조합에서는 두 가지 현상이 나타나고 있다. 첫 번째는 전통적인 협동조합들이 재산권의 한계를 극복하기 위해 퇴출하거나 구조조정 실시, 구조전환 등을 시도하고 있다는 것이다. 이러한 현상은 협동조합에 긍정적인 영향을 미치고 있는데, 1988년 이후 협동조합의 시장 점유율이 점차 향상되고 있다. 두 번째 현상은 1990년 이후 Sapiro Ⅲ형의 신세대협동조합이 급격히 증가하고 있다는 점이다. Egerstrom에 따르면 지난 3년간 12억 달러 이상의 자금이 이러한 종류의 협동조합에 투자되었다. 이러한 두 가지 현상이 암시하는 것은 협동조합의 전략이 좀 더 적극적이고 공격적으로 바뀌고 있다는 점이다. 물론 협동조합을 결성하는 데 경제 외적인 요인들이 결코 가볍게 다루어져서는 안 되지만, 경제학적 관점에서 협동조합의 미래를 전망하고 있는 이 글에서는 그러한 주장은 제한적일 수밖에 없다. 재산권과 거래비용, 불완전한 계약 등에 대한 지금까지의 고찰은 협동조합이 다음과 같은 조건하에서 유지될 수 있음을 말해 주고 있다.

1) 존재하는 소비자의 선호가 아직 알려지지 않은 새로운 시장이 있는 경우. 협동조합은 시장에서의 선호와 정치적인 선호를 접목함으로써 바람직한 제품을 생산할 수 있는 가장 효율적인 제도이다.

2) 농업인과 농업인의 거래 상대자 모두 자산의 고정성이 있는 투자를 한 경우

3) 계약을 통해 위험분담을 달성할 수 있는 경우

4) 불확실한 환경하에서 장기투자를 이끌어 내는 데 필요한 투자자본의 잦은 거래 가능성

5) 투자자본의 잦은 거래가 이루어지는 상황하에서도 대규모 지분교환에 의해 조직이 전환되는 것을 계속 방지할 수 있는 경우

6) 사적 측면과 공공재적 측면을 동시에 지니고 있어 시장에서 거래하기가 곤란한 재화를 생산하는 경우

7) 쇠퇴하는 시장이 존재하는 경우. 쇠퇴하는 시장에서는 농업인의 거래 상대자가 기회주의적으로 행동하더라도 잃을 것이 적기 때문에 확장되고 있는 시장에서보다 더 기회주의적으로 행동하려는 유인이 크며, 이에 따라 농업인이 협동조합을 더 필요로 할 것이다(Staatz 1987a).

8) 새로운 기술이 처음 도입되고 있는 경우. 농업인들은 새로운 기술이 도입되고 있는 초기 단계에는 자산의 고정성에서 비롯된 기회주의적인 행동 가능성이 더 높다는 것을 인정한다.

9) 농업인은 특히 거래 상대자에 의해 농산물 품질이나 명성이 훼손되는 경우 이러한 외부불경제를 내부화시키기 위해 협동조합을 통한 수직적 통합을 시도한다.

10) 협동조합은 농업인에 유리하게 재산권(정치적 행동)이 재분배되도록 지원한다.

11) 농업인들은 생산 농산물의 공급 부족으로 자산의 고정성 수준이 중간 정도에 머무르는 시장에서는 판매 협동조합이 효율적이며, 가장 우수한 경영체라고 인정한다 (Hendrikse and Veerman).

12) 만약 재산권의 제한 요인이 개선된다면 조합원들은 협동조합에 대한 투자를 늘릴 것이다.

지금까지의 내용을 요약하면, 좀 더 공격적인 방향으로 조직구조를 개편하거나 구조전환을 시도함으로써 시장실패를 해결하기 위해 노력하고 있는 협동조합의 미래는 전망이 밝기도 하지만 시련도 예상된다. 게다가 재산권이 가지는 한계를 극복하기 위해 새로운 협동조합을 설립한 농업인들은 정부의 농업정책과 현재의 상황이 계속 유지된다면 미래는 매우 낙관적일 것이라는 기대를 가지고 있다.

제2절 캐나다 농업협동조합[62]

가족농 중심의 전통적인 농업이 위기에 직면해 있는 것 같다. 비농업 분야의 생산물이 점차 농업생산물을 대체하고 있다. 수직적 통합으로 농업부문에 서비스를 제공하고 있는 공업부문의 지배력이 증가하고 있으며, 가족농에 기초한 농업경영이 어려워지고 있다. 축산분야 등에서는 기업농의 등장으로 기업형의 대규모 농장이 설립되고 있다. 만약 전통적인 농업이 점차 붕괴되고 있다면, 농업협동조합에 대한 일반적인 개념과 역할에 대한 인식은 재검토되어야 한다(Helmberger, p.1434).

약 30여 년 전, Peter Helmberger는 그의 논문에서 기술 및 농업구조가 변함에 따라 농업협동조합이 위기에 직면할 것이라고 전망하였다. 또한 그는 전통적인 농업을 유지시켜야 한다는 의견이 있지만, 결코 '거대한 변화의 흐름'을 막지는 못할 것이라고 결론지었다.

Helmberger가 지적한 위기의 내용은 협동조합의 외부요인에 의한 것이다. 따라서 본 논문은 협동조합의 외부요인에서 비롯된 위기에 논의를 집중시키고자 한다. 다시 말해 이 글에서는 거대한 사회의 변화 속에 내재되어 있는 위기로부터 협동조합이 겪고 있는 어려움에 대해 논의하고자 한다. Helmberger가 지적한 기술과 농업구조의 변화는 이러

---

62) 이 글은 Murray Fulton(캐나다 사스캐치원대 농업경제학과) 교수가 미국농업경제학회지 (American Journal of Agricultural Economics 77)에 발표한 "The Future of Canadian Cooperaives: A Property Rights Approach"를 '농협경제연구소'에서 번역한 것임.

한 위기의 한 가지 예이다. 여기에 점차 개인주의화되고 있는 사회에서 협동조합이 과연 생성되고 생존할 수 있는가에 대한 질문을 덧붙이고자 한다.

이 논문에서 제기하고자 하는 문제는 서비스의 이용자와 소유자가 일치하는 조직이 소유와 이용이 구분되고 있는 사회에서 과연 생성되거나 생존할 수 있는가 하는 점이다. 다시 말해 협동조합과 같이 여러 사람의 공동행위를 필요로 하는 조직이 점차 개인주의화되고 있는 사회에서 형성되거나 살아남을 수 있는가 하는 것이다. 뒤에서 살펴보겠지만, 이러한 질문은 사람들이 재산권을 어떻게 보고 또한 이해하고 있는가 하는 점과 관련되어 있다.

이 글은 먼저 재산권의 의미에 대해 개괄적으로 살펴보고, 재산권 이론을 통해 농업 분야의 구조변화가 협동조합에 미치는 영향에 대해 살펴보고자 한다. 또한 재산권 이론에 대해 몇 가지 문제를 제기하고자 하며, 이를 위해 재산권에 내재하는 가치에 초점을 맞추어 설명하려고 한다. 이러한 가치는 협동조합에 있어서 매우 중요한 의미를 갖게 될 것이다. 이후 이러한 의미가 무엇인지에 대해 살펴본 후 몇 가지 결론을 도출하고자 한다.

한편 이 논문의 본격적인 시작에 앞서 이 논문의 제목에 대해 언급하고자 한다. 비록 이 논문의 제목이 캐나다 농업협동조합의 미래라고 되어 있지만, 아마도 이 논문의 내용은 다른 지역의 협동조합에도 적용될 수 있을 것이다. 그러나 분명한 것은 필자가 이 글을 쓸 때에는 캐나다 협동조합의 예를 염두에 두었으며, 캐나다 협동조합이 직면한 도전과 위기에 대한 생각을 정리한 것이다.

1. 재산권

Barzel은 개인의 재산권을 "자산으로부터 발생한 수익을 얻거나 자산을 소비 또는 양도할 수 있는 권리 또는 힘"이라고 정의하고 있다. 이 정의를 다시 한번 살펴보면 다음과 같다. 첫째, 재산이란 이용 또는 이득에 대한 청구권이다. 즉 재산이란 적어도 학문적인 관점에서는 물리적인 것에 한정되지 않는다. 둘째, 재산의 청구권은 개인에게 부여된다. Macpherson은 "어떤 제도나 권리를 정당화시키는 가장 확실한 방법은 그것이 사람들에게 필수적이고 또한 필요하다는 합의로부터 이끌어 내는 것이다. …… 그리고 많은 학자들이 사람은 사회적 동물이라고 주장하고 있지만, 사람은 결국 개별적인 인간일 뿐이다"라고 말하고 있다(p.201). 셋째, 재산에 대한 개인의 청구권은 실행할 수 있어야만 한다. Macpherson은 "사람들은 재산을 권리의 일종으로도 여기지 않는데, 왜냐하면 실행할 수 있는 재산의 청구권이란 윤리적인 측면에서 인간의 천부적인 권리라고 인정되는 한 당연한 것으로 받아들여지기 때문이다."라고 말하고 있다. 마지막으로, 재산은 대부분의 사람들이 윤리적이고 정당하다고 받아들일 때에만 인정되기 때문에, 가치가 변하면 재산권도 변하게 된다.

2. 재산권과 협동조합

재산권 이론은 제도주의 경제이론의 핵심 주제로 등장하였다. 많은 경제학자들이 제도의 변화를 설명하기 위해 재산권 이론을 인용하여 왔는데, 이 논문에서는 특히 Barzel이 정의한 재산권 이론을 적용하고자 한다.

Barzel은 먼저 자산들은 여러 가지 속성들을 지니고 있고, 각각의 권리들은 이러한 속성들에 따라 도출된다고 말한다. 따라서 자산에 대한 소유는 한 명에게 주어지기보다는 둘 또는 그 이상의 사람들에게로 분산된다. 거래비용 또한 Barzel의 이론에서 매우 중요한 역할을 한다. Barzel에 의하면 자산의 속성은 아무런 비용 없이 결정될 수 없다. 자산의 속성을 결정하고, 획득하고, 유지하는 비용은 거래비용으로 정의된다. 거래비용이 존재하는 이유는 자산의 속성이 미래의 소유자에게 완전히 알려지지 않기 때문이다. 이에 따라 자산에 대한 권리 또는 구체적으로 자산의 속성들은 완벽하게 정의될 수 없다.

자산은 많은 속성을 지니고 있으며, 이러한 속성들을 결정하기 위해서는 거래비용이 필요하기 때문에 자산은 다음과 같은 두 가지 측면을 가지게 된다. 첫째, 둘 또는 그 이상의 사람들이 동일한 자산으로부터 분명히 구분되는 속성들에 대하여 개인적인 권리를 가지게 됨으로써, 재산권의 분할이 발생한다는 점이다. 둘째, 재산권이 완벽하게 분할되지 않는다는 것은 자산의 일부 속성들이 구분되거나 재산권 소유자들에게 나뉠 수 없다는 것을 의미한다. 이러한 속성들은 공공의 영역에 남게 되거나, 또는 Barzel이 말하는 소위 공유재산(common property)을 형성하게 된다. Barzel은 일단 자산의 속성들이 공공의 영역에 남게 되면, 그것들을 획득하는 데 비용이 든다고 주장한다. 이것은 결국 그 자산으로부터 얻을 수 있는 이익에 영향을 미치게 될 것이다.

공유자산으로부터 이익을 얻고 있는 어떤 사람이 자기에게 주어지는 이익의 크기가 불규칙적으로 나타나면, 그 이유가 어쩔 수 없는 상황 때문인지 아니면 더 많은 몫을 차지하기 위한 다른 사람들의 행동에 의해서인지를 구분하기란 쉽지 않다. 이러한 상황에서는 모든 사람들이 그 자산이 창출한 이익 중 더 많은 부분을 차지하기 위해 노력하게 된다. 반면 이러한 행동은 일반적으로 그 자산이 창출할 수 있는 이익의 총규모를 감소시킨다. 즉 자산을 공동으로 소유하고 있는 이해관계인들이 저마다 더 많은 이익을 차지하기 위해 행동하게 되면, 그 자산이 창출하는 이익의 총량은 감소한다.

이와 같이 재산권의 소유가 명확하게 규정되어 있지 않은 경우가 의미하는 바를 설명하기 위해 Barzel은 한 사람이 어떤 자산이 창출하는 이익에 대해 완전한 통제권을 가지고 있는 특별한 경우를 가정하였다. 그는 이 경우 재산권은 소득에 대한 완전한 통제권을 가지고 있는 사람이 그 이익의 잔여청구권(residual claims)자가 되는 방법으로 성립될 것이라고 주장하였다.

Barzel의 이론은 토지와 노동이 투입요소인 생산과정을 통해 설명될 수 있다. 만약 토지가 균질적이고 변하지 않는다면, 노동자가 고정된 임대료를 지불하는 조건으로 토지를 임차하고 잔여청구권자가 되는 것이 가장 효율적인 제도형태이다. 왜냐하면 토지의 생산성이 고정적이기 때문에 토지는 생산의 변동을 초래할 수 없기 때문이다. 따라서 생산량은 오직 노동자의 노력에 따라서만 변동될 것이다. 노동자가 잔여청구권자가 됨으로써 노동자가 가장 효율적으로 일할 수 있는 유인이 제공된다.

이제 또 다른 경우로서 노동자의 서비스가 균질적이고 변하지 않으며, 대신 토지가 변할 수 있다고 가정하자. 이 경우에는 토지의 소유주가 노동자를 고정된 임금률로 고용한 후 잔여청구권자가 되는 것이 가장 효율적인 제도형태이다. 왜냐하면 노동의 생산성이 고정적이기 때문에, 노동은 생산량을 변화시킬 수 없기 때문이다. 따라서 생산량은 오직 토지 소유주가 토지의 질을 유지하기 위해 노력하는 정도에 따라서만 달라지게 된다. 왜냐하면 토지 소유주가 잔여청구권자이기 때문에 그는 토지를 가장 효율적인 상태로 유지하고자 하는 유인을 갖게 되기 때문이다.

물론 좀 더 일반적으로는 동일한 자산에 대한 권리를 나누어 가지고 있는 여러 그룹들은 그 자산이 창출하는 이익의 크기에 영향을 미칠 수 있다. 이 경우 자산의 이익 창출에 더 많은 영향을 미치는 그룹이 더 많은 몫을 차지하는 것이 일반적인 원칙이다.

협동조합의 특성 가운데 하나는 조합원들이 협동조합이 창출한 이익에 대한 잔여청구권자라는 점이다(Holyoake, LeVay). 협동조합의 원칙 가운데 하나는 자본은 고정된 이자율로 지불되어야 한다는 점이다. 즉 자본은 전기가 고정된 가격으로 지불되는 것과 마찬가지로 고정된 이자율로 지불되어야 한다. 투입 비용을 초과하는 이익은 조합원에게 귀속된다. 반면에 투자자 소유 기업은 자본의 소유주가 투자하고, 투입비용을 초과하는 이득은 그들에게 귀속된다. 즉 자본의 소유자들이 잔여청구권자인 것이다.

Barzel의 재산권 이론은 "협동조합이 특정 농산물의 생산을 위한 가장 효율적인 제도이기 때문에 설립되는가"라는 질문에 대한 해답을 제공한다. 질문을 좀 더 구체적으로 살펴보면 "조합원들에게 협동조합의 이익에 대한 권리를 부여하는 협동조합 제도가 조합원의 기회주의적인 행동을 억제하고 따라서 사업이익이 감소하는 것을 방지할 수 있는가" 하는 것이다. 조합원의 기회주의적인 행동을 억제한다는 것은 조합원이 출하 농산물의 양과 품질기준을 엄격히 준수한다는 것을 의미한다.

하나의 간단한 예는 왜 협동조합이 효율적인 제도형태가 될 수 있는지를 설명할 것이다. 농산물을 생산하여 이를 가공하는 생산과정이 있다고 가정하자. 만약 가공 서비스의 질이 매우 변동적이거나 예상하기 힘들다면, Barzel의 분석이 의미하는 것은 가공업체 소유주가 잔여청구권자가 되는 것이 가장 효율적인 생산체계라는 점이다. 마찬가지로 만약 농산물이 매우 변동적이고 예상하기 힘들다면 농산물의 생산자가 잔여청구권자가 되는 것, 즉 협동조합이 형성되는 것이 가장 효율적인 생산체계가 된다는 것이다. 물론 농산물 생산과 가공서비스 두 가지 모두 변동적이고 예측하기가 어렵다면, 잔여청구권을 일부 나누어 가지는 것이 더욱 효율적인 생산체계가 될 것이다.

이러한 논의는 협동조합에서의 무임승차자 문제와 대비된다. 협동조합의 조합원들은 협동조합으로부터 얻는 서비스에 비해 자본을 적게 투자함으로써 기회주의적으로 행동한다고 가정되고 있다. Barzel의 이론에서와 달리 이러한 기회주의적인 행동가능성을 언급할 때는 조합원들이 동일한 농산물을 출하한다고 가정한다. 만약 출하되는 농산물의 품질이 다양하다면, 조합원들에게 잔여청구권을 제공하는 것이 조합원의 기회주의적인 행동을 제한하는 역할을 할지도 모른다. 즉 조합원들로 하여금 더 많은 이익을 얻기 위해 보다 품질 좋은 농산물을 출하하도록 하는 유인을 제공하게 될 것이다.

이러한 논의가 의미하는 것은 협동조합이 조합원들의 투입재가 사전에 예측하기 힘든 변동성을 가지는 상황에서 발생하기 쉽다는 점이다. 즉 판매 협동조합이 구매나 소비자 협동조합보다 더 성공적일 것이라는 점을 암시한다. 또한 이는 판매 협동조합이 다른 협동조합에 비해 설립되기가 용이하다는 것을 암시한다. 농업인에 의해 투입되는 농산물이 사전에 예상하기 어려운 변동성을 갖는 하나의 명백한 예는 과일과 채소이다. 협동조합은 과거에도 그랬듯이 현재에도 이러한 분야에서 가장 크게 발달해 있다.

만약 제품에 대한 수요가 투입과정으로 여겨진다면, 소비자 협동조합의 성공에 대해서도 설명이 가능하다. 예를 들어 영농자재와 같은 자재를 공급하는 상인은 소비자들이 언제 물건을 구입할 것인지를 예상할 수 없다. 이러한 구매행태의 예측불가능성은 소비자들이 기회주의적으로 행동할 수 있는 여건을 제공한다. 즉 소비자들은 그들에게 유리할 때만 지역 내 공급업체로부터 제품을 구입한다. 이 경우 소비자를 잔여청구권자로 만드는 소비자협동조합은 소비자의 이러한 기회주의적 행동을 억제할 수 있는 하나의 방법이 된다. 만약 소비자들이 잔여청구권자가 되면, 그들은 소비행위로부터 발생한 이익을 향유할 수 있게 되기 때문에, 구매행태를 합리적으로 바꾸려 할 것이기 때문이다. 이 밖에 공급업체의 독과점 행사가 더 클수록 소비자들의 기회주의적인 행동이 더 자주 일어날 것이라고 말할 수 있는데, 독과점 상황에서는 소비자들이 성실한 소비행위를 지속시키려 하지 않기 때문이다. 따라서 협동조합은 독과점 시장에서 자주 생성되어 왔다.

거래비용의 관점에서 협동조합을 연구하려는 시도가 계속되어 왔다고는 하지만 (Staatz), 협동조합의 형성과 행태를 고찰하는 데 얼마만큼 유용한 통찰력을 주는가를 파악하기 위해서는 더 많은 연구가 필요하다. 아직 정확히 입증되지 않은 이론을 통해 분석한다는 위험을 감수해야만 하더라도, 나는 이 글에서 지금까지 논의한 내용이 농업협동조합의 미래에 대해 무엇을 암시하는지에 대해 고찰하고자 한다.

이를 위해 먼저 Helmberger가 1966년 그의 논문에서 강조한 농업의 산업화에 대해 다시 한번 살펴보고자 한다. Drabenstott는 선택(Choices)이라는 논문을 통해 농업의 산업화는 점점 더 가속화될 것이라고 주장하였다. "역사적으로 농산물은 산물 형태로 가공업자에게 공급되었고, 가공업자는 표준화된 제품을 소비자에게 판매하여 왔다. 그러나 현재의 소비자들은 맞춤형 식품을 원하고 있으며, 이를 충족시키기 위해 가공업자 또한 좀 더 특별한 농산물의 생산을 요구하게 되었다. 이에 따라 미국 내 농업 분야에 종사하는 가공업자와 생산자들은 전통적인 현물시장으로부터 직거래와 같은 유통경로로 이동하고 있다(Drabenstott p.5). 나는 이러한 산업화가 Helmberger에 의해 강조된 것 이상으로 중요한 의미를 협동조합에 부여한다고 믿는다."

다음은 Barzel의 이론과 관련하여, 협동조합은 가공과정에 투입되는 농산물의 품질을 안정적으로 확보하기 위한 필요성에서 발생하였다는 주장에 대해 언급하고자 한다. 농업인은 항상 고품질의 농산물만을 생산할 수 없으며, 이 경우 농업인은 저품질의 농산물을 섞는 방법 등을 통해 가공과정에 대한 농산물의 출하과정에서 기회주의적으로 행동할 수 있다. 또한 기상 변화와 생물학적 측면에서의 예측 불가능성은 농산물 품질이 항상 일정하도록 유지하는 것을 어렵게 만들었다.

반면 농업과학이 발전함에 따라 생물학적 측면에서의 예측가능성이 높아졌으며, 날씨와 같은 외부 요소가 생산과 품질에 미치는 영향이 작아졌다. 따라서 농업생산에서의 예측불가능성이 줄어들었으며, 특히 양계와 양돈 분야에서의 예측 가능성은 더욱 높아졌다. 농업이 산업화되면 두 가지 경우가 발생한다. 첫째, 농업생산을 둘러싼 제도가 변화한다. 즉 과거 농업인이 농산물의 품질에 가장 큰 영향을 미쳤던 시기에는 농업인을 잔여청구권자로 만드는 것이 효율적이었으나, 이제 그러한 필요성이 줄어들게 되었다. 왜냐하면 농산물의 품질에 대한 예측가능성이 높아지게 됨으로써 농업인의 역할이 줄어들었기 때문이다. 대신에 영농자재의 공급업자나 또는 가공업자들이 잔여청구권자로 등장하게 된다. 둘째, 농장 수준에서의 제도형태가 변화하는 것과 마찬가지로 가공단계에서의 제도형태도 변화한다는 것이다. 왜냐하면 생산과정에서의 예측불가능성이 통제가능하게 됨에 따라, 협동조합이 농산물 생산자들에게 가공생산품에 대한 잔여청구권을 제공할 목적으로 등장할 필요성이 사라지게 되었기 때문이다.

따라서 농업의 산업화가 진전되면 협동조합의 역할은 감소할 것이라고 예측할 수 있다. Coffey는 영농자재를 구입하고 농업생산물을 판매하던 전통적인 시장이 사라지게 되면 협동조합은 매우 어려운 국면을 맞이하게 될 것이라고 지적하였다. 비록 협동조합이 독과점과 같은 시장실패의 문제를 해결하기 위한 필요성에서 조직되어 왔지만, 협동조합은 시장이 있어야만 존재할 수 있다. 따라서 만약 시장이 사라지면, 협동조합도 사라지게 된다.

3. 재산권, 가치 그리고 개인주의

비록 Barzel의 재산권 이론이 협동조합의 생성에 대한 통찰력을 제공하고 있다고 하더라도, Barzel 이론이 가지는 한계에 대해서도 고찰되어야만 한다. Barzel 이론의 첫 번째 한계는 Barzel이 말한 소위 공유재산(common property)과 관련된다. 공유재산과 접근의 공개(open access)는 자주 혼동되곤 한다. 접근의 공개란 자원에 대한 접근이 전혀 제한되어 있지 않고, 사람들이 모든 자원을 전부 이용하지는 않을 것이라는 기대조차 존재하지 않는 상황을 가리킨다. 반면 공유재산은 그 재산의 소유권이 비공식적인 규칙이나 규범에 따라 자원을 이용하고 관리해야 할 의무가 주어진 사람들에게 속해 있다는 것을 암시한다. 규범과 비공식적인 규칙이 존재하기 때문에 공유재산에 속한 자원은 쉽게 남용되지 않는다(Bromley 1991). 공유재산과 접근의 공개가 구분됨에 따라 Barzel이 어떤 것을 염두에 두고 있었는가에 대한 의문이 생긴다. 그는 공유재산과 접근의 공개를 혼동하고 있는가? 그렇지 않다면 공유재산은 항상 기회주의적으로 이용될 것이라는 그의 견해는 개인적인 재산권만이 자산의 합리적인 이용을 도모하기 위한 가장 효율적인 방법이라는 주장을 지나치게 강조하는 결과를 초래하게 된다.

두 번째 한계는 재산권은 제도의 효율성을 극대화시키는 방향으로 발달한다는 그의 주장에 대해서이다. 현재 존재하는 재산권은 비용과 이익의 성격, 그리고 그것을 누가 향유할 것인가를 결정한다. 따라서 이익을 극대화시키는 방향으로 재산권 구조가 성립된다는 주장은 순환논리에 빠지게 된다. 즉 이익은 현재 존재하는 재산권에 기초하여 발생하는 것이다. 이는 Bromley가 "제도가 거래비용의 성격과 크기를 결정한다. 따라서 거래비용을 반영한 것으로서의 제도라는 개념은 분석적으로 모호해진다"라고 말하는 것과 통한다(Bromley 1989, p.52).

세 번째 한계는 재산권이 효율적인 기준에 의해 규정된다는 것에 대한 의문과 관련된다. 다시 한번 Macpherson의 주장을 인용하고자 하다. "사람들은 재산을 권리의 일종으로도 여기지 않는데, 왜냐하면 재산의 청구권은 윤리적인 측면에서 인간의 천부적인 권리라고 인정되는 한 당연한 것으로 받아들여지기 때문이다. 이는 재산을 규정하는 제도는 이것을 정당화시키는 이론이 필요하다는 것과 같은 말이다. 법적인 권리는 그것이 도덕적으로 옳다는 공중의 믿음에 기초해야 한다. 재산 역시 항상 정당화되어야만 한다. 만약 재산이 정당화되지 못한다면, 그것은 실행할 수 있는 청구권을 오랫동안 지속시키지 못할 뿐만 아니라, 재산으로 남지도 못할 것이다"(Macpherson, p.11).

여기에서 지적하고 싶은 것은 재산권이 효율적인 기준에 의해 정해진다는 이론은, 도덕적이라고 여겨지는 것들은 반드시 효율적이라고 말하는 오류를 범한다는 점이다. 사람들이 정당하고 도덕적인 것이 무엇인지에 대한 정의를 내리는 데 효율성의 관점이 중요한 역할을 한다는 데에는 의심의 여지가 없다. 하지만 도덕과 정의에 대한 사회적 관점은 효율적인 측면을 뛰어넘거나 또는 그와 다른 요인을 포함하는 경우도 있다.

사람들이 무엇을 정의롭고 옳다고 믿는가 하는 것을 이해하는 것은 어려운 일이다. 이에 대한 하나의 연구는 미국에서의 개인주의를 연구한 Bellah(외)에 의해 시도되었다. 비록 이들의 연구가 미국을 대상으로 이루어졌지만, 연구결과는 캐나다를 비롯한 다른 나라에서도 적용될 수 있다. Bellah(외)의 연구결과에 의하면 개인주의는 미국인들에게 있어 그들이 보수주의자이거나 또는 급진주의자이거나를 불문하고 가장 중요한 단어이다. 개인주의는 세계를 해석하거나 이해하는 단어이고, 사적인 이득의 관점에서 개인의 목표와 동기부여를 설명한다.

Bellah(외)의 연구에서 흥미로운 것은 미국인들이 개인주의를 가장 중요한 단어로 선택했지만, 그 외의 단어들은 미국인들의 전통과 일상적인 생활에 기초하고 있다는 점이다. 이러한 단어들은 공동체 서비스, 사회적 의무와 같이 사람들의 삶에서 매우 빈번하게 사용되는 것들이다. 그러나 이러한 단어들은 개인의 행동을 해석하거나 정당화시킬 때에는 거의 사용되지 않는다. 그 결과 "경쟁이 치열한 사회적인 세상과 사랑과 의미를 제공하기 때문에 그러한 세상에서의 삶을 참을 만하게 만드는 개인적인 세상 사이에서 불안정한 균형상태가 발생한다."(Bellah(외), p.292).

Bellah(외)의 연구는 사람들이 가치 있다고 여기는 것은 오직 개인주의에 의해서만 정의되지 않는다는 것을 말하고 있다. 그럼에도 불구하고 사람들이 가장 중요하게 여기는 단어는 여전히 개인주의이고, 개인주의는 Barzel과 기타 연구자들에 의해서도 효율성을 결정하는 핵심적인 요인으로 주장되고 있다. 다시 한번 반복하면 그러한 결과는 세상을 오직 효율성의 측면으로만 바라보는 것과 효율성 외에도 의무, 서비스, 공평, 공정 등과 같은 가치에 의해 바라보는 것 사이에서 불안정한 균형을 발생시킨다.

4. 개인주의, 재산권 그리고 협동조합의 미래

개인주의의 개념은 배타적인 것, 홀로 남는 것, 자유를 갖는 것들로 묘사된다. 따라서 자유주의는 협동과 어울리지 않는다. Bellah(외)는 그의 연구에서 다음과 같이 지적하고 있다. "자유 없이 할 수 있는 것들을 정의하는 것은 미국인들에게 어려운 일이다. 만약 사회 전체가 다른 사람의 요구로부터 자유로울 수 있는 권리를 가진 개인들로 구성되어 있다면, 이들이 다른 사람과 협동하거나 서로 결속하는 것은 매우 어려운 일이다. 왜냐하면 그러한 결속이 개인의 자유를 훼손시키는 구속을 의미할 수 있기 때문이다"(Bellah(외), p.23).

협동이라는 단어의 결핍과, 함께 일하고 살아가는 사람들이 부족한 것은 협동조합을 설립하고 지속시켜 나가는 데 걸림돌로 작용한다. 개인주의는 공유재산(적어도 Bromley에 의해 정의된 공유재산)을 배척하기 때문에 협동조합을 결성하는 데 장애로 작용한다. Macpherson은 재산이 다음과 같은 세 가지 구성요소로 정의된다고 주장한다. "재산은 권리이지 물건이 아니다. 그리고 그 권리는 개인의 권리이다. 또한 그 권리는 국가에 의해 창조된 것으로 실행할 수 있는 청구권이다."(p.202). 이러한 구성요소들 중 어느 것도 재산은 사적으로 소유되어야 하며, 다른 사람들이 그 재산을 이용하거나 이득을 얻지 못하도록 배제시키는 개인의 권리가 재산이라고 말하지 않는다. 그러나 이러한 결론에 대해 충분한 반대 논리를 제공하지도 못하면서, 일반적으로 재산은 개인적인 것으로 인식된다. 하지만 Macpherson은 여전히 공유재산의 경우와 같이 재산은 공유할 수 있는 권리로 인식될 수 있다고 주장한다.

협동조합에 있어 공유재산의 개념은 조합원제도, 이익분배 등 협동조합 원칙들과 매우 밀접하게 연관되어 있다. 예를 들어 조합원가입 자유의 원칙은 협동조합이 창출한 이익으로부터 개별 조합원들이 배제되지 않을 권리가 있음을 암시한다. 또한 협동조합이 창출한 이익은 이용고배당뿐만 아니라 협동조합의 발전에 사용하기 위한 내부 유보, 사회와 공동체를 위한 지출 등으로도 사용되고 있다. 이용고배당을 제외한 나머지 두 가지는 공유재산과 공동이익의 존재에 대한 명백한 단서를 제공하고 있다.

재산이 배제시킬 수 있는 권리라는 개념은 개인주의뿐만 아니라 자본의 소유주가 잔여청구권자가 되는 구조와도 서로 밀접하게 연관된다. 투자자 소유 기업의 경우 자본의 소유주가 잔여청구권자이고, 사업을 이용하는 사람들에게는 이익이 제공되지 않는다. 더욱 중요한 것은 자본의 소유는 거래될 수 있다는 점이다. 거래가 가능하다는 것은 특정 자산에 대한 어떤 사람의 소유가 다른 사람의 소유를 제한하거나 배제시킬 수 있다는 것을 뜻한다. 이러한 자산의 거래가능성은 협동조합과 같이 조합원에 의해 공동으로 소유되며 거래가 불가능한 자산을 보유한 조직의 장점을 더욱 부각시키기도 한다. 예를 들어 독과점을 방지하는 역할과 일반 기업이 제공하기 어려운 서비스를 제공하는 것과 같은 협동조합의 기능은 협동조합이 조합원 전체에 의해 공동으로 소유되고 있기 때문에 가능한 것이다. 좀 더 구체적으로 협동조합에 유보된 이익은 협동조합의 자본으로 인정되며, 어느 특정 개인의 소유가 아니라 조합원 전체의 공동재산에 속한다고 받아들여진다. 투자자 소유 기업에는 이러한 공동 소유의 자본이 존재하지 않는다.

만약 개인주의가 협동이나 협동조합에 도움이 되지 않는다는 것을 인정한다면, 개인주의의 확대가 협동조합을 더욱 어렵게 할 것이라고 짐작할 수 있다. Fairbairn(1995)은 협동조합이 협동조합을 필요로 하는 시기나 장소에서 발생한 것은 사실이지만, "성공한 협동조합은 주로 협동조합을 지원할 의무가 있다는 사회적 공감대가 형성된 곳에서 주로 발생하였다"라고 주장한다(p.13). 더욱이 사람들이 점점 더 개인주의화되는 징후는 여러 곳에서 발견된다. 예를 들어 Bellah(외)는 개인주의가 현재 미국의 문화에서 가장 지배적인 요소이기도 하지만, 시간이 지날수록 점차 확대되고 있다고 주장한다. 농업인과 협동조합의 조합원들 역시 점차 개인주의화되는 징후들도 증가하고 있다.

농업인의 개인주의화가 심화되고 있다는 주장에 대한 한 가지 예는 캐나다 내 1인용 책상 판매실적에서 찾아볼 수 있다. 1인용 책상의 판매실적에 대해 우려하는 전망도 있었지만, 대부분의 1인용 책상 판매 대리점들은 경영상 큰 어려움을 겪지 않았다. 오히려 지난 3년 동안 1인용 책상 판매실적은 급증하는 추세를 보였다. 또한 캐나다산 밀의 미국수출 독점권을 가지고 있는 캐나다 밀위원회(Candian Wheat Board)의 권위가 도전을 받고 있으며, 사스캐치원산 돼지판매를 독점하고 있던 사스캐치원 돼지고기인터내셔널(Saskatchewan Pork International) 역시 점차 그 통제력을 상실하고 있다.

농업인들이 점차 개인주의화되어 가고 있다는 것에 대한 두 번째 징후는 지난 15~20년 동안의 캐나다 농민단체의 변화에서 살펴볼 수 있다. 이 기간 동안 캐나다 농민단체는 두 가지의 커다란 흐름을 보여 주고 있다. 첫째는 전국농민연맹(National Farmers Union)이나 캐나다농업연합회(Canadian Federation of Agriculture), Unifarm(알버타 주), Keystone Agricultural Producers(마니토바 주) 등과 같이 전국 또는 지역을 기반으로 하면서 해당 범위에 속한 모든 농업인을 회원으로 하는 농민단체의 회비금액이 감소하고 있다는 사실이다. 두 번째는 특정 품목이나 지역에 기반을 둔 그룹들이 이들 단체 내에서 이해의 대립을 보이고 있다는 점이다. 대상 지역의 모든 농업인을 회원으로 하는 농민단체의 회비금액의 감소는 이들 조직의 회원이 감소하고 있다는 사실을 반증한다. 또한 이는 이들 단체가 농산물 품목이나 지역별로 차별화된 문제들에 대해 효과적으로 대응하지 못하고 있다는 것을 의미하는 것이다.

이러한 두 가지 흐름은 농업인들이 좀 더 개인주의화되고 있다는 사실을 보여 주는 것이다. 지역과 생산품목이 서로 다른 농업인들은 이제 더 이상 하나의 조직이 그들의 이익을 대변하도록 하는 것보다는, 품목과 지역별로 나누어서 가장 적합한 해답을 찾으려고 노력한다. 또한 농업인들은 다양한 농업인을 회원으로 하는 농민단체에 회비를 납부하는 것을 원하지 않는다. 농업인들로부터의 자금지원이 부족하기 때문에 이들 농업단체들은 하위 조직에 강제적인 회비납부를 강요하기도 한다.

협동조합에 대한 조합원 참여를 조사한 Fulton과 Adamowicz의 연구결과 역시 농업인이 점차 개인주의화되고 있다는 사실을 증명하고 있다. 알베타밀협동조합(Alberta Wheat Pool)을 대상으로 한 이 연구결과에 의하면, 조합원들은 개인의 이익과 관련된 분야에 대해서만 협동조합에 적극적으로 참여하고 있는 것으로 나타났다. 따라서 곡물가격 협상과 같이 모든 조합원들에게 영향을 미치는 협동조합의 활동, 모든 농업인의 이익을 대변하는 정책활동, 지역경제 활성화를 위한 협동조합의 역할 등에 대해서는 참여에 소극적인 것으로 나타났다.

조합원이 점차 개인주의화되고 있다는 또 다른 징후는 최근에 투자자 소유 기업으로 전환하였거나 또는 거래 가능한 주식을 발행하고 있는 협동조합의 사례에서 찾아볼 수 있다. 극단적으로 말하면 현재의 협동조합 조합원들은 협동조합의 조직전환을 통해 금전적인 이익을 얻고자 노력한다(Schrader). 따라서 현재의 협동조합 전환 움직임은 적어도 부분적으로는 현재의 조합원들이 과거 또는 미래 조합원들의 희생을 대가로 자신들에게 주어지는 이익을 극대화시키고자 하는 노력의 과정으로 인식될 필요가 있다.

좀 더 구체적으로 협동조합의 전환이 의미하는 바를 살펴보면, 협동조합이 더 이상 협동조합의 소유주이자 이용자인 조합원들에게 이익을 제공하지 못할 것이라고 조합원들이 믿고 있다는 것을 암시한다. 협동조합의 전환은 또한 조합원들이 협동조합을 투자의 대상으로 파악하고 있으며, 오직 투자자로서의 이익을 협동조합으로부터 획득하기를 기대한다는 것을 암시하기도 한다. Bellah(외)가 지적한 바와 같이, 개인주의란 단어는 배타적이란 의미와 일맥상통한다. 조합원들이 협동조합의 전환에 동의하였다는 것은 협동조합이 창출하는 이익을 향유할 수 있는 자격으로부터 제외된다는 사실을 그들이 받아들이는 것을 의미한다.

협동조합의 전환은 지난 10~15년간 미국과 캐나다에서 자주 발생하였으며, 이는 이 기간 동안 조합원들이 점차 개인주의화되고 있다는 것을 의미한다. 이런 점에서 캐나다 레지나 주의 소비자 협동조합정유회사(CCRL)가 1940년대 오늘날 일부 협동조합이 새로이 도입하고 있는 자본 조달 방식을 이용하여 석유 정제시설 건설에 필요한 자금을 조달한 사실은 협동조합의 자본 조달 방식에 있어서 여러 가지 시사점을 제공한다. CCRL은 자금을 조달하기 위해 저축채권을 발행했는데, 이 채권의 소유자는 확정금리를 받을 뿐 아니라 정제시설 건설에 기여하였다는 자격이 주어진다(Faribarin 1984). 따라서 투자자가 CCRL에 대한 투자의 대가로 획득하는 주된 수익은 확정금리가 아니라 석유 정제시설이 제공하는 서비스를 이용하는 것이다. 이에 반해, 오늘날 협동조합들은 외부자본 조달을 포함한 투자를 이끌어 내기 위해서 협동조합이 창출한 이익을 투자자에게 배당으로 지급하여야만 한다고 주장하고 있다.

결론적으로 농업협동조합의 주변 환경이 급격히 변화하고 있다. 이 논문은 이들 가운데 협동조합의 경영에 가장 큰 영향을 미치는 기술과 사회적 가치의 두 가지 요소를 검토하였다. 이 논문의 결론은 기술 및 사회적 가치가 변화함으로써 협동조합이 앞으로 더 큰 어려움에 직면할 가능성이 있다는 점이다.

기술적 측면에서 농업의 산업화는 전통적으로 농업시장에서 중요한 기능을 담당해 온 협동조합의 역할을 없애거나 줄어들게 할 것이다. 협동조합이 비록 시장실패에 대응하여 생성되어 왔다고 하더라도, 협동조합은 결국 시장의 존재에 가장 큰 영향을 받는다. 만약 시장에서 실질적인 가격형성이 이루어지면, 협동조합은 단지 경쟁의 척도 역할만을 수행할 수밖에 없다. 또한 수직적 통합과 계약에 의해 더 이상 전통적인 시장이 불필요하게 되면, 협동조합 역시 사라지기 시작할 것이다. 기술의 발달은 농업생산에서의 예측 불가능성 정도를 감소시켜 왔다. 농업생산에서의 예측 불가능성 감소가 의미하는 것은 농업인을 생산 및 가공, 자재공급 등의 사업에서 잔여청구권자로 만드는 제도적 필요성이 감소하게 된다는 것을 의미한다. 그 결과 가족농에 기초한 농업생산과 협동조합 모두 쇠퇴할 수 있다.

가치의 측면에서 보면, 개인주의가 사회에서 가장 중요한 가치로 등장하고 있다. 개인주의 이외에도 사회에는 많은 가치들이 있지만, 개인주의는 사람의 행동을 정당화시키거나 행위를 해석할 때 가장 지배적으로 쓰이는 단어이다. 협동조합의 근간에는 공유재산권이 존재하는 반면에 개인주의는 사적인 재산권과 밀접히 연관되어 있다. 개인주의가 확산됨에 따라 협동조합이 과연 앞으로도 계속 유지되고 발전할 수 있을까에 대한 의문이 제기되고 있다.

물론 협동조합의 미래는 지금까지 논의한 것 이외의 다른 요인들에 의해서도 영향을 받는다. 이하에서는 이들 중 특히 중요한 몇 가지에 대해서 살펴보고자 한다. 첫째, 캐나다 연방정부와 지방정부 모두 농업 분야에 대한 지원을 줄이고 규제를 제거시켜 나감에 따라 협동조합은 점차 탈규제적인 환경을 맞이하게 될 것이다. 이러한 환경은 협동조합에 여러 가지 새로운 기회를 제공하게 될 것이다. 예를 들면 과거 정부에 의해 제공되었던 서비스를 협동조합이 제공하게 될 수도 있으며, 농업인들이 그들의 대항력을 높이기 위해 협동조합을 통한 협력의 필요성을 더 크게 느낄 수도 있다. 이에 반해 탈규제적인 환경은 협동조합에 불리하게 작용할 수도 있다. 예를 들어 협동조합의 가장 중요한 역량이었던 정치적 힘이 상실될 수도 있으며, 농업을 보호하기 위한 지원이 감소함에 따라 협동조합이 지도 사업에 필요한 자금을 조달하기가 어려워질 수도 있다.

둘째, 캐나다와 미국 내 농업협동조합의 미래는 아마도 현재 존재하는 협동조합에 무슨 일이 발생할 것인가라는 측면보다 과연 새로운 협동조합이 생성되고 발전할 수 있는가에 더 많이 의존하게 될 것이다. 협동조합의 생성은 정부나 기존 협동조합으로부터의 제도적인 지원에 크게 의존한다는 주장이 있다(Fairbairn(외)). 결과적으로 협동조합의 미래는 현존하는 협동조합들이 협동조합의 발전을 위해 기꺼이 지원할 용의가 있는가에도 일정 부분 달려 있다.

셋째, 농업을 더 이상 전업으로 하지 않는 농가가 증가하고 있다. 일정 기간만 농업에 종사하는 경우나 비농업 분야에의 취업이 늘어남에 따라 농업인들이 인식하는 협동조합에 참여했을 때의 기회비용이 증가하고 있다. 이러한 농업인들의 인식 변화는 협동조합에 대한 조합원의 참여를 감소시키게 되고, 이에 따라 자격미달의 지도자가 선출되거나 협동조합의 발달이 저해되는 결과를 초래하게 될지도 모른다.

이 논문에서 필자는 오직 협동조합이 미래에 맞이하게 될 장애와 위기에 대해서만 초점을 맞추었다. 필자가 이러한 부분에만 초점을 맞춘 것은 부정적인 측면만을 강조하기 위해서가 아니라, 이러한 위기가 현실로 다가오고 있으며 따라서 이것들을 제대로 이해하는 노력이 필요함을 강조하기 위한 것이다. 협동조합이 이러한 위기를 극복하기 위해서는 더 많은 연구와 토론이 이루어져야 할 것이다.

제3절 유 럽[63)]

1. 유럽 농업협동조합의 변화

1) 유럽 농업협동조합의 구조조정 실태

EU국가의 농업협동조합은 품목별 협동조합을 중심으로 발전해 오고 있으며 전통적인 농업협동조합의 조직 형태는 미국 협동조합의 조직 형태와 크게 다를 바가 없다. 유럽 역시 교통·통신의 발달과 중앙집중형 조합의 발전으로 인해 연합형 협동조합의 모델이 점차 약화되고 있으며 연합형 협동조합이 합병을 통해 광역의 중앙집중형 단일협동조합(unitary cooperatives)으로 개편되는 양상이 두드러지고 있다. 이러한 EU 국가의 협동조합에 대한 구조조정 역시 매우 다양한 형태로 전개되어 오고 있으며 그 주요 형태별 특징을 살펴보면 다음과 같다.

첫째, 단위 농협끼리의 인수·합병(M&A, merger and aquisition)이 급속도로 이루어지고 있으며 그 규모도 대형화되고 있다.

경영의 효율성을 추구하기 위해서 지난 수십 년 동안 합병운동이 지속적으로 전개되고 있으며, 덴마크나 네덜란드 등과 같은 작은 나라에서는 동일 품목의 전 협동조합이 1~2개의 단위 협동조합으로 합병되는 경우도 있다. 더욱이 최근에는 국제 간의 협동조

---

63) '구미(歐美)농업협동조합의 조류와 변화', 농협대학 농협경영연구소, 2005. 3.

합 합병도 시도되고 있는바, 덴마크의 MD Foods 협동조합과 스웨덴의 Alra 협동조합이 합병되어 초대규모의 Arla Foods 협동조합으로 새롭게 탄생된 것이 이러한 사례이다. MD Foods 협동조합은 스웨덴의 Arla Foods와 합병하기 이전에 자국의 최대경쟁자였던 Klover Milk와 1차적인 합병을 이룸으로써 MD Foods란 이름으로 덴마크 우유시장의 85%를 점유하였다. 국제 간에 새롭게 합병된 Arla Foods 낙농협동조합은 세계에서 그 규모가 가장 큰 낙농협동조합이 되었다.

<표 4-5>과 <표 4-6>는 1980년 이후 각각 덴마크와 네덜란드에 있어 주요 농산물의 품목별 단위 협동조합의 수적 변화를 나타낸 표이다.

<표 4-5>을 통해 덴마크의 협동조합 수의 변화추이를 살펴보면 1980년에 낙농협동조합이 147개나 되었으나 1990년에는 26개, 1999년에는 14개로 감소되었으며,[64] 이들 14개 조합의 시장점유율은 97%에 달한다. 도축협동조합의 경우도 1980년에 20개에 달했으나, 1990년에는 8개, 1999년에는 3개로 감소되었으며, 3개의 조합이 94%의 시장점유율을 차지하고 있다. 계란판매 협동조합은 1964년에는 1,400개에 달한 적이 있으나 이후 지속적으로 합병되어 1980년에 1개가 된 이후 지금까지 1개의 협동조합으로 존속되고 있으며, 이 1개의 협동조합이 덴마크 계란시장의 60%를 차지하고 있다.

〈표 4-5〉 덴마크 농업협동조합의 구조변화 추이

협동조합 \ 연도		1980	1985	1990	1995	1999
낙 농	조 합 수	147	57	26	20	14
	조합원 수	37,000	28,000	19,750	13,350	10,250
도 축	조 합 수	20	14	8	4	3
	조합원 수	45,000	41,660	33,059	32,485	29,200
계란 판매	조 합 수	1	1	1	1	1
	조합원 수	350	201	160	135	100

자료: 덴마크 협동조합 연합회(The Federation of Danish Co-operative), 2001.

한편 <표 4-6>를 통해 네덜란드의 농업협동조합 수의 추이를 살펴보면, 1980년에 39개에 달했던 낙농협동조합은 1990년에 그 절반인 18개로 감소하였고, 1999년에는 6

---

64) 덴마크의 낙농협동조합은 낙농산업이 지방단위의 소규모로 성장·발전되기 시작한 1940년경에는 각 지방마다 거의 1개씩 구성되어 총 1,400여 개가 있었다.

개로 합병되었으며, 이들 6개 조합이 1999년 현재 네덜란드 우유·유제품시장의 85%를 차지하고 있다. 특히 1990년도에 Campina협동조합과 Melkunie협동조합이 합병되어 만들어진 Campina Melkunie협동조합과 1997년도에 4개의 낙농협동조합(Friesland Dairy Foods, Coberco, Twee Provincien, De Zuid-Oost Hoek)이 합병되어 탄생된 Friesland Coberco Dairy Foods Holdings N.V 협동조합은 네덜란드 우유·유제품시장을 주도함은 물론 유럽과 전세계의 시장을 거의 확보하고 있다.

〈표 4-6〉 네덜란드 농업협동조합의 구조변화 추이

협동조합 \ 연도		1980	1985	1990	1995	1999
낙 농	조 합 수	39	22	18	10	6
	조합원 수	51,000	43,500	37,500	27,716	22,935
도 축	조 합 수	2	2	2	2	2
	조합원 수	23,000	22,300	21,300	9,500	10,000
계육 가공·판매	조 합 수	2	2	2	3(1)	1
	조합원 수	440	505	465	375(225)	150
채소 및 과일	조 합 수	49	41	28	12	7
	조합원 수	28,000	25,000	21,800	17,500	12,852
계란 판매	조 합 수	4	3	2	2	2
	조합원 수	750	590	500	NA	NA

자료: 네덜란드 농협중앙회(Dutch Co-operative Council for Agriculture and Horticulture), 2001.
주: 1995년의 ( ) 안은 육계판매 협동조합이며 ( ) 밖은 도계협동조합을 포함한 수치임.

1999년의 경우 도축조합은 2개가, 계육협동조합은 1개가 있다. 채소 및 과일협동조합도 1980년에 49개가 있었으나, 1990년에는 28개, 1999년에는 불과 7개로 대형화되었다. 네덜란드 과일 및 채소시장의 50%를 점유하고 있는 Greenery International협동조합도 1998년에 9개의 조합이 합병시켜 탄생시킨 대형 협동조합이다.

이와 같은 협동조합의 합병과 대형화 현상은 기본적으로 독점시장 확보, 규모경제의 실현 등을 통해 소비시장에 효과적으로 대응한다는 차원에서 이루어진 의도적인 합병에 기인하지만, 한편으로는 합병이 또 다른 합병을 연쇄적으로 촉진시키는 경우도 없지 않다.

그리고 협동조합의 대규모화는 조합원에 의한 협동조합의 운영(member control)이 자칫 왜곡될 우려가 야기될 것이라는 염려가 있었으나 오히려 대규모조합이 보다 합리적인 행정시스템을 도입함으로써 조합원에게 더 큰 편익과 봉사를 제공하고 있음은 물론 생산물 단위당 가공비용의 절감, 생산물의 품질향상과 전문화 등에 크게 기여하고 있는 것으로 평가되고 있다.

둘째, 협동조합이 관련 업종에 대한 기업인수를 가속화하고 있다.

협동조합이 관련 업종의 타 기업을 사들임으로써 동일업종에서 규모의 경제(economy of scale)를 실현함은 물론 관련 업종의 범위의 경제(economy of scope)를 실현하기도 한다. 최근 네덜란드의 Campina-Melkunie우유협동조합이 벨기에의 Comelco사와 독일의 Sud milch사를 사들여 유럽 전 지역을 대상으로 시장을 확대해 나가는 것이나, 덴마크의 돈육도축·가공 협동조합인 Crown협동조합이 우육가공사인 Dane Beef사를 사들여 돈육시장과 우육시장을 동시에 공략해 나가는 사실들이 이에 해당된다.

셋째, 수직통합을 통한 성장과 시장지향적인 협동조합으로의 전환이 증가하고 있다.

원료의 안정적인 확보와 가공판매망을 유지함으로써 농축산물의 부가가치를 높이기 위해 추진되는 구조조정의 한 형태로서 농축산물의 판매 협동조합(marketing cooperatives)에서 주로 이루어지고 있다. 농업협동조합의 수직통합(vertical integration)이 추진되고 시장지향적인 협동조합(market-oriented cooperatives)으로의 전환이 이루어지고 있는 현저한 동기는 협동조합의 사업이 원료농축산물의 수집과 기초가공에 제한되어 있을 경우, 거기에서 얻어지는 부가가치의 이익이 한정될 수밖에 없기 때문이다. 따라서 협동조합이 수집과 1차 가공을 포함한 2차 가공 즉, 소비자에게 최종적으로 필요한 상품으로서 농축산물을 가공하고 판매하는 사업까지를 함께 수행함으로써 더 많은 부가가치를 기대할 수 있기 때문이다. 유럽 내의 상당수 협동조합이 생산지향적인 협동조합(production-oriented cooperatives)임은 분명하며, 그러한 생산협동조합이 지금까지는 나름대로 시장에 잘 적응해 온 것도 사실이다. 그러나 최근 생산협동조합들도 협동조합의 규모화를 지향하면서 급속히 시장지향적인 판매 협동조합으로 전환하고 있다.

<표 4-7>은 생산지향적인 협동조합과 시장지향적인 협동조합의 차이를 비교한 것이다. <표 4-7>에서 살펴보면 생산협동조합이 전통적인 협동조합주의에 높은 비중을 두고 있다면 시장협동조합은 경영주의에 더욱 높은 비중을 두고 시장지향적인 공격적 운영관리가 이루어지고 있음을 알 수 있다. 전통적 협동조합인 생산협동조합은 그 운영·관리 및 소유가 철저히 조합원에 의해서 이루어지고, 조합경영의 목표가 출자에 대한 최소 이익과 수취가격의 제고에 있으며, 잉여금은 자기자본으로 환원된다.

생산협동조합의 시장전략은 비용절감에 기초를 두고 조합원에 한하여 거래가 이루어

진다. 조합원은 출하 및 수취의무를 갖게 되며, 거래교섭력을 강화하고 규모경제를 실현하기 위해서 타 협동조합과 합병을 하거나 연합회를 구성하게 된다. 반면에 시장지향적인 판매 협동조합은 그 운영·관리 및 소유가 조합원과 제한된 비조합원에 의해 이루어지고, 경영이익은 투자와 이용고에 따라 배분되며 공정한 가격실현과 투자주식에 대한 경쟁적 이익실현이 경영의 목표이다. 판매 협동조합의 시장전략은 제품의 차별화를 통한 시장 확보에 있으며, 따라서 소비자의 수요요구에 따라 다양한 제품을 생산·공급하게 된다. 조합의 규모화도 주로 수직적 통합을 통해서 이루어지게 된다.

〈표 4-7〉 생산지향적인 협동조합과 시장지향적인 협동조합의 차이

협동조합의 구조	생산지향적 협동조합	시장지향적 협동조합
운영·관리	· 조합원이 운영 · 민주적 관리 · 이사회는 조합원으로 구성 · 조합원에 의한 의사결정	· 조합원과 제한된 비조합원이 함께 운영 · 민주적 관리 · 외부전문가나 소유자의 일부 참여 · 의사결정자는 전문경영인이 함
소 유	· 조합원의 소유 · 조합가입의 공개 · 출자의 제한 · 출자에 의한 공유 자본	· 조합원과 비조합원의 공동소유 · 조합가입의 제한 · 이용고에 비례한 출자 · 자본(주식)의 양도 가능
이 익	· 조합원에 한해 배당 · 균등가격 · 환원에 의한 자본축적	· 조합원 및 비조합원에 배당 · 공정가격 · 출자를 반영한 배당
시장전략	· 비조합원과의 거래제한 · 한 개의 단순 품목 취급 · 출하 및 수취의무 · 타 협동조합과의 합병 또는 연합회 구성을 통한 수평적 확장 · 비용절감 위주의 시장전략	· 비조합원의 거래 증대 · 소비시장의 수요에 따른 다양한 제품 취급 · 계약이나 출하권리에 따른 특정 품질과 물량의 요구 · 전략적 연대, R&D컨소시엄, 시장 및 분배의 합작투자 등을 통한 수직적 확장 · 제품의 차별화 위주의 시장전략

자료: Kyriakopoulos, K., "Agricultural Cooperatives: Organizing for Market-Orientation", IAMA World Congress VIII, "Building Relationships to Feed the World: Firms, Chains, Blocs", Uruguay, Punta Del Este, 29 June ~ 2 July 1998, p.8.

다만 무리한 수직통합은 자칫 자금부담이 과중해지고 조합원의 협동조합에 대한 영향

력이 약해진다는 약점을 가지고 있다.

넷째, 신협동조합(new cooperative)의 모델이 탄생·발전되고 있다.

지난 수년간 유럽의 많은 협동조합, 특히 농축산물의 판매 협동조합의 경우 조직구조의 개편이 급속히 이루어졌다.

국가에 따라서 협동조합이 사업체를 타 협동조합 및 연합회, 기관 및 개인투자자 등과 같은 외부 주주와 조합원이 공동으로 투자하는 공사(public limited company, PLC) 형태의 협동조합으로 전환하거나, 독립된 자회사(subsidiaries) 형태로 전환시키는 등 다양한 형태의 모델을 만들어 나가고 있다. 자회사나 공사형태의 PLCs는 재정 및 경제적 관리가 용이하고 모조합(母組合, mother cooperative)이 직접 또는 지점형태로 운영하면서 발생될 수 있는 위험을 감소시키고 외부 투자의 유치가 용이할 뿐 아니라 비조합원을 자회사의 이사로 영입할 수 있기 때문에 경영 차원에서는 다양한 이점을 가지고 있다.

<표 4-8>는 유럽협동조합의 신협동조합 모델을 포함한 다양한 조직 형태를, 그리고 <표 4-9>는 농업협동조합의 주요 제도적 특성을 나타낸 표이다.

〈표 4-8〉 EU 주요국 농업협동조합의 조직 형태

국 가	전통적 협동조합	PLC 협동조합	자회사 협동조합	주식양도가능 협동조합	주식참여 협동조합
덴 마 크	●		●		
독 일	●	●	●		
프 랑 스	●		●		●
네 덜 란 드	●		●	●	●
스 웨 덴	●		●		
영 국	●	●			●

자료: 전게서, p.170.

<표 4-8>과 <표 4-9>를 통해서 살펴보면 네덜란드에서는 전통적인 협동조합 외에 자회사 형태의 협동조합과 주식의 양도가 가능한 협동조합, 조합원 이외의 외부주식의 참여를 허용하는 주식참여협동조합 등 다양한 신협동조합 모델이 출현하고 있다.

PLC협동조합의 경우 투표 및 이익의 환원이 주식을 기준으로 해서 이루어짐으로써 경영 측면에서는 일반 주식회사와 하등의 다를 바가 없다. 자회사 협동조합(cooperative with subsidiary)과 주식참여협동조합(participation shares cooperative)의 경우에는 투표권과 이익환원이 조합원은 이용고, 투자자는 참여 주식에 따라 이루어지고 있다.

<표 4-9> EU 농업협동조합의 주요 제도적 특성

조직체계	전통적 협동조합	PLC 협동조합	자회사 협동조합	주식양도가능 협동조합	주식참여 협동조합
가 입	자 유	유동적	유동적	제 한	자 유
개인자본	없 음	있 음	투자자에 한함	있 음	투자자에 한함
투 표	평 등	주식 기준	조합원: 이용고 투자자: 주식기준	이용고 및 주식기준	조합원: 이용고 투자자: 주식기준
다수 의사결정	조합원	투자자	조합원	조합원	조합원
외부참여	없 음	있 음	있 음	제한하거나 투표는 불허	있 음
부가가치 활동	제 한	있 음	있 음	있 음	있 음
조합원의 지분	동일함	주식에 따름	조합을 통해 동일하게 적용	이용고에 따름	동일함
이익환원	이용고 기준	주식 기준	조합원: 이용고 투자자: 주식기준	이용고 및 주식 기준	조합원: 이용고 투자자: 주식기준

자료: 전게서, p.171.

이와 같이 유통이 가능한 주식과 우선주의 발행, 투자에 따른 투표와 배당, 조합원에 대한 출하권리의 부여 등을 포함한 획기적이고 다양한 자본 조달 방법을 채택하고 있는 협동조합 형태는 일반 기업과 시장경쟁에서 살아남을 수 있는 경쟁력을 자생적으로 키워 나감은 물론 협동조합이 고부부가가치 제품(high value-added products)의 생산을 통해 조합원의 경제력을 개선시키기 위한 협동조합형태, 소위 1990년대 미국에서 발생되었던 신세대협동조합(new generation cooperatives)과 맥을 같이하고 있음은 <표 4-9>를 통해서 구체적으로 이해할 수 있다.

2) 유럽 농업협동조합의 조합원제도

인적 조직이면서 경제조직인 협동조합은 이제 경제조직으로서의 가치가 점차 중요시되어 가고 있다. 이는 협동조합이 본래의 기능을 제대로 수행하기 위해서는 1차적으로 시장에서의 존립 문제가 우선되기 때문이다. 따라서 조합과 조합원의 관계가 점차 사업화(business-like)되어 감으로써 원가봉사의 원칙이 붕괴되고 있는 조합도 많다.

<표 4-10>을 통해서 살펴보면 스웨덴을 제외한 EU 대부분의 국가에서 정관이나 계약에 의해 조합원의 출하의무를 규정하고 있으며, 특히 판매 협동조합의 경우 효율적인 가공·판매를 위한 안정적인 물량 확보와 계획생산 차원에서 출하의무제도를 채택하고 있다.

덴마크의 낙농협동조합은 정관에 의해 100% 출하의무를 규정하고 있는 반면에 스웨덴 협동조합의 경우에는 경쟁에 관한 법률에서 농업협동조합의 출하의무제도를 금지하고 있다.

〈표 4-10〉 EU 주요국가 협동조합의 조합원 권리 · 의무

국 가	투표 수	출자	가입탈퇴의 자유	비조합원 거래	출하의무
덴마크	단수	보증	있음	제한	낙농, 고기, 계란 조합에 한함(정관)
독 일	복수 < 3	1좌 이상	있음	총 매출액의 50% 이내	정관에 의함
프랑스	복수	1좌 이상	없음	총매출액의 20% 이내	5년 계약에 의함
네덜란드	복수 < 4	매출액에 대한 비율(%)	없음	제한 없음	증가되고 있음
스웨덴	단수	매출액에 대한 비율(%)	있음	제한 없음	없음
영 국	단복혼합	10,000파운드 이내	있음	총매출액의 1/3 이내	계약에 의함

자료: 전게서, p.174.

EU의 주요 6개국 가운데 덴마크와 스웨덴을 제외하고는 복수투표를 채택하고 있으며, 프랑스와 네덜란드에서는 조합원의 가입탈퇴도 허용되어 있지 않다. 그리고 비조합의 거래와 사업참여가 전반적으로 증대되고 있다. 덴마크를 제외한 모든 국가에서 비조합원의 거래를 허용하고 있으며, 그 허용범위는 독일의 경우 총매출액의 50% 이내, 프랑스는 총매출액의 20%, 영국은 총매출액의 1/3 이내이다.

특히 우유를 비롯한 음료산업부문에서 비조합원(농민이면서 비조합원인 경우와 비농민조합원을 포함)과의 거래관계가 활발히 전개되고 있다. 이러한 정책은 자기자본의 확대, 규모 및 범위의 경제를 통한 비용절감과 시너지 효과 증진, 제품의 다양화 등에 크게 기여하고 있는 것으로 평가되고 있다. 예컨대 우리나라의 서울우유협동조합에서 조합원이 생산한 우유의 가공판매와 더불어 비조합원이 생산한 각종 과일주스나 여타 음료 등을 함께 가공 판매하는 경우와 마찬가지이다. 그러나 비조합원의 확대정책은 조합원의 소속감 결여와 과다한 재정부담을 야기할 수 있다는 점에서 주의를 요하는 정책이다.

3) 유럽 농업협동조합의 재정

EU국가 대부분의 농업협동조합에서도 조합원의 출자금은 자기자본의 중요한 부분임이 분명하다. 그러나 조합원의 출자에 의한 재정은 특히 가공 협동조합의 경우 협동조합의 국제화 추세에 대응하기 위해서는 크게 부족할 수밖에 없다. 반면에 급변하는 시장 환경과 조건은 사업 규모의 확대, 거대한 투자 및 무형자산에 대한투자 확대를 지속적으로 요구하고 있다. 따라서 많은 협동조합들이 비조합원의 투자를 유치하지 않을 수 없는 상황에 처하게 되었다.

이 같은 비조합원에 의한 자본참여의 증대는 인적 조직체인 협동조합에서 조합원의 조합에 대한 소속감을 감소시키고 조합원관리의 원칙을 상실할 위험이 있다는 등의 문제가 제기되기도 한다. 그러나 궁극적으로 제한된 자본에 의한 조합 사업의 비효율성은 조합원의 이익실현에 한계가 있을 수밖에 없기 때문에 많은 협동조합들이 새로운 자본조달의 수단으로 출자 이외의 조합원 주식에 의한 자본참여와 비조합원의 자본투자를 확대·허용하게 된 것이다. 다만 비조합원의 자본참여를 확대하더라도 대부분의 경우 아직까지는 전체 자본의 1/2 이상은 조합원 지분이 확보되도록 조정해 나가고 있다.

〈표 4-11〉 EU 주요국의 농업협동조합 자기자본 형성방법

국 가	조합원 출자 및 잉여금 적립	채권/조합원 주식	외부 참여 주식	합작 주식(외부)
덴마크	●			●
독 일	●			
프랑스	●	●	●	
네덜란드	●	●		●
스웨덴	●			●
영 국	●	●		

자료: 전게서, p.176.

<표 4-11>은 EU 주요국의 농업협동조합의 자기자본 조달 방법을 나타낸 표이다. 위에서 보는 바와 같이 독일을 제외한 모든 국가에서 조합원의 출자와 잉여금적립을 제외한 여타 방법에 의해 자본을 조달하고 있다. 그러나 대부분 유럽 국가들의 많은 협동조합들이 이러한 자본유치 이외에 협동조합의 사업체를 조합으로부터 분리시켜 PLCs 형태의 자회사를 설립하는 경우가 지속적으로 증대되고 있다. 이미 앞에서도 언급한 바와 같이 PLCs 형태의 자회사는 그것이 잘 운영될 경우 농업협동조합의 운영에 있어서

다양한 이점을 가지고 있다. 즉, 투자유치와 재정 및 경제적 관리가 용이하며, 모조합 (母組合, mother cooperative)이 직접 또는 지점 형태로 운영하면서 발생될 수 있는 위험을 감소시키고 비조합원을 자회사의 이사로 영입할 수 있는 등 협동조합의 경영관리 차원에서는 다양한 이점을 가지고 있다.

그러나 어느 경우라도 비조합원에 대한 자본참여의 확대는 제한을 받고 있으며, 프랑스에서는 협동조합에 대한 특별법(special legal form for cooperatives, SICA)을 제정하여 비조합원의 자본참여가 50%를 초과하지 못하도록 규정하고 있다.

2. 유럽협동조합의 국제화

협동조합의 국제화는 국가 간의 문화적 차이, 서로 다른 협동조합 관련법 등과 같은 장벽이 있음에도 불구하고 타국의 농민을 조합원으로 받아들이는 추세가 급속히 확산되고 있다. 다른 나라의 조합원을 받아들이는 가장 일반적인 동기는 규모경제의 실현을 위한 조치라고 하겠으나, 타국의 농산물을 가지고 자국 내 부족한 부분을 보충하면서 국가 간의 교역기회를 확대하고 타국의 시장개척 수단으로 활용하기 위한 것이 그 주요 동기이다.

최근에는 외국 조합원의 영입뿐 아니라 협동조합이 해외의 기업이나 협동조합에 직접 투자하는 경우도 확대되고 있다. 덴마크의 MD foods협동조합은 영국에 유가공공장을 가지고 있으며, 네덜란드의 Campina-Melkunie협동조합은 벨기에와 독일에 유가공공장을 가지고 있다. 스웨덴의 곡물협동조합이 덴마크에 도정공장을 가지고 있는 것은 해외투자의 대표적인 사례이다.

<표 4-12>은 유럽 국가들의 협동조합 국제화 정도를 나타낸 표이다. <표 4-12>에서 살펴보면 특히 국토면적이 적은 나라, 즉 덴마크와 네덜란드는 해외 합작투자와 직접투자를 시도하는 등과 같이 협동조합의 국제화가 매우 활발히 추진되고 있다.

〈표 4-12〉 EU 주요국의 협동조합 국제화 정도

국 가	수 출	해외판매조직	전략적 제휴	해외합작투자	해외직접투자
덴마크	●	●	●	●	●
독 일	●	●			
프랑스	●		●		
네덜란드	●	●	●	●	●
스웨덴	●	●	●	●	
영 국	●		●		

자료: 전게서, p.183.

협동조합의 경영주의는 국가 간의 역사적 문화적 요인까지도 초월하여 나가고 있다는 것이 협동조합의 국제화로 반영되고 있다.

제4절 한   국[65)]

1. 미래의 농업협동조합 - 패러다임의 전환

1988년 조합장 및 중앙회장의 직선에 이어, 2000년에는 농민조합원의 권익신장을 위한 협동조합 개혁 차원에서 통합농협법이 제정 시행되고 있다. 외형상으로 보면 명실상부하게 조합원에 의한 민주적 지배체제가 구축되어 개도국에서 흔히 보는 준정부조직의 정부통제 체제를 벗어나 순수 자조 조직으로서의 협동조합으로 탈바꿈되었다고 볼 수 있다.

그러나 아이러니하게도 이러한 일련의 협동조합의 개혁에도 불구하고 농민조합원들의 '내 조합의식'은 여전히 희박하여 일부 조합원 간에는 조합의 성장은 조합원의 편익 증대와는 무관하다는 그릇된 인식의 상존하고 있는 실정이다. 이 결과 일부의 오도된 여론 조작으로 정부의 농정실패도 자조적 단체인 농협의 책임으로 전가되는 현상이 나타나며, 조합과 조합원 간 오해에서 발생할 수 있는 지엽적인 문제조차 농민 권익 옹호를 명분으로 한 제3자인 운동권 농민단체의 개입으로 확대 증폭되는 일이 역시 다반사로 발생하고 있다. 결국 조합원의 내 조합의식 결여에서 비롯된 이러한 왜곡된 갈등 구조를 청산하고 조합원에 의한 조합의 소유 지배를 정착시키기 위해, 미래의 농협운동은

---

65) '농업협동조합의 미래와 발전과제', 김위상 전 농협대 교수, 2004. 2.

조합의 경영 성과가 조합원의 경제적 이익 증대로 귀결되는 메커니즘을 구축해야 한다는 과제를 안게 된다.

1) 시장 환경 변화와 농협의 역할

농협운동 초창기에는 독과점적 상인의 횡포, 고리사채 질곡 등의 시장실패(market failure)를 교정하기 위한 방편으로 수도단작 위주의 조합원 간의 동질성을 바탕으로 한 전통적 협동조합 모델이 유효하였다고 볼 수 있다. 이 시대의 조합원의 역할은 투자자로서의 역할보다는 고객으로서의 역할이 중시되어 사업량 확대가 농협운동의 성공 여부의 관건이 되었던 것이다. 이 시기에는 고정금리 체제, 정부의 농산물 가격지지정책, 농자재시장에서의 수요독과점 등으로 시장가격이 고정되어 있었기 때문에 사업량 확대를 통한 규모의 경제로 원가를 절감하게 되면 원가경영원칙(잉여금 공정분배의 원칙)에 의해 그 절감 폭만큼 조합원의 편익이 증대되는 결과를 가져올 수 있었다.

그러나 '80～'90년대를 거쳐 오늘날에는 시장경제체제의 급속한 진전으로 금융·유통·자재 분야 등에서 타 업체(기관)와의 경쟁이 심화되고 있으며, 이로 인해 시장실패 현상은 농촌시장에서 더 이상 존재하지 않는다고 할 수 있다. 조합의 사업영역도 단순 예대업무, 농산물 및 농자재의 단순 위탁사업에서 전문화된 금융사업 및 고부가가치 사업 등으로 전환되고 있다. 이에 따라 농촌의 도시화와 함께 조합의 고객도 조합원뿐만 아니라 최종 소비자인 비조합원으로 급속히 확산되는 추세이며, 이와 함께 조합의 지속적 성장을 위한 자본(투자재원) 조달의 원활화가 조합경영의 주요 관심사로 대두되고 있다. 조합원의 성격 또한 1인 1표 투표원칙하에서 조합원 간 이해관계의 상충, 욕구의 다양성 등으로 인해 이질화 경향을 보임으로써 조합원이 조합으로부터 소원해지는 소위 통제문제(control problem)가 야기되고 있다. 이는 결국 조합원의 역할은 전통적 협동조합 모델이 중시하는 조합원 간의 동질성을 바탕으로 한 이용고객으로서의 역할이 퇴색하고 투자자로서의 역할이 더욱 중요하게 부각될 수밖에 없음을 의미한다.

한편, 조합경영 측면을 보면 일부 사업부문의 경우 수요포화 상태로 공급증가가 가격 하락을 초래함으로써 전통적 협동조합 모델의 주요 전제조건인 고정시장가격 유지가 불가능한 상황이 초래되고 있다. 예컨대, 상호금융의 경우 조합의 사업량 증대(예수금 증대)가 역설적으로 자산운용의 애로와 함께 운용수익률 저하(신용공급가격 하락)를 초래하고 있다. 이는 사업량 확대를 통한 규모의 경제 이점이 수요포화 상태로 인한 단위 사업량 당 마케팅비용의 체증으로 상쇄됨을 의미한다.

농촌시장에서의 시장실패 해소, 조합원의 이질화 경향, 조합의 주요 목표시장인 틈새시장(niche market)의 수요 포화, 조합 사업의 고부가가치 사업으로의 전환 및 비조합원과의 거래량 증가 등은 협동조합에 대한 기존의 고루한 인식의 전환을 요구한다. 다시 말해 조합원의 이익 증대를 위해 조합의 사업영역이 농업부문에 한정되어야 한다는 고정관념을 탈피하여야 하며, 비조합원과의 거래량이 증가할 경우 조합의 이윤 극대화는 투자자로서의 조합원의 이익 증대라는 인식전환이 필요한 것이다. 고전적 협동조합원칙인 원가경영원칙에 의한 조합원 이윤 극대화, 즉 이용고객으로서의 소비자잉여(consumer surplus) 극대화는 조합의 거래고객이 조합원에 한정될 때에만 경제적으로 타당한 것이다.

결국 오늘날 한국 농협운동은 고전적 협동조합의 원칙을 준수하는 전통적 협동조합 모델을 탈피, 시장지향적(기업적) 협동조합 모델을 지향해야 하는 전환기에 처해 있다고 볼 수 있다. 이를 위해 무엇보다도 투자자로서의 조합원의 역할 증대를 통해 조합원들의 내 조합의식을 제고시킬 필요가 있다.

2) 시장지향적 농업협동조합 모델의 정립

현행의 투자지분의 비양도성 및 지분의 액면가 상환제도는 미래 현금흐름을 가져다주는 장기투자보다는 단기투자를 선호하는 기간문제(horizon problem)와 조합과 조합원이 유리되는 대리문제(agency problem)를 초래하고 있다고 볼 수 있다. 따라서 출자 지분의 조합원 간 매매 허용은 조합의 경영성과가 출자증권 가격에 즉시 반영되는 시장에 의한 평가장치가 구축되어 조합의 의사결정 과정이 잔여청구권자(residual claimant)인 조합원의 이익과 일치될 수 있을 것이다. 그리고 조합의 경영성과에 대한 조합원의 관심 증대로 조합과 조합원 간의 괴리에 따른 대리 비용(agency cost)이 감소되는 효과를 볼 수 있다. 이와 함께 사망, 노령으로 인한 은퇴 시 출자 지분의 환급을 출자 좌 수당 조합의 순 자산 가치를 기준으로 액면가가 아닌 시가로 하게 되면 조합원의 조합 경영에의 관심은 한층 증대되어 조합원의 내 조합 의식은 가일층 제고될 것이다. 이러한 출자 지분의 매매 허용과 시가환급 제도하에서는 지속적 경영악화 조합의 경우 투자지분(증권)의 시장가격이 하락할 것이고, 이에 따라 적정 합병비율에 따른 인근조합에 의한 M & A가 용이하여 시장에 의한 지역농협의 규모화가 가능해지는 부수적 효과를 기대해 볼 수 있을 것이다.

이 외에 시장 지향적 협동조합 모델을 정립하기 위해서는 자기자본 조달의 원활화를 위해 외부참여 우선출자제도를 중앙회뿐만 아니라 회원농협으로까지 확대할 필요가 있다. 그리고 1인 1표 투표방식은 투자자 및 이용자로서의 조합원의 역할이 중시되는 협동조합 경영체의 의사결정 방식으로는 부적절하므로 구미제국의 이부 협동조합같이 제한적이나마 조합 이용고에 다른 투표권의 차별화도 고려해 볼 수 있을 것이다.

이러한 시장 지향적 협동조합 모델의 지향은 근본적으로 중앙회는 물론 지역농협도 사업성격상 비조합원과의 거래량은 증대되는 반면 농민조합원의 수는 감소하고 있기 때문에 조합의 기업적 경영행동의 추구가 역설적으로 투자자로서의 농민조합원의 이익이 극대화된다는 현실적인 인식에 바탕을 둔 것이다. 경영성과를 중시하는 경영풍토는 필연적으로 고전적 협동조합원칙의 상호책임(mutual responsibility)이 유발하는 도덕적 해이(예컨대, 과잉투자 및 부채과다 등)를 해소하여 책임경영을 구현케 하는 기반을 마련할 수 있을 것이다. 경영부실에 대한 변상을 포함하는 책임경영의 정착은 인력 운용 면에서도 획기적인 변화가 일어나 개인의 충성심이나 활용도보다는 능력을 우선시하는 분위기가 조직 내에 고착되어 조합이 보다 효율적인 경영체로 변모되는 계기가 마련될 것으로 보인다.

시장 지향적 협동조합으로의 패러다임 전환은 조직문화에도 영향을 미치게 된다. 협동조합의 고질적인 병폐라 할 수 있는 조합원에게의 봉사라는 미명하에 수익창출과 무관한 낭비적 업무의 수행, 업무를 빙자한 개인적 편익 추구, 업무태만 등 소위 직무상의 소비행위(consumption on the job)를 근절하여 임금에 대한 생산성을 중시하는 분위기를 조성할 수 있을 것이다. 그리고 패러다임의 전환은 자본주의 시장경제체제하에서 일개 경제주체에 불과한 협동조합을 마치 사회적 불평등을 시정할 수 있는 운동단체인 양 이념화하고 있는 외부의 공상적 사회주의자(ideal socialist)들로부터 우리 농협을 보호하는 길이기도 한 것이다.

<표 4-13> 고전적 농협과 미래 농협의 비교

조합의 구조	고전적 농협	미래농협(시장시향적 농협)
통제 및 지배	◦ 조합의 지배권은 조합원에게 전속 ◦ 조합원에 의한 민주적 통제 ◦ 이사회 구성원은 조합원에 한정 ◦ 의사결정권의 조합원 독점	◦ 조합의 지배권은 조합원 및 한정된 비조합원에 전속 ◦ 조합원에 의한 민주적 통제 ◦ 외부 전문가의 이사회 영입(사외이사) ◦ 의사결정권의 분할
소유권	◦ 조합원에게 조합소유권 전속 ◦ 조합원 가입자유와 정치적 중립 ◦ 이용고와 무관한 출자 ◦ 출자 지분 양도 불가	◦ 조합원 및 한정된 비조합원에게 조합소유권 전속 ◦ 조합원 가입의 제한(봉쇄주의) ◦ 이용고에 따른 출자 ◦ 출자 지분의 양도 가능
편익	◦ 조합원에게 편익 귀속 ◦ 조합원에 대한 재화 및 서비스 공급가격의 동등 ◦ 잉여의 배당 ◦ 출자배당률 최소화	◦ 조합원 및 비조합원에게 편익 귀속 ◦ 수혜정도에 따른 가격차별화 ◦ 배당의 회전출자화 ◦ 출자배당률의 적정화
시장 전략	◦ 비조합원과의 거래 제한 ◦ 품질 고려 없는 출하의무 ◦ 타 조합과의 합병을 통한 수평적 결합 ◦ 비용절감형 시장전략	◦ 비조합원과의 거래 증대 ◦ 조합원과의 계약을 통한 출하 농산물의 품질 보증 ◦ 전략적 제휴, R&D 컨소시엄, 연합판매 사업 등을 통한 수직적 결합 ◦ 상품차별화 시장전략

2. 미래의 농업협동조합을 위한 핵심 과제

21세기 협동조합의 성공전략 구상은 두 가지의 주제가 중심을 이루고 있다. 첫째는 협동조합의 구성원에 대한 교육투자 확대가 필요하다는 것이다. 조합원과 임원, 경영진은 21세기의 과제를 해결하기 위하여 필요한 훈련을 받아야 한다. 그렇지 않으면 이들은 경영전략의 차이점을 완벽하게 이해하지 못할 것이며, 과제분석과 합리적인 결정을 이끌어 낼 수 있는 능력도 갖추지 못하게 될 것이다.

둘째는 실용주의와 수익성에 강조점을 두어야 한다는 것이다. 협동조합은 사업체이며 미래에도 사업에 관한 문제를 해결하고 조합원에게 경제적 실익을 제공하는 데 초점이 모아져야 한다. 그렇지 않으면 조합원들이 조합을 이용하지 않고 이탈하게 될 것이다.

1) 농업협동조합 지도층의 역량 강화

21세기의 도전과제에 대응할 수 있는 지도자를 보유하지 못하면 협동조합에는 긍정적인 현상이 거의 발생하지 않을 것이다. 협동조합을 이끌어 나가는 데 필요한 기법을 모색하고 이사와 경영진이 계발되어야 한다.

(1) 이사회 기능의 활성화

이사회는 협동조합에서 농민조합원의 통제권이 발휘되고 유지되는 핵심 기관이다. 이사들은 조합원에 의해 선출되며, 사업계획을 수립하고 그 시행을 감독하는 역할을 맡게 된다. 오늘날 조합의 이사회는 농업생산에 대한 지식은 많지만 조합의 운영과 관련하여 외부의 사업 여건에 대처해 나가는 데 필요한 경험과 기술이 미흡한 노령의 농업인자들로 구성되기 쉽다.

사업 환경이 변화됨에 따라 농업인 이사들은 확대된 사업체를 관리하고 시장 변화에 적응하는 데 더욱 어려움을 느끼고 있다. 어떤 교육자가 극단적으로 표현했던 것처럼, 이사회 구성원과 연구·개발, 광고, 마케팅, 공급체인 관리에 대하여 토론하려고 시도하는 것은 "셰익스피어(Shakespeare)에 대한 시험을 보는 것과 같다."고 할 수 있다. 그들에게는 그러한 내용이 단지 외국어에 불과한 것일 수 있다. 그들은 주로 단기적인 비용에만 주목한다.

① 사외이사 제도 도입

조합원에 의한 통제를 보장하기 위한 노력의 일환으로, 대부분의 농업협동조합들은 비조합원의 이사회 참여를 엄격히 제한한다. 농업협동조합의 이사회 임원들 역시 협동조합 서비스의 이용자이므로 이들은 소유자로서의 이해관계(owner concerns)와 이용자로서의 이해관계(user concerns)를 함께 갖는다. 소유자로서의 이해관계는 투자 주주의 이윤성에 집중되며, 이용자로서의 이해관계는 상품의 질, 개별이용자의 이윤성에 영향을 미치는 조합원 서비스의 가격 설정에 집중된다. 배당금 지불에 대한 제한과 자본이득 획득의 불가능으로 인해, 이사회는 이용자로서의 이해관계에 더 관심을 갖게 된다. 투자 주주의 피신탁인(trustee)으로서 기능하는 IOF(Investor Owned Firm) 이사회와는 달리, 협동조합 이사회는 투자자에 대한 피신탁인으로서의 기능과 이용자로서의 이해관계를 경영층에 전달하는 협동조합 고객의 대표로서의 기능을 동시에 수행한다.

이사회의 임원은 협동조합 서비스의 이용자이기 때문에, 협동조합의 서비스와 경영에 대해 약간의 기술적 지식을 가질 수 있게 된다. 그러나 만약 협동조합의 경영이 복잡하거나 혹은 영농활동의 범위를 넘어 확장된다면, 농민이사들은 내부 및 외부이사(inside and outside directors)들이 갖는 판매, 제조, 소매 분야에서의 전문성이 결여될 것이다. 이는 농업협동조합에서 다음과 같은 딜레마를 초래한다. 즉, 농민들은 이사회의 지도적 역할에 참여하면 할수록 경영층을 무력화시키게 되고, 반면에 참여를 하지 않게 되면, 소유권은 통제로부터 멀어지게 된다는 것이다.

이사회 임원의 자격을 조합원에 한정시키면, 능력 있는 이사들의 공동화(pool)가 제약을 받게 된다. 만약 임원의 재능이 희소상품이라면, 이사회를 통해 행사되는 조합원에 의한 통제와 협동조합의 조합원 수와의 관계를 나타내는 역 U 자형의 곡선을 상정할 수 있게 된다. 소규모 협동조합에서는 임원재능(board member talent)의 공동화는 많은 제약이 뒤따르므로, 경영행동을 효과적으로 감시할 수 있는 이사회를 구성한다는 것은 어려운 일이다. 이러한 소규모 협동조합에서의 경영자들은 전시적인 경영성과를 나타낼 가능성이 있다.

협동조합의 규모가 커짐에 따라 임원재능의 공동화는 확대되고, 이로 인해 협동조합의 의사결정 과정에서 적극적인 역할을 수행할 수 있는 이사회의 선출이 가능해진다. 그러나 특정 시점에서는, 협동조합이 대규모화되고 복잡해짐에 따라 파트타임 이사회로는 경영행동을 충분히 감시할 수 없게 된다. 그러므로 이러한 대규모 협동조합에서의 경영층은 자신의 목표를 추구할 수 있는 여지가 그만큼 크다 할 수 있을 것이다.

협동조합 이사회는 IOF 이사회와는 다른 구조를 갖고 있을 뿐만 아니라, 여러 이유로 인해 의사결정 과정에서 IOF 이사회의 역할보다는 훨씬 적극적인 역할을 수행하게 된다. 먼저 앞에서 논의한 것처럼, 협동조합 조합원들은 IOF에서는 전적으로 경영층에게 일임된 가격 설정과 같은 문제에도 깊은 관심을 갖게 된다. 둘째, 경영성과에 관한 지표 선정의 어려움과 출자증권의 매매를 통한 차익실현과 같은 자동적 인센티브체계(automatic incentive systems) 구축의 어려움으로 인해, 이사회에 의한 경영행동의 직접적 감시가 요청된다. 협동조합의 조합원들은 순 마진 이외에 협동조합 성과에도 관심을 갖는다.

경영자를 순 마진에만 근거하여 평가하는 이사회는 경영자에게 다음과 같은 동기를 부여하게 된다. 즉, 조합원 서비스 가격의 인상동기, 협동조합의 경영을 조합원 기업의 경영(예컨대, 영농)과 조화시키려는 노력보다는 별개의 이윤센터로서 협동조합을 운영하고자 하는 동기 등이 그것이다. 조합원 서비스의 현재 가격에만 근거하여 경영자의 성과를 평가하게 되면, 기간문제(horizon problem)가 악화되고 서비스 가격의 할인문제에 대해 조합원 간의 갈등을 유발한다. 이사회는 경영자의 성과 지표에만 매달리기보다는, 조합원 간 권력배분이 변화함에 따라 달라지는 여러 측면들을 고려해야만 한다. 이렇게 하기 위해서는 협동조합 이사회는 IOF 이사회보다는 경영업무에 더 종합적으로 간여할 필요가 있다.

협동조합 증권에 대한 유통시장의 부재로 인해, 협동조합에 실질적인 투자를 한 농민들은 조직으로부터의 퇴거(exit)가 어려움을 알게 된다. 설령 이들이 협동조합을 탈퇴한다 하더라도, 이들의 자본은 여전히 조합에 남아 있게 된다. 출자를 많이 한 고객들은 조합의 탈퇴가 현실적으로 어렵기 때문에 이사회에 압력을 가하여 조합의 업무에 직접 간여하고자 하게 된다. 이들 주주들은 자본회수의 위협으로는 경영자를 통제할 수 없기 때문에, 그들의 관심사항을 경영층에 전달하기 위해 조합원 여론(member voice)에 의존하지 않을 수 없다. 이 과정에서 이사회는 이들의 대변자로서 봉사한다. 한편, 협동조합에 단지 소규모 투자를 한 조합원들은 협동조합의 경쟁자들이 존재할 경우에는 훨씬 용이하게 조합을 탈퇴할 수 있다.

② 이사 교육 프로그램

이사의 활동능력을 개선하기 위한 다음 단계의 과제는 이사의 훈련에 관심을 갖는 것이다. 너무나 많은 협동조합 지도자와 조합원들은 교육을 투자가 아닌 비용으로 생각하고 있다. 긴축의 시기가 되면 일선 조합과 중앙회는 교육훈련에 관한 예산을 절감하는 경향이 있다.

교육 프로그램의 개발과 훈련에는 많은 비용이 뒤따른다. 그러나 다양한 전략을 평가하는 데 능력이 부족했던 이사들이 훈련을 통하여 취약한 결정을 내리지 않게 된다면 그 비용 이상의 수익을 거둘 수 있을 것이다.

③ 이사 보상 체계 정비

협동조합은 이사에 대하여 상당한 대우도 해야 한다. 모든 협동조합은 최소한 이사들이 정해진 비용 이상으로 비용을 지출한 데 대하여 보상해 주어야 한다. 협동조합이 이사들에게 많은 것을 기대하고 있을 경우, 바람직한 이사라면 더 많은 시간과 전문지식을 취하려고 할 것이다. 그러한 시간과 전문지식에 대한 보상이 이루어진다면, 더욱 많은 조합원들이 이사에 출마하도록 하는 계기가 될 것이고, 이사들이 이사회에 참여하도록 하는 자극제가 될 것이다. 전문가들은 보상 없이 사외이사로 봉사하기를 거절할 것이므로 그에 상응하는 보상금액이 이사회 운영비용에 계상되어야 한다. 교육훈련과 같이 이사에 대한 보상도 비용이 아니라 투자로 취급되어야 한다.

그러나 협동조합은 이사들에 대한 급료 또는 사례금을 너무 높게 책정하지 않도록 주의해야 한다. 소득을 얻기 위해 이사가 되려고 하는 사람은 조합원의 이익보다 자신의 자리보전을 위해 조합의 운영사항을 결정할 것이다.

(2) 전문경영인 체제의 도입

훌륭한 경영진은 사업과 협동조합의 특수한 문화를 모두 파악하고 있다. 훌륭한 경영진을 영입하고 보유하는 데는 과학적인 기준은 없으나 협동조합은 경영진의 성과를 개선하기 위하여 다음과 같은 두 가지 사항에 관심을 가져야 한다.

① 전문경영인의 영입

경영자는 이사회를 제외하면 협동조합에서 가장 중요한 자리를 차지하고 있다. 협동조합의 이사들은 주어진 임무를 효과적으로 수행할 수 있는 사람을 발굴하여 경영자로 선임하는 것이 당연하다. 여러 협동조합은 새로운 CEO(현행의 상임이사 등)를 외부에서 영입하는 것에 비해 내부에서 인선하여 선임하는 것이 유익한 방법임을 알고 있다. 일부 전문가들은 전문가인 CEO를 탐색하고도 후보자가 일반 사기업체 출신이어서 협동조합의 경영에 대한 경험이 부족할 경우 오히려 내부인을 경영자로 선택하는 것이 낫다고 생각하고 있다.

협동조합의 외부에서 경영자를 영입하여 성공한 사례도 있지만 실패한 사례도 있다. 일반 사기업체의 경영자들은 협동조합과 다른 종류의 사업 관행과 원칙을 추진하려고 하는 경우가 자주 있다. 성공적인 협동조합 경영자라면 협동조합 고유의 원칙과 관행을 이해하고 그러한 틀 안에서 사업을 운영할 수 있을 것이라고 생각된다.

성공을 거둔 운동선수처럼 성공적인 경영자는 천부적인 재능과 훌륭한 지도를 받아 출현하게 된다. 피고용자들이 훌륭한 경영진이 될 수 있는 능력을 보여 준다면, 협동조합은 그들이 책임감을 배양해 나갈 수 있도록 교육훈련과 경험의 기회를 제공해야 한다. 그들에게 기회가 주어진다면, 그들은 새로운 일자리에서 성공을 거둘 수 있고 협동조합의 성공도 지원하게 될 것이다.

② 적절한 보상 체계

협동조합은 경영자에 대한 적절한 보상 체계를 마련하기 위해 고심하고 있다. 대부분은 협동조합의 보상 수준이 일반 사기업체에 비해 낮은 수준이라고 믿고 있다. 이는 사기업체의 경영자에게 제공되는 후불성과급이나 스톡옵션을 고려할 때 사실이다.

일부 협동조합의 이사들은 최저 수준의 급료와 최소한의 휴가만을 요구하는 응모자를 경영자로 선임하고자 한다. 성공적인 협동조합에서는 가장 저렴한 사람이 아니라 그 자리의 적임자가 선호하는 보상체계를 개발할 필요가 있음을 알게 될 것이다. 협동조합은 또한 최고경영자를 평가하고 성과에 따라 보상수준을 조정하고자 한다. 이들 협동조합은 성과와 보상수준을 연결시키는 객관적인 기준을 갖추고 있지 않은 경우가 보통이다. 이들 조합에서는 각각의 여건에 부합한 평가체계를 개발할 수 있는 자문가들의 도움을 받으려 할 것이다.

2) 농업협동조합의 성장과 합병

사회적 관점에서 보았을 때 협동조합 간 경쟁을 규제한 것은 바람직스럽지 못한 행동인가? 협동조합 간 경쟁의 지양 여부에 관한 판단기준으로서 공동이익뿐만 아니라 조합원의 후생도 고려되어야 한다. 농민조합원들이 상호 경쟁적인 2개 이상의 조합에 조합원으로 가입하는 것이 과연 경제적인 행동인가? 대답은 그렇지 않다는 것이다. 조합원들이 요구하는 취급량의 총비용은 2개 이상의 조합이 분할 취급할 때보다 1개 조합이 전량 취급할 때 낮아진다는 것이다.

따라서 시설, 인력 등의 중복에 따른 비용으로 인해 상호경쟁적인 협동조합의 존재는 조합원에게 도움이 되지 않을 것이다. 협동조합 간 경쟁이 X효율(X efficiency)을 증진할 것이라는 주장, 즉 협동조합 경영자들의 생산성 향상을 위한 분발을 유도할 것이라는 주장은 기존 기업과의 치열한 경쟁이 기왕에 존재하기 때문에 설득력이 없다. 2개의 협동조합에 가입한 조합원들은 전체 조합원일 수도 있고 일부 조합원일 수도 있다. 협동조합의 이사회조차도 경쟁에서 승리해야 한다는 생각에 빠져 있기 때문에 경쟁적 유치대상이 되는 조합원들은 가격 및 서비스에서 이익을 얻을지 모른다. 그러나 그 이득이 조합 간 경쟁의 희생 대가로 얻어진 것이라면 전체 조합원의 수익은 감소하게 된다.

이러한 협동조합 간 경쟁의 문제는 한국의 경우 지역농협과 전문농협, 지역농협과 지역축협과의 관계 등에서 제기된다. 현재 한국 농촌 지역에서는 동일 업무 구역 내에 축협과 농협 간 조합원 고객의 경쟁적 중첩으로 인해 일부에서는 조합재정의 불건전화, 협동조합 정신의 파괴 등을 우려하는 견해가 있다. 만약 협동조합 간 경쟁의 불식을 조합원들이 바란다면 협동조합 간 협동을 위해 협동조합은 어떤 일을 할 수 있는가? 조합사업 규모의 확대로 거래구역의 중첩문제 및 이익 상충 문제를 해결할 수 있을 것이다.

협동조합 간 협동의 구체적 형태는 협동조합의 외연적 확대 및 협동조합 간 연대로 나타난다. 협동조합의 외연적 확대는 합병(merger), 통합(consolidation), 인수(acquisition) 등의 방법에 의해 달성되며, 협동조합 간 연대방식은 연합회(federation)조직, 공동판매기구(marketing agencies in common) 설치, 공동사업(joint venture) 수행, 공동출자의 자회사(subsidiaries) 설립 등을 들 수 있다.

(1) 외연적 확대의 효과

합병은 1개 혹은 2개 이상의 조합의 자산을 생존조합(surving cooperative)의 자산과 결합하는 것을 의미한다. 통합은 2개 이상의 조직의 자산을 결합하여 새로운 조직을 결성하는 것이다. 인수는 조합의 자산의 전부 또는 일부를 다른 조합이 취득하는 것을 말한다. 인수된 조합은 인수조합에 통합되거나 혹은 새로운 소유권 구조하에서 별도로 운영되기도 한다. 합병이란 용어는 통합, 인수를 포함한 모든 형태의 외연적 성장을 포괄하는 광의의 용어로 자주 쓰인다.

이러한 외연적 성장 방법은 업무구역을 확대함으로써 가능하며, 신규 사업의 투자를 통한 내연적 확대보다는 비용과 속도 면에서 훨씬 유리하다. 외연적 확대의 결과로 조합 간 치열한 경쟁을 회피할 수 있게 되며 시장지배를 보다 강화할 수 있다. 그리고 신규 사업을 위한 자본 확충 및 운전자본의 추가획득 등 재무구조 개선에도 도움이 된다. 또한 시장의 확대에 따른 규모의 경제(economies of scale) 실현으로 시장영역, 광고, 시설이용 등에서 비용의 절감을 도모할 수 있다. 많은 사람들은 합병을 조합 청산을 회피하기 위한 최후의 수단으로 간주하며, 이로 인해 조합원 농민에게 보다 많은 이득이 돌아갈 것으로 생각한다.

한편, 협동조합의 외연적 확대를 억제하는 장벽이 존재한다. 2개 이상의 조합이 합병하여 조합원, 이사회, 경영진을 통합할 때, 조합 및 조합원들의 상호간의 관계는 이해상충으로 반목과 갈등이 조장될 수 있다. 즉 조직통합(system integration)이 달성되지 않을 때 합병의 효과는 반감이 될 수 있다.

또한 새로이 탄생한 합병조합은 중복시설의 감축, 사업방식의 변경, 자본가치의 평가, 초과고용 직원의 해고에 따른 어려움에 직면하게 되며, 이를 효과적으로 수행할 수 없을 때 역시 합병의 효과는 반감된다. 이 외에도 합병을 통한 외연적 확대는 농촌 지역 공동체의 정체성(community identity)을 약화시킬 우려가 있다.

(2) 외연적 확대의 방식

① 합병(merge)

합병을 위한 주요 절차는 합병 대상 조합과의 접촉, 합병연구 수행, 합병 협상이라 할 수 있다<그림 4-1>.

성공적인 합병을 위해서는 시기선택이 대단히 중요하다. 가끔 이사회는 합병이 필요할 때 이를 추진할 용기나 통찰력이 결여되어 시기를 놓치는 경우가 있다. 합병 이외에는 다른 대안이 없는 막다른 상황에서 합병을 하게 될 경우에는 교섭력의 약화로 상대적으로 유리한 조건에서 합병을 달성할 수 없게 된다.

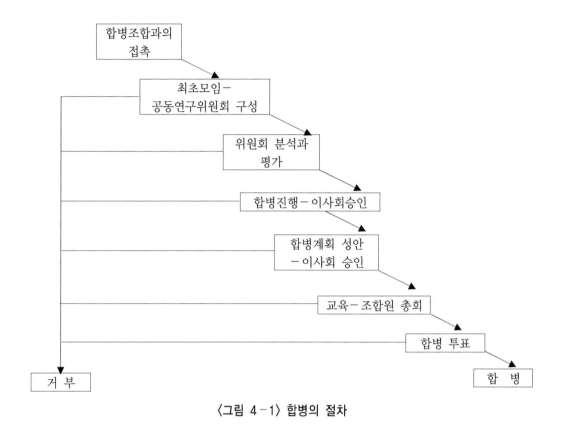

〈그림 4-1〉합병의 절차

선진국에서의 협동조합의 합병과 통합에 관한 법률을 보면 합병 과정의 절차가 명시되어 있다. 조합 이사회는 합병 결의 및 합병안을 채택하여야 하고 이 안을 조합원 총회에 제출, 승인을 받아야 하는데 이때 보통 조합원의 2/3 이상의 동의를 필요로 한다(한국의 경우 조합원 과반수 출석과 출석 조합원 과반수의 찬성). 이러한 절차가 끝나면 합병안은 해당 행정관서에 제 합병에 반대하는 조합원들은 조합을 탈퇴할 권리가 주어지며 이 경우에는 해당 조합원의 출자 지분이 상환된다.

② **통합**(consolidation)

이전의 독립적인 협동조합들이 새로운 협동조합으로 태어나는 통합은 이미지, 조합명칭, 지리적 위치, 취급상품, 지향하는 이념 등이 대상 조합들 간에 모순되지 않을 때 설득력이 있다. 완전히 새로운 협동조합으로 태어난다는 것은 기존 통합대상 조합의 법적인 존재, 조합 명칭, 조직구조 등이 소멸되면서 완전히 중립적인 조합이 탄생하는 것을 의미한다.

그러나 통합은 추가적 법률비용 발생과 통합대상 조합들과 관련된 정체성의 상실로 인해 합병보다 더 많은 비용이 초래된다고 볼 수 있다. 협동조합의 통합은 조직규모가 비슷하며 통합 후의 새로운 조직이 보다 효율성을 증진시켜 개선된 서비스를 제공할 수 있을 때 타당성을 갖는다. 일부 조합원들은 합병이나 인수 시에는 조직의 일부분으로 존립이 불가능하나 통합 시에는 신규조직에서 동등한 파트너로 존재할 수 있기 때문에 합병이나 인수보다 통합을 선호한다.

③ 인수(acquisition)

초과시설의 처분 애로, 조합직원의 감축 곤란, 지점(지소)에서의 가격차별화 실패 등 합병 후의 사업수행과 관련된 여러 문제들은 조합의 규모 확대에 따른 편익을 감소시킨다. 따라서 일부 조합원은 합병이나 통합 대신 인수를 선호하게 된다.

합병 대신에 인수를 통한 조합의 구조조정은 오늘날 선진국 농협에서 많이 사용되는 방법인데, 그것은 조합의 외연적 확대와 관련된 많은 단점들을 인수방식을 통해 최소화시킬 수 있기 때문이다. 인수주체가 되는 조합은 경영층 및 직원들의 인력조정과 이중시설의 처분에 보다 많은 재량권을 갖게 된다. 인수조합은 조합원들의 투자자본이 실질적으로 영향을 받지 않는다면 조합원들의 승인 없이도 인수사업을 수행할 수 있다. 또한 재무구조가 취약한 인근 혹은 경쟁조합을 인수 취득함으로써 협동조합은 새로운 서비스를 선택적으로 조합원에게 제공할 수 있게 된다.

이와 관련하여 최근 한국에서 이루어진 농협중앙회와 축협중앙회의 통합방식이 과연 법률적인 의미에서의 통합(consolidation)인가 아니면 합병(merger) 혹은 인수(acquisition)인가에 대해 명확한 개념 정립이 필요할 것이다. 조직규모가 엄청나게 차이 나고 사업영역 및 경영성과 역시 뚜렷하게 차별되는 조직 간에는 통합보다는 오히려 인수·합병(M&A) 혹은 자산부채이전(P&A) 방식이 조합원을 위한 제도 개편이 될 수 있을 것이다.

④ 자산부채이전(P&A: Purchase & Assumption)

경영건전 조합이 경영부실 조합을 부득이 합병할 경우 동반부실을 막기 위해 자산부채이전 방식을 고려해 볼 수 있다. 자산부채이전은 청산(liquidation)이나 인수합병(M&A) 등과 같은 부실기업 정리 방식의 하나로 처음에는 기업을 정리하는 방식으로 이용되었지만 오늘날에는 부실금융기관(insolvent financial institutions)의 정리 방식으로 많이 이용되고 있다. M&A와 다른 점은 고용승계 의무가 없고 인수금융기관이 우량자산과 부채만을 떠안는다는 것이다. 자산과 부채를 넘긴 부실금융기관은 껍데기만 남아 정부 주도로 청산절차를 밟게 된다. 따라서 청산처럼 자산과 부채를 모두 가지고 있는 상태에서 금융기관을 없애는 데 따른 손실과 M&A처럼 금융기관을 통째로 합치는 데 따르는 충격과 부작용을 줄일 수 있다.

M&A는 원칙적으로 양 금융기관과의 계약에 따른 것임에 반해 P&A는 정부 정리기관의 명령과 공적 자금 투입에 따라 이루어진다. 한국 농업협동조합의 경우 농협법(제166조, 제167조)에 경영부실 조합에 대한 농림부장관의 경영지도권(임원의 직무정지, 설립인가의 취소, 합병 등을 명할 수 있는 권한)을 명시하고 있으므로 경영부실 조합을 경영건전 조합에 합병시킬 때는 P&A 방식을 이용할 수 있을 것이다.

(3) 협동조합 간 연대

지역협동조합은 합병 대신 협동조합 간 연대를 통해 합병이 가져다주는 효과를 거둘 수 있다. 즉, 협동조합은 협동조합 간 연대를 통해 경영상의 효율 증진, 타 사업 분야에의 진출, 재무구조 개선, 시장력 제고, 협동조합 간 경쟁 불식 등을 이룰 수 있는데, 그 구체적인 방법은 공동판매기구(marketing agencies−in−common) 설치, 연합판매 사업 수행, 자회사(subsidiaries) 설립 등을 들 수 있다.

협동조합 간의 시장 분할은 공동판매기구의 설치로 극복될 수 있다. 즉, 협동조합이 경영상의 독립을 유지하면서 조합 간에 공동판매기구라는 전문 조직을 결성함으로써 규모의 경제 및 시장력을 제고할 수 있을 것이다. 따라서 한국의 경우 지역농협 간 합병의 주요목적이 조합원을 위한 투자재원 확보(자기자본 증대)에 있다면, 조합과 조합원 간의 공동유대감(common bond)을 훼손하면서까지 합병을 무리하게 추진하는 것보다 조합들의 공동투자로 신규 사업을 실시하는 것이 바람직할 수 있을 것이다(예컨대, RPC 공동사업 등).

또한 협동조합은 ① 비조합원과의 거래, ② 특정한 위험 사업의 자금 및 자본 조달, ③ 특정 재화의 구입 및 판매, ④ 수출 교역 등의 목적을 위해 자회사를 조직하거나 운영할 수 있다. 자회사는 협동조합처럼 운영되거나 혹은 일반 사기업처럼 운영될 수 있다. 자회사의 사업내용이나 법적인 의무는 모 협동조합(parent cooperative)과는 별개이며 경영상의 손실, 부채 등은 모 협동조합에 직접적인 영향을 미치지 않는다. 그러나 협동조합의 자회사의 설립 목적은 궁극적으로 조합원에의 봉사에 있는 만큼 조합의 경영층이나 이사회에 의해 통제를 받을 수밖에 없다.

3) 자본금 확충

협동조합이 직면한 도전과제 중 가장 중요한 것이 자본금 확충의 문제일 것이다. 자기자본이 충분하지 않으면 협동조합은 외부의 도전과제에도 대응할 수 없으며, 조합원과 고객이 필요로 하는 서비스도 계속해서 확대하여 제공할 수 없다.

자본금 확충의 문제가 표출되는 정도는 협동조합의 유형에 따라 다르다. 교섭 협동조합(bargaining cooperative)은 조합원을 위해 판매 가격과 기타 거래 조건을 교섭하는 역할만을 하기 때문에 자본의 필요성이 가장 적다. 충분한 자본금을 투자하지 않고 소득을 향상시키기 위해 생산자들이 교섭력을 활용할 수 있다는 사실은 교섭조합이 가진 장점 중 하나이다. 그러나 일반적인 농업협동조합이 제조업이나 유통업에 참여하게 되면 자본금의 필요성은 더욱 증대된다.

자본금의 필요성이 증대되면 농업인들은 필요한 자금을 투자하는 데 더욱 꺼리거나할 수 없을지도 모른다. 협동조합의 지도자들은 조합원에게 투자를 호소하거나 외부의 타인 자본금에 의존할 수밖에 없다. 협동조합은 자본금 관리전략(equity management strategy)을 개선하고 자본금의 원활한 운용을 위하여 조직체계의 변화를 고려해야 할 필요가 있을 것이다.

(1) 농업협동조합의 자본 조달 방식

① 직접투자(direct investment)

직접투자는 보통주 혹은 우선주, 조합원 자격증명서 등의 현금구입을 통해 이루어진다. 조합 설립 시 최초의 자본(납입출자)은 이 방식으로 조합원 고객으로부터 조달된다. 기존 조합도 지속적 자본증대를 위해 이러한 직접투자방법을 이용하고 있다. 이 방식의 이점은 조합 설립 시 자본 확보를 위해 필요할 뿐만 아니라 조합원의 조합에의 관심 정도를 판별할 수 있는 척도로서 이용될 수 있다는 점이다. 직접투자는 이것이 조합의 이용과 직접적으로 연계되어 있을 때 가장 성공적인 방법이 될 수 있다.

그러나 직접투자는 출자배당 수익이 제한되어 있기 때문에 조합원들은 이를 회피하고자 한다. 더욱이 소유권은 자본가치 상승(capital appreciation)의 기회가 거의 없을 뿐만 아니라, 지분의 양도 또한 제한되므로 현금을 크게 필요로 하는 농민들은 이 방식을 외면하게 된다. 따라서 조합이 조합원들로부터 직접투자를 유도하는 것은 '이용고배당 유보방법'이나 '단위이용고당 유보방법'보다 훨씬 어려우며, 직접투자 증대를 위해서는 경영층은 매번 조합원을 설득하는 교육적 노력이 뒤따라야 한다.

② 이용고배당의 유보(retained patronage refunds)

이용고배당의 유보는 조합원에게 할당된 순소득의 일정 부분을 조합이 유보하는 것을 말한다. 이용고배당액의 유보는 오늘날 농업협동조합의 자기자본의 대부분을 차지하고 있다. 이용고배당 유보방식은 자본증대를 위한 간편하면서도 체계적인 방법이기 때문에 오늘날 보편적으로 많이 이용되고 있다. 이 방식은 '단위 이용고당 자본유보 방식'이 잘 작동되지 않는 서비스협동조합에 대해 적합하다. 배당의 유보는 비조합원 고객을 조합원으로 유치하는 데 효과적으로 이용될 수 있는데, 그 이유는 이들의 조합원 자격 획득을 위한 출자를 이 유보배당액으로 대신할 수 있기 때문이다.

그러나 자본축적 수단으로서의 이용고배당 유보방식의 문제는 이 유보액의 크기가 조합의 경영성과에 따른 순소득 수준에 달려 있다는 것이다. 예컨대, 경영손실이 발생하게 되면 이용고배당을 할 수 없게 되고 따라서 이를 유보시킬 수도 없기 때문이다. 또한 배당액의 유보로 축적된 자본은 조합원에게 오해를 불러일으킬 수 있다. 즉, 조합원들은 이용고배당의 유보액을 조합에의 투자라기보다 조합이 자신들에게 진 빚으로 간주할 수도 있는데, 만약 이들이 이것을 부채로 간주한다면 이 유보액은 조만간 상환되기를 기대할 것이다. 이러한 이유로 인해 일부 협동조합은 자본축적의 방식으로 이용고배당의 유보방법과 함께 단위 이용고당 자본유보방법을 병행 사용하고 있다.

③ 단위 이용고당 자본유보(per-unit capital retains)

이 방식은 각 고객의 거래액에 근거한 고객투자 방식이다. 일반적으로 판매 협동조합은 자본축적방식으로 이 방법을 많이 사용하는데 조합원의 판매수익에서 일정액을 공제하는 방식으로 이루어진다. 이 방식의 장점은 조합의 경영성과에 따른 순소득 수준에 영향을 받지 않고 이용고배당의 유보방식보다 안정적으로 자본을 축적해 나갈 수 있다는 것이다. 그러나 이 방법은 판매조합의 경우 조합원의 실질수취가격을 감소시키며, 구매 및 서비스 조합의 경우에는 가격인상의 결과를 초래하게 되므로 조합원의 반발을 초래할 소지가 있다.

만약 조합이 이 방식을 채택하면 이사회가 유보수준을 결정해야 하는데, 이때 고려해야 할 사항은 유보액의 정도, 지분 상환율, 조합의 경쟁적 경영환경, 조합원의 이해 정도 등을 들 수 있을 것이다.

④ 비배분 자본(unallocated equity)

조합의 자기자본은 조합원에게 출자 지분화되지 않는 비배분(unallocated) 자본으로 축적될 수 있다. 이 자본은 회계상 조합원 자본으로 나타나지만 실제로는 비배분계정(unallocated account)에 속해 있다. 원래 이것은 비조합원과의 거래로 인한 순소득, 임차료, 지대 등의 비영업소득, 구입가격이 자산의 장부가격보다 낮은 사업부문 인수 등으로부터 조달된다. 또한 이것은 자산의 시장가격이 장부가격보다 높은 경우 매각 차익으로 조성되기도 한다. 그러나 한국 농협의 경우 비배분 자본은 순익의 원천에 관계없이 총순익의 일정률 이상을 법정적립금, 법정이월금 등의 이름으로 적립하고 있다.

조합의 재무구조의 건전화를 위해서는 조합원에게 지분화된 자본보다 조합원에게 배분되지 않는 이러한 영구자본의 비중이 높아지는 것이 바람직할 수 있다. 이렇게 되면 출자 지분의 상환 압박으로부터 어느 정도 벗어날 수 있기 때문이다. 또한 인플레이션 기간 중에는 현금유출을 방지하기 위해 비배분 유보 수익을 증가시킬 필요가 있다. 실제 이 기간에는 재고 및 자본자산의 대체비용(replacement cost)이 과소평가되기 때문에 순소득은 상대적으로 과대평가된다.

자본축적 방식의 하나로 비배분 자본의 방식은 그것의 간편성과 단순성에도 불구하고 많은 문제점이 있다. 첫째, 조합이 조합원과의 거래로 인한 순소득을 비배분 잉여로 유보한다면 이것은 원가경영원칙(principle of service at cost)에 위배된다. 더욱이 비배분 유보액에 대한 개별조합원의 소유권은 불분명하기 때문에 조합과 조합원 간의 유대관계도 손상을 입게 된다. 비배분 유보액의 비중이 커지게 되면 조합원들은 조합의 소유권을 상실할지도 모른다(미국의 경우 농협이 정부의 농산물 가격지지 프로그램의 혜택을 보기 위해서는 조합 총자본 중 조합원에게 지분 화된 자본이 50% 이상이 되어야 함).

둘째, 조합 청산의 경우 비배분 유보액의 공정한 분배가 불가능하다. 일반적으로 조합 청산 시 비배분 유보액을 과거 이용고에 따라 조합원에게 공정 분배하도록 하고 있으나, 과거 기록 등의 보존 미비로 현실적으로 이러한 계산이 불가능하다. 따라서 협동조합은 정관규정에 의거, 잔여 유보액에 대한 청구권을 현재의 조합원에게 배분한다(한국 농협의 경우 조합원의 출자 지분에 비례하여 배분).

비배분 유보 수익이 커지게 되면 경영층은 조합원에 의한 통제로부터 좀 더 독립적이게 된다. 경영층은 조합원에게의 책임감이 떨어지게 되고 개인별로 지분화된 출자가 적은 조합원들은 조합에 대해 그만큼 관심이 줄게 된다. 결국 조합의 경영은 조용경영층의 통제에 들어가게 되는 것이다. 또한 비배분 유보 수익의 비중이 높게 되면 극단적인 경우 이를 취득하기 위해 일부 조합원들은 조합의 청산을 요구할 수도 있으며, 자신들의 몫을 챙기기 위해 신규조합원의 가입을 억제할 수도 있다.

⑤ 비조합원으로부터의 자본 조달

상기 여러 문제를 회피하는 한 방법으로 비조합원으로부터 자본을 조달하는 방법이 있다. 이용고배당 및 유보를 비조합원에게도 실시할 경우 비조합원이 조합의 출자 지분을 보유하는 결과를 유도할 수 있다. 또한 우선주(협동조합에서는 우선출자증권이라 명명: preferred stock)의 일반인에게의 매각을 고려해 볼 수 있다. 이는 조합에 영구자본(permanent capital)을 제공하는 역할을 한다. 우선주는 투표권이나 조합원으로서의 특권을 부여받지 않으나 조합의 순소득을 조합원이 우선하여 분배받을 권리가 주어진다. 또한 조합이 청산될 경우 조합재산의 처분에 있어서 보통주 소유자(조합원)보다 우선권이 주어진다. 한국 지역농협의 경우 자기자본 증대를 위하여 우선주(우선출자증권) 발행이 법적으로 허용되면 그 대상은 출향인사나 농협 거래업체가 될 수 있을 것이다. 또한 우선주 발행제도는 조합의 경영이 부실화하여 비조합원인 정부로부터 공적 자금을 출자받을 경우 법적인 근거가 된다.

⑥ 지분의 교환(양도매각)

구미의 일부 조합은 조합원 간에 출자 지분의 양도매각을 허용하는 곳이 있다(미국, 벨기에, 네덜란드, 핀란드 등의 일부 조합). 이 경우 매매가격은 액면가격, 할인가격, 프리미엄가격 등을 사적 교섭에 의해 결정한다. 거래는 보통 조합 이사회의 동의를 받아야 가능하며 지분의 매각이동 경로는 조합에 의해 기록된다. 이처럼 투표권이 수반되는 보통주 또는 조합원 자격증명서의 양도는 많은 제약이 뒤따른다. 그러나 일반인에게 매각된 우선주는 제약 없이 양도 가능하다. 실제로 구미조합의 경우 지분의 양도매각은 기본 자본계획(base capital plan)과 회전출자의 지분 상환 프로그램을 갖는 조합에서 가끔 허용된다. 회전출자 상환방식을 사용하는 조합의 조합원들은 조합이 일관된 회전정책(revolving policy)을 갖는다면 지분가액을 평가하여 양도가액을 결정할 수 있게 된다. 그러나 이러한 지분 상환계획이 없는 조합에서는 구매자와 매각자 간에 상호 동의할 수 있는 가액을 결정하기란 쉽지 않다. 설령 동의가 이루어진다 해도 경영환경 변화로 인해 회전정책을 변경할 가능성이 있기 때문에 구매자는 항상 위험을 떠안게 된다.

일반적으로 출자 지분을 구입하는 조합원들은 할인가액으로 구입하여 나중에 액면가액으로 이를 상환받을 수 있으며, 반면 지분을 매각하는 조합원은 미래의 액면가보다 현재 할인된 현금가액을 더 선호할 수도 있기 때문에 지분 교환이 가능해진다. 조합원 간의 지분교환은 과잉투자 조합원으로부터 과소투자 조합원으로 지분을 이동시키기 때문에 조합원 간의 투자형평성 측면에서 오늘날 많은 관심을 끌고 있다.

(2) 농업협동조합의 출자 지분 상환 모델

협동조합의 출자 지분 상환방식에는 유보된 이용고배당액의 체계적 상환이라 할 수 있는 회전출자 상환방식(revolving fund), 출자 지분의 일정률 상환방식(percentage of all equities plan), 출자 지분의 일정률 상환방식(percentage of all equities plan), 비체계적(특수) 방식(nonsystematic or adhoc method), 그리고 기본자본 방식(base capetal method)이 있다.

① 비체계 방식(nonsytematic method)

많은 협동조합은 조합원의 사망, 은퇴 이외의 경우에는 조합원의 유보 수익 상환을 위한 체계적 프로그램을 갖고 있지 않다. 이런 경우에 조합원들은 조합을 탈퇴할 때만이 출자 지분을 상 받는다. 협동조합의 자산축적 능력은 이러한 형태의 출자 지분 상환 계획 아래서 훨씬 제고될 것은 명백하다.

그러나 이 계획이 제대로 시행되기 위해서는 조합원에 대해 조합 탈퇴 시 그동안 계속된 조합이용에 대해 충분한 보상을 받게 될 수 있을 것을 설득할 수 있어야만 한다. 일반적으로 만약 조합의 자산이 조합원의 할인율(members' discount rate)보다 높은 비율로 증가한다면 조합원들은 자신들의 자본이 은퇴할 때까지 조합에 유보되는 것을 선호하게 될 것이다 그러나 협동조합의 자산이 조합원들의 할인율보다 낮게 증가한다면 조합원들은 조합에의 투자를 외면하게 된다.

그러므로 만약 조합이 경쟁적 성장률을 보일 수 있다면 조합원에 대한 환원수익률은 증가할 것이므로 조합원들은 비체계적 출자 지분 상환계획을 선호할 것이다. 그러나 이 계획의 실시에는 많은 제약 요인이 있다.

첫째, 미래의 성장률에 대해 완전한 확실성(perfect certainty)이 존재하지 않는다는 것이다. 불확실하고 가변적인 성장률에 직면하게 되면 조합원들은 자신들의 출자 지분의 일부가 주기적으로 일정한 간격으로 상환되기를 원할 것이다. 이를 수행하는 한 방법은 체계적(systematic) 출자 지분 상환을 통해서만 가능하다.

둘째, 조합원들은 개인적인 현금흐름의 목적상 순수익의 일정 부분이 현금으로 상환되거나 출자 지분의 일부가 상환되기를 원한다. 이러한 이유로 조합원들은 체계적 출자 지분 상환 방법을 선호하게 된다.

셋째, 조합원의 이용고가 시간에 걸쳐 일정하지 않다는 것이다. 조합원들은 조합을 이용할 때 비로소 조합원으로서의 이득을 얻기 때문에 체계적인 조합원의 출자 지분 상환 방식만이 조합이용으로 인한 이득을 조합에의 투자(출자)와 연계시킬 수 있다. 그러나 비체계적 계획은 출자 지분과 이용고의 균형을 유지할 수 없다. 특히 조합원의 조합이용고는 은퇴가 가까울수록, 즉 출자 지분 계정이 극댓값에 도달할수록 감소하는 경향이 있다. 따라서 체계적 출자 지분 상환계획은 조합원 자격보유 기간 중 일정주기로 지분을 상환함으로써 이용고의 출자 지분에 대한 비율을 좀 더 균형 있게 할 수 있다.

② 출자 지분 상환계획(revolving fund plan)

회전출자 상환 모델은 가장 일반화된 체계적 출자 지분 상환 모델이다. 이 계획하에서는 자본이 일정 수준에 도달한 이후에는 조합에 의해 유보된 순서대로 자본이 상환된다. 즉, 선입선출(first-in-first-out: FIFO) 방식에 의해 상환된다. 예컨대 t년도에 수익을 유보한 조합원은 이 유보 수익을 t+n년도에 조합원들의 수익이 유보되기 전에 상환받게 된다.

협동조합이 조합원의 유보 수익을 상환해 주는 횟수를 회전 사이클(revolving cycle)이라 부른다. 예컨대, 회전 사이클이 5년이라면 15년차에 조합에 의해 유보된 수익은 20년차에 조합원에게 상환될 것이다. 21년차에 유보된 수익은 26년차에 조합원에게 상환된다.

회전출자 상환제도의 운영방법을 예로 든 것이 <표 4-14>이다. 예컨대, 조합의 목적이 1,500만 원의 조합원 자본을 축적하는 것이라 하면 1차 연도에 500만 원의 유보로 시작하여 3차 연도 말에 목표수준에 도달하게 된다. 조합은 4년차에 500만 원의 새로운 자본을 유보하기 때문에 1차 연도에 유보되었던 자본 500만 원을 상환하게 된다. 5년차에는 1,000만 원을 유보함으로써 2년차 및 3년차의 500만 원을 각각 상환하게 된다.

〈표 4-14〉 회전출자 상환(revolving fund) 제도의 운영(예)

연도	연초자본	이용고배당의 유보액	상환자본액	상환지불연도
조합수준				
1	0	500	0	-
2	500	500	0	-
3	1,000	500	0	-
4	1,500	500	500	1
5	1,500	1,000	1,000	2.3
6	1,500	500	500	4
조합원 A				
1	0	50	0	-
2	50	100	0	-
3	150	150	0	-
4	300	200	50	1
5	450	200	250	2.3
6	400	200	200	4

조합원 A는 조합에의 이용고 정도에 따라 매년 유보 이용액이 달라진다. 4년차의 초에 A의 출자 지분은 300만 원이며 4년차에 조합이 1년차에 유보된 자본을 상환하기로 결정할 때 A는 50만 원을 상환받는다. 5년차에 조합이 2년차 및 3년차에 유보된 자본을 상환할 때 A는 250만 원을 상환받는다.

회전 사이클의 정상적 기간이 10년이라고 주장하는 학자도 있지만 일반적으로 서구 협동조합이 채택하고 있는 최적 사이클 기간은 5~7년이다. 5~7년 기간은 조합원의 투자(출자)를 이용고에 비례하여 유지 가능케 하기 때문에 최적 기간이라고 일컬어지고 있다. 동시에 이 기간은 은퇴조합원의 대규모 출자 지분 상환문제를 완화시킬 수 있게 된다. 그러나 회전 사이클을 단축시키려면 높은 수익을 위해 조합원에게 높은 가격을 부담시키거나 혹은 고비용의 자금을 조달해야만 할 것이다.

③ 기본자본 계획(base capital plan)

협동조합은 조합의 필요 자본량과 조합원의 조합이용에 근거하여 매년 조합원의 출자 의무액을 결정한다. 과소투자 조합원은 과소투자액에 대해 이자를 지불하여야 하며, 과잉투자 조합원은 초과투자액의 일부분을 상환받게 된다. 즉, 조합원 투자필요량을 직접적으로 기본기간(base period) 동안의 이용고와 연계시키는 방법이다.

<표 4-15>에서 6명의 조합원의 초기 총출자액은 18,250천 원이며 5년 후 250천 원

의 추가자본이 필요하다고 가정하자. 조합의 총사업량에 대한 개별 조합원의 이용고 비율에 의해 출자의무액이 결정된다. 표에서 A조합원은 이용고 비율이 11%이며 조합의 총 출자의무액이 18,250천 원이므로 A의 출자의무액은 2,035천 원이 된다. 초기 출자액 1,685천 원에 비해 350천 원이 부족하므로 A는 350천 원을 추가 출자해야 한다. 조합원 C는 215천 원이 과잉되기 때문에 조합으로부터 이를 상환받는다. 이 경우 과소투자 조합원이 출자의무액의 부족분만큼 추가 출자하지 않는다면 과잉투자 조합원이 초과투자액을 상환받지 못하게 된다. 이 방법은 출자자본과 이용고를 직접적으로 연계시키는 방법이다.

〈표 4-15〉 기본자본계획 운영(예)

조합원	초기자본	5년간 총이용고	이용고비율	출자의무액	과부족투자액
A	1,685천 원	120,208천 원	11%	2,035천 원	−350천 원
B	3,345	207,631	19%	3,515	−170
C	2,805	152,991	14%	2,590	+215
D	5,515	327,839	30%	5,590	−35
E	4,550	284,127	26%	4,810	−260
F	350	−	−	−	+350
총계	18,250	1,092,796	100%	18,500	−250

이 방식에 의하면 조합이 과소 투자한 조합원들에게 과대투자 조합원들이 보충한 자본의 이자를 지급하도록 요청할 수 있다. 그러나 이 방식은 과소투자 조합원들이 부족분을 즉각 출자하지 않을 가능성이 높다는 단점이 있다. 더욱이 조합 이사회는 조합원에게 부담이 되는 필요자본량 증대 결정을 망설이게 되며, 이를 회전출자 상환 제도에서 회전 사이클을 연장하는 것만큼이나 어렵게 생각할 수 있다.

④ 지분의 일정률 상환 모델(percentage equities redemption model)

출자 지분 일정률 상환 모델은 조합원들의 조합 기여 정도나 조합 가입 시기에 불문하고 출자 지분의 일정률을 상환하는 방식이다. 즉, 연초의 조합원의 출자 지분 계정의 잔고에 기초하여 유보 수익의 일정비율을 상환하게 된다.

예컨대, <표 4-16>에서 연초에 5명의 조합원의 출자 지분액이 2,000천 원이고 연도 중 이용고배당의 유보액이 500천 원일 때, 필요자본량이 2,300천 원이라면 상환 가능한 자본액은 200천 원이 된다. 5명의 개별 조합원에게 연초 출자액의 10%(200천 원/2,000

천 원)를 상환하게 된다.

<표 4-16> 지분의 일정률 상환 모델 운영(예)

조합 수준	
항 목	금 액
연초 조합원 지분출자액	2,000천 원
이용고배당의 유보액	500
연말 이용 가능한 자본	2,500
필요자본량	2,300
상환 가능한 자본	200

조합원 수준			
조합원	연초자본	상환 가능한 자본비율	상환가능액
A	750	10	75
B	250	10	25
C	250	10	25
D	500	10	50
E	250	10	25
총 계	2,000	10	200

이 방식은 조합원 수와 조합원의 이용고가 안정적인 조합의 경우 효과적으로 작동하며 신규 조합원 고객에게 신속하게 자본을 상환해 줄 수 있다는 장점이 있다. 그러나 이것은 과잉투자 조합원으로부터 현재의 고객에게로 소유권이 이전되는 방식을 취하기 때문에 조합의 지속적 운영이 어려울 수 있다.

(3) 자본 조달 방식과 출자 지분 상환방식의 합리적 결합

상기 언급한 자본 조달방식과 출자 지분 상환방식은 다음과 방법으로 결합 가능하다.

자본 조달 방식	출자 지분 상환방식
단위 이용고당 자본유보방법	기본자본계획
순이익의 유보	회전출자방법
납입출자(original paid in capital)	비체계적(특수)방식
외부로부터의 조달	지분의 일정률 상환방식

이러한 결합방식을 고려할 때 유의해야 할 중요사항은 첫째, 조합원의 출자 지분은

조합원의 현재의 이용고에 비례하여 증가되도록 해야 한다는 것이다. 둘째, 지분 상환계획은 조합원들이 쉽게 이해할 수 있어야 한다는 것이다. 조합원들은 자신들이 이해하기 어렵거나 이익이 없을 것으로 판단하는 프로그램은 열성적으로 지지하지 않는다.

한국 농협의 경우 자본 조달 방식은 가입 시 납입자본, 추가출자, 조합 순이익의 유보(법정적립금, 법정이월금 형태의 조합자체 자본과 사업 준비금 등 조합원에게 지분화된 조합원 자본), 단위 이용고당 자본유보 등이 있다. 단위 이용고당 자본유보 방법은 조합원들의 반발로 대부분의 조합에서는 오늘날 실시하지 않고 있다. 이에 반해 지분 상환 방법은 비체계적 특수방식으로 조합원의 사망 탈퇴 시에만 출자 지분이 상환되고 있다. 즉, 자본 조달방법은 다양하게 이루어지고 있는 데 반해 출자 지분 상환방식은 비체계적 특수방식을 채택하고 있으므로 조합원의 출자 지분과 이용고 실적이 비례하지 않고, 조합원의 조합 사업 이용도 적극성을 띠지 않고 있다.

한편, 현금을 필요로 하는 조합원들이 출자 지분의 조기상환을 요구할 때 이를 수용한다는 것은 현실적으로 어려운데, 그것은 기존 조합원과의 형평성 문제뿐만 아니라 조합의 재정부담을 증가시킬지 모르기 때문이다. 그러나 조기상환의 협동조합에 대한 부정적 영향을 극소화하고 조합원을 위해 보다 유연성을 갖기 위한 방안으로 조합원 간의 출자 지분 양도매각, 출자 지분의 할인 상환, 출자의 부채 및 우선주 형태로의 전환 등을 강구해 볼 수도 있을 것이다.

(4) 잉여 유보방식

협동조합에서는 순이익(혹은 이윤)은 조합원 소유로서 이용고에 따라 배분되며 IOFs에서의 이윤은 주주 소유이며 투자 지분에 따라 배분된다. 협동조합원칙은 조합원의 출자 지분에 대해 제한적인 고정된 반대급부를 지불하도록 하고 있다. 이처럼 조합원은 출자 지분에 대해 이자를 수취하지만 지급된 이자율은 대체로 시간에 걸쳐 일정하며 협동조합의 이윤 정도에 따라 변화하지는 않는다. 그리고 협동조합에서의 출자 지분은 유통시장(secondary market)에서 거래되지 않으며 따라서 조합원이 지분가치 상승으로 인한 금전적 이득을 갖는 게 불가능하다.

협동조합의 소유권은 개별조합원에게 거의 경제적 편익을 가져다주지 않는다. 대신 조합원이 갖는 편익은 조합 사업의 이용으로부터 발생한다. 이것은 개별조합원은 고객으로서 조직을 이용할 인센티브를 가질 수 있으나 소유자로서 협동조합에 투자할 욕구는 갖지 않을 것이란 것을 의미한다. 특정 개별 조합원만이 이러한 행동을 개인적으로 취하게 되면 그 조합원은 편익을 얻을 수 있으나, 전체 조합원이 똑같이 행동하면 조합의 재무구조는 취약하게 되고 결국 모든 조합원의 이득은 감소하게 된다. 즉, 구성의 모순(fallacy of composition)이 발생하게 된다.

이런 문제를 극복하기 위해 협동조합은 매년 발생하는 수익의 일정 부분을 유보하는 방법을 채택하고 있다. 이러한 수익은 조합원 소유이기 때문에 수익의 유보는 모든 조합원들로 하여금 조합에 재투자하도록 하는 것이 된다. 본질적으로 수익을 유보하는 결정은 조합원들로 하여금 현재의 이용고에 비례하여 조합에 재투자하도록 하는, 조합에 의한 집단적 행동이라 볼 수 있다. 결국 이는 조합원 자격 획득을 위한 최소한의 출자만 하고 조합 사업의 이용을 통해 이득을 취하려는 무임승차자(free rider) 문제를 극복하는 방법이 될 수 있을 것이다.

물론 협동조합의 장래성과(performance)는 얼마나 많은 수익이 유보되어야 하는가를 결정하는 데 있어서 중요하다. 만약 협동조합이 현명하게 자본을 투자할 수 있다면 조합원은 장래에 많은 이득을 얻을 것이다. 그러나 동시에 이러한 투자는 조합원으로부터 현재의 현금 이용고배당 형태의 편익을 박탈하는 것을 의미한다. 다시 말하면, 협동조합은 조합원의 조합 이용에 따른 즉각적 보답(immediate rewards)의 욕구와 장래수익을 증대시키기 위해 순수익의 일정 부분을 유보시킬 필요성 간의 상반관계(trade off relation)에 직면한다. 이것은 조합원에게의 현금배당은 조합의 성장을 지체시킬 것이라는 것을 조합원이 인식하고 있다 하더라도 여전히 즉각적 보답과 미래의 보답(rewards in the future) 간에 갈등이 존재할 수 있음을 의미한다.

그러나 보다 복잡한 문제는 투자를 위해 유보된 이용고배당액은 종국적으로 조합원에게 환원되어야만 한다는 것이다. 협동조합은 미래에 조합원에게 더 큰 편익을 보장하기 위한 자산에 투자함으로써 수익의 일정 부분을 유보하는 것을 정당화시켜야 하며, 또한 미래의 일정 시점에 유보액을 환원하기 위한 준비를 갖추고 있어야만 한다. 이 결과 조합원의 유보 수익은 조합원의 출자라기보다 부채성격을 강하게 띤다.

유보 수익과 출자 지분이 조합의 자산 증가와 개별 조합원에게의 수익 환원에 어떻게 영향을 미치는가를 보기 위해 한국 농협의 예를 들어 설명하면 다음과 같다.

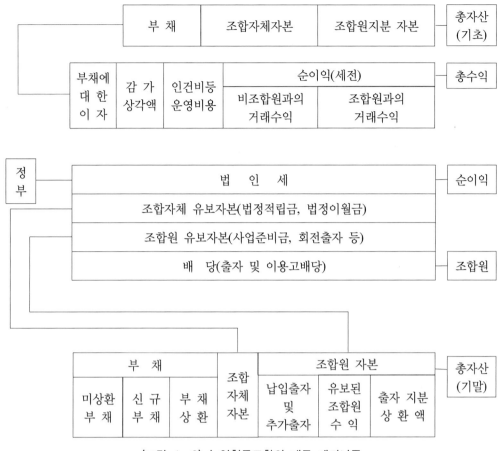

부 채	조합자체자본	조합원지분 자본	총자산 (기초)

부채에 대 한 이 자	감 가 상각액	인건비등 운영비용	순이익(세전)		총수익
			비조합원과의 거래수익	조합원과의 거래수익	

정 부	법 인 세	순이익
	조합자체 유보자본(법정적립금, 법정이월금)	
	조합원 유보자본(사업준비금, 회전출자 등)	
	배 당(출자 및 이용고배당)	조합원

부 채			조합 자체 자본	조합원 자본			총자산 (기말)
미상환 부 채	신 규 부 채	부 채 상 환		납입출자 및 추가출자	유보된 조합원 수 익	출자 지분 상 환 액	

〈그림 4-2〉 농업협동조합의 재무 메커니즘

<그림 4-2>은 조합의 총자산이 회계기간 과정에 어떻게 변화하는가를 나타낸다. 그림을 이해하기 위해 빗금 친 부분은 각종 계정으로부터 공제를 나타낸다. 회계기간 초에 협동조합의 총자산은 조합원 자본(members' equity), 조합자체 자본(cooperative equity), 그리고 부채로 조달된다. 조합원 자본은 조합 가입 시 납입출자와 조합에 의해 유보된 조합원 소유의 수익, 예컨대 사업준비금, 회전출자액 등으로 구성된다. 조합자체 자본은 조합원이 아닌 조합자체의 소유인 유보 수익으로서 법정적립금, 법정이월금 등이 이에 포함된다. 부채는 협동조합이차입한 액수의 현재 잔고를 나타낸다.

조합의 총수익(gross earnings)은 총자산 수준과 직접적으로 관련된 것으로 가정되는데 이는 총자산의 성장은 보다 큰 총수익을 발생시킬 것이란 것을 의미한다. 총수익은 부채에 대한 이자, 자산의 감가상각, 인건비 등 운영비용, 순수익으로 구분된다. 부채에

대한 이자는 부채수준의 함수이며 협동조합의 고정 비용을 나타낸다. 감가상각액은 총수익을 발생시키는 데 사용된 자산의 대체비용(replacement cost)으로 이것은 그림에서 총자산의 감소라기보다 총수익 수준의 감소를 나타낸다.

순수익은 正의 값이나 負의 값을 가질 수 있으며, 총수익의 상대적 크기, 감가상각액, 인건비 등의 운영비용, 이자의 상대적 크기에 달려 있다. 그림에서 보듯 正의 순수익은 조합과 조합원의 자본을 증가시키며 조합원에게의 현금배당액을 증가시킨다. 負의 순수익은 반대의 효과를 갖는다.

순수익은 조합원 수익(members' earnings)과 비조합원 수익(nonmembers' earnings)으로 나누어 볼 수 있다. 전자는 조합원의 조합이용으로 발생한 수익이며, 후자는 비조합원과의 거래로 인해 발생한 수익으로 정의할 수 있다. 순수익을 이처럼 2개 범주로 구분하는 것은 조합의 성장에 대해 중요한 의미를 갖는다. 앞서 논의한 바와 같이 조합원과의 거래에서 발생한 조합원 수익은 궁극적으로 이용고배당의 형태로 조합원에게 환원되어야 한다. 조합원 수익 중 일부는 자산 증가를 위한 재원으로 사용하기 위해 조합에 유보할 수 있는데, 이 경우 유보액은 조합원으로부터 차입한 부채성격을 갖는다. 이에 반해 비조합원 수익은 협동조합 조직의 소유로 가정되므로 조합원에게 상환할 필요가 없는 조합 자체 자본으로 유보될 수 있을 것이다.

그러나 그림에서 보듯 한국 농협의 경우 조합의 순익은 그 원천에 관계없이 일정 부분이 법인세로 공제되고 잔여 잉여는 조합 자체 자본과 조합원 자본으로 임의 배분되고 있다. 즉, 조합의 당기순익에 대해 일정의 법인세를 납부하고 나머지를 법정적립금, 법정이월금, 사업준비금 등의 이름으로 강제 적립하고 있다. 이러한 강제적립금을 제외한 잔여 수익이 조합원에게의 배당(출자배당 및 이용고배당) 자금으로 활용되고 있다.

앞으로 조합이 광역화될 경우 필연적으로 비조합원과의 사업거래 비중이 늘어나게 되고, 이에 따라 법인세 감면 등 정부로부터의 과세 혜택이 크게 축소될 것으로 예상된다. 만약 광역합병 조합에 대해 현재의 최저한 법인세율 대신 상대적으로 고율인 일반법인세율이 적용되면, 서구의 농협처럼 조합수익을 비조합원 수익과 조합원 수익으로 회계상 구분해야만 할 것이다. 그리고 비조합원 수익에 대해서만 법인세를 납부하고, 조합원 수익에 대해서는 법인세를 면제하되 현행처럼 일정 조건에 해당하는 조합원 배당액에 대해서만 이자소득세를 납부토록 해야 할 것이다(현행은 출자금이 1,000만 원 미만인 조합원의 출자배당액 및 이용고배당액에 대해서는 비과세).

한편, 협동조합과세 문제와는 별도로 현재와 같은 잉여유보 방식은 조합원의 '내 조합' 의식 고양에 부정적 영향을 미치게 된다. 즉, 현행 제도하에서는 조합의 수익이 전적으로 조합원과의 거래로 인한 수익일지라도 이 중 일정 부분은 조합원에게 지분화되지 않는 조합자체 자본으로 강제적으로 적립할 수밖에 없기 때문에, 조합원의 입장에서는 조합의 순익의 증대가 조합원의 이익 증대와는 무관하다는 생각을 갖게 될 수 있을 것이다.

따라서 조합원과의 거래로 인해 발생한 순익을 조합에 유보시키고자 할 때에는 반드시 조합원별로 지분화시켜야만 조합원들의 '내 조합' 의식이 제고될 수 있을 것이다. 이 경우 조합원들은 조합으로부터 재화 및 서비스 구입에 대해 설령 높은 가격을 지불하더라도, 이로 인해 상대적으로 조합의 순익이 증가되고 자신의 배당이익 역시 증가될 것으로 생각하기 때문에 조합의 높은 공급가격에도 불만을 갖지 않게 된다.

〈참고문헌〉

권웅, "협동조합 주요 이론", 농협경제연구소, 2003.

신기엽, "협동조합의 이론과 현실", 「한국 농협론」, 농협중앙회, 2001. 9.

신기엽 외, "한국 농협론", 농협경제연구소, 2001.

신인식, "남북한 농업경제비교", 「농협대학 농업발전연구소」, 1992. 1.

이종수, "협동조합의 정체성", 농협중앙교육원, 2002. 6.

이인우, "유럽연합 농협의 변화 추이와 시사점", 『농협조사월보』 2002.

이광현, "핵심역량 경영", 명진출판, 1995.

전성군 "이해관계자 협동조합사례", 농협중앙교육원, 2003. 5.

전성군, 배동웅, "미국 농협의 편익과 한계", 농협중앙교육원, 2003. 3.

진흥복, "개정 협동조합론", 선진문화사 1991. 2.

〈부 록〉

Answers on questions of Dr. Lee(NACF) by Hans－H. Muenkner, Daegu University, October 2003[66]

1. There are different forms of cooperation. Which of these forms are important for co－operative societies? Altruistic cooperation?

Answer:

Cooperative societies are self－help organizations. According to experience(for instance of Raiffeisen), the most reliable and stable motivating force for cooperation along cooperative lines is **self－interest** of the members. Self－help and mutual aid are not contradictory as long as there is reciprocity. In this regard cooperatives could be seen as a form of group egoism. The motto is: "We do something for us."

Cooperation for altruistic purposes is different. People join forces to do something for others. Raiffeisen's experience was that altruism works when dealing with emergencies but not as a lasting motivating force for cooperation.

The desire to cooperate can be seen as part of human nature(as a basic human need), however, in an age of growing individualism this may also be questioned.

Cooperation is usually strong when the individual depends on others to survive or to achieve his/her objectives.

It can be left open whether the human being is programmed to work in groups or whether people only cooperate when there is no alternative. Cooperation along cooperative lines is voluntary.

People decide to cooperate by forming or joining a cooperative society **to satisfy needs** they cannot meet alone.

Another(less stable) motive may be **to practice social responsibility**(the better－off joining forces with the weak or disadvantaged in order to help them) or **to demonstrate solidarity.**

---

66) 협동조합 연구의 세계적 권위자 '한스 뮌크너' 교수 초청 토론회 자료, 농협중앙교육원, 2003. 10.

There is a broad **spectrum of forms of solidarity:**

- **Mechanical solidarity** among family members or within primary groups perceived as a moral obligation to join and contribute according to rules determined by custom.

- **Organic or organized solidarity** accepted freely by the cooperating individuals who work together according to self−determined, agreed rules(the cooperative way) and

- **Prescribed solidarity,** imposed upon individuals by law or regulations.

Solidarity can be **narrow**(only with members of a defined group and based on direct reciprocity−usually applied in cooperative societies) or **extended**(e.g. with all persons in need−typical for general interest or public benefit organizations and practiced in cooperative societies only if members so decide, 7th cooperative principle).

Under present day conditions, **cooperative individualism** may be the answer on the question why people cooperate.

Starting form the individual it can be stated that people today tend to do alone what can be done alone. They only do together with others what cannot be achieved alone, for economic, social or political reasons.

People cooperate not in order to do something good or something required by custom, but to do something necessary or reasonable.

An African proverb says: If you want to go fast, go alone; if you want to go far, go together with others.

1. Why do co−operatives see themselves as part of a movement?
Answer:

Working together according to cooperative principles can be and should be practiced at all levels: local, regional, national and international. It can take the form of horizontal and vertical integration. People cooperate to achieve common goals and they are usually tied together by a common philosophy(ideology) and a common value system, which was defined by the ICA in 1995 as part of the Statement on Cooperative Identity. This shared value system serves as a kind of common bond.

Where cooperatives see themselves not merely as economic structures defending market positions, but rather as a force striving for socio−economic reforms which they have been from the middle of the 19th century, or as a conservative force, preserving ethnic identity(like in Quebec and Southern Tyrol/Northern Italy) they make efforts to join forces in order to become stronger, to increase their influence or bargaining power, or to survive. To achieve this they need a common spiritual bond, a set of common ideas and goals as well as a strategy or concept how to turn this vision into reality. A movement needs long−term objectives, cast into a convincing and replicable program, propagated by promoters, leaders and multipliers, mobilizing followers.

With its internationally recognized cooperative values and principles and its worldwide organization the ICA has all the characteristics of a socio−economic movement similar to the rural reconstruction movement, the new community movement, communitarism or the social economy movement. Other movements are known in religious, social, environmental, and political fields, but there is no "company movement" or "shareholder value movement", because these are based on individual power and/or profit orientation.

2. Cooperatives are characterized by their dual nature, consisting of an organized group of members and a jointly owned and operated enterprise. Does the cooperative enterprise and its economic requirements influence the cooperative group and the cooperative movement?

Answer:

A cooperative society is a socio−economic entity. However, the priorities are clear. The membership group is first, the joint undertaking, belonging to the group comes second.

The group of members establishes, supports and uses their common undertaking to satisfy the needs as determined by the majority of the members of the group.

It is often wrongly said the "a co−operative is an enterprise." Correctly it should be said that a cooperative has an enterprise.

Without members as an organized group there cannot be a co−operative. Where a cooperative enterprise is separated from its group, it ceases to be a cooperative enterprise and becomes an ordinary enterprise.

The special character of a cooperative society can best be explained in comparison with a company.

In both cases there is a **group of persons**(yet, in case of a company, a single person may be sufficient). In a company, there is a group of individual(even anonymous) shareholders, while in cooperatives the members are(designed as) active participants, shareholders and users.

In both cases there is an enterprise owned by the shareholders. In case of a company this enterprise is run by an autonomous, professional management recruited among external specialists, having the task to seek profit in the market.

Cooperative enterprises are directed by elected board members and professional managers who having two objectives: to promote the interests of the members especially in transactions with members(member−oriented effectiveness) and to make profit in the market in order to finance the cooperative enterprise, to invest and to accumulate reserves(institutional efficiency), a third objective can be to show concern for the community(development−oriented effectiveness).

To answer the question: Co−operatives are member−oriented and user−led organizations with a special relationship between the organized membership group and the promotion−oriented enterprise, with a value based management following co−operative principles.

A different question is whether or not an enterprise has always to be profit oriented. The answer is "no." There are numerous enterprises carrying out economic activities in an efficient manner to achieve social objectives, set by the members(in the case of cooperatives), by the managers and/or the shareholders(in case of a non−profit company) or by investors not seeking rent but secure investment(mutuals).

Enterprises are not a movement, cooperatives as socio−economic organizations can be part of a movement including their enterprises, following specific rules and guidelines, which(should) influence the way in which cooperative enterprises are run and controlled.

3. Is the definition of a cooperative part of the Cooperative Identity?

Answer:

The ICA Statement on Cooperative Identity contains a definition of what a cooperative is.

What is a definition?

A definition is a concise statement of characteristic features, which serve

- to describe the substance of the notion and
- to allow to distinguish it from other notions.

What is an identity statement?

An identity statement describes the salient features of a phenomenon by describing its main constituent elements.

There cannot be a wider or extended and a more narrow identity but only different interpretations of one identity.

The identity of an organization is defined by terms and these terms can be defined in different(broader or narrower) ways, e.g. solidarity, member−orientation.

When talking about more than one identity or more than one set of values and principles(like in the book of Sven Ake Book: Cooperative values in a changing world, where different types of values and principles are distinguished), the profile of cooperative identity is blurred. Variable values and variable principles would not allow definition a clear identity.

The structure of the ICA Statement on Cooperative Identity is clear and without ambiguity:

- **Definition**(as explained above),
- **Values**(general ideas which remain valid independent of times and circumstances, but which can be interpreted and emphasized differently),
- **Principles**, defined as guidelines how to put the values into practice.

Not mentioned in the identity statement are **practices** which vary according to times and circumstances).

6. What is the scope of "equity" as a cooperative value?

Answer:

In the ICA Statement on Cooperative Identity the term "equity" is not only meant to refer to the internal structure of cooperatives, but—in a more general sense—is seen as part of the cooperative reform program(like the Rochdale Pioneers also saw it). Cooperatives are fighting against inequality, exploitation and injustice, i.e. they fight for equity.

7. What does cooperative management mean?

Answer:

The common opinion among representatives of general business administration and modern management theory is that there is only good management and bad management. What is good for the management of a commercial, investor—led firm must also be good for a cooperative enterprise. According to this view there would be no room for "cooperative management."

According to modern theories of the firm and cooperation theory, special rules apply, when two or more enterprises cooperate, establish a common(jointly owned) service unit with the objective to promote the business of the member—units(enterprises).

Elements of a special theory of modern economic cooperation in consortia, under franchising agreements, networks, joint ventures, combinations and mergers. For debatable reasons, as a rule, the oldest and most complex form of cooperation, the cooperative societies are is not considered to be relevant in this context. Many of such joint service providers operate as promotion—oriented enterprises, instead of making profit in transactions with their members and cooperation partners. They maximize promotional services.

Under such circumstances, special rules are required for

● collective strategic goal setting and decision—making,

● Providing and calculating incentives/inducements for participating enterprises(cooperation rent),

- special ties between owners/users and the joint service provider(forging strategic alliances with stake holders/users),
- special rules for fundraising without becoming dependent on external investors,
- special methods of evaluation and audit(performance audit).

Many of these "new" rules for economic cooperation of enterprises are old rules for cooperatives and cooperative management, where such problems had to be solved for many decades but where often abandoned for imitating rules of company management.

The answer to this question is:

In cooperative management all rules of scientific management geared to efficient use of scarce resources are applicable, as far as they do not contradict the special purpose of member－promotion and the orientation towards bringing about membership－value. For achieving these purposes, special(both old and new) rules developed for economic cooperation may be applicable together with rules determined by the need to implement the cooperative value base, (Spear: principled management, Davis: managing the cooperative difference, realizing the cooperative advantage). These rules can be summarized as a special management theory for promotion－oriented enterprises.

8. What pricing policy for cooperative enterprises or service near cost?

Answer:

Cooperative enterprises have to earn income in excess of expenditure if they want to survive in the market and develop. However, they must not make profit at the expense of their members by charging more than needed to keep the cooperative on a sound basis.

Compared with their commercial competitors, cooperative enterprises have two advantages:

- There are no shareholders pressing the managers to pay high interest on share capital and
- there is no permanent need to provide shareholder value.

Before total cost are known it is difficult to calculate service near cost. However, cooperative enterprises have the possibility to correct their process in retrospect by offering patronage refund to members in proportion to business done by them with their cooperative enterprise. But money earned can only be spent once. The less the cooperative pays to members, the more is left to provide advantageous services or to make allocation to indivisible reserves, which give cooperatives cheap equity for stability and development.

When determining its pricing policy, co−operative enterprises have two options: prices at market rates combined with patronage refund if income permits, this is the safer and cooperative−specific method or

Active pricing policy, which has the advantage to be immediately visible for members but has the disadvantage to lead to narrow profit margins and insufficient allocation to reserves.

Transparency for members can be achieved, if the members are given the chance to participate in determining the pricing policy(as part of a promotion plan).

If management opts for market prices and against distributing patronage refund to members, this may lead to high collective reserves, meaning capital, which the management can use without being subject to member control. A corrective would be to issue bonus shares to members, once the reserves exceed a certain amount or percentage of equity capital.

9. Are cooperatives a matter of the past or can they be an innovative force?
Answer:

The first modern cooperatives were formed in the middle of the 19th century during the beginnings of the industrial revolution, i.e. in times of rapid and profound social, economic and technological change. At the turn of the millennium the transition from the industrial society to a knowledge−and information society causes equally profound changes. Today, old knowledge is devaluated in a hitherto unknown speed and for the average individual access to new knowledge is difficult and expensive. Under such conditions self−organization in cooperatives or similar groupings can be the only way of escaping isolation and exclusion from mainstream development.

Examples of cooperatives as a means of access to new knowledge, modern technology and new markets are cooperatives using new information technology and electronic data processing in e−commerce, e−banking and similar activities, electronic membership cards(e.g. for calculation of patronage refund), cross−border cooperation as a response to globalised markets, for bio−farming to protect the environment and for the use of alternative energy.

New media also open up new opportunities for information of and two−way communication with members(intranet) and allow to practice the cooperative values of openness and transparency, e.g. by informing members on the advantages to be derived from membership as well as on the obligations of members and how far they have been met.

10. What are cooperative advantages and where are the limits?

Answer:

Cooperative advantage can only arise if doing business the cooperative way allows to reduce transaction cost, offers access to services and markets, which the individual member would not have otherwise, reduces risks and strengthens bargaining power for better prices and conditions.

All this can only be put into practice and induces the member to make contributions, if

● Advantages are exclusive for members and are a direct reward for making contributions linked to membership,

● the cooperative(and membership in the cooperative) is instrumental for achieving this advantage(inducements and contributions theory).

If the cooperative enterprise offers the same services and conditions to members and non−members, there is no reason to become or remain a member, membership is devaluated and free riders are encouraged.

The new UN Guidelines on creating a favourable environment for cooperative development make it very clear that

- Government's role is to set favourable framework conditions(legal, economic, fiscal),

- cooperatives must be autonomous and promote their members according to their own goals and rules and

- individual members must be informed and trained on possibilities and problems of working together in the cooperative way.

Where the general framework conditions are such that production, supply, processing, marketing and pricing are regulated for all economic actors by government, leaving no room for influencing conditions by organized self-help, cooperatives become meaningless, they turn into instruments in the hands of government, become bureaucratic units serving government, not their members. As a result, members will leave the cooperative or become passive and disinterested if they cannot do so.

11. What are the functions of primary cooperatives?
Answer:

Originally, primary cooperatives were the agent of their members, carrying out what the majority of members decided in general meeting. Primary cooperatives would supply what their members needed to carry out their individual plans, help members to sell what they decided to produce(traditional cooperatives).

Today, in times of global markets, international competition and technologically advanced production methods, the members need advice how to produce what can be marketed. Planning market oriented production exceeds the know-how and capacity of primary cooperatives, which either merge into regional cooperatives with a size that allows to employ professionals to carry out this task or rely on their federations or unions to give the necessary advice and to provide the required services ranging from planning of production methods, supply of inputs, harvesting, storage, processing, packing and marketing. In such cooperatives the members cannot plan their production on their own, they depend on technical assistance from their cooperative and from the federation or union, following the principle of subsidiarity, i.e. things are done at the level of organization, where they can be done best, at lowest cost, and with maximum efficiency. IN such "integrated cooperative", members are operating close to contract farming as far as cash crops are concerned but in return, they have a guaranteed market for their produce. Primary cooperatives with a professional management plan production according to data on prices, market conditions, competitors etc. provided by relevant services, which only the federation can afford to maintain. This means that farmers, their primary cooperative and their federation or union form part of an integrated system—only then can they survive in a globalised economy.

Interest representation and influence on legislative action is not the task of primary cooperatives(unless all primary cooperatives have merged into one single national cooperative like the egg marketing cooperative in Denmark), but that of federations at national level.

However, cooperatives are characterized by their democratic structure. Accordingly, the federation has not the role of a father but rather that of an agent or elected representative, subject to democratic control by the principal, i.e. the elected leaders of the affiliated cooperatives.

A cooperative federation needs the active participation of its affiliated societies, which "own" the federation and which should control it. To put this theoretical concept into practice, structures are needed, which are affordable and which encourage participation of representatives of primary cooperatives representing farmers. For this purpose the German National Cooperative Federations have networks of advisory and planning committees(working on a honorary basis) composed of representatives of primary cooperatives for each commodity and for every function, which provide local know—how to the professional planners at federation level. This structure avoids one—sided decisions and planning at federation level and helps to forge strategic alliances, which member cooperatives accept as beneficial and reasonable.

12. How to evaluate the success of cooperatives?

Answer:

Unlike commercial firms and companies, cooperatives are user−led, members−oriented enterprises, in which share−holders are not the main stake holders and short term shareholder value is not the overriding concern of management.

Cooperative enterprises have to make efficient used of scarce resources like any other enterprise. Therefore, economic data like turnover and profit(i.e. excess of income over expenditure) have to be considered in evaluation. However, maximizing turnover(growth) and profit do not indicate the results of cooperative work, which are measured in terms of members−promotion or "membership−value."

To obtain a realistic view of cooperative success, three approaches of measuring have been developed:

● **Institutional efficiency**(is the enterprise well run and does the income exceed expenditure?),

● **Members−oriented effectiveness**(do members receive a "cooperative advantage", are there exclusive services for members only, which make membership worthwhile and lead to member−satisfaction?),

● **Development−oriented effectiveness**(does the cooperative contribute to the development of the community, e.g. by creating employment, by protecting the environment, or by improving the social climate?).

In France, all these aspects were combined in a "societal balance"(bilan societal), developed by the French National Federation of Agricultural Cooperatives in 2002.

Another approach to measure "member−oriented effectiveness" is to make members participate in goal setting and planning by introducing a "promotion plan", prepared by the management, discussed and decided in general meeting, This promotion plan serves as a guideline for management and allows to specify costs and effects. At the end of the period, management has to present a "promotion report" to the general meeting, making transparent for members what has been undertaken to promote their interests according to priorities set by them in the promotion plan, what it has brought for them how much did it cost. Based on this information, a new promotion plan is made for the next period. This method allows making assessment of results with regard to member－promotion part of the annual audit. By using this instrument, a new, cooperative－specific element is added to general meetings, which encourages members to attend.

Other methods of measuring the efficiency of cooperatives are benchmarks set by the federation(in discussions with representatives of primary societies) to allow self－evaluation.

All these methods of evaluation are applicable to all cooperatives. There are no special criteria for agricultural cooperatives, although the "societal balance" was developed by the French Federation of **Agricultural** Cooperatives.

13. How to increase cooperative consciousness?

Answer:

For cooperatives as member－based and member－oriented organizations, cooperative consciousness among members, leaders, management and staff is important. However, empirical studies in Europe indicate that cooperative consciousness is low among all cooperative actors and decreasing, especially in large and "open" cooperatives(market－linkage cooperatives). Surveys among members of German cooperative banks show that most members(up to 80 percent) have only vague ideas of their membership and know even less about their rights and obligations as members. This trend has several causes.

Often cooperative managers, recruited outside the cooperative movement, overlook that cooperative enterprises should be member－oriented and member－controlled. Managers and staff are trained in general management methods, designed for investor－oriented firms and apply in cooperatives what they have learned. Due to lack of a specific cooperative management theory, institutional efficiency of the cooperative enterprise is seen as the priority.

With growing size and complexity of business also the membership group is growing as well as the distance between the cooperative and its members. From the management perspective approximation to investor－led enterprise has the effect that success is seen as reflected in dividend on share contributions rather than on "cooperative advantage" exclusively for members. In this process, members turn into shareholders and customers. Such development is reinforced when expanding the business to other customers(i.e. non−members) in order to increase turnover and by distributing part of the profit made in business with non−members(or associate members) among members, Instead of the cooperative−specific method of patronage refund, company−style dividend on share capital levels the cooperative difference. This change from special cooperative member relations to general customer and shareholder relations goes together with eliminating reasons and possibilities of active member participation.

In small membership groups with cooperative enterprises working close to their members and in profession based cooperatives, where membership is of vital importance for survival of the members' own businesses, cooperative consciousness and member participation remain high and strengthen the profile of the cooperative as a member−oriented and user−led organization.

Measures to increase cooperative consciousness among members, to be taken by management are:

- Adopting a **member−policy,** i.e. careful selection of new members, giving membership a certain value and prestige,

- **Pre−membership training,** some cooperatives practice admission as a candidate for membership and only full admission after being conversant with membership rights and obligations and suitability for membership,

- Making members participation tangible both in terms of capital contribution and economic activities, to avoid "dormant" members and to create a sense of ownership and responsibility among members. In Australia(New South Wales Cooperative Societies Act) there are legal provisions defining active membership combined with the sanction of inactive members to be expelled.

- **Effective member administration,** i.e. keeping registers of members up to date, create capacity for dealing with member relations, complaints etc.

- **Invest in two−way(member−cooperative) information and communication**

278

(intranet) to strengthen the ties between members and their cooperative.

- Motivate management to provide **exclusive advantages for members**(membership−value).

All these measures can only be effective if they are part of a systematic differentiation strategy, i.e. a strategy stressing the difference between cooperatives and companies rather than leveling them.

Elements of such differentiation strategy are:

- To stress the importance and role of membership,
- to offer visible and tangible "cooperative advantage",
- to pay patronage refund in proportion to business done by the members with the cooperative enterprise,
- to invest in member−relations.

The typical cooperative difference can be used as competitive advantage, which commercial competitors try to imitate, while many cooperatives tend to ignore such built in mechanisms.

Commercial competitors of cooperatives try to forge strategic alliances with customers(equivalent to membership in cooperatives), offer rebates on turnover(equivalent to patronage refund) and create forums for customer suggestions(equivalent to effective member−relations).

14. Is merger the solution for the future of cooperatives?

Answer:

Merger and acquisition are growth strategies widely applied by investor−led enterprises to meet competition in globalised markets.

In the course of approximation to company practices, cooperatives are using this strategy to benefit from economies of scale, however, without a chance to become real global players. As a rule, even after merger, cooperatives usually remain relatively small and can at best become regional players.

When calculating the benefits of merger, it is often overlooked that typically cooperative advantages of closeness to members, to local marketsand knowledge of local conditions are lost, which leads to higher transaction costs. Other typically cooperative advantages like strong member relations, trust in the system and in leadership are weakened or lost, which according to modern management theories means to loose valuable resource.

To some extent and within limits, mergers may be unavoidable, e.g. in case of agricultural cooperatives, where the number of full−time farmers in a village is decreasing. But in such cases, special measures must be taken to avoid disintegration of the membership group. Such measures are for instance section meetings for members in each of the former village cooperatives now merge into a regional cooperative, in which delegates are elected to represent the members on the governing bodies of the merged society.

In cooperatives, mergers can only take place with the consent of a qualified majority of members. Unlike in companies, where unfriendly takeover can occur, cooperatives are construed in such a way that this cannot happen. The rule "one member−one vote" and the limited transferability of shares prevent takeovers.

The more appropriate and cooperative−specific way of dealing with problems of small size of locally rooted primary cooperatives and high cost of modern technology and specialized staff is integration of primary cooperatives into a two or three their system, using the principle of subsidiarity for division of task, i.e. doing locally what can be done best at grass roots and delegating to a higher level unit of the system, what can be done best at that level. This soft form of cooperation following the cooperative principle of cooperation among cooperatives should be seriously considered before resorting to merger.

When calculating savings achieved through merger in term of economies of scale, additional cost of maintaining two−way information and communication systems with members and increase transaction costs must be taken into account.

Japanese consumer cooperatives have developed special methods to deal with large membership groups among other things by breaking them down into locally rooted han groups. They also initiated an international research project on "making membership meaningful."

Cooperative savings and credit cooperatives in France(credit agricole, credit mutuel), in the Netherlands(Rabo bank) and elsewhere have developed a system in which local cooperative structures are preserved, while economic activities requiring professional management are delegated to national of regional level units, providing local units with professional services and technical equipment, which the local units alone could not afford. According to the slogan of Rabo bank this means to "remain small in front"(at local level) "while being big in the back"(offering access to regional, national and international service providers within the system).

15. Can members claim their rights without meeting their obligatons?

Answer:

We are living in a time with a strong trend towards individualism without ties and a reluctance to accept obligations. This trend also affects cooperatives.

There are also specific reasons why in cooperatives membership obligations are often ignored. This has to do with the value of membership as a whole, the appreciation of membership and member−consciousness.

In large and open cooperatives where membership can be acquired easily and where obligations of membership(e.g. the share contribution in consumer cooperatives) are purposely kept small to attract more members, and where members are uninformed of their obligations as well as of their rights, membership becomes a mere formality. Under such conditions it is not surprising if members remain unaware of their obligations as well as of their rights.

In large cooperatives, where the general meeting of members is replaced by a meeting of delegates, ordinary members loose most of their rights of participation in decision−making and control, unless the cooperative leadership makes special efforts to retain certain rights for ordinary members(e.g. a complaints committee).

In profession−based, "closed" cooperatives, membership rights are important for the work of each member and equally membership obligations have to be met or sanctions will follow.

In general, membership obligations will only be taken seriously, if there are corresponding membership rights(there must be a balance of inducements and contributions) and if membership as such is seen as something valuable and prestigious. This brings us back to the question of giving cooperatives a strong profile as member−based cooperation rather than as an ordinary enterprise with shareholders and customers.

Business with non−members at similar conditions and without limitations devaluates membership. Distinguishing members(with rights and obligations) and associate members(without rights and without obligations) blurs the picture of the cooperative society as a member−based organization.

Practicing cooperative individualism means to cooperate in self−interest with cooperation leading to personal benefits and simultaneously strengthening the entire cooperative society, which will benefit also other members.

Neglecting member information, member education and investments in the membership base leads to weak member relations, with little to win and little to lose by being a member.

16. How to evaluate Korean agricultural cooperatives?(see also Nr. 12)
Answer:

Primary cooperatives are integrated into a two−tier system. During meetings with representatives of primary cooperatives, different signals were received. Some complained that the federation did not provide the necessary guidance and services to carry out local activities successfully and remained somewhat distant from the local level, while others expressed satisfaction with membership in a well performing integrated system.

What still needs to be investigated is how far primary cooperatives work as "integrated cooperative" and to what extent members understand and agree with this type of cooperation. Another question to look into is, how much participation comes from the members, are they expected to participate actively and what are the venues through which this could be done.

One impression when looking into the legal and regulatory situation is that of over

－regulation, leaving little room for local initiatives and adjustments within the cooperative system.

Another impression relates to members' obligations. Raiffeisen's idea to finance agricultural cooperatives mainly by borrowed money guaranteed by the liability of the cooperative members is not applied. However, to ask members to take over liability with their own resources for the debts of the cooperatives in case of bankruptcy would not only mean a strong obligation on the part of the member, It would also mean a source of combined strength and a heavy commitment, enhancing member－consciousness.

17. and 18. What should be preferred: Multipurpose or specialized cooperatives?

Answer:

In Germany, depending on local conditions, agricultural multipurpose cooperative (Raiffeisen style) and specialized co－operatives(Haas style: only credit or only supply and marketing) existed side by side from the very beginning, answering to members' needs and farm structures.

The traditional multipurpose village society has practically ceased to exist because

Fewer full－time farmers with larger farms make it necessary to reorganize supply and marketing at regional level, either as a new specialized society or as a branch of the existing regional union.

Due to more non－farmer inhabitants in villages and the re－organization of several villages into larger administrative districts make it necessary to separate thrift and credit on the one hand and supply and marketing on the other to come to reasonable sizes of business.

Thrift and loan co－operatives turned into cooperative banks coming fully under banking regulations, which now serve members and inhabitants in several villages as kind of a regional co－operative.

As a result of specialization in agricultural production and of targeting regional markets with regional products, specialized agricultural cooperatives were formed, e.g. for animal husbandry with slaughter houses, fruit and vegetable production and processing, wine processing and sugar factories(as companies with cooperative features).

Most of these cooperatives are **"integrated cooperatives"**, i.e. cooperatives with professional management directing market oriented production according to detailed production plans to be followed by the farmers.

In addition, **producer groups** were formed following EU regulations for one product or group of products and meeting minimum requirements regarding volume of production.

Without restructuring cooperatives into specialized organizations within integrated systems, farmers would have no chances to survive on the globalised market.

When selecting the right type of organization for self−help groups of farmers, the whole range of forms of cooperations has to considered: simple associations, producer groupings, cooperatives, companies, cross−border joint ventures, focusing on market demand, selecting the appropriate capital structure, using the integrated systems technique, following the principle of subsidiarity, with the overriding concern to retain local roots and the profile as a member−oriented and user−led organization.

Under the European Union common agricultural policy, farmers have to reconsider their role and to develop new branches of activities to supplement farming, e.g. off farm activities like production of diesel fuel from oil seed, renting out land to producers of wind energy, preservation of the environment, agro−tourism to mention only a few. To avoid a rural exodus, new programs are launched like the "Rural Revival Program" of the Plunkett Foundation in the UK and like the multi−stake holders cooperatives in the UK, Canada and France.

19. Can NACF become a global player and diversify its activities without limitations?

Answer:

As a cooperative apex organization, NACF is not free to choose any area of activity that promises to be profitable, but has a clearly defined mission(in its by−laws) and ownership structure. As a national cooperative federation it belongs to the primary cooperatives, which are its members.

Limits of NACF activities are defined in its by－laws and in the law on agricultural cooperatives. Apart from legal constraints, there are good reasons to remain within its core competency and not to diversify beyond these boundaries. On the other hand, in times of globalisation, NACF has to reach out to international markets－as already done with branch offices in Brussels, Tokyo and China?

Special problems to be solved are the combination of supply and marketing and banking in one organization, with banking activities being carried out at different levels of organization under different laws(national level: Banking law; primary level: Credit Union law.

Under strict banking standards, banking operations must be separated from other economic activities at all levels. For good reasons, exemptions may be granted, in general for a transition period.

When looking at the German example, Raiffeisen banks are allowed to carry out agricultural supply and marketing operation up to a certain level. When membership structures changed and the number of members interested mainly or only in financial services grew while only a minority were interested in keeping financial and commodity services together, the logical consequence was to opt for a policy of separating the two branches of business, allowing to merge the commodity operations in regional centers for supply, processing and marketing on the one hand and financial operations with other local cooperative financial service providers(peoples'banks) on the other.

In Germany, after more than 100 years of separate existence, the steps towards restructuring cooperative organizations at all levels was painful and slow, but was taken as the only chance to keep cooperatives strong against commercial competitors. Merger of Raiffeisen banks and peoples'banks started from the top at national federation level in 1972, with a 5－years cooperation agreement. Later also regional federations and primary cooperatives merged and today's slogan is "pooling of forces: one market－one cooperative bank" to avoid competition between cooperatives.

20. What can be the future role of NACF as a financial service provider?

Answer:

See also answer to Nr. 19.

From the point of view of banking regulations, financial service providers are either banks or non-banks. If they are banks, they have to meet all requirements laid down for banks, e.g.:

- Professional bank management,
- Having a minimum equity capital,
- Meeting solvency and liquidity ratios,
- Belong to a deposit guarantee scheme,
- Be subject to prudent supervision.

As a national organization NACF can meet all these requirements. NACF can be a bank and still be different from the commercial banks by implementing cooperative principles in banking business, e.g. provide exclusive services to members, have capital and voting structures which allow democratic control, have a value based management and distribute surplus in form of patronage refund(in proportion to interest paid on loans or interest received on deposits).

In many countries and in the European Union Banking Regulations there are special provisions for two or three tier cooperative banking systems. In such systems, only the national organization is a full bank, while-as far as financial services are concerned-local and regional affiliated cooperatives are seen technically as branch offices of the national bank, which is responsible for their performance and has to present an annual consolidated balance sheet and report covering the entire system. From the cooperative point of view, local and regional cooperatives are largely autonomous organizations having their own decision-making bodies and serving as the local or regional basis for the banking services-providing local knowledge at low transaction cost.

Credit unions are typically non-banks, which means that they do not have to meet all banking requirements but also that they cannot exercise all banking services with the general public. They are only allowed to carry out a limited range of financial services usually with members only.

But even the credit unions have to meet requirements aiming at the protection of depositors and shareholders they have to report regularly on their activities and are subject to professional audit. They usually have central fund services for liquidity exchange and deposit of surplus funds.

From the European perspective, to mix banking and credit union work in one cooperative system is unusual. If credit unions ask to have some of the limitations imposed on them lifted, e.g. if they want be allowed to issue loans to non‒members, or to offer the full range of banking services, they will have to meet all requirements of a bank.

21. What is the use of local cooperatives in integrated banking systems like the French credit agricole or the Dutch Rabo bank?

Answer:

Resulting from historical development, local credit cooperatives are retained as organized membership groups with a number of functions, which can be fulfilled best by local bodies with local leaders and which can serve as a link between members and the professional banking service providers at regional and national level.

By retaining this structure, the advantages of a locally rooted and small, transparent organization for information, communication and democratic control can be combined with a modern high＝tech professional banking services, affordable only at regional/national level but reaching down to local level. Services performed at local level are carried out by honorary office bearers, elected and trusted by members. Professional staff is seconded to local level units and paid by the cooperative bank at regional or national level. Elected representatives of local cooperatives are serving in supervisory bodies at regional or national banks. They influence election and dismissal of board members at that level.

22. Should there be subsidiaries or daughter societies?

Answer:

In order to compete with commercial firms on an equal level playing field, cooperatives must be allowed to establish subsidiaries and daughter societies for facilitating their operations.

Usually, four conditions have to be met:

The activities of the subsidiary/daughter society have to be related to the objects of the cooperative and facilitate the operations of the cooperative.

The cooperative must remain in control of the subsidiary/daughter society(retain the majority of shares).

The operations of the subsidiary/daughter society have to be transparent for the cooperative and in particular for the members of the cooperative society, a report on the operations of the subsidiary/daughter society has to presented to the members in general meeting of the cooperative society.

The delegation of business activities may not leave the subsidiary/daughter society without own business as a mere holding society.

23. Why are large－scale farmers leaving agricultural cooperatives?

Answer:

Cooperatives are based on voluntary membership. Members must see their membership as beneficial for themselves otherwise they leave.

Agricultural cooperatives have to deal with the problem of different sizes of members'farms. For instance, for large farmers, purchasing fertilizer in bags makes no sense, if they can buy cheaper in containers. Small farmers need small quantities of vegetable seeds and pesticides, which a wholesaler will not sell to them. Can requirements of small farmers and large－scale farmers be met by one village cooperative?

Equal treatment of members is one of the cooperative principles. It means that members have equal rights and obligations. It does not mean that there may be no adjustment of prices and conditions in relation to quantities bought and cost. One way of satisfying both small farmers and large－scale farmers in one cooperative would be to offer differentprices depending on the quantities according to a method agreed among members. Another means would be to organize exchange of services(e.g. farm machinery) and labour against payment according to an agreed price list.

Another way to keep large－scale farmers in cooperatives is to merge the commodity transactions of several village cooperatives into a regional cooperative large enough to offer services interesting large－scale farmers, without abandoning local outlets serving small farmers.

With regard to democratic processes, small farmers must realize the need to keep large－scale farmers as members, by avoiding the use of their majority in decision－making against large－scale farmers and by electing large－scale farmers to serve on the board. Members must be aware that the small farmers need the big farmers more to keep the cooperative going than the large－scale farmers need the small and that all are stronger together then when split up in factions.

The federation can play an important role in this process of keeping large－scale farmers in agricultural cooperatives by giving them an important role in integrated cooperative systems, by advising small farmers to produce marketable products and developing joint brand names.

24. What should be the powers of a president of an agricultural cooperative?

Answer:

Being democratic organizations, cooperatives are not governed by one person, but by an elected board, acting as a governing body and in case of important decisions by the general meeting as the supreme authority.

In Germany and in the UK, the chairperson of the board is elected by the board members from among themselves. While originally professional managers were appointed by the board but could not be members of the board, today the managing directors are board members, but not necessarily the chairperson. In France, it is possible to elect the president directly and to make him/her the general manager of the cooperative(PDG).

From the legal point of view the board members are jointly responsible for running the cooperative, they may subdivide the tasks among themselves but still remain responsible as a governing body. To have a one person government in a cooperative goes against the democratic character of the entire organization, however, in practice it will always depend on the persons involved, how governance is carried out. Transparency and democratic control are better served, when more than one person are in charge, even if this slows down decision－making.

25. What are the main subject matters to be taught in cooperative education?

Answer:

Education of all persons involved in cooperative work is one of the cooperative principles. Due to limited resources, priorities have to be set, both in terms of target groups and subject matters.

The most important target group is that of **trainers, promoters and multipliers** i.e. teaching staff at cooperative colleges and training centers and facilitators of cooperative seminars and conferences. Second in importance is the full－time professional management staff, persons who lastly determine the results of cooperative work and who are the contact persons between the cooperative enterprise and the members.

The group of trainers, promoters and multipliers needs both a solid theoretical background and first hand knowledge of cooperative practice. For them, special training programs need to be devised, combining classroom training with "exposure training", i.e. work in well run cooperative organizations.

Subject matters to be taught as a common core are(among others):

● Methods of adult education,

● cooperative theory(history, concepts, organization theory with sociological, legal and economic aspects),

● modern cooperation theory in relation to cooperative values, principles and practices and

Technical subject matters depending on the specialization and type of cooperative and field of activity in which the trainee will work.

The group of **professional management staff** needs not only generalknowledge of all aspects of management, but also an introduction into management of promotion－oriented, user－led enterprises with special emphasis on participatory processes of goal setting and decision－making, special organizational patterns of promotion－oriented enterprises between members'businesses and the market, special forms of fundraising and surplus allocation, assessment of performance with regard to institutional efficiency and member－oriented effectiveness including the relevant instruments.

One of the serious shortcomings of cooperative education and training is that usually modern theories and textbooks are used which were designed for investor－led enterprises for want of special and generally accepted theories and textbooks on management of promotion－oriented and user－led enterprises and on cooperative management, emphasizing the "cooperative difference"(Davis), the "cooperative advantage"(UK Cooperative Commission) and "principled management"(Spear).

Efforts should be concentrated on producing special textbooks on cooperative management based on modern theoretical concepts(cooperation theory, new institutional economics) but written in such a way that they are within reach of and useful for practicing cooperators.

26. Could multi－stakeholder cooperatives be of interest for cooperative development in Korea?

Answer:

Multi－stakeholder cooperatives have emerged not only in Canada but also in the UK(community cooperatives), in France and in Belgium. In Canada(1997) and France(2001) they have been officially recognized by amending cooperative legislation to suit their needs. Multi－stakeholder cooperatives(MSC) can be described as local development agencies based on private－public partnership or as communal self－help organizations for creating local employment, integrating excluded persons and mobilizing local resources for local development.

Recently, the Plunkett Foundation(UK) has launched a program for "Rural Revival", trying to reestablish village based enterprises and infrastructure.

The idea underlying MSC is to lift self−help from the level of individuals to community level and to find ways and means how the community(not seen as an administrative unit but as on organization responsible for the well−being of its inhabitants) can join forces with local enterprises, non−governmental organizations, training facilities, voluntary workers and the unemployed to have work done, which is necessary and useful, to bring persons into employment, who otherwise would be unemployed. This is partly achieved by using funds hitherto spent for unemployment benefits and contributions by other stake holders to finance work and to produce services, which improve the living conditions in the communities and to attract young persons to come back to rural areas with their talents and ideas.

Special problems to be solved in MSC are to find decision−making structures and voting procedures, which avoid domination by one group of stake holders(e.g. by introducing an equal number of block votes for each group) and to keep the MSC on track in accomplishing its social objectives(by introducing a social council in addition to an economic council and by requiring social audit) while remaining economically viable.

This model could also be of interest in Korea.

Also new generation co−operatives, linking producers with consumer by engaging not only in production but also in processing and direct marketing are of interest and actually not a new idea in Korea.

27. Can the special Korean law for agricultural cooperatives as a development−oriented law be improved?

Answer:

In Denmark and up until today in Norway cooperative societies have become strong actors of the national economy without special legislation for cooperative societies. According to Danish thinking, the state should not prescribe what private self−help organizations ca or should do, but guarantee freedom of association with only such limitations, which are necessary to protect third parties and the members against wrong doings of the organization.

This system works, where well－educated farmers with access to professional advice pursue their objectives according to their own needs within an inductive legal environment(e.g. a fair competition law, availability of professional auditors, a fair tax regime).

The reason why Norway wants to introduce a general cooperative legislation(for all types of cooperatives) is among other things to make the legal form of cooperative society more easily accessible. This is meant to encourage the establishment of more new cooperatives.

There is a vast distance between non－regulation as in Denmark and over－regulation with too many details prescribed in special cooperative laws, which are still further restricted by prescribing model－by－laws, leaving little or no autonomy to make rules for local cooperatives according to local needs and to the wishes of the local membership.

Recent UN Guidelines aimed at creating a supportive environment for the development of cooperatives(2001) contain detailed recommendations on what should be in a general cooperative law or several special cooperative laws(see paragraphs 11－16).

These guidelines stress the importance of consultation and collaboration of the cooperative movement when laws on cooperatives are made or amended(paragraph 16).

They furthermore emphasize that cooperative laws should secure the "early and complete disengagement by governments from the internal affairs of cooperatives and the cooperative movement, where this still exists(paragraph 15).

These guidelines also warn against the negative consequences of turning cooperatives into instruments of government. "Policies should protect and advance the potential of cooperatives to help members to achieve their individual goals and, by so doing, to contribute to society's broader aspirations."(paragraph 3).

A revision of the Korean law on agricultural cooperatives should aim at deregulating what is currently over－regulated.

28. How to strengthen the capital structure of cooperatives?
Answer:

The claim of the Bank of International Settlement(BIS) and of the International Audit Standards(IAS) Board regarding doubts about the classification of cooperative shares as owned capital is mainly aimed at cooperative banks but also affects other cooperatives and is of relatively recent date. Currently, legal experts of cooperative federations in many countries and the ICA Legal Advisory Group are investigating what could be done to avoid damage for the cooperative movement when insisting on general application of the proposed standards.

In the EU(and earlier in the national laws of member states like Germany) the special character of co−operative societies as member−oriented and user−led enterprises has been taken into account by providing for "quasi−equity capital" of supplementary owned capital in two respects:

- The **liability of members** for the of their cooperative in case of bankruptcy(liability by guarantee of liability to further call) has been recognized as an element strengthening the owned capital of cooperatives, although the fun equivalent to the volume of liability are not directly available but only if two conditions are met: Bankruptcy of the cooperative society and insufficient capital of the cooperative to meet all claims of its creditors. In this case initially 40 percent of the total sum of liabilities of all members was considered as quasi−equity. This ratio is now reduced to 25 percent and may in future be totally cancelled.

- **Participation certificates** issued by cooperatives to members and refundable not earlier that after 5 years plus a two years' period of notice(i.e. repayable earliest after 7 years) are also accepted as quasi−equity.

The argument of the BIS/IAS Board initiative is that cooperative shares cannot be classified as equity, because they are by definition variable and therefore lack the main characteristic feature of equity, namely to be available during the life−time of the organization. The question is, whether the special nature of cooperatives allows the classification of cooperative shares as equity, despite the possibility of withdrawing them upon withdrawal after a period of notice laid down in the by−laws, which in Germany may range from 3 months to 5 years, an uncontested practice typical for cooperatives applied for more than 100 years. According to the recent UN Guidelines aimed at creating a supportive environment for the development of cooperatives(2001), laws affecting cooperative should take account of the special character of cooperatives. This might bea case in point with regard to the nature of cooperatives shares as a cooperative－specific type of equity.

On the other hand, agricultural cooperatives in the UK and in the USA developed two ways of financing cooperatives without asking farmers for share contributions:

- **Qualification loans,** i.e. interest free loans for the time of membership, to be paid in proportion to use made by the member of the cooperative facilities and refundable at the discretion of the cooperative society's board(UK).

- **Deferred payment of patronage refund,** i.e. building up a revolving fund of individualized but undistributed surplus(say for 7 years) after which the surplus due for the first year is paid to the member in year 8, the surplus due for the second year is paid out in year 9 and so on. To avoid inconvenience for members, a relatively small amount of surplus due is paid to members at the end of each financial year allowing members to pay their income tax on the full amount allotted but not yet paid out to them(USA).

These methods would not help cooperative banks to solve their equity problems created by the IBS/IAS Board initiative.

29. Can profit made in business with non－members and associate members be used to pay patronage fund to members?

Answer:

Business with non－members is a widely practiced way to increase turnover, to make profit and to grow, but has the dangerous effect of levelingthe profile of the cooperative society as a member－oriented organization. The cooperative character of the organization is called into question even further, if profit made in transactions with non－members or associate members is distributed among members, even if this is done in proportion to the use they make of the services of the cooperative enterprise. This is dangerous because the motivation for membership changes from the need to use the cooperative services to rent seeking in the form of sharing profit made in transactions with others.

The introduction of associate members without full membership rights is leveling the cooperative profile further and contradicts the cooperative value of equality of members, by creating an underprivileged class of members instead of reacting to demographic changes occurring in the rural areas by redefining the criteria for membership.

By the way, in Germany patronage paid out to members of cooperatives is only accepted as a cost factor and as such tax exempt, if the surplus so distributed was made in transactions with members, otherwise it is fully taxed as ordinary profit distribution.

30. How to crate cooperative brand names?

Answer:

Agricultural cooperatives have to market their products like any other enterprise or group of enterprises. The introduction and use of brand names is one method of modern marketing. Brand names do not only need advertising but most of all have to generate trust in the product as well as in the producer. In this regard, cooperatives could benefit from their traditional reputation as organizations propagating transparency, applying environment friendly production methods, purity of goods(as an old principle of the Rochdale Pioneers), adherence to national and international standards.

However, this only works, if claim and reality match, if cooperatives "walk the talk."

For instance, the German Raiffeisen cooperatives were part of scandals related to contaminated animal feed, like their commercial competitors and lost the chance to prove that they were different, more prudent and living up to their own promises.

31. Can cooperatives stop free trade?

Answer:

In my opinion they cannot.

32. How does the decreasing number of full－time farmers and an ageing farming population affect agricultural cooperatives?

Answer:

Agricultural cooperatives have to react to demographic changes. Fewer full－time farmers and larger farms make it necessary to reconsider existing structures. With only a few farmers in a village, village cooperatives for supply and marketing of agricultural products cannot be viable. Either they have to reconsider their objects and start activities like village shops and/or multipurpose service centers or merge with neighbouring cooperatives into regional agricultural cooperatives.

When looking at a similar development in Germany between 1970 and 1980, the fact that the majority of the rural population needed financial services and supply of consumer goods, gardening equipment, fuel and building materials, while farmers had become a minority, some agricultural cooperatives turned their supply and marketing operations into village stores, while transferring their financial services to regional cooperative banks, with branch offices at village level. In the meantime, many of these village stores are closed, farmers use regional supply and marketing facilities and only the financial services remain.

33. Whatshould be the relationship between cooperatives and government?

Answer:

Agricultural policy is an important part of government's policy and where farmers are organized in cooperatives, agricultural cooperatives necessarily become involved in agricultural policy issues. In many countries farmers' interests are not only represented by their cooperatives(which usually concentrate on economic matters and keep aloof of party politics) but farmers associations in which all farmers and not only cooperative members are organized. Such farmers associations and their national confederation usually have a clear political mandate and are better suited to lobby for farmers' interests than cooperatives.

Cooperatives have a tradition of keeping away from politics and trying to remain independent from government. This tradition dating back to the Rochdale Pioneers in confirmed in the ICA principles.

Agricultural cooperatives represented by their national federation must be recognized by government as competent, legitimate and independent partners in discussions on agricultural policy, competition policy, fiscal policy and legislative projects affecting cooperatives, as recommended in the 2001 UN Guidelines.

34. How can capitalism and strong cooperatives coexist in the USA?

Answer:

In the 19th century, cooperatives developed during the times of industrial revolution as an alternative to free wheeling and unrestricted capitalism.

Today, cooperatives are perceived by many as corrective mechanisms to curb excessive and aggressive competition and concentration of economic power in the hands of few. However, in this case, cooperatives are part of a liberal market economy and in fact in the USA huge cooperatives have power to challenge even global economic players.

Others see cooperatives as part of an alternative, social economy, supplementing but not replacing liberal market economy. After the collapse of the Soviet Union and the planned economies of the former socialist countries in Central and Eastern Europe, the idea to replace the liberal market economy by an alternative system has lost most of its former followers.

With this in mind, the statement that in capitalist USA 40 percent of all Americans are members of cooperatives(and 25 percent of all Germans) is not a contradiction in terms. To build up countervailing power by forming or joining cooperatives is a legitimate part of a liberal market economy. However, as user−led enterprises, strong cooperatives can and do serve a counterbalance to the power of investor−led(capitalist) enterprises within the market economy.

35. What are future fields of cooperative activities?

Answer:

The classical fields of cooperative activities: Agriculture, handicraft, retail trade, liberal professions, thrift and loan, housing remain of importance, where the disadvantages of small size of individual member enterprises and limited access to resources, services and markets can be remedied by pooling of own resources and where the advantages of being locally rooted, trustworthy and stable in a world characterized by almost unlimited mobility can be combined with the advantages of belonging to an integrated system with linkages to national and international levels.

Workers cooperatives remain the most difficult for of cooperative activity that can succeed only under special circumstances.

New fields of cooperative activities emerge where government agencies withdraw from social and economic services, general interest enterprises, education and research. In these fields new forms like multi-stakeholder cooperatives and "social cooperatives" are already developing.

The **new media** encourage development of cooperatives for e-commerce and e-banking as well as in the service sector related to electronic data processing and communication.

In a global society, **cross-border cooperation** is becoming increasingly important and is already working in agricultural cooperatives(e.g. dairy industry and flower auctions), service cooperatives(e.g. tourism, legal consultation), consumer cooperatives(e.g. Coop Norden in Scandinavian countries) and cooperative banking(credit card system in Latin America).

During the past several years, commercial competitors have discovered the advantages of cooperation and establish consortia, strategic networks, franchising systems, joint ventures and combinations, using similar strategies as cooperative societies. In view of this development it is important that cooperatives maintain, show and stress their cooperative profile rather than hiding it and imitating company practice.

· 저자 ·

전성군 •약 력•

전성군 님은 전북대학교 및 동 대학원을 졸업(경제학 박
사)하고 미국 ASTD, 캐나다 빅토리아대학을 연수했으며,
현재는 농협중앙교육원 교수이자 건국대 강사, 한국 농
산어촌어메니티연구회 운영위원, 국제협동조합학회 회원,
농민신문 객원논설위원, 농협대학 객원연구위원, 시인(자
유문예 작가협회 회원) 등으로 활동 중이다. 농업 전문가
로서 '초원의 유혹'(2007), '초록마을사람들' 등 다수의
저서가 있다.

최신 협동조합론

· 초판 인쇄   2008년 8월 14일
· 초판 발행   2008년 8월 14일

· 엮 은 이   전성군
· 펴 낸 이   채종준
· 펴 낸 곳   한국학술정보㈜
              경기도 파주시 교하읍 문발리 513-5
              파주출판문화정보산업단지
              전화 031) 908-3181(대표) · 팩스 031) 908-3189
              홈페이지 http://www.kstudy.com
              e-mail(출판사업부) publish@kstudy.com
· 등   록   제일산-115호(2000. 6. 19)
· 가   격   19,000원

ISBN   978-89-534-9896-9 93320 (Paper Book)
        978-89-534-9897-6 98320 (e-Book)